westermann

Sven Jungmann, Petra Kunz, Dr. Volker von Creytz, Matthias Zillmer

Rechtsanwalts- und Notarfachangestellte

3. Ausbildungsjahr

2. Auflage

Bestellnummer 41316

Die in diesem Produkt gemachten Angaben zu Unternehmen (Namen, Internet- und E-Mail-Adressen, Handelsregistereintragungen, Bankverbindungen, Steuer-, Telefon- und Faxnummern und alle weiteren Angaben) sind i. d. R. fiktiv, d. h., sie stehen in keinem Zusammenhang mit einem real existierenden Unternehmen in der dargestellten oder einer ähnlichen Form. Dies gilt auch für alle Kunden, Lieferanten und sonstigen Geschäftspartner der Unternehmen wie z. B. Kreditinstitute, Versicherungsunternehmen und andere Dienstleistungsunternehmen. Ausschließlich zum Zwecke der Authentizität werden die Namen real existierender Unternehmen und z. B. im Fall von Kreditinstituten auch deren IBANs und BICs verwendet.

Die in diesem Werk aufgeführten Internetadressen sind auf dem Stand zum Zeitpunkt der Drucklegung. Die ständige Aktualität der Adressen kann vonseiten des Verlages nicht gewährleistet werden. Darüber hinaus übernimmt der Verlag keine Verantwortung für die Inhalte dieser Seiten. Aus Gründen der besseren Lesbarkeit wird in diesem Lehrbuch die männliche Form verwendet. Selbstverständlich sind immer beide Geschlechter gleichzeitig angesprochen.

Unter BuchPlusWeb finden Sie ergänzende Materialien zu diesem Titel. Geben Sie auf der Internetseite www.westermann.de die ISBN in das Suchfeld ein, klicken Sie auf den Schriftzug BuchPlusWeb und öffnen Sie den Ordner, indem Sie das Passwort **BPWC-TGHR-GFKY-XC4V** eingeben.

service@westermann.de
www.westermann.de

Bildungsverlag EINS GmbH
Ettore-Bugatti-Straße 6-14, 51149 Köln

ISBN 978-3-427-**41316**-5

westermann GRUPPE

© Copyright 2019: Bildungsverlag EINS GmbH, Köln

Das Werk und seine Teile sind urheberrechtlich geschützt. Jede Nutzung in anderen als den gesetzlich zugelassenen Fällen bedarf der vorherigen schriftlichen Einwilligung des Verlages.

Inhaltsverzeichnis

Lernfeld 11: Rechtsbehelfs- und Rechtsmittelverfahren 9

1	Rechtsbehelfe	10
1.1	Rechtsmittel	10
1.1.1	Berufung	10
1.1.2	Revision	18
1.1.3	Sofortige Beschwerde	22
1.2	Sonstige Rechtsbehelfe	25
1.2.1	Erinnerung	25
1.2.2	Rechtsbeschwerde	26
1.2.3	Wiedereinsetzung in den vorigen Stand	27
1.2.4	Widerspruch gegen den Mahnbescheid	30
1.2.5	Nichtzulassungsbeschwerde	32
1.2.6	Einspruch	33
2	Vergütungsberechnung im Rechtsbehelfs- und Rechtsmittelverfahren	37
2.1	Gebührenberechnung für die Berufung	37
2.1.1	Prüfung der Erfolgsaussicht	38
2.1.2	Vergütungsberechnung für den Anwalt des Berufungsklägers	39
2.1.3	Vergütungsberechnung für den Anwalt des Berufungsbeklagten	41
2.1.4	Terminsgebühr	42
2.1.5	Gebühren der I. und der II. Instanz – Anrechnung	45
2.1.6	Einigungsgebühr	46
2.2	Gebührenberechnung für die Revision	47
2.3	Gebührenberechnung für die sofortige Beschwerde ...	51
2.4	Gebührenberechnung für die Erinnerung	52
2.5	Gebührenberechnung für die Rechtsbeschwerde	54
2.6	Gebührenberechnung für die Wiedereinsetzung in den vorigen Stand ...	55
2.7	Gebührenberechnung für den Widerspruch gegen den Mahnbescheid ..	56
2.8	Gebührenberechnung für die Nichtzulassungsbeschwerde	56
2.9	Gebührenberechnung für den Einspruch	57
2.9.1	Gegen einen Vollstreckungsbescheid	57
2.9.2	Gegen ein Versäumnisurteil	58

Lernfeld 12: Vorgänge in der Zwangsvollstreckung wegen Geldforderungen bearbeiten 60

1	Einführung	61
2	Voraussetzungen der Zwangsvollstreckung	62
2.1	Titel	62
2.1.1	Endurteile	62
2.1.2	Weitere Vollstreckungstitel	64
2.2	Vollstreckungsklausel	65
2.3	Zustellung	66

3	**Organe der Zwangsvollstreckung**	**69**
3.1	Der Gerichtsvollzieher	69
3.2	Das Vollstreckungsgericht	71
3.3	Das Prozessgericht des ersten Rechtszuges	72
3.4	Das Grundbuchamt	72
4	**Vermögensauskunft des Schuldners**	**74**
4.1	Voraussetzungen und Ablauf des Verfahrens zur Abnahme der Vermögensauskunft nach *§ 802 f. ZPO*	75
4.2	Folgen der Nichtabgabe der Vermögensauskunft	75
4.3	Das Schuldnerverzeichnis nach §§ 882b ff. ZPO	76
5	**Arten der Zwangsvollstreckung**	**78**
5.1	Zwangsvollstreckung in das bewegliche Vermögen wegen Geldforderungen (Mobiliarvollstreckung)	78
5.1.1	Zwangsvollstreckung in körperliche Sachen	78
5.1.2	Zwangsvollstreckung in Forderungen und andere Vermögensrechte	89
5.2	Zwangsvollstreckung in unbewegliches Vermögen wegen Geldforderungen (Liegenschafts- oder Immobiliarvollstreckung)	108
5.2.1	Zwangshypothek (Sicherungshypothek – §§ 866 ff. ZPO)	109
5.2.2	Zwangsversteigerung (§§ 15 ff. ZVG)	109
5.2.3	Zwangsverwaltung (§§ 146 ff. ZVG)	115
5.3	Zwangsvollstreckung wegen anderer Ansprüche	117
5.3.1	Erwirkung der Herausgabe von Sachen	117
5.3.2	Erwirkung von Handlungen	119
5.3.3	Erwirkung von Duldungen und Unterlassungen	120
5.3.4	Erwirkung der Abgabe einer Willenserklärung	121
6	**Einwendungen gegen Zwangsvollstreckungsmaßnahmen**	**123**
6.1	Erinnerung (§ 766 ZPO)	123
6.2	Sofortige Beschwerde (§§ 793, 567–572 ZPO)	124
6.3	Vollstreckungsabwehrklage (§ 767 ZPO)	125
6.4	Drittwiderspruchsklage (§ 771 ZPO)	125
6.5	Klage auf vorzugsweise Befriedigung (§ 805 ZPO)	126
7	**Einstweiliger Rechtsschutz – Arrest und einstweilige Verfügung**	**128**
7.1	Arrest	128
7.2	Einstweilige Verfügung	130
8	**Gebührenrechtliche Aspekte**	**133**
8.1	Ausgewählte Gebührentatbestände und Gegenstandswerte in der Zwangsvollstreckung	133
8.2	Besondere Angelegenheiten	138
8.3	Kostenfestsetzung nach § 788 ZPO	140
8.4	Verrechnung von Zahlungseingängen	141
9	**Vorrang des Insolvenzverfahrens gegenüber der Einzelzwangsvollstreckung**	**144**

Lernfeld 13: Ehe- und Partnerschaftsverträge vorbereiten und abwickeln.... 148

1 Ehe- und Partnerschaftsverträge **148**
1.1 Form des Ehevertrages 150
1.2 Inhalts- und Ausübungskontrolle 150

2 Unterhalt **153**
2.1 Verwandtenunterhalt 153
2.2 Ehegattenunterhalt vor Scheidung 156
2.3 Ehegattenunterhalt nach Scheidung 157
2.4 Unterhaltsanspruch der nicht miteinander verheirateten Eltern 158

3 Güterstand und Vermögensausgleich **159**
3.1 Gütergemeinschaft 159
3.2 Gütertrennung 160
3.3 Zugewinngemeinschaft 161
3.4 Wahl-Zugewinngemeinschaft 165
3.5 Güterrechtsregister 166

4 Versorgungsausgleich **167**

5 Elterliche Sorge **170**
5.1 Elterliche Sorge verheirateter Eltern 170
5.2 Elterliche Sorge nicht miteinander verheirateter Eltern 170
5.3 Wechselmodell 171
5.4 Teilweise Übertragung der elterlichen Sorge 171

6 Sonstige Vereinbarungen **173**

7 Kostenrecht **176**

Lernfeld 14: Erbrechtliche Urkunden vorbereiten und vollziehen 178

1 Erbschein **179**
1.1 Gesetzliche Erbfolge 184
1.2 Gewillkürte Erbfolge 187
1.3 Eidesstattliche Versicherung 188
1.4 Kosten 189

2 Erbausschlagung **190**
2.1 Erklärung 190
2.2 Frist 190
2.3 Kosten 191

3 Testament **193**
3.1 Erbeinsetzung 194
3.2 Vermächtnis 194
3.3 Auflage 195
3.4 Teilungsanordnung 195
3.5 Vor- und Nacherbe 195

3.6	Testamentsvollstreckung	196
3.7	Gemeinschaftliches Testament	197
3.8	ZTR (Zentrales Testamentsregister)	201
3.9	Kosten	202
4	**Erbvertrag**	**204**
5	**Erb- und Pflichtteilsverzicht**	**205**
5.1	Kosten	206
6	**Vorsorgevollmacht**	**207**
6.1	Urkunde	207
6.2	Betreuungsverfügung	212
6.3	Sorgeerklärung	212
6.4	ZVR (Zentrales Vorsorgeregister)	213
6.5	Kosten	213

Lernfeld 15: Liegenschaftliche Angelegenheiten vorbereiten und abwickeln ... 215

1	Bedeutung der Liegenschaften	216
2	**Grundbuch und Grundbuchordnung**	**218**
2.1	Auswertung des Grundbuches	218
2.2	Grundbuch, Datenschutz und DSGVO	218
2.3	Grundbuchrecherche	219
2.4	Rechtsnachfolge im Grundbuch	220
2.5	Aufbau des Grundbuches	221
2.6	Grundbuchordnung	223
2.7	Elektronischer Grundbuchverkehr	228
3	**Grundstückskauf**	**237**
3.1	Grundsätzliche Überlegungen	237
3.2	Sachverhaltsaufklärung	238
3.3	Inhalt eines Grundstückskaufvertrages	246
3.4	Zentrale Elemente des Grundstückskaufvertrages	249
3.5	Verwendung eines Notaranderkontos	259
4	**Vollzug**	**261**
5	**Gebühren**	**265**
6	**Wohnungs- und Teileigentum**	**268**
7	**Bauträgervertrag**	**271**
8	**Überlassungsvertrag**	**272**
9	**Erbbaurecht**	**274**
10	**Grundpfandrechte**	**278**

11	Dienstbarkeiten, Reallast	282

Lernfeld 16: Handelsregisterliche Erstanmeldungen **284**

1	Einführung	285
1.1	Handels- und Gesellschaftsrecht	285
1.2	Register	286
1.2.1	Recherche	286
1.2.2	Auszüge aus dem Handels-, Vereins- und Genossenschaftsregister	288
1.2.3	Elektronischer Rechtsverkehr	290
1.3	Notarbescheinigungen	292
1.4	Gebühren	293
1.5	Tipps	294
2	Einzelkaufmann	296
2.1	Anmeldung	296
2.2	Erläuterungen	296
2.3	Gebühren	298
2.4	Tipps	298
3	OHG	300
3.1	Anmeldung	300
3.2	Erläuterungen	301
3.2.1	Inhalt der Anmeldung	301
3.2.2	Prokura	303
3.3	Gebühren	304
3.4	Tipps	305
4	KG	306
4.1	Anmeldung	306
4.2	Erläuterungen	307
4.3	Gebühren	307
4.4	Tipps	308
5	Verein	309
5.1	Anmeldung	309
5.2	Erläuterungen	310
5.3	Gebühren	310
5.4	Tipps	311
6	GmbH	312
6.1	Anmeldung	312
6.2	Erläuterungen	314
6.2.1	Gründungsurkunde	314
6.2.2	Handelsregisteranmeldung	315
6.2.3	Gesellschafterliste	315
6.2.4	Musterprotokoll	317
6.3	Gebühren	321
6.4	Tipps	322

7	**UG (haftungsbeschränkt)**		**324**
7.1	Anmeldung		324
7.2	Erläuterungen		324
7.3	Gebühren		325
7.4	Tipps		325
8	**Rechtsbehelfe**		**327**

Sachwortverzeichnis **328**

Bildquellenverzeichnis **331**

Lernfeld 11:
Rechtsbehelfs- und Rechtsmittelverfahren

Situation

In die Kanzlei von Rechtsanwältin Isabel Tarp kommt Christian Schneider und legt ein Urteil des Amtsgerichts vor. Danach wurde er verurteilt, an Bernd Köster und Elisabeth Vinn einen Betrag in Höhe von 1 800,00 € nebst Zinsen ab dem 01.06.20.. zu zahlen. Darüber hinaus hat er die Kosten des Rechtsstreits zu tragen.

Christian Schneider ist mit der Entscheidung nicht einverstanden, da das Gericht seiner Ansicht nach seine vorgelegten Beweise teilweise überhaupt nicht oder nur unzureichend gewürdigt hat. Alle Beweise hat Christian Schneider feinsäuberlich in einem Ordner sortiert und stellt ihn Rechtsanwältin Isabel Tarp zur Verfügung.

Rechtsanwältin Isabel Tarp sieht sich daraufhin das Urteil und den Beweisordner kursorisch an und teilt die Meinung von Christian Schneider, dass das Amtsgericht nicht nur einiges übersehen, sondern einige Beweise auch falsch bewertet hat.

Christian Schneider will von der Rechtsanwältin wissen, was er gegen dieses Urteil unternehmen kann und wie seine Erfolgsaussichten sind.

1 Rechtsbehelfe

Das Zivilprozessrecht kennt eine Reihe von Rechtsbehelfen, d.h. Möglichkeiten, gegen einen nachteiligen Rechtszustand mit dem Ziel vorzugehen, diesen aufzuheben bzw. abzuändern. **Rechtsbehelf** ist dabei der Oberbegriff unter den auch die einzigen **Rechtsmittel i. S. der ZPO** wie die Berufung, die Revision und die Beschwerde fallen.

Rechtsbehelfe	
Rechtsmittel	**Sonstige Rechtsbehelfe**
– Berufung – Revision – Sofortige Beschwerde	– Erinnerung – Rechtsbeschwerde – Wiedereinsetzung in den vorigen Stand – Nichtzulassungsbeschwerde – Widerspruch – Einspruch

Was unterscheidet nun die Rechtsmittel von den sonstigen Rechtsbehelfen?

Rechtsmittel sind besondere förmliche Rechtsbehelfe mit **Suspensiveffekt** und **Devolutiveffekt**. Das bedeutet, dass einerseits der Eintritt der formellen Rechtskraft der bisherigen Entscheidung gehemmt, also nicht vollzogen werden kann (Suspensiveffekt). Andererseits soll die Rechtsmittelentscheidung durch die *nächsthöhere Instanz* gefällt werden (Devolutiveffekt). Die Berufung im Zivilprozess findet vor dem Landgericht oder Oberlandesgericht statt, soweit das Urteil von einem Amtsgericht angegriffen wird.

> **Rechtskraft bedeutet die grundsätzliche Unanfechtbarkeit einer Entscheidung.**

Im Gegensatz dazu wird bei den sonstigen Rechtsbehelfen um eine Nachprüfung der gerichtlichen Entscheidung *in der gleichen Instanz* ersucht.

1.1 Rechtsmittel

1.1.1 Berufung

Zulässigkeit

Die **Berufung** findet gegen die im ersten Rechtszug erlassenen Endurteile der Amts- oder Landgerichte statt *(§ 511 Abs. 1 ZPO)*. Die Berufung ist gem. *§ 511 Abs. 2 ZPO* nur zulässig, wenn

- der Wert des Beschwerdegegenstandes 600,00 € übersteigt oder
- das Gericht des ersten Rechtszuges die Berufung im Urteil zugelassen hat.

Beispiel:
Torsten Schuck wird vom Amtsgericht verurteilt, an Stefanie Liebig 1 700,00 € zu zahlen. Daraufhin legt er wegen 1 100,00 € Berufung ein. Torsten Schuck ist also in Höhe von 1 700,00 € beschwert, da er diese nach dem Gerichtsurteil zu zahlen hat. Da er aber nur in Höhe von 1 100,00 € Berufung einlegt, handelt es sich dabei um den Wert des Beschwerdegegenstandes.

Das Gericht des ersten Rechtszuges lässt die Berufung nach *§ 511 Abs. 4 ZPO* zu, wenn

- die Rechtssache **grundsätzliche Bedeutung** hat oder die Fortbildung des Rechts oder die **Sicherung einer einheitlichen Rechtsprechung** eine Entscheidung des Berufungsgerichts erfordert und
- die Partei durch das Urteil mit nicht mehr als 600,00 € beschwert ist.

Das Berufungsgericht prüft bei einer Berufung den gesamten Fall noch einmal, und zwar nicht nur in rechtlicher, sondern auch in tatsächlicher Hinsicht. Dies bedeutet, dass gegebenenfalls das Berufungsgericht die Beweisaufnahme wiederholen sowie eigene Tatsachen feststellen muss. Somit unterscheidet sich eine Berufung von der Revision, bei der das Ausgangsurteil nur in rechtlicher Hinsicht überprüft werden muss.

Zuständigkeit des Gerichts

Sachlich zuständig ist für erstinstanzliche Urteile des Amtsgerichts grundsätzlich das Landgericht *(§ 72 GVG)*, für erstinstanzliche Urteile des Landgerichts das Oberlandesgericht *(§ 119 Abs. 1 Nr. 2 GVG)*. Im Rahmen der Tätigkeit haben also der Rechtsanwalt oder seine Mitarbeiter zunächst zu prüfen, welches Gericht für eine Berufungseinlegung zuständig wäre.

 Das Amtsgericht als Familiengericht entscheidet nicht durch Urteil, sondern durch Beschluss. Deshalb ist dagegen keine Berufung, sondern nur Beschwerde möglich.

Bezug nehmend auf die **Ausgangssituation** kann Rechtsanwältin Isabel Tarp Christian Schneider raten, Berufung vor dem zuständigen Landgericht einzulegen. Dies ist möglich, da die Berufungssumme mit einem Wert von 1 800,00 € erreicht ist und sonstige Hemmnisse nicht zu erkennen sind. Aufgrund der Sachverhaltsschilderung sind die Aussichten, in der Berufungsinstanz zu gewinnen, sehr positiv zu bewerten.

Fristen

Die Berufung ist gem. *§ 517 ZPO* innerhalb eines Monats ab Zustellung des Urteils *(§§ 310 ff. ZPO)* einzulegen. Sie kann wegen ihres Charakters als Notfrist nicht verlängert werden. Sie beginnt mit der ordnungsgemäßen Zustellung des Urteils in vollständig abgefasster Form. Damit auch für ein fehlerhaftes oder nicht ordnungsgemäß zugestelltes Urteil die Monatsfrist zu laufen beginnt und damit einer Rechtskraft zugeführt werden kann, beginnt die Frist *spätestens* mit dem Ablauf von fünf Monaten nach der wirksamen Verkündung des erstinstanzlichen Urteils.

Die Berechnung der Berufungsfrist bestimmt sich nach dem *§ 222 ZPO* i.V.m. den allgemeinen Reglungen in *§§ 187 ff. BGB*. Die Monatsfrist endet also mit Ablauf des Tages des auf die Zustellung folgenden Monats, der seiner Zahl nach dem Zustellungstag entspricht. Die zur Fristwahrung notwendige Handlung darf grundsätzlich bis zum Ablauf des letzten Tages (24:00 Uhr) vorgenommen werden.

Beispiel:
Das amtsgerichtliche Urteil wird am 02.02. zugestellt. Ende der Berufungsfrist ist der 02.03., 24:00 Uhr.

Fehlt der entsprechende Monatstag (beispielsweise im kurzen Monat Februar), so endet die Frist mit dem Ablauf des letzten Monatstages.

Beispiele:

- *Das landgerichtliche Urteil wird am 31.01. zugestellt. Ende der Berufungsfrist ist der 28.02. oder der 29.02. (Schaltjahr), 24.00 Uhr.*
- *Das landgerichtliche Urteil wird am 28.02. zugestellt. Ende der Berufungsfrist ist der 28.03. (nicht 31.03.).*

Handelt es sich jeweils bei dem Endtag um einen Sonn-, Feier- oder Samstag, so läuft die Frist am folgenden Werktag ab *(§ 193 BGB)*.

Beispiele:

- *Das amtsgerichtliche Urteil wird am Samstag, den 14.05., zugestellt. Ende der Berufungsfrist ist der 16.06., 24:00 Uhr.*
- *Ein Urteil des Amtsgerichts wird dem Beklagten am Dienstag, 24.11., zugestellt. Die Frist für die Einlegung der Berufung beträgt einen Monat ab Zustellung. Das entsprechende Datum im Folgemonat ist Sonntag, 24.12. Am 25. und 26.12. sind Weihnachtsfeiertage. Der nächste Werktag ist Dienstag, 27.12. Die Berufungsfrist läuft ab am 27.12. um 24:00 Uhr.*

Die Berufung ist innerhalb zweier Monate ab Zustellung zu begründen *(§ 520 Abs. 2 ZPO)*.

Beispiel:
Das landgerichtliche Urteil wird am 30.01. zugestellt. Ende der Berufungsbegründungsfrist ist der 30.03., 24:00 Uhr.

Diese Frist kann auf Antrag verlängert werden. Ein Prozessbevollmächtigter darf mit der Bewilligung einer erstmals beantragten Verlängerung der Berufungsbegründungsfrist rechnen, wenn er zur Begründung des Verlängerungsantrags darauf verweist, dass eine ausreichende Rücksprache mit dem Mandanten und die notwendige Beschaffung von Unterlagen innerhalb der Berufungsbegründungsfrist nicht hätten erfolgen können. In der Regel reicht die pauschale Berufung auf einen dieser Gründe in der Antragsschrift aus; eine weitere Substantiierung oder Glaubhaftmachung ist nach Ansicht des Bundesgerichtshofs (BGH) nicht erforderlich.

Der BGH hat auch entschieden, wie die Frist zu berechnen ist, wenn diese zur Begründung der Berufung um einen bestimmten Zeitraum verlängert wird und der letzte Tag der ursprünglichen Frist auf einen Samstag, Sonntag oder allgemeinen Feiertag fällt. Grundsätzlich beginnt der verlängerte Teil der Frist erst mit dem Ablauf des nächstfolgenden Werktages.

Was aber, wenn das Berufungsgericht die Begründungsfrist bis zu einem konkret bezeichneten Tag verlängert? Dann braucht keine Berechnung der Frist zu erfolgen. Denn in einem Fall, in dem das Berufungsgericht die Begründungsfrist bis zu einem konkret bezeichneten Tag verlängert hat, kommt es auf den Beginn irgendeiner, so auch der verlängerten Frist, überhaupt nicht an.

Beispiel:
Das landgerichtliche Urteil wurde am 02.11. des Jahres zugestellt. Der Prozessbevollmächtigte legt am 01.12. per Fax Frist wahrend Berufung beim zuständigen Oberlandesgericht ein und beantragt, die Begründungsfrist um mindestens drei Wochen zu verlängern, da noch diverse Unterlagen beschafft werden müssen. Das OLG verlängert daraufhin die Be-

gründungsfrist bis zum 31.01. des Folgejahres. In diesem Fall ist die zu notierende Frist der 31.01. des Folgejahres.

Es sind demnach also zwei Fristen von elementarer Bedeutung, die im Fristenbuch o. Ä. in der Kanzlei notiert und kontrolliert werden müssen. Die Frist zur Einlegung der Berufung und die Berufungsbegründungsfrist.

 Die Berufungsfrist und die Berufungsbegründungsfrist sind im Fristenkalender zu notieren und zu überwachen.

Zu empfehlen ist, um Missverständnissen vorzubeugen und die Fristenkontrolle zu erleichtern, immer einen Antrag auf Fristverlängerung bis zu einem kalendermäßig bestimmten Tag zu stellen und beispielsweise nicht zu beantragen die Frist „… um einen Monat zu verlängern".

Beispiel:
Ich beantrage die Berufungsbegründungsfrist bis zum 15.07.20.. zu verlängern.

Form

Die Form der §§ 519, 130 ZPO ist unbedingt zu wahren und eine beglaubigte Abschrift des angefochtenen Urteils beizufügen. Die Berufungsschrift **muss** daher enthalten:

- die Bezeichnung des Urteils, gegen das die Berufung gerichtet wird
- die Erklärung, dass gegen dieses Urteil Berufung eingelegt werde

Darüber hinaus sollen die Schriftsätze enthalten:

- die Bezeichnung der Parteien und ihrer gesetzlichen Vertreter nach Namen, Stand oder Gewerbe, Wohnort und Parteistellung; die Bezeichnung des Gerichts und des Streitgegenstandes; die Zahl der Anlagen
- die Anträge, welche die Partei in der Gerichtssitzung zu stellen beabsichtigt
- die Angabe der zur Begründung der Anträge dienenden tatsächlichen Verhältnisse
- die Erklärung über die tatsächlichen Behauptungen des Gegners
- die Bezeichnung der Beweismittel, derer sich die Partei zum Nachweis oder zur Widerlegung tatsächlicher Behauptungen bedienen will, sowie die Erklärung über die von dem Gegner bezeichneten Beweismittel
- die Unterschrift der Person, die den Schriftsatz verantwortet; bei Übermittlung durch einen Telefaxdienst (Telekopie) die Wiedergabe der Unterschrift in der Kopie

Begründung

Die Berufung kann bereits in der Berufungsschrift begründet werden, muss jedoch nicht.

Es gibt verschiedene Möglichkeiten Berufung einzulegen. Der einfachste Antrag geht dahin, Berufung zur Wahrung der Berufungsfrist einzulegen und dabei keine weiteren inhaltlichen Anträge zu stellen.

Muster: Berufung (1)

Rechtsanwalt Uli Reddemann, Buchenweg 3, 00000 Waldstadt   Waldstadt, 15.07.20..

Landgericht Hamburg
Sievekingplatz 1
20355 Hamburg

Az.: noch nicht bekannt (Az. des AG Hamburg-Blankenese: 500 C 550/16)

In Sachen Lichtenbarg, Stefan ./. Linkhorst, Demian

Berufung

Stefan Lichtenbarg, Rugenbarg 222, 22549 Hamburg

– Beklagter und Berufungskläger –

Prozessbevollmächtigter: Rechtsanwalt Uli Reddemann, Buchenweg 3, 00000 Waldstadt

g e g e n
Demian Linkhorst, Sandmoorweg 2a, 22559 Hamburg

– Kläger und Berufungsbeklagter –

Prozessbevollmächtigter: –

Namens und in Vollmacht des Beklagten und Berufungsklägers lege ich hiermit gegen das am 19.06.20.. verkündete und am 08.07.20.. zugestellte Urteil des Amtsgerichts Hamburg-Blankenese, Az. 500 C 550/16

Berufung

ein.

Anträge und Begründung bleiben einem gesonderten Schriftsatz vorbehalten.
Es wird gebeten, die Geschäftsnummer alsbald bekannt zu geben.
Eine beglaubigte Urteilsabschrift wird in der Anlage (nur per Post) überreicht.

(Reddemann)
Rechtsanwalt

Alternativ kann im Rahmen der Berufungseinlegung diese auch gleich mit den notwendigen Anträgen versehen und begründet werden. Sofern man jedoch zunächst nur Frist wahrend Berufung eingelegt hat, muss diese dann nachfolgend auch begründet werden.

Muster: Berufung (2)

Rechtsanwalt Uli Reddemann, Buchenweg 3, 00000 Waldstadt   Waldstadt, 25.09.20..

Landgericht Hamburg
Sievekingplatz 1
20355 Hamburg

Az.: 311 S 155/15 (Az. des AG Hamburg-St. Georg: 911 C 8/16)

In Sachen Rickert, Wilhelmine ./. Neubart, Mario

begründe ich namens der Klägerin die mit Schriftsatz vom 04.09.20.. eingelegte Berufung gegen das Urteil des Amtsgerichts Hamburg-St. Georg, Az. 911 C 8/16 mit folgenden Anträgen:

> Unter Abänderung des am 29.08.20.. verkündeten Urteils des
> AG Hamburg-St. Georg, Az. 911 C 8/16, den Beklagten zu verurteilen,
> die Wohnung Ilextwiete 440, 22111 Hamburg, Obergeschoss Mitte,
> nebst einem Zimmer zu räumen und an die Klägerin geräumt herauszugeben.

Ferner wird beantragt,

> der Klägerin von jeder vollstreckungsfähigen Entscheidung eine
> vollstreckbare Ausfertigung zu erteilen.

B e g r ü n d u n g :
===============

Das Amtsgericht hat zu Unrecht den Klageantrag abgewiesen, den die Klägerin mit ihrer Berufung weiter verfolgt. Das Urteil wird daher in vollem Umfang der Überprüfung durch das Berufungsgericht gestellt. Im Einzelnen wird Folgendes gerügt:

1. Das Amtsgericht hat in der mündlichen Verhandlung den Prozessbevollmächtigten der Klägerin überhaupt nicht nach einem schutzwürdigen Interesse der Klägerin befragt.

In der ca. fünfminütigen Sitzung erklärte der Vorsitzende lediglich, dass die außergerichtliche Kündigung unwirksam sei. Auf Nachfrage des Unterzeichners, ob dies auch für die im Prozess erklärte nochmalige Kündigung gelte, erklärte der Vorsitzende, dies könne er im Augenblick nicht beurteilen. Stattdessen erklärte er nunmehr für beide Parteien überraschend, dass die Klage ohnehin aus Gründen, die in der Prozessstandschaft lägen, unzulässig sei. Weitere Erklärungen dazu gab er nicht ab. Nach dem klägerischen Schriftsatz vom 13.05.20.. hätte das Amtsgericht seine Bedenken zur Aktivlegitimation präzisieren müssen.

Aus diesem Grunde liegt hier ein Verstoß gegen den Anspruch auf rechtliches Gehör (vgl. BVerfGE 84, 188/90, NJW 1994, S. 1274) und damit ein Verstoß gegen § 139 ZPO vor.

Das Amtsgericht hätte seine Bedenken den Parteien vorab in einem Hinweisbeschluss mitteilen müssen und der Klägerin Gelegenheit geben, sich zu erklären. Dies erst im Termin quasi in einem Nebensatz zu äußern widerspricht ordnungsgemäßer Prozessführung.

2. Soweit das Amtsgericht hier eine gewillkürte Prozessstandschaft annimmt, wird dann folgerichtig darauf hingewiesen, dass zu deren Voraussetzungen ein schutzwürdiges Eigeninteresse der Klägerin gehört (Zöller, vor §§ 50, Rn. 44 ff.). Richtig ist auch, dass ein rechtsschutzwürdiges Eigeninteresse an der Prozessführung gegeben ist, wenn die Entscheidung Einfluss auf die eigene Rechtslage des Prozessführungsbefugten hat (vgl. BGH, NJW 2009, S. 1215). Hierzu genügt auch ein wirtschaftliches Interesse (vgl. BGHZ 119, 242; BGH, NJW 1995, S. 3186).

Im vorliegenden Fall hat die Klägerin am gesamten Mietobjekt Ilextwiete ein lebenslanges grundbuchrechtlich verbrieftes Nießbrauchrecht und damit ein schutzwürdiges Eigeninteresse an der Prozessführung (vgl. BGH, Urteil vom 23.01.2009, V ZR 197/07 zu den Erhaltungspflichten des Nießbrauchers) wie durch anliegenden Grundbuchauszug (Grundbuch Horn Geest, Band 34, Blatt 000852, S. 1 und 7) bewiesen wird.

B e w e i s: Anlage K10 – Grundbuchauszug Horn Geest – 2 Seiten

Die Zulässigkeit der Klage dürfte damit bewiesen sein.

3. Materiell rechtlich bleibt nochmals festzuhalten, dass der Beklagte seit Jahren durch erhebliche (insbesondere) nächtliche Lärmbelästigungen (u. a. Türen schmeißen, Geschirr zerschlagen, laute Musik usw.) auffällt, sodass eine Nachtruhe der anderen Mieter im Haus unmöglich ist. Es liegt insoweit ein vertragswidriger Gebrauch durch den Beklagten vor, der zur erfolgten Kündigung berechtigte.

Dies wurde alles eingehend unter Beweis gestellt.

Sofern es zu einem Gerichtstermin kommt, wird schon jetzt beantragt, die Klägerin, die bereits über 90 Jahre alt ist, vom persönlichen Erscheinen zu entbinden.

4. Auf das gesamte erstinstanzliche Vorbringen der Klägerin, insbesondere in den Schriftsätzen vom 18.03.20.., 13.05.20.. und 29.05.20.. einschließlich der dortigen Beweisantritte wird ergänzend Bezug genommen.

Sollte das Berufungsgericht in der einen oder anderen Frage eine Ergänzung des Vortrags für erforderlich halten, wird um richterlichen Hinweis nach § 139 ZPO gebeten.

(Reddemann)
Rechtsanwalt

Vertritt die Kanzlei den Berufungsbeklagten, ist die Berufungsschrift des Berufungsklägers zu überprüfen und gegebenenfalls der Antrag zu stellen, die Berufung zurückzuweisen.

Muster: Berufung (3)

Rechtsanwalt Uli Reddemann, Buchenweg 3, 00000 Waldstadt   Waldstadt, 18.05.20..

Landgericht Itzehoe
Theodor-Heuss-Platz 3
25524 Itzehoe

Az.: 340 S 122/16 (Az. des AG Elmshorn: 123 C 455/16)

In Sachen Hund, Norbert ./. Schönfelder, Saskia

wird beantragt

die Berufung zurückzuweisen.

B e g r ü n d u n g :
===============

Das amtsgerichtliche Urteil ist sachlich und rechtlich nicht zu beanstanden. Auf die zutreffenden Entscheidungsgründe, das Terminsprotokoll und den Schriftsatz vom 25.03.20.. wird ausdrücklich Bezug genommen, um Wiederholungen zu vermeiden.

Der Kläger trägt nunmehr eindeutig falsch vor, indem er behauptet, dass die Beklagte die Neuverlegung des Parketts durchgeführt habe. Dies ist nachweislich falsch und auch durch den Vortrag der Streitverkündeten hinreichend belegt. Eine Zurechnung im Hinblick auf die Beklagte ist ausgeschlossen.

Im Kaufrecht ist anerkannt, dass der Vorlieferant, von dem der Verkäufer die Kaufsache seinerseits erworben hat, nicht Erfüllungsgehilfe des Verkäufers in dessen Verhältnis zum Käufer ist (vgl. BGH, Urteil vom 12.01.1989 – III ZR 231/87). Insoweit ist die Entscheidungsfindung des Amtsgerichts nicht zu beanstanden.

Die Berufung ist daher zurückzuweisen.

Sofern das Gericht weiteren Vortrag für erforderlich hält, wird um richterlichen Hinweis gebeten.

(Reddemann)
Rechtsanwalt

Folge

Ist die Berufung unzulässig, wird sie verworfen. Die Verwerfung der Berufung als unzulässig kann nach *§ 522 Abs. 1 ZPO* entweder durch Beschluss oder durch Urteil ergehen. Erfolgt sie durch Beschluss, ist dagegen gem. *§ 522 Abs. 1 S. 4 ZPO* die Rechtsbeschwerde eröffnet, und zwar unabhängig von der Wertgrenze des *§ 26 Nr. 8 EGZPO* (BGH, Beschluss vom 04.09.2002 – VIII ZB 23/02). Erfolgt die Verwerfung durch Urteil, so ist dagegen das Rechtsmittel der Nichtzulassungsbeschwerde statthaft, und zwar auch dann, wenn die ansonsten für die Nichtzulassungsbeschwerde geltende Wertgrenze von 20 000,00 € nicht überschritten ist.

Das Berufungsgericht soll die zulässige Berufung gem. *§ 522 Abs. 2 ZPO* durch Beschluss unverzüglich zurückweisen, wenn es einstimmig davon überzeugt ist, dass

- die Berufung offensichtlich keine Aussicht auf Erfolg hat,
- die Rechtssache keine grundsätzliche Bedeutung hat,
- die Fortbildung des Rechts oder die Sicherung einer einheitlichen Rechtsprechung eine Entscheidung des Berufungsgerichts nicht erfordert und
- eine mündliche Verhandlung nicht geboten ist.

Eine zulässige und begründete Berufung führt in aller Regel zur Änderung des angefochtenen Urteils.

Hinsichtlich des Prüfungsumfangs ist darauf zu achten, dass neue Tatsachen nur eingeschränkt zugelassen werden *(§§ 529, 531 ZPO)*.

Anschlussberufung

Der Berufungsbeklagte kann sich der Berufung anschließen *(§§ 524 ZPO)*. Die Anschließung erfolgt durch Einreichung der Berufungsanschlussschrift beim Berufungsgericht.

Die Anschließung ist auch statthaft, wenn der Berufungsbeklagte auf die Berufung verzichtet hat oder die Berufungsfrist verstrichen ist. Sie ist zulässig bis zum Ablauf der dem Berufungsbeklagten gesetzten Frist zur Berufungserwiderung.

Die Anschlussberufung muss in der Anschlussschrift begründet werden *(§ 524 Abs. 3 ZPO)*.

Die Anschließung verliert ihre Wirkung, wenn die Berufung zurückgenommen, verworfen oder durch Beschluss zurückgewiesen wird *(§ 524 Abs. 4 ZPO)*.

1.1.2 Revision

Zulässigkeit

Die Revision ist ein Rechtsmittel, mit dem die rechtliche Überprüfung eines Berufungsurteils des Landgerichts oder des Oberlandesgerichts durch den Bundesgerichtshof (BGH) begehrt wird *(§§ 542–566 ZPO)*. Die Nachprüfung beschränkt sich darauf, ob eine Gesetzesbestimmung nicht oder nicht richtig angewendet ist (Revisionsgrund; *§§ 545–547 ZPO*), und zwar auf der Grundlage des vom Berufungsgericht festgestellten Tatbestandes. Dies bedeutet, dass die Revision im Gegensatz zur Berufung keine Tatsacheninstanz ist und kein neuer Sachvortrag, der also nicht schon in der Berufungsinstanz in das Verfahren eingeführt wurde, berücksichtigt wird.

Die Revision findet gegen die in der Berufungsinstanz erlassenen Endurteile statt *(§ 542 Abs. 1 ZPO)*.

Die Revision findet nur statt, wenn sie

- das Berufungsgericht in dem Urteil oder
- das Revisionsgericht auf Beschwerde gegen die Nichtzulassung

zugelassen hat *(§ 543 ZPO)*.

Die Revision ist zuzulassen, wenn

- die Rechtssache grundsätzliche Bedeutung hat oder
- die Fortbildung des Rechts oder die Sicherung einer einheitlichen Rechtsprechung eine Entscheidung des Revisionsgerichts erfordert.

Das Revisionsgericht ist an die Zulassung durch das Berufungsgericht gebunden.

Beispiel:
Paul Körner klagt in II. Instanz vor dem OLG Celle gegen Tom Breuer. Das OLG entscheidet gegen Paul Körner. Der Senat lässt aber die Revision zum BGH ausdrücklich zu, da es abweichende Entscheidungen zur gleichen rechtlichen Thematik vom OLG München und vom OLG Düsseldorf gibt.

Fristen

Die Frist für die Einlegung der Revision (Revisionsfrist) beträgt einen Monat; sie ist eine Notfrist und beginnt mit der Zustellung des in vollständiger Form abgefassten Berufungsurteils, spätestens aber mit dem Ablauf von fünf Monaten nach der Verkündung *(§ 548 ZPO)*.

Beispiel:
Fristbeginn ist die Zustellung, beispielsweise der 04.05. (§ 548 ZPO). Beginn der Fristberechnung ist der Tag danach, also der 05.05., 00:00 Uhr (§ 187 Abs. 1 BGB). Fristende (Monatsfrist) ist der 04.06., 24:00 Uhr (§ 188 Abs. 2 BGB).

Form

Die Revision wird durch Einreichung der Revisionsschrift bei dem Revisionsgericht eingelegt. Die Revisionsschrift muss nach *§ 549 Abs. 1 ZPO* enthalten:

- die Bezeichnung des Urteils, gegen das die Revision gerichtet wird
- die Erklärung, dass gegen dieses Urteil Revision eingelegt werde

Darüber hinaus sollen die Schriftsätze nach *§§ 549 Abs. 2, 130 ZPO* enthalten:

- die Bezeichnung der Parteien und ihrer gesetzlichen Vertreter nach Namen, Stand oder Gewerbe, Wohnort und Parteistellung; die Bezeichnung des Gerichts und des Streitgegenstandes; die Zahl der Anlagen
- die Anträge, welche die Partei in der Gerichtssitzung zu stellen beabsichtigt
- die Angabe der zur Begründung der Anträge dienenden tatsächlichen Verhältnisse
- die Erklärung über die tatsächlichen Behauptungen des Gegners
- die Bezeichnung der Beweismittel, derer sich die Partei zum Nachweis oder zur Widerlegung tatsächlicher Behauptungen bedienen will, sowie die Erklärung über die von dem Gegner bezeichneten Beweismittel
- die Unterschrift der Person, die den Schriftsatz verantwortet; bei Übermittlung durch einen Telefaxdienst (Telekopie) die Wiedergabe der Unterschrift in der Kopie

Muster: Revision

Rechtsanwalt am BGH Jürgen Trumpf, Rechtsweg 1,   Karlsruhe, 13.11.20..
77777 Karlsruhe

Bundesgerichtshof
Herrenstraße 45 a
76133 Karlsruhe

Az.: Es wird gebeten, die Geschäftsnummer alsbald bekannt zu geben.

In Sachen Timmert, Rainer ./. Bramfeld, Thomas

Revisionsschrift

Rainer Timmert, Osdorfer Born 111, 22549 Hamburg

– Beklagter und Berufungskläger und Revisionskläger –

Prozessbevollmächtigter II. Instanz: Rechtsanwalt Uli Reddemann,
                                                   Buchenweg 3, 00000 Waldstadt

gegen

Thomas Bramfeld, Horster Weg 222, 22559 Hamburg

– Kläger und Berufungsbeklagter und Revisionsbeklagter –

Prozessbevollmächtigter II. Instanz: Rechtsanwältin Isabel Tarp,
                                                   Bielefelder Straße 12, 22589 Hamburg

Für den Beklagten lege ich gegen das Urteil des Oberlandesgerichts Hamburg, verkündet am ..., zugestellt am ..., Aktenzeichen I. Instanz: ..., Aktenzeichen II. Instanz: ..., das zugelassene Rechtsmittel der

Revision

ein.

Anträge und Begründung bleiben einem gesonderten Schriftsatz vorbehalten.

Es wird gebeten, die Geschäftsnummer alsbald bekannt zu geben.

Das vollständige Urteil des OLG Hamburg vom ..., dessen Rückgabe erbeten wird, sowie beglaubigte Abschriften sind beigefügt.

(Trumpf)
Rechtsanwalt am BGH

Begründung

Der Revisionskläger muss die Revision begründen. Die Revisionsbegründung ist, sofern sie nicht bereits in der Revisionsschrift enthalten ist, in einem Schriftsatz bei dem Revisionsgericht einzureichen *(§ 551 ZPO)*.

Die Revisionsbegründung muss enthalten:

- die Erklärung, inwieweit das Urteil angefochten und dessen Aufhebung beantragt werde (Revisionsanträge)
- die Angabe der Revisionsgründe, und zwar:
  - die bestimmte Bezeichnung der Umstände, aus denen sich die Rechtsverletzung ergibt
  - soweit die Revision darauf gestützt wird, dass das Gesetz in Bezug auf das Verfahren verletzt sei, die Bezeichnung der Tatsachen, die den Mangel ergeben

Folge

Ist eine Revision zulässig und begründet, kann das Revisionsgericht vorherige Entscheidungen ganz oder teilweise aufheben oder abändern. Zudem kann die Revisionsinstanz den Rechtsstreit an die Vorinstanz zur erneuten Verhandlung und Entscheidung zurückverweisen. Sofern es keiner weiteren Klärungen bedarf, kann ein Revisionsgericht auch eine eigene Entscheidung fällen. In diesen Fällen ist von sogenanntem „Durchentscheiden" die Rede. Bleibt die Revision hingegen erfolglos, tritt mit ihr die Rechtskraft des angegriffenen Urteils ein, die ansonsten durch ihr Einlegen gehemmt ist.

Sprungrevision

Eine besondere Form der Revision stellt die sogenannte Sprungrevision dar. Gegen die im ersten Rechtszug erlassenen Endurteile, die ohne Zulassung der Berufung unterliegen, findet auf Antrag unter Übergehung der Berufungsinstanz unmittelbar die Revision (Sprungrevision) nach *§ 566 Abs. 1 ZPO* statt, wenn

- der Gegner in die Übergehung der Berufungsinstanz einwilligt und
- das Revisionsgericht die Sprungrevision zulässt.

Der Antrag auf Zulassung der Sprungrevision sowie die Erklärung der Einwilligung gelten als Verzicht auf das Rechtsmittel der Berufung.

Die Zulassung ist durch Einreichung eines Schriftsatzes (Zulassungsschrift) bei dem Revisionsgericht zu beantragen *(§ 566 Abs. 2 ZPO)*.

Die Sprungrevision ist nach, *§ 566 Abs. 4 ZPO* nur zuzulassen, wenn

- die Rechtssache grundsätzliche Bedeutung hat oder
- die Fortbildung des Rechts oder die Sicherung einer einheitlichen Rechtsprechung eine Entscheidung des Revisionsgerichts erfordert.

Die Sprungrevision kann nicht auf einen Mangel des Verfahrens gestützt werden.

Da die Revision nur über einen beim BGH zugelassenen Anwalt erfolgen kann und die Anzahl dieser mit nur knapp 50 sehr begrenzt ist, wird für das weitere Verfahren auf spezielle Literatur verwiesen.

1.1.3 Sofortige Beschwerde

Sind Berufung und Revision gegen eine gerichtliche Entscheidung der Amts- und Landgerichte in der ersten Instanz (insbesondere Beschlüsse und Verfügungen gem. *§ 329 ZPO*) nicht zulässig, so können diese durch sofortige Beschwerde nach *§ 567 ZPO* einer gerichtlichen Kontrolle unterzogen werden. Gegen Entscheidungen über Kosten (Kostenbeschluss nach *§ 91a ZPO*) ist die Beschwerde nur zulässig, wenn der Wert des Beschwerdegegenstands 200,00 € übersteigt *(§ 567 Abs. 2 ZPO)*. Der Beschwerdegegner kann sich der Beschwerde anschließen, selbst wenn er auf die Beschwerde verzichtet hat oder die Beschwerdefrist verstrichen ist. Die Anschließung verliert ihre Wirkung, wenn die Beschwerde zurückgenommen oder als unzulässig verworfen wird *(§ 567 Abs. 3 ZPO)*. Die sofortige Beschwerde ist, soweit keine andere Frist bestimmt ist, binnen einer Notfrist von zwei Wochen bei dem Gericht, dessen Entscheidung angefochten wird, oder bei dem Beschwerdegericht durch Einreichung einer Beschwerdeschrift einzulegen.

Beispiel:
Der Beschluss des Gerichts wird am Donnerstag, 03.05., zugestellt. Die Frist für die sofortige Beschwerde läuft am Donnerstag, 17.05., um 24:00 Uhr ab (§§ 188 Abs. 2, 187 Abs. 1 BGB).

Eine Verlängerung oder Verkürzung von Notfristen ist nicht möglich.

Die Beschwerdeschrift muss die Bezeichnung der angefochtenen Entscheidung sowie die Erklärung enthalten, dass Beschwerde gegen diese Entscheidung eingelegt werde. Die Notfrist beginnt, soweit nichts anderes bestimmt ist, mit der Zustellung der Entscheidung, spätestens mit dem Ablauf von fünf Monaten nach der Verkündung des Beschlusses *(§ 569 ZPO)*.

Die Beschwerde kann gem. *§ 569 Abs. 3 ZPO* auch durch Erklärung zu Protokoll der Geschäftsstelle eingelegt werden, wenn

1. der Rechtsstreit im ersten Rechtszug nicht als Anwaltsprozess zu führen ist oder war,
2. die Beschwerde die Prozesskostenhilfe betrifft oder
3. sie von einem Zeugen, Sachverständigen oder Dritten erhoben wird.

Sofern das Gericht oder der Vorsitzende, dessen Entscheidung angefochten wird, die Beschwerde für begründet erachtet, so haben sie ihr abzuhelfen; andernfalls ist die Beschwerde unverzüglich dem Beschwerdegericht vorzulegen *(§ 572 ZPO)*. Die Entscheidung über die Beschwerde ergeht ebenfalls durch Beschluss.

Beispiel:
Partei A und Partei B haben einen Prozess vor dem Landgericht geführt, im Rahmen des Verfahrens dann aber die Hauptsache übereinstimmend für erledigt erklärt. Das Gericht hat daraufhin nach § 91a ZPO über die Kosten des Rechtsstreits durch Beschluss entschieden und darin die Kosten gegeneinander aufgehoben. Dies bedeutet, jede Partei trägt die eigenen Anwaltskosten (soweit entstanden) selbst und die Gerichtskosten trägt jede Partei zur Hälfte.

Partei A ist mit dieser Entscheidung nicht einverstanden und legt über ihren Anwalt sofortige Beschwerde beim Landgericht ein. Dieses überprüft seine eigene Entscheidung nochmals und kann ihr abhelfen, also die Entscheidung ändern oder die Sache dem Beschwerdegericht – hier das Oberlandesgericht – zur Klärung vorlegen.

Muster: Sofortige Beschwerde

(Das Amtsgericht hatte es abgelehnt ein selbstständiges Beweisverfahren durchzuführen.)

Rechtsanwalt Uli Reddemann, Buchenweg 3, 00000 Waldstadt   Waldstadt, 10.11.20..

Amtsgericht Hamburg-Harburg
Buxtehuder Str. 9
21073 Hamburg

Az.: 333 C 140/16

In Sachen Trimm, Susanne u. a. ./. Ransberg, Klaus

wird gegen den Beschluss des AG Hamburg-Harburg vom 02.11.20.. die

sofortige Beschwerde,

hilfsweise das zulässige Rechtsmittel eingelegt.

Soweit das Amtsgericht der Entscheidung nicht selbst abhilft, wird die Vorlage beim LG Hamburg beantragt.

B e g r ü n d u n g :
===============
Der Antrag der Antragsteller ist nach § 485 Abs. 2 ZPO zulässig.
Unverständlich und nicht hinnehmbar ist bereits, dass das Amtsgericht die Antragsteller nicht vor Erlass des Beschlusses auf seine möglichen Einwände hingewiesen hat, § 139 ZPO.

Darüber hinaus verkennt das Amtsgericht, dass in einem selbstständigen Beweisverfahren der Sachvortrag eines Antragstellers hinsichtlich des Hauptanspruchs, zu dessen Geltendmachung die Begutachtung dienen soll, grundsätzlich nicht auf Schlüssigkeit oder Erheblichkeit zu prüfen ist, vgl. BGH, III ZB 33/04, und insoweit der Begriff des „rechtlichen Interesses" sehr weit zu fassen ist.

In der vorliegenden Sache waren die Parteien unstreitig durch Mietvertrag verbunden. Die Antragsteller beabsichtigen Schadensersatz aus diversen Rechtspositionen gegen den Antragsgegner, aufgrund der eindeutigen Schadstoffbelastung in den Wohnräumen geltend zu machen. Insoweit ist sowohl das Rechtsverhältnis, der mögliche Prozessgegner als auch der Anspruch eindeutig zu bestimmen, sodass ein rechtliches

Interesse nicht zu verneinen ist. Zu allen Schadensersatzpositionen hätten die Antragsteller in einem möglichen Hauptsacheverfahren umfassend vorzutragen.

Der Wert der Sachen soll ja nun gerade aufgrund der Unkenntnis der Antragsteller im Hinblick auf den aktuellen Zeitwert im Rahmen dieses Verfahrens unverzüglich ermittelt werden, insoweit können und müssen die Antragsteller auch keine Angaben zum Wert machen. Den Antragstellern liegt bereits eine gutachterliche Stellungnahme des Gutachters Dipl. Ing. Manfred Block und eines Privatgutachters zur Schadstoffbelastung vor. Diese werden jedoch erst soweit erforderlich in einem Hauptsacheverfahren vorgelegt werden. Der Mieterverein zu Hamburg hat den Antragsgegner allerdings bereits mit Schreiben vom 05.05.20.. auf die erheblich schadstoffbelastete Wohnung hingewiesen.

B e w e i s: ASt. 1 – Schreiben vom 05.05.20..

Dass die Gegenseite dies nunmehr weiterhin bestreitet, ist auch vor dem Hintergrund, dass mehrere Vormieter das Gleiche erlebt haben und krank geworden sind, irrelevant.

Die Antragsteller haben hier aus mehreren Gründen ein rechtliches Interesse, den Wert der Gegenstände ermitteln zu lassen. Die Gegenstände wurden aufgrund ihrer Schadstoffbelastung vom Hausstand isoliert und extra eingelagert, sind also örtlich und räumlich begrenzt anhand der Liste bestimmbar, was hinreichend ist.

Hierfür zahlen die Antragsteller monatlich 218,50 € an Lagerkosten, was ein zügiges Verfahren im Rahmen der Beweissicherung erforderlich macht und nicht ein langwieriges Hauptsacheverfahren nach sich ziehen sollte.

Den Antragstellern ist nunmehr zur Vermeidung eines gerichtlichen Verfahrens daran gelegen, auch die Schadensersatzpositionen hinsichtlich des Hausstandes zu ermitteln, um den Antragsgegner außergerichtlich alle Positionen aufzugeben und soweit möglich eine Einigung zu erzielen und einen Rechtsstreit zu vermeiden.

Der Antragsgegner kann nicht darauf verwiesen werden, dies in einem Hauptsacheverfahren zu tun. Auch ist es den Antragstellern mangels Quittungen, Rechnungen usw. nicht möglich, Schätzwerte für den eingelagerten Hausstand anzugeben, insbesondere nicht vor dem Hintergrund, dass sich mehrere antike Möbel unter den zu begutachtenden befinden und insoweit der aktuelle Zeitwert festzustellen ist.

(Reddemann)
Rechtsanwalt

Gegen die im ersten Rechtszug durch Beschluss ergangenen Endscheidungen der **Amtsgerichte als Familiengerichte** findet ebenfalls das Rechtsmittel der Beschwerde statt (*§ 58 FamFG*).

Die Beschwerde steht nach *§ 59 Abs. 1 FamFG* jedem zu, der durch den Beschluss in seinen Rechten beeinträchtigt ist. In vermögensrechtlichen Angelegenheiten ist die Beschwerde aber nur zulässig, wenn

- der Wert des Beschwerdegegenstandes 600,00 € übersteigt oder
- wenn das Gericht des ersten Rechtszugs die Beschwerde zugelassen hat *(§ 61 FamFG)*.

Die Beschwerde ist nach *§ 63 Abs. 1 FamFG*, soweit gesetzlich keine andere Frist bestimmt ist, binnen einer Frist von einem Monat einzulegen. Die Frist beträgt nach *§ 63 Abs. 2 FamFG* zwei Wochen, wenn sie sich gegen folgende Entscheidungen richtet:

- Endentscheidungen im Verfahren der einstweiligen Anordnung oder
- Entscheidungen über Anträge auf Genehmigung eines Rechtsgeschäfts

1.2 Sonstige Rechtsbehelfe

1.2.1 Erinnerung

Gegen Entscheidungen des beauftragten oder ersuchten Richters *(§§ 361, 362 ZPO)* oder des Urkundsbeamten der Geschäftsstelle kann die Entscheidung des Gerichts im Wege der Erinnerung beantragt werden *(§ 573 ZPO)*. Entscheidungen des Rechtspflegers fallen nicht unter *(§ 573 ZPO)*. Im Grundsatz gelten für sie die allgemeinen Vorschriften des *§ 11 Abs. 1 RPflG*. Die Erinnerung ist innerhalb einer Notfrist von zwei Wochen schriftlich oder zu Protokoll der Geschäftsstelle einzulegen. Anwaltszwang besteht nicht *(§ 573 Abs. 1 S. 2, 78 Abs. 3 ZPO)*.

> Eine Verlängerung oder Verkürzung von Notfristen ist nicht möglich. Notfristen laufen trotz des Ruhens des Verfahrens weiter. Bei Versäumung einer Notfrist ist Wiedereinsetzung in den vorigen Stand möglich.

Gegen die im ersten Rechtszug ergangene Entscheidung des Gerichts über die Erinnerung findet die sofortige Beschwerde statt *(§ 573 Abs. 2 ZPO)*. Die Erinnerung nach § 573 ZPO spielt im erstinstanzlichen Verfahren in der Praxis keine besondere Rolle.

LF 11 Kap. 1.1.3

Beispiel:
Tanja Benkendorf hat vor dem Amtsgericht ein Urteil erstritten. Der Urkundsbeamte der Geschäftsstelle weigert sich jedoch, die Vollstreckungsklausel zu erteilen. Nunmehr ist nach § 573 ZPO die Erinnerung das korrekte Rechtsmittel. Es entscheidet das Prozessgericht; gegen dessen Entscheidung ist die sofortige Beschwerde gem. § 573 Abs. 2 ZPO statthaft.

Muster: Erinnerung

Rechtsanwalt Uli Reddemann, Buchenweg 3, 00000 Waldstadt   Waldstadt, 01.06.20..

Amtsgericht Hamburg-Blankenese
Dormienstraße 7
22587 Hamburg

Az.: 444 C 190/16

In Sachen Müller, Stefan u. a. ./. Benkendorf, Tanja
wird gegen den Beschluss des AG Hamburg-Blankenese vom 27.05.20.. die

Erinnerung

nach § 573 ZPO, hilfsweise das zulässige Rechtsmittel eingelegt.

Ich beantrage

unter Aufhebung des angefochtenen Beschlusses den Urkundsbeamten der Geschäftsstelle anzuweisen, die Vollstreckungsklausel auf dem Urteil vom 29.04.20.., Az. 444 C 190/16, anzubringen.

B e g r ü n d u n g :
==============
Ausweislich des vorgelegten Vollstreckungstitels ist der Schuldner verpflichtet, 5000,00 € an die Gläubigerin zu zahlen. Dieser Verpflichtung ist der Schuldner bisher nicht nachgekommen, weshalb die Gläubigerin mit Antrag vom 02.05.20.. die Ausfertigung einer Vollstreckungsklausel auf dem Vollstreckungstitel beantragte.

Der Urkundsbeamte der Geschäftsstelle hat mit dem angefochtenen Beschluss vom 27.05.20.. die Ausfertigung der Klausel ohne nachvollziehbare Begründung verweigert. Die Auffassung des Urkundsbeamten ist aus nachfolgenden Gründen jedoch unzutreffend: ...

Zum Nachweis der Richtigkeit der Angaben der Gläubigerin wird auf die vorliegende Prozessakte Bezug genommen.
Sofern der Urkundsbeamte der Erinnerung nicht aus den vorstehenden Gründen abhilft, möge diese das Prozessgericht entscheiden.

(Reddemann)
Rechtsanwalt

1.2.2 Rechtsbeschwerde

Gegen einen Beschluss ist nach *§ 574 Abs. 1 ZPO* (oder *§ 70 FamFG*) die Rechtsbeschwerde statthaft, wenn

- dies im Gesetz ausdrücklich bestimmt ist oder
- das Beschwerdegericht, das Berufungsgericht oder das Oberlandesgericht im ersten Rechtszug sie in dem Beschluss zugelassen hat.

In den Fällen des Absatzes 1 Nr. 1 ist nach *§ 574 Abs. 2 ZPO* die Rechtsbeschwerde nur zulässig, wenn

- die Rechtssache grundsätzliche Bedeutung hat oder
- die Fortbildung des Rechts oder die Sicherung einer einheitlichen Rechtsprechung eine Entscheidung des Rechtsbeschwerdegerichts erfordert.

Nach *§ 574 Abs. 3 ZPO* ist in den Fällen des Absatzes 1 Nr. 2 die Rechtsbeschwerde zuzulassen, wenn die Voraussetzungen des Absatzes 2 vorliegen. Das Rechtsbeschwerdegericht ist an die Zulassung gebunden.

Beispiel:
Das Amtsgericht hatte den Erlass eines Pfändungs- und Überweisungsbeschlusses mit der Begründung abgelehnt, dem Rechtsanwalt entstünden bei der Zwangsvollstreckung in eigener Sache keine Gebühren und Auslagen. Das Landgericht hat die dagegen gerichtete sofortige Beschwerde als unbegründet zurückgewiesen. Auf die dann erhobene Gehörsrüge nach § 321a ZPO hat die Einzelrichterin die Rechtsbeschwerde wegen der grundsätzlichen Bedeutung der Sache zugelassen.

Die Zivilprozessordnung sieht ausnahmslos keine Beschwerde gegen die Nichtzulassung einer Rechtsbeschwerde vor. Der Weg einer außerordentlichen Beschwerde ist nicht eröffnet (BGHZ 150, 133 ff.) und verfassungsrechtlich auch nicht geboten (vgl. BVerfGE 107, 395 ff.).

Der Rechtsbeschwerdegegner kann sich nach *§ 574 Abs. 4 ZPO* bis zum Ablauf einer Notfrist von einem Monat nach der Zustellung der Begründungsschrift der Rechtsbeschwerde durch Einreichen der Rechtsbeschwerdeanschlussschrift beim Rechtsbeschwerdegericht anschließen, auch wenn er auf die Rechtsbeschwerde verzichtet hat, die Rechtsbeschwerdefrist verstrichen oder die Rechtsbeschwerde nicht zugelassen worden ist. Die Anschlussbeschwerde ist in der Anschlussschrift zu begründen. Die Anschließung verliert ihre Wirkung, wenn die Rechtsbeschwerde zurückgenommen oder als unzulässig verworfen wird.

Da die Rechtsbeschwerde ebenso wie die Nichtzulassungsbeschwerde nur durch einen beim BGH zugelassenen Rechtsanwalt eingelegt und begründet werden kann, wird diesbezüglich auf weitergehende Spezialliteratur verwiesen.

1.2.3 Wiedereinsetzung in den vorigen Stand

Ein nicht unwesentlicher Teil von Anwaltsfehlern betrifft Fristversäumnisse. Von großer Bedeutung ist daher die Wiedereinsetzung in den vorigen Stand, die dagegen in gewissem Maße Hilfe bietet. Die Wiedereinsetzung wird in Klausuren meist mit Fristberechnungsfragen kombiniert *(§ 222 ZPO i. V. m. §§ 187 ff. BGB)*. War eine Partei ohne ihr Verschulden verhindert, eine Notfrist oder die Frist zur Begründung der Berufung, der Revision, der Nichtzulassungsbeschwerde oder der Rechtsbeschwerde oder die Frist des § 234 Abs. 1 ZPO einzuhalten, so ist ihr auf Antrag Wiedereinsetzung in den vorigen Stand zu gewähren, d. h., nur dann ist der Antrag begründet.

Beispiel:
Wiedereinsetzungsgründe können sein: Unfall, plötzliche schwere Erkrankung, Krankenhausaufenthalt, Briefverlust durch die Post, unrichtige Auskunft von Gerichtspersonen

Ein Fehlen des Verschuldens wird vermutet, wenn eine Rechtsbehelfsbelehrung unterblieben oder fehlerhaft ist *(§ 233 ZPO)*. Die Wiedereinsetzung muss innerhalb einer zweiwöchigen Frist beantragt werden. Die Frist beträgt einen Monat, wenn die Partei verhindert ist, die Frist zur Begründung der Berufung, der Revision, der Nichtzulassungsbeschwerde oder der Rechtsbeschwerde einzuhalten, *(§ 234 ZPO)*. Eine Fristverlängerung ist nicht möglich *(§ 224 Abs. 2 ZPO)*.

Die Form des Antrags auf Wiedereinsetzung richtet sich nach den Vorschriften, die für die versäumte Prozesshandlung gelten. Der Antrag muss die Angabe der die Wiedereinsetzung begründenden Tatsachen enthalten; diese sind bei der Antragstellung oder im Verfahren über den Antrag glaubhaft zu machen. Innerhalb der Antragsfrist ist die versäumte Prozesshandlung nachzuholen; ist dies geschehen, so kann Wiedereinsetzung auch ohne Antrag gewährt werden. Die Frist beginnt mit dem Tag, an dem das Hindernis behoben ist. Nach Ablauf eines Jahres, von dem Ende der versäumten Frist an gerechnet, kann die Wiedereinsetzung nicht mehr beantragt werden (*§ 236 ZPO*). Über den Antrag auf Wiedereinsetzung entscheidet das Gericht, dem die Entscheidung über die nachgeholte Prozesshandlung zusteht (*§ 237 ZPO*).

Wichtig ist, dass sich die Partei gem. *§ 85 Abs. 2 ZPO* Fehler des Anwalts, d.h. auch Fehler von Sozien oder juristischen Mitarbeitern wie Referendaren, zurechnen lassen muss.

Die Partei muss sich jedoch nicht Fehler von Erfüllungsgehilfen des Anwalts (Rechtsanwaltsfachangestellte, Büroangestellte) zurechnen lassen, da § 278 BGB in der ZPO nicht gilt.

Gerade um diese Fehler geht es jedoch häufig in der Praxis. Dem Anwalt darf kein Organisations- und Überwachungsverschulden zur Last liegen: Er muss also insbesondere für einwandfreie Büroorganisation und/oder Fristenkontrolle sorgen, z.B. durch Fristenbuch, Unterrichtung, Beaufsichtigung und Kontrolle der Angestellten, und deren Einhaltung glaubhaft machen.

Ansonsten haftet der Rechtsanwalt für ein Verschulden persönlich bzw. durch seine Berufshaftpflichtversicherung, die er zwingend nach *§ 51 BRAO* haben muss. Die Mindestversicherungssumme liegt bei 250 000,00 €. Der selbstständige oder angestellte Anwalt bekommt seine Zulassungsurkunde nur dann, wenn er einen entsprechenden Schutz nachweisen kann. Die Zulassung wird widerrufen, wenn kein Versicherungsschutz mehr besteht.

Eine Entscheidung über den Wiedereinsetzungsantrag ergeht i. d. R. zusammen mit der Entscheidung über die Hauptsache in der dafür vorgesehenen Form: *§ 238 Abs. 1 ZPO*, d.h. durch Beschluss, wo die Hauptsache keine mündliche Verhandlung erfordert, sonst durch Urteil. Vom Gericht tenoriert würde beispielsweise: *„Der Wiedereinsetzungsantrag des Beklagten gegen die Versäumung der Frist zur Berufung gegen das Urteil ... wird zurückgewiesen und die Berufung gegen das Urteil ... als unzulässig verworfen."*

Tenor: der Teil einer gerichtlichen Entscheidung, der den wesentlichen Entscheidungsinhalt zusammenfassend umschreibt, also z. B., ob der Beklagte verurteilt wird, an den Kläger die eingeklagte Summe zu bezahlen, oder ob die Klage abgewiesen wird.

Beispiel:
Die Beklagte hat gegen das ihr am 22.10.20.. zugestellte Urteil am 14.11.20.. Berufung eingelegt, diese jedoch erst nach Ablauf der Berufungsbegründungsfrist am 05.01.20.. begründet. Gegen die Versäumung der Berufungsbegründungsfrist hat sie Wiedereinsetzung in den vorigen Stand beantragt und zur Begründung vorgetragen, ursächlich für die Fristversäumung sei ein Versehen der Kanzleiangestellten Petra Engel, einer zuverlässigen und mit dem Fristenwesen vertrauten Kraft. Der Prozessbevollmächtigte der Beklagten habe bei Zustellung des Urteils die schriftliche Anweisung erteilt, den Ablauf der Berufungsfrist und den der Berufungsbegründungsfrist (22.12.20..), jeweils mit Vorfrist, im Fristenkalender zu vermerken. Die Kanzleiangestellte Petra Engel habe auf dem Aktenvermerk hinsichtlich beider Fristen einen Erledigungsvermerk angebracht, versehentlich aber nur die Berufungsfrist nebst Vorfrist, nicht dagegen die Berufungsbegründungsfrist im Kalender eingetragen. Zur Glaubhaftmachung hat die Beklagte Ablichtung des betreffenden Aktenvermerks sowie eine eidesstattliche Versicherung der

Kanzleiangestellten Petra Engel vorgelegt. Hierzu hat der BGH zum Az. VIII ZB 32/04 nach Rechtsbeschwerde entschieden: Nach dem Vorbringen der Beklagten im Wiedereinsetzungsverfahren ist Ursache der Fristversäumung ein Versehen der zuverlässigen und mit dem Fristenwesen vertrauten Kanzleiangestellten Petra Engel bei der Ausführung der ihr schriftlich erteilten Anweisung zur Notierung der Berufungsbegründungsfrist. Dass es sich hierbei um ein Versehen handelte, hat die Kanzleiangestellte Petra Engel eidesstattlich versichert. Konkrete Umstände, die Zweifel an der Glaubhaftigkeit ihrer eidesstattlichen Versicherung begründen könnten, hat das Berufungsgericht nicht festgestellt. Damit ist ein Geschehensablauf glaubhaft gemacht, bei dem nach der ständigen Rechtsprechung des Bundesgerichtshofs Wiedereinsetzung in den vorigen Stand zu gewähren ist. Soweit das Berufungsgericht darüber hinaus zur Glaubhaftmachung eines Versehens die Darlegung von Gründen fordert, die das Versehen erklären könnten, überspannt es die an die Glaubhaftmachung eines Wiedereinsetzungsgrundes zu stellenden Anforderungen.

Muster: Berufungseinlegung und Wiedereinsetzung in den vorigen Stand

Rechtsanwalt Uli Reddemann, Buchenweg 3, 00000 Waldstadt   Waldstadt, 05.05.20..

Landgericht Stuttgart
Urbanstr. 20
70182 Stuttgart

Az.: neu (Az. des Amtsgerichts: 433 C 123/16)

Berufung und Wiedereinsetzungsantrag

In dem Rechtsstreit Kromholtz, Sven, Hofweg 17, 70138 Stuttgart

– Kläger und Berufungsbeklagter –

Prozessbevollmächtigter: -

gegen

Reinecke, Alexander, Thiesstraße 23, 70122 Stuttgart

– Beklagter und Berufungskläger –

Prozessbevollmächtigter: Rechtsanwalt Uli Reddemann, Buchenweg 3, 00000 Waldstadt

lege ich gegen das am 01.04.20.. verkündete, dem Berufungskläger am 08.04.20.. zugestellte Urteil des Amtsgerichts Stuttgarts

Berufung

ein, mit dem Antrag,

die Klage unter Aufhebung des angefochtenen Urteils abzuweisen.
Eine Ausfertigung/Kopie des angefochtenen Urteils ist in der Anlage beigefügt.

Wegen der Versäumung der Berufungsfrist beantrage ich zudem

> **Wiedereinsetzung in den vorigen Stand.**
>
> Es wird angeregt, das Verfahren zunächst auf die Verhandlung und Entscheidung über den Wiedereinsetzungsantrag zu beschränken.
>
> B e g r ü n d u n g :
> ================
> Das angefochtene Urteil wurde dem Beklagten am 08.04.20.. zugestellt. Dieser war jedoch wegen einer Erkrankung vom 07.04.20.. bis 29.04.20.. im Krankenhaus. Anliegend füge ich ärztliche Bescheinigung bei.
>
> G l a u b h a f t m a c h u n g :   Ärztliche Bescheinigung vom 29.04.20..
>
> Ihm war es deshalb nicht möglich, innerhalb der gesetzten Frist Kontakt zu dem Unterzeichner aufzunehmen, sodass fristgerecht Berufung hätte eingelegt werden können. Aus diesem Grunde ist nunmehr eine Wiedereinsetzung in den vorigen Stand geboten.
>
> Beglaubigte und einfache Abschrift anbei.
>
>
> (Reddemann)
> Rechtsanwalt

1.2.4 Widerspruch gegen den Mahnbescheid

Das Mahnverfahren wird durch Einreichung eines Antrags auf Erlass eines Mahnbescheids eingeleitet. Aufgrund dieses Antrags wird ein Mahnbescheid erlassen, welcher dem Antragsgegner förmlich durch die Post zugestellt wird. Der Antrag kann ohne Zuhilfenahme eines Anwaltes gestellt werden.

Der Antragsgegner hat nach Zustellung des Mahnbescheids zwei Wochen lang Zeit, entweder die durch den Antragsteller geltend gemachte Forderung zu begleichen oder Widerspruch einzulegen *(§ 692 Abs. 1 Nr. 3 ZPO)*. Dieser Widerspruch kann schriftlich auch ohne den amtlichen Vordruck eingelegt werden. Es empfiehlt sich jedoch, aus Gründen einer zügigen Bearbeitung möglichst das vom Mahngericht zur Verfügung gestellte Formular zu verwenden.

Anträge auf Erlass eines Mahnbescheids im gerichtlichen Mahnverfahren sind in maschinell-lesbarer Form einzureichen. Für die weiteren Verfahrensanträge galt das bislang nicht. Das ändert sich zum 1. Januar 2018. Das Gesetz zur Einführung der elektronischen Akte in der Justiz und zur weiteren Förderung des elektronischen Rechtsverkehrs vom 5. Juli 2017 (BGBl I, S. 2208) sieht für das automatisierte Mahnverfahren über den Antrag auf Erlass eines Mahnbescheids hinaus bei weiteren Anträgen eine Nutzungsverpflichtung vor:
- Antrag auf Neuzustellung des Mahnbescheids,
- Antrag auf Erlass des Vollstreckungsbescheids und
- Antrag auf Neuzustellung des Vollstreckungsbescheids.

Die Regelung tritt zum 1. Januar 2018 in Kraft. Die Nutzungsverpflichtung auch für den Widerspruch folgt zum 1. Januar 2020.

Sonstige Rechtsbehelfe

Muster: Amtliches Widerspruchsformular

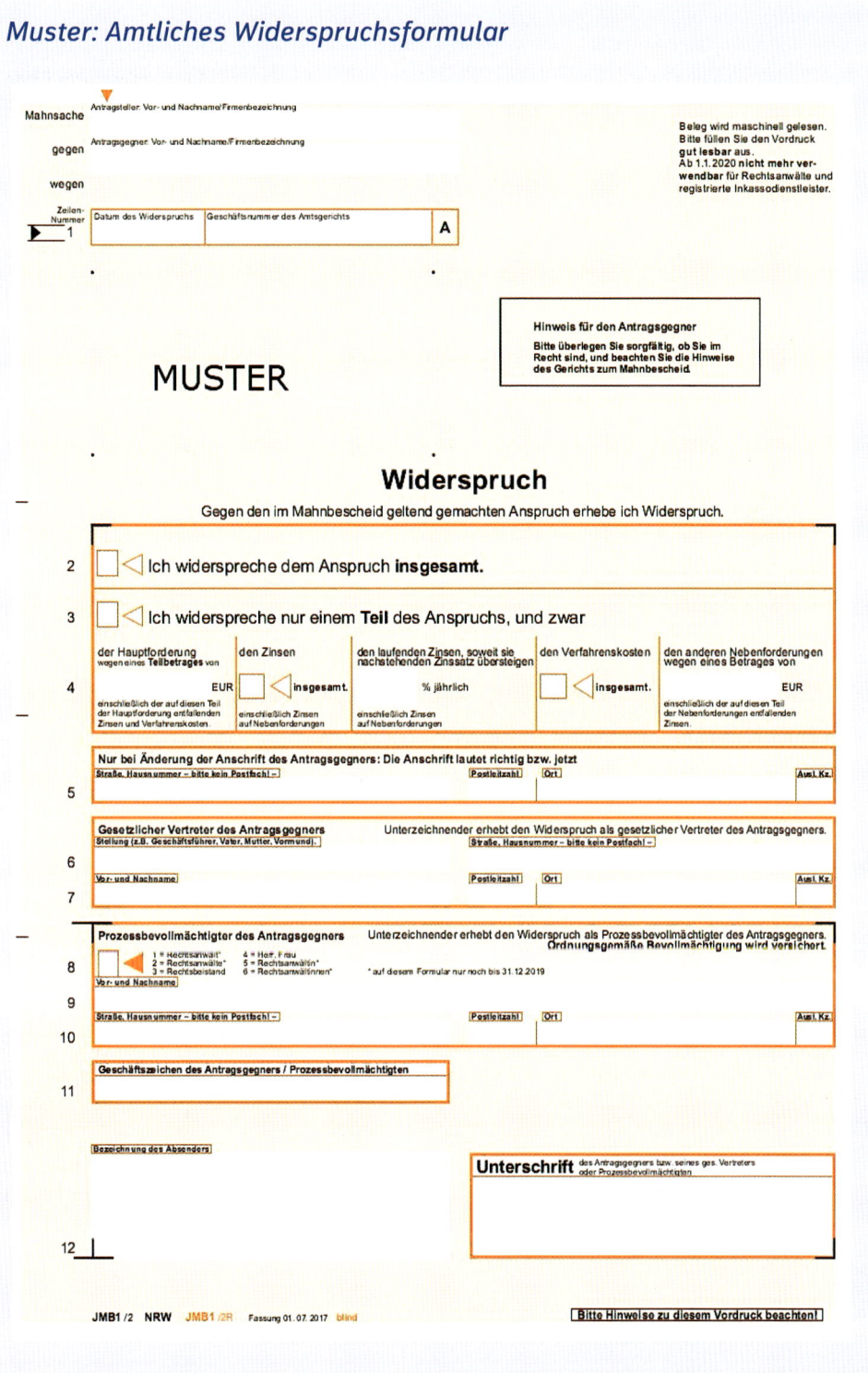

Beispiel:
Wurde der Mahnbescheid am 17.01. zugestellt, läuft die Frist am 31.01., 24:00 Uhr, ab. Wenn der Antragsgegner beispielsweise erst am 04.02. Widerspruch einlegt, ist dieser eigentlich verspätet. Solange aber vom Mahngericht noch kein Vollstreckungsbescheid erlassen worden ist, wird dieser dennoch als wirksam behandelt und beachtet.

Wäre zum Zeitpunkt des Widerspruchs durch den Antragsgegner der Vollstreckungsbescheid bereits erlassen worden, hätte das Gericht den Widerspruch des Antragsgegners als Einspruch gegen den Vollstreckungsbescheid gewertet.

Wenn der Antragsgegner Widerspruch gegen den Mahnbescheid eingelegt hat, erhält der Antragsteller vom Mahngericht eine entsprechende Nachricht zusammen mit einer Kostenrechnung für ein streitiges Verfahren. Das Mahnverfahren ist mit der Einlegung des Widerspruchs abgeschlossen. Wenn der Anspruch vom Antragsteller weiter verfolgt werden soll, muss ein streitiges Verfahren vor dem zuständigen Gericht (je nach Streitwert vor dem Amts- oder Landgericht) durchgeführt werden. In diesem streitigen Verfahren wird der Anspruch aus dem Mahnbescheid im Rahmen eines normalen Zivilprozesses mit Klage und Klageerwiderung und eventueller Beweisaufnahme verhandelt und gegebenenfalls durch Vergleich oder Urteil entschieden. Eine Abgabe an dieses Gericht erfolgt jedoch erst dann, wenn die Kosten für das weitere Verfahren vom Antragsteller an die Gerichtskasse gezahlt worden sind.

Falls nur ein Teil der im Mahnbescheid enthaltenen Forderung vom Antragsgegner anerkannt wird, kann hinsichtlich des restlichen Teils **Teilwiderspruch** eingelegt werden, d. h., der Widerspruch wird dann auf den strittigen Teil beschränkt. In diesem Fall kann das Verfahren hinsichtlich des widersprochenen Teils nur durch Durchführung eines streitigen Verfahrens vor dem Prozessgericht fortgeführt werden, bezüglich des nicht widersprochenen Teils kann vom Antragsteller Antrag auf Erlass eines Vollstreckungsbescheids gestellt werden.

1.2.5 Nichtzulassungsbeschwerde

Die Nichtzulassung der Revision durch das Berufungsgericht unterliegt der Beschwerde (Nichtzulassungsbeschwerde – § 544 ZPO). Die Beschwerde ist innerhalb einer Notfrist von einem Monat nach Zustellung des in vollständiger Form abgefassten Urteils, spätestens aber bis zum Ablauf von sechs Monaten nach der Verkündung des Urteils bei dem Revisionsgericht einzulegen.

Beispiel:
Ein Landgericht fällt ein Urteil in der Berufungsinstanz, die Revision wird nicht zugelassen. Das Urteil wird zugestellt am Montag, 13.08. Die Frist für die Nichtzulassungsbeschwerde läuft am Montag, 13.09., ab. Die Begründungsfrist läuft am 15.10. ab, da der 13.10. ein Samstag ist.

Das Revisionsgericht ist immer der BGH, sodass sich die Partei bei der Einlegung der Nichtzulassungsbeschwerde gem. *§ 78 Abs. 1 ZPO* immer durch einen beim BGH zugelassenen Anwalt vertreten lassen muss.

Mit der Beschwerdeschrift soll eine Ausfertigung oder beglaubigte Abschrift des Urteils, gegen das die Revision eingelegt werden soll, vorgelegt werden.

Die Beschwerde ist innerhalb von zwei Monaten nach Zustellung des in vollständiger Form abgefassten Urteils, spätestens aber bis zum Ablauf von sieben Monaten nach der Verkündung des Urteils zu begründen.[1]

Das Revisionsgericht entscheidet über die Beschwerde durch Beschluss. Der Beschluss soll kurz begründet werden; von einer Begründung kann abgesehen werden, wenn sie nicht geeignet wäre, zur Klärung der Voraussetzungen beizutragen, unter denen eine Revision zuzulassen ist, oder wenn der Beschwerde stattgegeben wird. Die Entscheidung über die Beschwerde ist den Parteien zuzustellen.

Die Einlegung der Beschwerde hemmt die Rechtskraft des Urteils. Wird der Beschwerde gegen die Nichtzulassung der Revision stattgegeben, so wird das Beschwerdeverfahren als Revisionsverfahren fortgesetzt. In diesem Fall gilt die form- und fristgerechte Einlegung der Nichtzulassungsbeschwerde als Einlegung der Revision. Mit der Zustellung der Entscheidung beginnt die Revisionsbegründungsfrist.

Ist die Revision aufgrund einer Nichtzulassungsbeschwerde zugelassen worden, kann zur Begründung der Revision auf die Begründung der Nichtzulassungsbeschwerde Bezug genommen werden.

1.2.6 Einspruch

Gegen einen Vollstreckungsbescheid

Gegen einen Vollstreckungsbescheid kann Einspruch eingelegt werden. Dies ist in den folgenden Fällen sinnvoll:

- Dem Antragsteller oder der Antragstellerin steht die Forderung
    - überhaupt nicht,
    - nicht in der geltend gemachten Höhe oder
    - nicht zum jetzigen Zeitpunkt zu.
- Der Antragsteller oder die Antragstellerin nimmt eine falsche Person in Anspruch.

Der Einspruch gegen den Vollstreckungsbescheid muss bei dem Gericht, das den Vollstreckungsbescheid erlassen hat, eingelegt werden:

- schriftlich oder
- bei der Geschäftsstelle des Gerichts zur Niederschrift

Dies kann formlos geschehen.

---

[1] *Im Rahmen dieses Werks wird auf ein Muster verzichtet, da die Komplexität der Begründung einer Nichtzulassungsbeschwerde den Ausbildungsrahmen sprengen würde. Es wird daher auf die einschlägige Spezialliteratur verwiesen, sofern der spätere Arbeitgeber in diesem Bereich tätig ist.*

Muster: Einspruch gegen Vollstreckungsbescheid

Rechtsanwalt Uli Reddemann, Buchenweg 3, 00000 Waldstadt   Waldstadt, 01.09.20..

Amtsgericht Köln
Luxemburger Str. 101
50939 Köln

Az.: 222 C 123/16

In Sachen Ramm, Thomas ./. Wesseling, Björn

erhebe ich für den Antragsgegner gegen den am 28.08.20.. erlassenen Vollstreckungsbescheid des Amtsgerichts Köln

Einspruch.

Rein vorsorglich **beantrage** ich hiermit überdies, die Zwangsvollstreckung vorläufig einzustellen.

B e g r ü n d u n g :
===============
Der Antragsteller hat gegen den Antragsgegner keinerlei Ansprüche. Ausweislich der beigefügten Anlage 1 war Vertragspartner des Antragstellers Herr Stefan Ramm und nicht der hier in Anspruch genommene Thomas Ramm. Die Forderung des Antragstellers kann somit nicht gegen den Antragsgegner geltend gemacht werden.

Aus diesem Grunde ist der Vollstreckungsbescheid aufzuheben.

(Reddemann)
Rechtsanwalt

 Ein Einspruch gegen den Vollstreckungsbescheid schiebt eine Zwangsvollstreckung nicht hinaus. Hat das Gericht schon Maßnahmen der Zwangsvollstreckung eingeleitet, kann Vollstreckungsschutz beim zuständigen Gericht beantragt werden.

Die Frist für den Einspruch gegen den Vollstreckungsbescheid beträgt zwei Wochen nach Zustellung des Vollstreckungsbescheids *(§§ 700, 339 ZPO)*.

 Wurde gegen den Mahnbescheid verspätet Widerspruch erhoben, wertet das Gericht dies als Einspruch gegen den Vollstreckungsbescheid.

Gegen ein Versäumnisurteil

Grundgedanke der Regelungen zum Versäumnisurteil ist es, eine Entscheidung im Rechtsstreit auch dann herbeizuführen, wenn eine Partei (Kläger oder Beklagter) ihre Mitwirkung in diesem unterlässt. Das Gesetz unterscheidet hierbei zwischen dem Versäumnisurteil gegen den Kläger *(§ 330 ZPO)* und den Beklagten *(§ 331 ZPO)*. Der wesentliche Unterschied liegt darin, dass gegenüber dem säumigen Kläger keine Schlüssigkeitsprüfung erfolgt. Auch gegen ein solches Versäumnisurteil kann Einspruch eingelegt werden *(§ 338 ZPO)*.

Beim Einlegen eines Einspruchs ist insbesondere die Frist von zwei Wochen nach Zustellung des Versäumnisurteils zu beachten *(§ 339 ZPO)*. Wird also innerhalb dieser zwei Wochen kein Einspruch eingelegt, ist das Versäumnisurteil rechtskräftig.

Der Einspruch wird durch Einreichung der Einspruchsschrift bei dem Prozessgericht eingelegt *(§ 340 ZPO)*.

Die Einspruchsschrift muss enthalten:

- die Bezeichnung des Urteils, gegen das der Einspruch gerichtet wird
- die Erklärung, dass gegen dieses Urteil Einspruch eingelegt werde

Soll das Urteil nur zum Teil angefochten werden, so ist der Umfang der Anfechtung zu bezeichnen.

In der Einspruchsschrift hat die Partei ihre Angriffs- und Verteidigungsmittel, soweit es nach der Prozesslage einer sorgfältigen und auf Förderung des Verfahrens bedachten Prozessführung entspricht, sowie Rügen, die die Zulässigkeit der Klage betreffen, vorzubringen. Auf Antrag kann der Vorsitzende für die Begründung die Frist verlängern, wenn nach seiner freien Überzeugung der Rechtsstreit durch die Verlängerung nicht verzögert wird oder wenn die Partei erhebliche Gründe darlegt.

Muster: Einspruch gegen Versäumnisurteil

Rechtsanwalt Uli Reddemann, Buchenweg 3, 00000 Waldstadt   Waldstadt, 09.06.20..

Amtsgericht Leipzig
Bernhard-Göring-Straße 64
04275 Leipzig

Az.: 43 CA 212/16

In Sachen Rohde, Lothar ./. Emmrich, Veronika

wird gegen das am 22.05.20.. verkündete, dem Beklagten am 30.05.20.. zugestellte Versäumnisurteil

Rechtsbehelfe

Einspruch

eingelegt.

Darüber hinaus wird beantragt,

die Zwangsvollstreckung aus dem Versäumnisurteil ohne – hilfsweise gegen – Sicherheitsleistung einzustellen.

Anträge und Begründung folgen in einem gesonderten Schriftsatz.

(Reddemann)
Rechtsanwalt

Übungsaufgaben

1. Nennen Sie drei Rechtsmittel.
2. Worin besteht der wesentliche Unterschied zwischen Rechtsbehelfen und Rechtsmitteln?
3. Gegen welche Entscheidungen kann Berufung eingelegt werden?
4. Erläutern Sie, wann eine Berufung zulässig ist.
5. Erläutern Sie in einem Satz, was bei Berufung und Revision vom Gericht überprüft wird.
6. Gegen welche Entscheidungen kann die sofortige Beschwerde eingelegt werden?
7. Wann ist eine Rechtsbeschwerde gem. *§ 574 ZPO* statthaft? Welche weiteren Voraussetzungen müssen erfüllt sein?
8. Unter welchen Voraussetzungen ist es möglich, eine Fristversäumung rückgängig zu machen?
9. Welche Möglichkeiten hat der Antragsgegner, sich gegen einen Mahnbescheid bzw. Vollstreckungsbescheid zu wehren?
10. Nennen Sie die Möglichkeit, mit der sich Prozessparteien gegen die Nichtzulassung der Revision durch das Gericht wehren können.

2 Vergütungsberechnung im Rechtsbehelfs- und Rechtsmittelverfahren

Es gelten zunächst die grundsätzlichen Anforderungen an eine ordnungsgemäße Gebührenrechnung.

LF 4
Kap.
7.3.5

Der Gegenstandswert der anwaltlichen Tätigkeit bestimmt sich gem. § 23 Abs. 1 S. 1 RVG nach dem Wert, der für die Gerichtsgebühren festgesetzt worden ist. Zu beachten ist, dass dieser Wert gem. § 32 Abs. 1 RVG sowohl für Anwalt als auch Auftraggeber bindend ist. Für den Fall, dass ein Wert für die Gerichtsgebühren nicht vorliegt, kann der Anwalt oder der Auftraggeber nach § 33 RVG eine Wertfestsetzung beantragen.

2.1 Gebührenberechnung für die Berufung

Die einschlägigen Gebührentatbestände für das Berufungsverfahren finden sich in *Teil 3, Abschnitt 2, Unterabschnitt 1 des Vergütungsverzeichnisses (VV) RVG*.

In der Berufungsinstanz fallen ebenso wie in der Eingangsinstanz gegebenenfalls drei Gebühren an:

1. Verfahrensgebühr nach Nr. 3200 (1,6)
2. Terminsgebühr nach Nr. 3202 (1,2)
3. Einigungsgebühr nach Nr. 1000, 1004 (1,3)

Das Berufungsverfahren beginnt

- für den Anwalt des Berufungsklägers mit Einlegung der Berufung und
- für den Anwalt des Berufungsbeklagten mit dem ersten auftragsgemäßen Tätigwerden nach Entgegennahme der gegnerischen Berufungsschrift.

Soweit der Anwalt noch gar keinen Auftrag hatte, Berufung einzulegen, sondern nur prüfen soll, ob eine Berufung Aussicht auf Erfolg hat, und er danach von der Einlegung der Berufung abrät, ist jedoch nicht nach *Teil 3 VV*, sondern nach *Teil 2 VV* abzurechnen.

Für diesen Fall erhält der Anwalt dann lediglich eine Prüfungsgebühr nach *Nr. 2100 VV* in Höhe von 0,5 bis 1,0. Das Ergebnis der Prüfung ist unerheblich, sodass es bei der Gebühr nach *Nr. 2100 VV* auch verbleibt, wenn der Anwalt von der Durchführung des Berufungsverfahrens abrät. Bei einer durchschnittlichen Angelegenheit kann die Rechtsmittelprüfungsgebühr in Höhe von 0,75 geltend gemacht werden.

Ist die Prüfung der Erfolgsaussicht mit einer schriftlichen Gutachtenausarbeitung verbunden, fällt eine 1,3-Gebühr nach *Nr. 2101 VV* an.

2.1.1 Prüfung der Erfolgsaussicht

Ohne Verfahrensauftrag

Möchte ein Mandant lediglich, dass sein Anwalt die Erfolgsaussicht der Berufung prüft, liegt noch kein Verfahrensauftrag hinsichtlich des Berufungsverfahrens vor. Die Gebühren richten sich in diesem Fall nach *Teil 2 VV RVG*.

Beispiel:
Tayfun Bilgin möchte, dass sein Anwalt die Erfolgsaussicht der Berufung prüft. Ein Verfahrensauftrag liegt nicht vor. Bei einer durchschnittlichen Angelegenheit und einem Wert von 10 000,00 € kann wie folgt abgerechnet werden:

Rechtsanwaltsvergütungsberechnung
berechnet nach dem Rechtsanwaltsvergütungsgesetz (RVG)

1. Rechtsmittelprüfungsgebühr, Nr. 2100 VV (0,75)
   Wert: 10 000,00 €   418,50 €
2. Pauschale für Post- u. Telekommunikationsdienstleistungen, Nr. 7002 VV   20,00 €
   Zwischensumme   438,50 €
3. 19 % Umsatzsteuer, Nr. 7008 VV   83,32 €
   Gesamtbetrag   521,82 €

Mit Verfahrensauftrag – Anrechnung

Wird dem Anwalt nach positiver Prüfung anschließend ein Verfahrensauftrag erteilt, so ist die Prüfungsgebühr auf die spätere Verfahrensgebühr anzurechnen *(Anm. zu Nr. 2100 VV RVG)*.

Beispiel:
Rechtsanwältin Isabel Tarp hat die Erfolgsaussichten einer Berufung geprüft und erhält daraufhin den Auftrag, Berufung einzulegen. Im anschließenden Berufungsverfahren (Wert: 20 000,00 €) kommt es zu einer mündlichen Verhandlung.

1. Prüfungsverfahren

Rechtsanwaltsvergütungsberechnung
berechnet nach dem Rechtsanwaltsvergütungsgesetz (RVG)

1. Rechtsmittelprüfungsgebühr, Nr. 2100 VV (0,75)
   Wert: 20 000,00 €   556,50 €
2. Pauschale für Post- u. Telekommunikationsdienstleistungen, Nr. 7002 VV   20,00 €
   Zwischensumme   576,50 €
3. 19 % Umsatzsteuer, Nr. 7008 VV   109,54 €
   Gesamtbetrag   686,04 €

2. Berufungsverfahren

Rechtsanwaltsvergütungsberechnung berechnet nach dem Rechtsanwaltsvergütungsgesetz (RVG)	
1. Verfahrensgebühr, Nr. 3200 VV (1,6) Wert: 20 000,00 €	630,70 €
2. Terminsgebühr, Nr. 3202 VV (1,2) Wert: 20 000,00 €	890,40 €
3. Pauschale für Post- u. Telekommunikationsdienstleistungen, Nr. 7002 VV	20,00 €
Zwischensumme	1 541,10 €
4. 19 % Umsatzsteuer, Nr. 7008 VV	292,81 €
Gesamtbetrag	1 833,91 €

Die Gebühr *Nr. 3200* VV in Höhe von 1 187,20 € ist durch Anrechnung der Gebühr *Nr. 2100* VV in Höhe von 556,50 € erloschen.

2.1.2 Vergütungsberechnung für den Anwalt des Berufungsklägers

Volle Verfahrensgebühr

Für den Anwalt des Berufungsklägers beginnt das Berufungsverfahren durch Einreichung der Berufungsschrift bei dem Berufungsgericht *(§ 519 Abs. 1 ZPO).*

Beispiel:
Rechtsanwalt Roland Theiß hat für seinen Mandanten Rüdiger Wimmer gegen ein Urteil des Amtsgerichts (Wert: 3000,00 €) auftragsgemäß zunächst zur Fristwahrung Berufung beim zuständigen Landgericht eingelegt. Nach eingehender Prüfung und nach Rücksprache mit Rüdiger Wimmer nimmt Rechtsanwalt Norbert Theiß die Berufung noch vor Ablauf der Berufungsbegründungsfrist zurück.

Hier entsteht die volle Verfahrensgebühr nach Nr. 3200 VV.

Rechtsanwaltsvergütungsberechnung berechnet nach dem Rechtsanwaltsvergütungsgesetz (RVG)	
1. Verfahrensgebühr, Nr. 3200 VV (1,6) Wert: 3 000,00 €	321,60 €
2. Pauschale für Post- u. Telekommunikationsdienstleistungen, Nr. 7002 VV	20,00 €
Zwischensumme	341,60 €
3. 19 % Umsatzsteuer, Nr. 7008 VV	64,90 €
Gesamtbetrag	406,50 €

Beschränkte Berufung – mehrere Auftraggeber

Sofern die Berufung beschränkt wird, richtet sich die Abrechnung gem. § 47 Abs. 1 S. 1 RVG nach dem Wert des beschränkten Auftrags. Wird die Berufung begründet, entstehen dadurch keine weiteren Gebühren, da die volle Gebühr bereits durch die Einlegung der Berufung ausgelöst worden ist.

Vergütungsberechnung im Rechtsbehelfs- und Rechtsmittelverfahren

Beispiel:
Kevin Körner und Mauro Rizzoli sind vom Landgericht verurteilt worden, 14 500,00 € an Deniz Demirci zu zahlen. Gegen diese Verurteilung legt der Anwalt von Kevin Körner und Mauro Rizzoli zunächst Frist wahrend Berufung ein, ohne Anträge zu stellen.
In seiner späteren Berufungsbegründung beantragt er nach Prüfung die Abänderung des erstinstanzlichen Urteils, soweit Kevin Körner und Mauro Rizzoli zur Zahlung von mehr als 5 000,00 € verurteilt wurden. Nach einem Hinweisbeschluss des Gerichts wird die Berufung zurückgenommen.

Die Abrechnung hat hier nach dem Wert 9 500,00 € (14 500,00 € – 5 000,00 €) zu erfolgen, da der gestellte Antrag maßgebend ist. Da mehrere Auftraggeber vertreten werden, gilt auch in der Rechtsmittelinstanz nach *Nr. 1008 VV RVG* eine Erhöhung um 0,3 je weiterem Auftraggeber, maximal 2,0.

Rechtsanwaltsvergütungsberechnung berechnet nach dem Rechtsanwaltsvergütungsgesetz (RVG)	
1. Verfahrensgebühr, Nr. 3200 VV (1,6) Wert: 9 500,00 €	892,80 €
Erhöhung mehrere Auftraggeber, Nr. 1008 VV (0,3) Wert: 9 500,00 €	167,40 €
2. Pauschale für Post- u. Telekommunikationsdienstleistungen, Nr. 7002 VV	20,00 €
Zwischensumme	1 080,20 €
3. 19 % Umsatzsteuer, Nr. 7008 VV	205,24 €
Gesamtbetrag	1 285,44 €

Ermäßigte Verfahrensgebühr

Wenn der Anwalt den Auftrag erhält, Berufung einzulegen, hat er zunächst die Erfolgsaussichten zu prüfen und sein Ergebnis der Mandantschaft mitzuteilen. Sofern die Berufung danach keine oder nur geringe Aussicht auf Erfolg hat, wird der Anwalt abraten und der Mandant i. d. R. davon absehen, Berufung einzulegen. Die Vergütung des Anwalts richtet sich nunmehr nach *Nr. 3200, 3201 Nr. 1 VV RVG* und es entsteht nur eine reduzierte 1,1-Verfahrensgebühr.

Beispiel:
Rechtsanwältin Ines Loose hat von Tobias Reichardt den Auftrag bekommen, Berufung beim Landgericht gegen ein Urteil des Amtsgerichts (Herausgabeklage, Wert: 1 800,00 €) einzulegen. Nach eingehender Prüfung rät sie jedoch von einer Berufung ab, die dann auch nicht mehr durchgeführt wird.

Gebührenberechnung für die Berufung

Rechtsanwaltsvergütungsberechnung	
berechnet nach dem Rechtsanwaltsvergütungsgesetz (RVG)	
1. Verfahrensgebühr, Nr. 3201, 3200 VV (1,1)	
Wert: 1 800,00 €	165,00 €
2. Pauschale für Post- u. Telekommunikationsdienstleistungen, Nr. 7002 VV	20,00 €
Zwischensumme	185,00 €
3. 19 % Umsatzsteuer, Nr. 7008 VV	35,15 €
Gesamtbetrag	220,15 €

 Wenn der erstinstanzlich Unterlegene zunächst nur Frist wahrend Berufung einlegt und diese dann, ohne dass sie begründet wurde, zurücknimmt, fällt ebenfalls nur eine Gebühr nach *Nr. 3201 VV RVG* an.

2.1.3 Vergütungsberechnung für den Anwalt des Berufungsbeklagten

Volle Verfahrensgebühr

Für den Anwalt des Berufungsbeklagten beginnt das Berufungsverfahren nach *Vorbemerkung 3 Abs. 2 VV RVG* bereits mit Betreiben des Geschäfts einschließlich der Informationsannahme. Voraussetzung für die Entstehung der Verfahrensgebühr ist, dass der Anwalt für den Beklagten die Abwehr der Klage übernehmen soll und der Anwalt irgendeine Tätigkeit zur Ausführung dieses prozessbezogenen Auftrags vorgenommen hat.

Beispiel:
Rechtsanwältin Hatice Soysal legt für ihren Mandanten Theo Mester gegen die erstinstanzliche Verurteilung des Landgerichts zur Zahlung von 27 500,00 € Berufung beim Oberlandesgericht ein und beantragt, das Urteil aufzuheben und die Klage abzuweisen.

Hier entsteht ebenfalls die 1,6-Verfahrensgebühr nach *Nr. 3200 VV.*

Rechtsanwaltsvergütungsberechnung	
berechnet nach dem Rechtsanwaltsvergütungsgesetz (RVG)	
1. Verfahrensgebühr, Nr. 3200 VV (1,6)	
Wert: 27 500,00 €	1 380,80 €
2. Pauschale für Post- u. Telekommunikationsdienstleistungen, Nr. 7002 VV	20,00 €
Zwischensumme	1 400,80 €
3. 19 % Umsatzsteuer, Nr. 7008 VV	266,15 €
Gesamtbetrag	1 666,95 €

Ermäßigte Verfahrensgebühr

Sofern es an einem Schriftsatz fehlt, der Sachanträge oder Sachvortrag enthält, entsteht lediglich die ermäßigte 1,1-Verfahrensgebühr nach *Anmerkung Abs. 1 Nr. 1 zu Nr. 3201 VV.* Dies ist der Fall, wenn

- der Anwalt sich gegenüber dem Gericht legitimiert und lediglich mitteilt, dass er seinen Mandanten im Berufungsverfahren vertritt,
- der Anwalt des Berufungsbeklagten auf Anfrage des Gerichts einer Verlängerung der Berufungsbegründungsfrist nach *§ 520 Abs. 2 S. 2 ZPO* widerspricht,
- der Anwalt dem Gericht lediglich mitteilt, dass die Parteien sich auf eine vergleichsweise Erledigung des Rechtsstreits verständigt haben, den Vergleichstext mitteilt und darauf hinweist, dass das Gericht das Zustandekommen und den Inhalt im Beschlusswege festhalten kann.

Es handelt sich dabei lediglich um einen das Verfahren vor dem Gericht betreffenden Antrag.

Beispiel:
Bilal Günes hat seine Klage vor dem Amtsgericht gegen Alexander Heintz gewonnen (Wert: 3 000,00 €). Alexander Heintz legt nunmehr durch seinen Anwalt Berufung zum Landgericht ein. Bilal Günes beauftragt seinen Anwalt, sich zunächst nur bei Gericht zu legitimieren und seine Verteidigungsbereitschaft anzuzeigen.

Hier entsteht nur die 1,1-Verfahrensgebühr, da die Bestellung des Anwalts im Berufungsverfahren noch kein Sachantrag darstellt.

Rechtsanwaltsvergütungsberechnung
berechnet nach dem Rechtsanwaltsvergütungsgesetz (RVG)

1. Verfahrensgebühr, Nr. 3201, 3200 VV (1,1) Wert: 3 000,00 €	221,10 €
2. Pauschale für Post- u. Telekommunikationsdienstleistungen, Nr. 7002 VV	20,00 €
Zwischensumme	241,10 €
3. 19 % Umsatzsteuer, Nr. 7008 VV	45,81 €
Gesamtbetrag	286,91 €

Hätte der Anwalt zusammen mit seiner Bestellung bereits die Zurückweisung der Berufung beantragt, wäre die volle 1,6-Verfahrensgebühr angefallen. Eine Berufungsbegründung ist dafür nicht erforderlich.

2.1.4 Terminsgebühr

Volle Gebühr

Es gibt mehrere Möglichkeiten für den Anwalt (sowohl des Berufungsklägers als auch des Berufungsbeklagten), im Berufungsverfahren neben der Verfahrensgebühr auch die volle 1,2-Terminsgebühr nach *Nr. 3202 VV RVG* zu verdienen. Dies ist nach *Vorbemerkung 3 Abs. 3 VV* der Fall, wenn

- der Anwalt im Berufungsverfahren an einem gerichtlichen Termin vor dem Senat bzw. der Kammer teilnimmt,
- er an Besprechungen mitwirkt, die auf die Vermeidung oder Erledigung des Verfahrens gerichtet sind, auch ohne Beteiligung des Gerichts. Dies gilt nicht für Besprechungen mit dem Auftraggeber.

Beispiel:
Leander Pollmann lässt von seinem Anwalt gegen seine erstinstanzliche Verurteilung zur Zahlung von 8 000,00 € Berufung einlegen und begründen. Noch vor der mündlichen Verhandlung wird die Berufung in Höhe von 3 000,00 € zurückgenommen.

Hier verdienen beide Anwälte die Verfahrensgebühr nach *Nr. 3200 VV* und die Terminsgebühr nach *Nr. 3202 VV*, allerdings aufgrund der Teilrücknahme nur nach dem geringeren Wert.

Rechtsanwaltsvergütungsberechnung berechnet nach dem Rechtsanwaltsvergütungsgesetz (RVG)	
1. Verfahrensgebühr, Nr. 3100 VV (1,3) Wert: 8 000,00 €	592,80 €
2. Terminsgebühr, Nr. 3104 VV (1,2) Wert: 5 000,00 €	363,60 €
3. Pauschale für Post- u. Telekommunikationsdienstleistungen, Nr. 7002 VV	20,00 €
Zwischensumme	976,40 €
4. 19% Umsatzsteuer, Nr. 7008 VV	185,52 €
Gesamtbetrag	1 161,92 €

Die Terminsgebühr entsteht auch dann nach *Anmerkung Abs. 1 zu Nr. 3202 VV i. V. m. Anmerkung Abs. 1 Nr. 1 zu Nr. 3104 VV* vollumfänglich, wenn im Einverständnis mit den Parteien oder gem. *§ 307 ZPO* durch Anerkenntnisurteil ohne mündliche Verhandlung entschieden oder ein schriftlicher Vergleich geschlossen wird.

Beispiel:
Jakob Brunner lässt von seiner Anwältin gegen seine erstinstanzliche Verurteilung zur Zahlung von 20 000,00 € Berufung einlegen und begründen. Im Einverständnis der Parteien entscheidet das Gericht im schriftlichen Verfahren.

Neben der Verfahrensgebühr nach *Nr. 3200 VV* entsteht die 1,2-Terminsgebühr hier nach *Anmerkung 2 zu Nr. 3202 VV i. V. m. Anmerkung Abs. 1 Nr. 1 zu Nr. 3104 VV*.

Rechtsanwaltsvergütungsberechnung berechnet nach dem Rechtsanwaltsvergütungsgesetz (RVG)	
1. Verfahrensgebühr, Nr. 3200 VV (1,6) Wert: 20 000,00 €	1 187,20 €
2. Terminsgebühr, Nr. 3202 VV (1,2) Wert: 20 000,00 €	890,40 €
3. Pauschale für Post- u. Telekommunikationsdienstleistungen, Nr. 7002 VV	20,00 €
Zwischensumme	2 097,60 €
4. 19% Umsatzsteuer, Nr. 7008 VV	398,54 €
Gesamtbetrag	2 496,14 €

Reduzierte Gebühr

Die Terminsgebühr *Nr. 3202 VV* reduziert sich nach *Nr. 3203 VV* auf eine 0,5-Terminsgebühr, wenn der Anwalt

- nur einen Termin wahrnimmt, in dem eine Partei oder ein Beteiligter, im Berufungsverfahren der Berufungskläger, im Beschwerdeverfahren der Beschwerdeführer, nicht erschienen oder nicht ordnungsgemäß vertreten ist,
- lediglich einen Antrag auf Versäumnisurteil oder zur Prozess-, Verfahrens- oder Sachleitung stellt.

Beispiel:
Miguel Verdejo-Espinosa lässt von seinem Anwalt gegen seine erstinstanzliche Verurteilung zur Zahlung von 6 000,00 € Berufung einlegen und begründen. Der Anwalt des Berufungsklägers erscheint allerdings nicht zum Termin zur mündlichen Verhandlung, sodass ein die Berufung zurückweisendes Versäumnisurteil ergeht.

In diesem Fall fällt nur eine 0,5-Terminsgebühr an.

Rechtsanwaltsvergütungsberechnung
berechnet nach dem Rechtsanwaltsvergütungsgesetz (RVG)

1. Verfahrensgebühr, Nr. 3200 VV (1,6) Wert: 6 000,00 €	566,40 €
2. Terminsgebühr, Nr. 3203, 3202 VV (0,5) Wert: 6 000,00 €	177,00 €
3. Pauschale für Post- u. Telekommunikationsdienstleistungen, Nr. 7002 VV	20,00 €
Zwischensumme	763,40 €
4. 19 % Umsatzsteuer, Nr. 7008 VV	145,05 €
Gesamtbetrag	908,45 €

 Wichtig: Bei einer Säumnis des Berufungsbeklagten ist eine Ermäßigung nicht vorgesehen, da das Gericht ohnehin die Begründetheit der Berufung von Amts wegen prüfen muss.

Keine Terminsgebühr

Die Terminsgebühr entsteht **nicht**, wenn

- das Gericht nach *§ 522 Abs. 1 oder § 2 ZPO* entscheidet,
- nur noch über die Kosten gem. *§ 128 Abs. 3 ZPO* entschieden wird.

Beispiel 1:
Der Anwalt von Thomas Beil hat gegen die erstinstanzliche Verurteilung seines Mandanten zur Zahlung von 14 000,00 € Berufung eingelegt und diese begründet. Das zuständige Landgericht verwirft die Berufung jedoch nach § 522 Abs. 1 ZPO ohne mündliche Verhandlung.

In diesem Fall fällt keine Terminsgebühr an, da in *Anmerkung Abs. 1 zu Nr. 3202 VV* i. V. m *Anmerkung Abs. 1 Nr. 1 zu Nr. 3104 VV* eine Entscheidung nach *§ 522 Abs. 1 Nr. 3 ZPO* nicht erwähnt ist.

Rechtsanwaltsvergütungsberechnung
berechnet nach dem Rechtsanwaltsvergütungsgesetz (RVG)

1. Verfahrensgebühr, Nr. 3200 VV (1,6)	
Wert: 14 000,00 €	1 040,00 €
2. Pauschale für Post- u. Telekommunikationsdienstleistungen, Nr. 7002 VV	20,00 €
Zwischensumme	1 060,00 €
3. 19 % Umsatzsteuer, Nr. 7008 VV	201,40 €
Gesamtbetrag	1 261,40 €

Beispiel 2:
Arno Daniel hat in erster Instanz verloren und über seinen Anwalt Frist wahrend Berufung eingelegt. Der Anwalt empfiehlt nach Prüfung des erstinstanzlichen Urteils, die Klagforderung aus dem Urteil in Höhe von 3 500,00 € zu zahlen, was Arno Daniel unverzüglich erledigt. Die eingelegte Berufung wird zurückgenommen. Die Gegenseite stellt einen Kostenantrag bei Gericht.

In diesem Fall entscheidet das Gericht nur noch nach *§ 128 Abs. 3 ZPO* ohne mündliche Verhandlung über die Kosten. Eine Terminsgebühr entsteht nicht.

Rechtsanwaltsvergütungsberechnung
berechnet nach dem Rechtsanwaltsvergütungsgesetz (RVG)

1. Verfahrensgebühr, Nr. 3200 VV (1,6)	
Wert: 3 500,00 €	403,20 €
2. Pauschale für Post- u. Telekommunikationsdienstleistungen, Nr. 7002 VV	20,00 €
Zwischensumme	423,20 €
3. 19 % Umsatzsteuer, Nr. 7008 VV	80,41 €
Gesamtbetrag	503,61 €

2.1.5 Gebühren der I. und der II. Instanz – Anrechnung

Gemäß *§ 15 Abs. 1 RVG* entgelten die Gebühren die gesamte Tätigkeit des Rechtsanwalts vom Auftrag bis zur Erledigung einer Angelegenheit. In gerichtlichen Verfahren kann er die Gebühren in jedem Rechtszug fordern *(§ 15 Abs. 2 S. 2 RVG)*. Zum jeweiligen Rechtszug gehören dabei auch Neben- und Abwicklungstätigkeiten, die der Gesetzgeber anhand von Regelbeispielen in *§ 19 Abs. 1 RVG* präzisiert hat. Daraus ergibt sich auch, welche Tätigkeiten er als zum Rechtszug gehörig ansieht.

Gemäß *§ 17 Nr. 1 RVG* ist das Berufungsverfahren gegenüber dem erstinstanzlichen Verfahren eine eigene Angelegenheit. Dies bedeutet, dass die Gebühren der I. und der II. Instanz jeweils gesondert anfallen und abgerechnet werden.

Beispiel:
Rechtsanwalt Jan Kudela hat Lutz Wolter in einem Rechtsstreit vor dem Amtsgericht vertreten. Dort sind die Verfahrensgebühr nach Nr. 3100 VV RVG und die Terminsgebühr nach Nr. 3104 VV RVG nach einem Streitwert in Höhe von 3 500,00 € angefallen. Wenn Rechtsanwalt Jan Kudela nunmehr Lutz Wolter auch in einer Berufungsinstanz in der mündlichen Verhandlung vertritt, werden die bereits entstandenen Gebühren nach Nr. 3100 VV und 3104 VV nicht auf die in der II. Instanz anfallenden Gebühren nach Nr. 3200 VV (Verfahrensgebühr) und Nr. 3202 VV (Terminsgebühr) angerechnet, sondern bleiben bestehen.

I. Instanz

Rechtsanwaltsvergütungsberechnung
berechnet nach dem Rechtsanwaltsvergütungsgesetz (RVG)

1. Verfahrensgebühr, Nr. 3100 VV (1,3)	
Wert: 3 500,00 €	327,60 €
2. Terminsgebühr, Nr. 3104 VV (1,2)	
Wert: 3 500,00 €	302,40 €
3. Pauschale für Post- u. Telekommunikationsdienstleistungen, Nr. 7002 VV	20,00 €
Zwischensumme	650,00 €
4. 19 % Umsatzsteuer, Nr. 7008 VV	123,50 €
Gesamtbetrag	773,50 €

II. Instanz

Rechtsanwaltsvergütungsberechnung
berechnet nach dem Rechtsanwaltsvergütungsgesetz (RVG)

1. Verfahrensgebühr, Nr. 3200 VV (1,6)	
Wert: 3 500,00 €	403,20 €
2. Terminsgebühr, Nr. 3202 VV (1,2)	
Wert: 3 500,00 €	302,40 €
3. Pauschale für Post- u. Telekommunikationsdienstleistungen, Nr. 7002 VV	20,00 €
Zwischensumme	725,60 €
4. 19 % Umsatzsteuer, Nr. 7008 VV	137,86 €
Gesamtbetrag	863,46 €

2.1.6 Einigungsgebühr

Auch im Berufungsverfahren kann wie bereits erstinstanzlich eine 1,3-Einigungsgebühr nach *Nr. 1000, 1004 VV* anfallen. Der Wert bemisst sich nach den im Berufungsverfahren anhängigen Gegenständen. Kommt es im Rahmen des Verfahrens auch über nicht anhängige Gegenstände zu einer Einigung, entsteht neben der 1,3-Einigungsgebühr aus dem Wert der im Berufungsverfahren anhängigen Gegenstände auch aus dem Mehrwert eine 1,5-Einigungsgebühr nach *Nr. 1000 VV.*

Beispiel:
Der Beklagte lässt gegen seine erstinstanzliche Verurteilung zur Zahlung von 15 000,00 € Berufung einlegen. In der mündlichen Verhandlung einigen sich die Prozessparteien über die Klageforderung und beziehen auch weitergehende bislang nicht anhängige Forderungen in Höhe von 5 000,00 € mit in den Vergleich ein.

In diesem Fall entsteht aus dem Wert 15 000,00 € nach *Nr. 3200 VV* eine 1,6-Verfahrensgebühr und eine 1,1-Verfahrensgebühr nach *Nr. 3201 VV* aus dem Wert 5 000,00 €. Die Terminsgebühr nach *Nr. 3202 VV* entsteht aus dem Gesamtwert 20 000,00 €.

Die Einigungsgebühr entsteht nach *Nr. 1004 VV* zu 1,3 aus dem Wert der im Berufungsverfahren anhängigen Gegenstände und nach *Nr. 1000 VV* zu 1,5 nach dem Wert der nicht anhängigen Gegenstände. Auch in diesem Fall ist *§ 15 Abs. 3 RVG* zu beachten:

§ 15 Abs. 3 RVG Sind für Teile des Gegenstands verschiedene Gebührensätze anzuwenden, entstehen für die Teile gesondert berechnete Gebühren, jedoch nicht mehr als die aus dem Gesamtbetrag der Wertteile nach dem höchsten Gebührensatz berechnete Gebühr.

Rechtsanwaltsvergütungsberechnung
berechnet nach dem Rechtsanwaltsvergütungsgesetz (RVG)

1. Verfahrensgebühr, Nr. 3200 VV (1,6)
   Wert: 15 000,00 €, eigentlich 1 040,00 €
2. Verfahrensgebühr, Nr. 3201, 3200 VV (1,1)
   Wert: 5 000,00 €, eigentlich 333,30 €   1 187,20 €
3. Terminsgebühr, Nr. 3202 VV (1,2)
   Wert: 20 000,00 €   890,40 €
4. Einigungsgebühr, Nr. 1000, 1004 VV (1,3)
   Wert: 15 000,00 €, eigentlich 845,00 €
5. Einigungsgebühr, Nr. 1000 VV (1,5)
   Wert: 5 000,00 €, eigentlich 454,50 €   1 113,00 €
6. Pauschale für Post- u. Telekommunikationsdienstleistungen, Nr. 7002 VV   20,00 €
Zwischensumme   3 210,60 €
7. 19 % Umsatzsteuer, Nr. 7008 VV   610,01 €
Gesamtbetrag   3 820,61 €

Die Verfahrensgebühr *Nr. 3200, 3201 VV* wurde gem. *§ 15 Abs. 3 RVG* (nicht mehr als 1,6 aus dem Wert 20 000,00 €) auf insgesamt 1 187,20 € gekürzt.

Die Einigungsgebühr *Nr. 1000, 1004 VV* wurde gem. *§ 15 Abs. 3 RVG* (nicht mehr als 1,5 aus dem Wert 20 000,00 €) auf insgesamt 1 113,00 € gekürzt.

2.2 Gebührenberechnung für die Revision

Die einschlägigen Gebührentatbestände für die Revision finden sich in *Teil 3, Abschnitt 2, Unterabschnitt 2 VV RVG*. Das Revisionsverfahren ist nach *§ 17 Nr. 1 RVG* ein neuer Rechtszug. Der Anwalt kann eine Verfahrens-, eine Termins- und eine Einigungsgebühr verdienen.

Da im Revisionsverfahren vor dem Bundesgerichtshof gem. *§ 78 ZPO* grundsätzlich Postulationszwang besteht, ist in Zivilsachen die 2,3-Verfahrensgebühr nach *Nr. 3208 VV* der Regelfall.

 Unter Postulationsfähigkeit versteht man die Fähigkeit, vor Gericht auftreten und Prozesshandlungen vornehmen zu können. Postulationsfähig ist im Parteiprozess die prozessfähige Partei und im Anwaltsprozess der von der Partei bevollmächtigte Anwalt.

Beispiel:
BGH-Anwalt Max Schrewe legt auftragsgemäß gegen die Verurteilung des Berufungsbeklagten zur Zahlung von 35 000,00 € Revision ein. Nach Hinweis des Gerichts wird diese zurückgenommen, ohne dass es bereits zu einem Termin gekommen ist.

Rechtsanwaltsvergütungsberechnung berechnet nach dem Rechtsanwaltsvergütungsgesetz (RVG)	
1. Verfahrensgebühr, Nr. 3208, 3206 VV (2,3)	
Wert: 35 000,00 €	2 157,40 €
2. Pauschale für Post- u. Telekommunikationsdienstleistungen, Nr. 7002 VV	20,00 €
Zwischensumme	2 177,40 €
3. 19 % Umsatzsteuer, Nr. 7008 VV	413,71 €
Gesamtbetrag	2 591,11 €

Endet der Auftrag vorzeitig, erhält der Anwalt nach *Nr. 3207 VV* die Verfahrensgebühr nur in Höhe von 1,1. Sofern der Anwalt am BGH zugelassen ist und sich die Parteien wie im Regelfall auch nur durch einen am BGH zugelassenen Anwalt vertreten lassen können, wird nach *Nr. 3207, 3209 VV* allerdings eine 1,8-Verfahrensgebühr verdient. Eine vorzeitige Erledigung des Auftrags ist beispielsweise dann gegeben, wenn der Anwalt zunächst Frist wahrend Revision einlegt und diese dann ohne Begründung wieder zurückzieht.

Beispiel:
Rechtsanwältin Carmen Méndez ist von ihrer Mandantin beauftragt worden, Revision einzulegen (Wert: 25 000,00 €). Nach Prüfung rät sie jedoch davon ab, sodass die Revision nicht mehr eingelegt wird.

Rechtsanwaltsvergütungsberechnung berechnet nach dem Rechtsanwaltsvergütungsgesetz (RVG)	
1. Verfahrensgebühr, Nr. 3209, 3206 VV (1,8)	
Wert: 25 000,00 €	1 418,40 €
2. Pauschale für Post- u. Telekommunikationsdienstleistungen, Nr. 7002 VV	20,00 €
Zwischensumme	1 438,40 €
3. 19 % Umsatzsteuer, Nr. 7008 VV	273,30 €
Gesamtbetrag	1 711,70 €

Für die Wahrnehmung eines Termins erhält der Anwalt nach *Nr. 3210 VV* eine 1,5-Terminsgebühr.

Beispiel:
Kanzlei Zuckermann hat für den zur Zahlung von 75 000,00 € verurteilten Berufungsbeklagten Revision eingelegt. Über diese wird beim BGH mündlich verhandelt.

Rechtsanwaltsvergütungsberechnung berechnet nach dem Rechtsanwaltsvergütungsgesetz (RVG)	
1. Verfahrensgebühr, Nr. 3208, 3206 VV (2,3) Wert: 75 000,00 €	3 065,90 €
2. Terminsgebühr, Nr. 3210 VV (1,5) Wert: 75 000,00 €	1 999,50 €
3. Pauschale für Post- u. Telekommunikationsdienstleistungen, Nr. 7002 VV	20,00 €
Zwischensumme	5 085,40 €
4. 19 % Umsatzsteuer, Nr. 7008 VV	966,23 €
Gesamtbetrag	6 051,63 €

Für den Fall, dass der **Anwalt des Revisionsklägers** nicht erscheint oder der Revisionskläger nicht ordnungsgemäß vertreten ist, und stellt der Anwalt des Revisionsbeklagten daraufhin lediglich

- einen Antrag auf Erlass eines Versäumnisurteils gegen den Revisionskläger oder
- Anträge zur Prozess- oder Sachleitung,

so entsteht nur eine 0,8-Terminsgebühr nach *Nr. 3211 VV*. Dies gilt auch dann, wenn das Gericht von Amts (also ohne Antrag) wegen zur Prozess- oder Sachleitung entscheidet.

Beispiel:
Marek Jakubowski hatte durch seinen Anwalt gegen seine Verurteilung zur Zahlung von 40 000,00 € Revision einlegen lassen. Sein Anwalt erscheint im Termin jedoch nicht, sodass auf Antrag des Revisionsbeklagten ein zurückweisendes Versäumnisurteil ergeht.

Rechtsanwaltsvergütungsberechnung berechnet nach dem Rechtsanwaltsvergütungsgesetz (RVG)	
1. Verfahrensgebühr, Nr. 3208, 3206 VV (2,3) Wert: 40 000,00 €	2 329,90 €
2. Terminsgebühr, Nr. 3211, 3210 VV (0,8) Wert: 40 000,00 €	810,40 €
3. Pauschale für Post- u. Telekommunikationsdienstleistungen, Nr. 7002 VV	20,00 €
Zwischensumme	3 160,30 €
4. 19 % Umsatzsteuer, Nr. 7008 VV	600,46 €
Gesamtbetrag	3 760,76 €

Für den Fall, dass der **Anwalt des Revisionsbeklagten** nicht erscheint oder der Revisionsbeklagte nicht ordnungsgemäß vertreten ist und

- gegen ihn ein Versäumnisurteil ergeht oder
- lediglich Anträge zur Prozess- oder Sachleitung gestellt werden,

entsteht nach *Nr. 3210 VV* immer eine 1,5-Terminsgebühr.

Beispiel:
Rechtsanwältin Maren Pius hat für ihren zur Zahlung von 65 000,00 € verurteilten Mandanten Revision eingelegt. Da niemand im Termin für den Revisionsbeklagten erscheint, ergeht Versäumnisurteil.

Rechtsanwaltsvergütungsberechnung
berechnet nach dem Rechtsanwaltsvergütungsgesetz (RVG)

1. Verfahrensgebühr, Nr. 3208, 3206 VV (2,3)
   Wert: 65 000,00 € .... 2 870,40 €
2. Terminsgebühr, Nr. 3210 VV (1,5)
   Wert: 65 000,00 € .... 1 872,00 €
3. Pauschale für Post- u. Telekommunikationsdienstleistungen, Nr. 7002 VV .... 20,00 €
   Zwischensumme .... 4 762,40 €
4. 19 % Umsatzsteuer, Nr. 7008 VV .... 904,86 €
   Gesamtbetrag .... 5 667,26 €

Sofern im Revisionsverfahren eine Einigung über die dort anhängigen Ansprüche getroffen wird, entsteht nach *Nr. 1000, 1004 VV* eine 1,3-Einigungsgebühr.

Beispiel:
Anwaltskanzlei Werfel legt für den zur Zahlung von 80 000,00 € verurteilten Berufungsbeklagten Revision ein. Im Termin vor dem BGH einigen sich die Parteien.

Rechtsanwaltsvergütungsberechnung
berechnet nach dem Rechtsanwaltsvergütungsgesetz (RVG)

1. Verfahrensgebühr, Nr. 3208, 3206 VV (2,3)
   Wert: 80 000,00 € .... 3 065,90 €
2. Terminsgebühr, Nr. 3210 VV (1,5)
   Wert: 80 000,00 € .... 1 999,50 €
3. Einigungsgebühr, Nr. 1004, 1000 VV (1,3)
   Wert: 80 000,00 € .... 1 732,90 €
4. Pauschale für Post- u. Telekommunikationsdienstleistungen, Nr. 7002 VV .... 20,00 €
   Zwischensumme .... 6 818,30 €
5. 19 % Umsatzsteuer, Nr. 7008 VV .... 1 295,48 €
   Gesamtbetrag .... 8 113,78 €

Soweit Ansprüche mit in die Einigung einbezogen werden, die nicht im Revisionsverfahren anhängig sind, erhält der Anwalt

- eine 1,0-Einigungsgebühr nach *Nr. 1000, 1003 VV*, soweit die Ansprüche erstinstanzlich anhängig sind,
- eine 1,5-Einigungsgebühr nach *Nr. 1000 VV*, soweit die Ansprüche nicht anhängig sind.

Auch hier ist *§ 15 Abs. 3 RVG* zu beachten, d. h., insgesamt darf die Summe der Einigungsgebühren eine Gebühr aus dem Höchstsatz nach dem Gesamtstreitwert nicht übersteigen.

Beispiel:
Rechtsanwalt Knut Hauser legt für den zur Zahlung von 50 000,00 € verurteilten Berufungsbeklagten Revision ein. Im Termin vor dem BGH einigen sich die Parteien und beziehen eine weitere bislang nicht gerichtlich anhängige Forderung über 30 000,00 € ein.

Rechtsanwaltsvergütungsberechnung
berechnet nach dem Rechtsanwaltsvergütungsgesetz (RVG)

1. Verfahrensgebühr, Nr. 3208, 3206 VV (2,3)
   Wert: 50 000,00 €, eigentlich 2 674,90 €
2. Verfahrensgebühr, Nr. 3209, 3206 VV (1,8)
   Wert: 30 000,00 €, eigentlich 1 553,40 €   3 065,90 €
3. Terminsgebühr, Nr. 3210 VV (1,5)
   Wert: 80 000,00 €   1 999,50 €
4. Einigungsgebühr, Nr. 1000 VV (1,5)
   Wert: 30 000,00 €, eigentlich 1 294,50 €
5. Einigungsgebühr, Nr. 1004, 1000 VV (1,3)
   Wert: 50 000,00 €, eigentlich 1 511,90 €   1 999,50 €
6. Pauschale für Post- u. Telekommunikationsdienstleistungen, Nr. 7002 VV   20,00 €
Zwischensumme   7 084,90 €
7. 19 % Umsatzsteuer, Nr. 7008 VV   1 346,31 €
Gesamtbetrag   8 431,03 €

Die Verfahrensgebühr *Nr. 3208, 3209 VV* wurde gem. *§ 15 Abs. 3 RVG* (nicht mehr als 2,3 aus dem Wert 80 000,00 €) auf insgesamt 3 065,90 € gekürzt.

Die Einigungsgebühr *Nr. 1000, 1004 VV* wurde gem. *§ 15 Abs. 3 RVG* (nicht mehr als 1,5 aus dem Wert 80 000,00 €) auf insgesamt 1 999,50 € gekürzt.

2.3 Gebührenberechnung für die sofortige Beschwerde

Die einschlägigen Gebührentatbestände für die sofortige Beschwerde finden sich in der *Nr. 3500 ff. VV RVG*. Der Anwalt erhält nach *Nr. 3500 VV* bereits durch Prüfung der Erfolgsaussicht einer Beschwerde eine 0,5-Verfahrensgebühr. Die Einreichung eines Schriftsatzes bei Gericht ist dafür nicht erforderlich.

Der Anwalt des Beschwerdegegners muss zumindest die Beschwerdeschrift entgegengenommen und diese geprüft haben, um die Gebühr zu verdienen. Sofern im Beschwerdeverfahren ausnahmsweise ein Termin (gerichtlicher Termin, Sachverständigentermin, Besprechungstermin mit Gegner) stattfindet, verdient der Anwalt nach *Nr. 3513 VV* auch eine 0,5-Terminsgebühr. Hinzu kommen kann auch eine 1,0-Einigungsgebühr nach *Nr. 1000 VV*.

Beispiel:
Das Amtsgericht hat Ralf Berk und Florian Esser als Gesamtschuldner gem. § 91a ZPO durch Beschluss die Kosten des erstinstanzlichen Verfahrens auferlegt. Ihr Anwalt legt auftragsgemäß nach § 91a Abs. 2 ZPO dagegen Beschwerde ein. Der Beschwerdewert beträgt 1 200,00 €.

Die Verfahrensgebühr erhöht sich nach *Nr. 1008 VV* auf 0,8.

Rechtsanwaltsvergütungsberechnung berechnet nach dem Rechtsanwaltsvergütungsgesetz (RVG)	
1. Verfahrensgebühr, Nr. 3500 VV (0,5) Wert: 1 200,00 €	57,50 €
Erhöhung mehrere Auftraggeber, Nr. 1008 VV (0,3) Wert: 1 200,00 €	34,50 €
2. Pauschale für Post- u. Telekommunikationsdienstleistungen, Nr. 7002 VV	18,40 €
Zwischensumme	110,40 €
3. 19 % Umsatzsteuer, Nr. 7008 VV	20,98 €
Gesamtbetrag	131,38 €

Zu beachten ist, dass der Gegenstandswert des Beschwerdeverfahrens nicht mit dem des Hauptsacheverfahrens identisch sein muss.

Beispiel:
In einem Verfahren vor dem Landgericht beträgt der Streitwert 10 000,00 €. Die Parteien streiten sich über die Eignung eines gerichtlichen Sachverständigen. Im Rahmen der Streitigkeit legt eine Partei Beschwerde gegen die Beauftragung des vom Gericht zugelassenen Sachverständigen ein. Das Landgericht setzt daraufhin den Wert des Beschwerdeverfahrens auf 2 000,00 € fest.

2.4 Gebührenberechnung für die Erinnerung

Die einschlägigen Gebührentatbestände für die Erinnerung finden sich ebenfalls in der *Nr. 3500 ff. VV RVG*. Geregelt ist eine gesonderte Vergütung nur für Angelegenheiten nach *Teil 3, Abschnitt 5 VV*.

In Erinnerungsverfahren kann der Anwalt eine 0,5-Verfahrensgebühr nach *Nr. 3500 VV* verdienen. Vertritt der Anwalt mehrere Auftraggeber wegen desselben Gegenstands, erhöht sich die Gebühr nach *Nr. 1008 VV* um 0,3 je weiterem Auftraggeber, höchstens jedoch um 2,0.

Beispiel:
Rechtsanwalt Mustafa Erdal wurde von seinem Mandanten beauftragt, gegen einen Kostenfestsetzungsbeschluss Erinnerung einzulegen, da der zuständige Rechtspfleger die geltend gemachten Fahrtkosten nicht berücksichtigt hat. Der Gegenstandswert beläuft sich auf 120,00 €.

Rechtsanwaltsvergütungsberechnung berechnet nach dem Rechtsanwaltsvergütungsgesetz (RVG)	
1. Verfahrensgebühr, Nr. 3500 VV (0,5) Wert: 120,00 €	22,50 €
2. Pauschale für Post- u. Telekommunikationsdienstleistungen, Nr. 7002 VV	4,50 €
Zwischensumme	27,00 €
3. 19 % Umsatzsteuer, Nr. 7008 VV	5,13 €
Gesamtbetrag	32,13 €

Theoretisch kann der Anwalt nach *Nr. 3513 VV* auch eine 0,5-Terminsgebühr und nach *Nr. 1000, 1003 VV* eine Einigungsgebühr verdienen, was in der Praxis jedoch sehr selten vorkommt.

Beispiel:
Rechtsanwältin Pia Groß wurde von ihrem Mandanten beauftragt, gegen die Festsetzung der Parteiauslagen in Höhe von 190,00 € Erinnerung einzulegen. Rechtsanwältin Pia Groß ruft daraufhin den Gegenanwalt an und einigt sich mit ihm dahin gehend, dass die Kosten zur Hälfte übernommen werden.

Rechtsanwaltsvergütungsberechnung berechnet nach dem Rechtsanwaltsvergütungsgesetz (RVG)	
1. Verfahrensgebühr, Nr. 3500 VV (0,5) Wert: 190,00 €	22,50 €
2. Terminsgebühr, Nr. 3513 VV (0,5) Wert: 190,00 €	22,50 €
3. Einigungsgebühr, Nr. 1003, 1000 VV (1,0) Wert: 190,00 €	45,00 €
4. Pauschale für Post- u. Telekommunikationsdienstleistungen, Nr. 7002 VV	18,00 €
Zwischensumme	108,00 €
5. 19 % Umsatzsteuer, Nr. 7008 VV	20,52 €
Gesamtbetrag	128,52 €

 Zu beachten ist, dass der Gegenstandswert des Erinnerungsverfahrens wie bei der sofortigen Beschwerde nicht mit dem des Hauptsacheverfahrens identisch sein muss.

Es kommt vor, dass der Anwalt sowohl gegen den Kostenfestsetzungsbeschluss der I. Instanz als auch gegen den Kostenfestsetzungsbeschluss der II. Instanz Erinnerung einlegt. Hierbei handelt es sich dann um zwei verschiedene Erinnerungsverfahren, die gesondert abzurechnen sind.

Vergütungsberechnung im Rechtsbehelfs- und Rechtsmittelverfahren

Beispiel:
Die Anwaltskanzlei Rink legt für ihren Mandanten Erinnerung gegen die Festsetzung des erstinstanzlichen Verfahrens (Wert: 130,00 €) und Erinnerung gegen die Festsetzung des Berufungsverfahrens (Wert: 200,00 €) ein.

Erinnerung I. Instanz

Rechtsanwaltsvergütungsberechnung berechnet nach dem Rechtsanwaltsvergütungsgesetz (RVG)	
1. Verfahrensgebühr, Nr. 3500 VV (0,5) Wert: 130,00 €	22,50 €
2. Pauschale für Post- u. Telekommunikationsdienstleistungen, Nr. 7002 VV	4,50 €
Zwischensumme	27,00 €
3. 19 % Umsatzsteuer, Nr. 7008 VV	5,13 €
Gesamtbetrag	32,13 €

Erinnerung II. Instanz

Rechtsanwaltsvergütungsberechnung berechnet nach dem Rechtsanwaltsvergütungsgesetz (RVG)	
1. Verfahrensgebühr, Nr. 3500 VV (0,5) Wert: 200,00 €	22,50 €
2. Pauschale für Post- u. Telekommunikationsdienstleistungen, Nr. 7002 VV	4,50 €
Zwischensumme	27,00 €
3. 19 % Umsatzsteuer, Nr. 7008 VV	5,13 €
Gesamtbetrag	32,13 €

2.5 Gebührenberechnung für die Rechtsbeschwerde

Von Sonderregelungen abgesehen, die hier nicht behandelt werden sollen, finden sich die Gebührenregelungen zur Rechtsbeschwerde in *Teil 3, Abschnitt 5 VV* und den dortigen *Nr. 3502, 3503 und 3516 VV RVG*.

Das Verfahren über die in *Teil 3 Abschnitt 5 VV* geregelten Rechtsbeschwerden stellt nach *§ 17 Nr. 1 RVG* eine eigene Gebührenangelegenheit dar. Mehrere Rechtsbeschwerden sind nach *§ 15 Abs. 2 RVG* jeweils gesonderte Angelegenheiten.

Der Anwalt erhält nach *Nr. 3502 VV* für das Betreiben des Geschäfts eine 1,0-Verfahrensgebühr. Diese reduziert sich nach *Nr. 3503 VV* auf 0,5, wenn der Auftrag vorzeitig endet. Obwohl im Verfahren der Rechtsbeschwerde kein gerichtlicher Termin vorgesehen ist, kann durch außergerichtliche Verhandlungen zwischen den Anwälten nach *Vorbemerkung 3 Abs. 3 S. 3 Nr. 2 VV RVG* auch eine Terminsgebühr nach *Nr. 3516 VV* entstehen. Eher theoretisch möglich ist auch eine Einigungsgebühr nach *Nr. 1003 VV*, obwohl diese in der Praxis kaum vorkommt.

Beispiel:
Rechtsanwalt Adam Tibor wird im Kostenfestsetzungsverfahren von seinen beiden gesamtschuldnerisch auch in die Kosten verurteilen Mandanten beauftragt, gegen die Beschwerdeentscheidung des Landgerichts, mit der Kosten für ein vorgerichtliches Sachverständigengutachtens in Höhe von 2 000,00 € gesamtschuldnerisch festgesetzt worden sind, Rechtsbeschwerde einzulegen.

Rechtsanwaltsvergütungsberechnung
berechnet nach dem Rechtsanwaltsvergütungsgesetz (RVG)

1. Verfahrensgebühr, Nr. 3502 VV (1,0)
   Wert: 2 000,00 €   150,00 €
   Erhöhung mehrere Auftraggeber, Nr. 1008 VV (0,3)
   Wert: 2 000,00 €   45,00 €
2. Pauschale für Post- u. Telekommunikationsdienstleistungen, Nr. 7002 VV   20,00 €
   Zwischensumme   215,00 €
3. 19 % Umsatzsteuer, Nr. 7008 VV   40,85 €
   Gesamtbetrag   255,85 €

2.6 Gebührenberechnung für die Wiedereinsetzung in den vorigen Stand

Das Verfahren auf Wiedereinsetzung in den vorigen Stand gehört gebührenrechtlich noch zum Rechtszug des Verfahrens *(§ 19 Abs. 1 S. 1 RVG)*. Dies bedeutet, dass der Anwalt keine gesonderten Gebühren verlangen kann, wenn er bereits Prozessbevollmächtigter ist. Er verdient dann nur die ohnehin entstandene Verfahrensgebühr nach *Nr. 3100 VV RVG* oder gegebenenfalls zudem eine Terminsgebühr, sofern die Voraussetzungen dafür vorliegen.

Beispiel:
Die Anwaltskanzlei Knauer ist beauftragt worden, für den Mandanten Max Arnold Berufung gegen ein erstinstanzliches Urteil (Wert: 3 500,00 €) einzulegen. Aufgrund eines Büroversehens wird die Berufungsfrist um einen Tag versäumt. Nunmehr wird von Rechtsanwalt Lars Knauer Wiedereinsetzung in den vorigen Stand beantragt und die Säumnis begründet.

Rechtsanwaltsvergütungsberechnung
berechnet nach dem Rechtsanwaltsvergütungsgesetz (RVG)

1. Verfahrensgebühr, Nr. 3200 VV (1,6)
   Wert: 3 500,00 €   403,20 €
2. Pauschale für Post- u. Telekommunikationsdienstleistungen, Nr. 7002 VV   20,00 €
   Zwischensumme   423,20 €
3. 19 % Umsatzsteuer, Nr. 7008 VV   80,41 €
   Gesamtbetrag   503,61 €

2.7 Gebührenberechnung für den Widerspruch gegen den Mahnbescheid

Die einschlägigen Gebührentatbestände für die Vertretung des Antragsgegners im Mahnverfahren finden sich in der *Nr. 3307 VV RVG*.

Die Gebühr nach *Nr. 3307 VV* ist eine 0,5-Verfahrensgebühr, mit der auch eine eventuelle Widerspruchsbegründung abgegolten ist. Bei mehreren Auftraggebern erhöht sich nach *Nr. 1008 VV* die Gebühr um jeweils 0,3 je weiterem Auftraggeber.

Beispiel:
Gegen Arno Wesel und Tobias Paulus als Gesamtschuldner ist ein Mahnbescheid über 2 950,00 € ergangen. Gegen diesen legt Rechtsanwalt Gerd Reuter Widerspruch beim zuständigen Mahngericht ein.

Rechtsanwaltsvergütungsberechnung
berechnet nach dem Rechtsanwaltsvergütungsgesetz (RVG)

1. Verfahrensgebühr, Nr. 3307 VV (0,5) Wert: 2 950,00 €	100,50 €
Erhöhung mehrere Auftraggeber, Nr. 1008 VV (0,3) Wert: 2 950,00 €	60,30 €
2. Pauschale für Post- u. Telekommunikationsdienstleistungen, Nr. 7002 VV	20,00 €
Zwischensumme	180,80 €
3. 19 % Umsatzsteuer, Nr. 7008 VV	34,35 €
Gesamtbetrag	215,15 €

2.8 Gebührenberechnung für die Nichtzulassungsbeschwerde

Die einschlägigen Gebührentatbestände für die Nichtzulassungsbeschwerde nach *§ 544 ZPO* finden sich in der *Nr. 3506 ff. VV RVG*.

Das Verfahren über die Nichtzulassungsbeschwerde stellt gegenüber dem Berufungsverfahren gem. *§ 18 Abs. 1 Nr. 3 RVG* eine eigene gebührenrechtliche Angelegenheit dar, in der der Anwalt gesonderte Gebühren erhält.

Im Regelfall nach *§ 78 Abs. 1 S. 3 ZPO* können sich die Parteien nur durch einen am BGH zugelassenen Anwalt vertreten lassen. Nach *Nr. 3508 VV* erhält der Anwalt für seine Tätigkeit eine 2,3-Verfahrensgebühr. Bei mehreren Auftraggebern erhöht sich nach *Nr. 1008 VV* die Gebühr um jeweils 0,3 je weiterem Auftraggeber.

Beispiel:
Ulf Zeidler und Olga Schmidt sind in einem Verfahren vor dem OLG als Gesamtschuldner zu einer Zahlung von 65 000,00 € verurteilt worden. Eine Revision wird nicht zugelassen. Sie beauftragen daraufhin einen BGH-Anwalt, gegen das Urteil Nichtzulassungsbeschwerde einzulegen. Die Beschwerde wird vom BGH zurückgewiesen.

In diesem Fall erhöht sich gem. *Nr. 1008 VV* die 2,3-Verfahrensgebühr nach *Nr. 3506, 3508 VV* auf 2,6.

Rechtsanwaltsvergütungsberechnung
berechnet nach dem Rechtsanwaltsvergütungsgesetz (RVG)

1. Verfahrensgebühr, Nr. 3508 VV (2,3)	
Wert: 65 000,00 €	2 870,40 €
Erhöhung mehrere Auftraggeber, Nr. 1008 VV (0,3)	
Wert: 65 000,00 €	374,40 €
2. Pauschale für Post- u. Telekommunikationsdienstleistungen, Nr. 7002 VV	20,00 €
Zwischensumme	3 264,80 €
3. 19 % Umsatzsteuer, Nr. 7008 VV	620,31 €
Gesamtbetrag	3 885,11 €

2.9 Gebührenberechnung für den Einspruch

2.9.1 Gegen einen Vollstreckungsbescheid

Sobald gegen einen Vollstreckungsbescheid Einspruch eingelegt wird, findet nach *§ 700 Abs. 3 ZPO* eine Überleitung in das streitige Verfahren statt. Daher löst der Einspruch für den Anwalt des Antragsgegners die Gebühren nach *Nr. 3100 ff. VV RVG* aus.

Beispiel:
Gegen Klaus Dahlmann ist ein Vollstreckungsbescheid in Höhe von 2 950,00 € ergangen. Gegen diesen legt Rechtsanwalt Theo Schmidt Einspruch beim zuständigen Mahngericht ein. Im Anschluss daran nimmt die Gegenseite die Klage zurück.

Hier entsteht die Verfahrensgebühr nach *Nr. 3100 VV*. Der Einspruch ist bereits ein Sachantrag, der die volle Gebühr auslöst *(Nr. 3101 Nr. 1 VV)*.

Rechtsanwaltsvergütungsberechnung
berechnet nach dem Rechtsanwaltsvergütungsgesetz (RVG)

1. Verfahrensgebühr, Nr. 3100 VV (1,3)	
Wert: 2 950,00 €	261,30 €
2. Pauschale für Post- u. Telekommunikationsdienstleistungen, Nr. 7002 VV	20,00 €
Zwischensumme	281,30 €
3. 19 % Umsatzsteuer, Nr. 7008 VV	53,45 €
Gesamtbetrag	334,75 €

2.9.2 Gegen ein Versäumnisurteil

Sofern im ersten Termin oder im schriftlichen Vorverfahren durch das Gericht ein Versäumnisurteil erlassen wird, entsteht nach *Nr. 3104, 3105 VV RVG* eine 0,5-Terminsgebühr. Wenn dann nach Einspruch des Beklagten ein neuer Termin anberaumt wird, zu dem der Beklagte selbst oder ein Vertreter und der Anwalt erscheinen, entsteht eine 1,2-Terminsgebühr nach *Nr. 3104 VV RVG*.

Beispiel:
Rechtsanwältin Anja Merz ist im Gegensatz zu ihrer Mandantin Anne Friedrichs als Beklagte im ersten Gerichtstermin erschienen. Gegen Anne Friedrichs ergeht ein Versäumnisurteil über Zahlung von 10 000,00 €. Rechtsanwältin Anja Merz legt für Anne Friedrichs Einspruch ein, sodass es zu einem neuen Gerichtstermin kommt, bei dem sowohl Rechtsanwältin Anja Merz als auch Anne Friedrichs anwesend sind und verhandeln.

Rechtsanwältin Anja Merz hatte im ersten Termin eine 0,5-Terminsgebühr verdient, die mit Teilnahme am zweiten Termin zu einer voll 1,2-Terminsgebühr wird.

Rechtsanwaltsvergütungsberechnung
berechnet nach dem Rechtsanwaltsvergütungsgesetz (RVG)

1. Verfahrensgebühr, Nr. 3100 VV (1,3) Wert: 10 000,00 €	725,40 €
2. Terminsgebühr, Nr. 3104 VV (1,2) Wert: 10 000,00 €	669,60 €
3. Pauschale für Post- u. Telekommunikationsdienstleistungen, Nr. 7002 VV	20,00 €
Zwischensumme	1 415,00 €
4. 19 % Umsatzsteuer, Nr. 7008 VV	268,85 €
Gesamtbetrag	1 683,85 €

Übungsaufgaben

1. Wo finden Sie die einschlägigen Gebührentatbestände für das Berufungsverfahren?
2. Welche Verfahrensgebühr verdient der Anwalt im Berufungsverfahren grundsätzlich?
    a Was ändert sich an der Verfahrensgebühr, wenn der Anwalt den Auftrag hatte, die Berufung einzulegen, der Mandant den Auftrag vor Einlegung der Berufung jedoch zurückzieht?
    b Was ändert sich an der Verfahrensgebühr, wenn Berufung eingelegt wird, sie dann jedoch ohne Begründung zurückgenommen wird?
3. Im Termin zur mündlichen Verhandlung über die Berufung erscheint für den Berufungsbeklagten niemand. Der anwaltlich vertretene Berufungskläger erwirkt ein Versäumnisurteil. Ermitteln Sie die Terminsgebühr des Berufungsklägeranwalts.

4. Stellen Sie die einschlägigen Gebührentatbestände im Revisionsverfahren dar.

5. Erläutern Sie die unterschiedliche Verfahrensgebühr, die der Anwalt bei einer sofortigen Beschwerde und bei einer Rechtsbeschwerde erhält. Warum ist die Verfahrensgebühr nicht identisch?

6. Till Meier klagt gegen Rolf Mertens auf Herausgabe eines Wohnmobils im Wert von 20 000,00 €. Nachdem die Klage in erster Instanz abgewiesen wurde, legt Till Meier Berufung ein. In der mündlichen Verhandlung vor dem OLG einigen sich die Parteien. Erstellen Sie die Gebührenrechnung für den Anwalt von Till Meier.

7. Rechtsanwalt Hans Geißen wird vom seinem Mandanten mit der Prüfung der Erfolgsaussicht einer Beschwerde beauftragt. Die Auszubildende der Kanzlei, Svenja Schüller meint, dass Rechtsanwalt Hans Geißen eine 0,7-Verfahrensgebühr in Ansatz bringen kann. Stimmt das?

8. Wo finden Sie die einschlägigen Gebührentatbestände für die Vertretung des Antragsgegners im Mahnverfahren?

9. Welche Gebühren löst der Einspruch für den Anwalt des Antragsgegners aus?

Lernfeld 12:
Vorgänge in der Zwangsvollstreckung wegen Geldforderungen bearbeiten

Situation

Der auszubildende Rechtsanwalts- und Notarfachangestellte Robert Brand hat in den ersten beiden Ausbildungsjahren die meisten Aufgabengebiete in der Kanzlei Schröder kennengelernt und möchte sich in Abstimmung mit seiner Ausbilderin in den Bereich Zwangsvollstreckung einarbeiten.

Robert kennt die verschiedenen Möglichkeiten, wie eine Forderung tituliert werden kann. Doch auch nach Beendigung eines Mahnverfahrens oder streitigen Verfahrens wenden sich viele Mandanten erneut an die Rechtsanwaltskanzlei, da der jeweilige Schuldner seine Forderungen noch immer nicht erfüllt hat.

Mandant Martin Siebert und Mandantin Luise Köhn sind beide in Besitz eines Vollstreckungstitels und beauftragen die Kanzlei Schröder mit der Einleitung von Zwangsvollstreckungsmaßnahmen. Martin Siebert weiß, dass der Schuldner seiner Forderung Eigentümer eines Mietshauses ist. Luise Köhn hingegen hat keine Informationen über die Vermögensverhältnisse ihres Schuldners.

Rechtsanwältin Heike Schröder erklärt Robert, wie in den beiden vorliegenden Fällen vorzugehen ist. Dabei erfährt Robert, dass ein vollstreckbarer Titel allein meist noch nicht ausreicht, um mit der Zwangsvollstreckung zu beginnen. Man benötigt außerdem eine vollstreckbare Ausfertigung des Titels, es sei denn, es handelt sich um einen Vollstreckungsbescheid, einen Arrest oder eine einstweilige Verfügung, aus denen vollstreckt werden soll. Der Titel selbst muss dem Schuldner zugestellt werden.

Wenn alle Voraussetzungen für die Einleitung der Zwangsvollstreckung gegeben sind, muss entschieden werden, welches Vollstreckungsorgan beauftragt wird. Luise Köhn wird wahrscheinlich mithilfe eines Gerichtsvollziehers zunächst herausfinden wollen, ob ihr Schuldner pfändbare Gegenstände besitzt bzw. über Forderungen gegen Dritte verfügt. Die Pfändung und Versteigerung von Sachen bliebe im Zuständigkeitsbereich

des Gerichtsvollziehers. Wenn als Drittschuldner ein Arbeitgeber ermittelt wird, können Lohn oder Gehalt gepfändet werden. In diesem Fall wäre das Vollstreckungsgericht zuständig.

Martin Siebert könnte ebenfalls beim Vollstreckungsgericht einen Pfändungs- und Überweisungsbeschluss beantragen, um die Mieteinnahmen pfänden zu lassen. Reicht das nicht aus, würde es gegebenenfalls zur Zwangsversteigerung der Immobilie kommen.

Robert erkundigt sich, warum Martin Siebert nicht sofort die Zwangsversteigerung beantragt, und erfährt, dass die Pfändung und Versteigerung einer Immobilie ein langwieriges Verfahren sein kann, dessen Verlauf nur bedingt kalkulierbar ist.

Interessiert verfolgt Robert in den folgenden Wochen den Verlauf der beiden Zwangsvollstreckungsverfahren. Rechtsanwältin Heike Schröder weist ihren Auszubildenden darauf hin, welche Fristen zu beachten sind und welche Möglichkeiten ein Schuldner hat, die Zwangsvollstreckung abzuwenden.

Robert möchte noch mehr über Schutzrechte von Gläubiger und Schuldner sowie über weitere Vollstreckungsmaßnahmen wissen. Mithilfe von Gesetzestexten und durch Einsichtnahme in die Akten der Kanzlei Schröder erarbeitet sich der auszubildende Rechtsanwalts- und Notarfachangestellte einen umfassenden Überblick über Vorgänge im Rahmen der Zwangsvollstreckung.

1 Einführung

Das Verfahren der **Einzelzwangsvollstreckung** ist im 8. Buch der Zivilprozessordnung geregelt, ergänzt durch die Vorschriften des Gesetzes über die Zwangsversteigerung und Zwangsverwaltung für die Vollstreckung in unbewegliches Vermögen.

Einzelzwangsvollstreckung bedeutet, dass ein **einzelner** Gläubiger – oder mehrere Gläubiger unabhängig voneinander – gegen einen Schuldner vollstrecken.

Dagegen bezeichnet man als **Gesamtvollstreckungsverfahren (Insolvenzverfahren)** ein gemeinsames Verfahren aller Gläubiger mit dem Ziel einer gleichmäßigen Gläubigerbefriedigung nach Quoten. Geregelt ist dieses Verfahren in der Insolvenzordnung.

Das Lernfeld 12 – Vorgänge in der Zwangsvollstreckung wegen Geldforderungen bearbeiten – befasst sich im Wesentlichen mit der **Einzelzwangsvollstreckung**. In Kapitel 9 werden die Möglichkeiten des Insolvenzverfahrens unter besonderer Berücksichtigung der Verbraucherinsolvenz angesprochen.

2 Voraussetzungen der Zwangsvollstreckung

 Zwangsvollstreckung bedeutet Anwendung staatlicher Gewalt zur Durchsetzung von Ansprüchen eines Gläubigers gegenüber einem Schuldner.

Voraussetzungen dafür sind

- ein vollstreckbarer **Titel**,
- die mit einer **Vollstreckungsklausel** versehene Ausfertigung des Titels,
- die **Zustellung** des Titels an den Schuldner.

2.1 Titel

2.1.1 Endurteile

Vollstreckbare Urteile müssen **rechtskräftig** oder für **vorläufig vollstreckbar** erklärt sein *(§ 704 ZPO)*. Sie müssen einen vollstreckungsfähigen Inhalt haben, d.h. auf eine Leistung des Schuldners gerichtet sein (Leistungsurteile).

Rechtskräftig ist ein Urteil bereits mit der Verkündung, wenn beide Parteien in der mündlichen Verhandlung auf Rechtsmittel verzichtet haben, andernfalls nach Ablauf der Rechtsmittel- bzw. Rechtsbehelfsfrist.

Der Nachweis der formellen Rechtskraft erfolgt durch ein **Rechtskraftzeugnis**, erteilt von der Geschäftsstelle des Prozessgerichts. Bei Endurteilen, gegen die ein Rechtsmittel möglich ist, kann das Rechtskraftzeugnis erst bei Vorliegen eines **Notfristzeugnisses** (Bescheinigung des Rechtsmittelgerichts) nach Ablauf der Rechtsmittelfrist erteilt werden *(§ 706 ZPO)*.

Aus nicht rechtskräftigen Urteilen kann bereits vollstreckt werden, wenn das Prozessgericht die Urteile für vorläufig vollstreckbar erklärt (Regelfall). Damit soll verhindert werden, dass der Schuldner

- pfändbare Gegenstände beseitigt und/oder
- die Zwangsvollstreckung verzögert (z.B. durch erfolgloses Einlegen von Rechtsmitteln).

Die vorläufige Vollstreckbarkeit muss entweder

- ausdrücklich im Urteilstenor angeordnet *(§§ 708, 709 ZPO)* **oder**
- durch Beschluss des Berufungs- bzw. Revisionsgerichts ausgesprochen werden *(§§ 537, 558 ZPO)*.

Man unterscheidet:

Grundsätzlich sind Urteile nur gegen Sicherheitsleistung für vorläufig vollstreckbar zu erklären *(§ 709 ZPO)*, da sie noch bis zum Eintritt der Rechtskraft angefochten werden können. Im Falle der Abänderung des Urteils zugunsten des Beklagten ist der Kläger zum Ersatz des Vollstreckungsschadens verpflichtet *(§ 717 Abs. 2 ZPO)*.

Die Höhe der Sicherheitsleistung richtet sich nach der vollstreckbaren Hauptforderung nebst Zinsen, anderen Nebenforderungen, Kosten und Gebühren. Die genaue Bestimmung von Art und Höhe der Sicherheitsleistung liegt im Ermessen des Gerichts *(§ 108 ZPO)*.

Mit Eintritt der Rechtskraft des für vorläufig vollstreckbar erklärten Urteils hat der Gläubiger Anspruch auf Rückerhalt der geleisteten Sicherheit. Auf Antrag und Vorlage des Rechtskraftzeugnisses ordnet das Gericht die Rückgabe an *(§ 715 Abs. 1 ZPO)*.

Ohne Sicherheitsleistung werden gem. § 708 ZPO z. B. folgende Urteile für vorläufig vollstreckbar erklärt:

- Anerkenntnis- und Verzichtsurteile
- Versäumnisurteile
- Urteile im Urkundenprozess
- Urteile in Streitigkeiten zwischen Mieter und Vermieter
- Urteile über bestimmte Renten- und Unterhaltsansprüche
- Urteile über vermögensrechtliche Streitigkeiten bis 1 250,00 €

ABER:
Der **Schuldner** kann in den Fällen des *§ 708 Nr. 4–11 ZPO* durch Sicherheitsleistung die Vollstreckung gegebenenfalls abwenden *(§ 711 ZPO)*.

Andererseits kann das Gericht unter folgender Voraussetzung den **Gläubiger** von der Leistung einer gem. *§ 709 ZPO* zu erbringenden Sicherheit befreien: Der Gläubiger macht in einem Antrag glaubhaft, dass er die Sicherheit nicht leisten könne, aber durch Aussetzung der Vollstreckung einen schweren Nachteil (z. B. Leistung wird dringend für Lebenshaltung benötigt) erleiden würde *(§ 710 ZPO)*.

Wie aus den bisher genannten Vorschriften erkennbar ist, sieht der Gesetzgeber bei der Regelung der vorläufigen Vollstreckbarkeit die **Interessen des Gläubigers** als vorrangig an. Deshalb ist *§ 712 ZPO*, wonach der Schuldner durch eigene Sicherheitsleistung die Durchführung der Zwangsvollstreckung abwenden kann, als Ausnahmeregelung zu verstehen. Dies gilt auch bei gleichzeitiger Sicherheitsleistung des Gläubigers. Gemäß Absatz 2 o. g. Vorschrift ist dem Antrag des Schuldners nicht zu entsprechen, wenn ein überwiegendes Interesse des Gläubigers entgegensteht.

 Anträge nach den *§§ 710, 711 S. 3, 712 ZPO* sind vor Schluss der mündlichen Verhandlung zu stellen *(§ 714 ZPO)*.

Beispiel
Sophie Bach, Komplementärin der Firma Bach KG, strebt die Zwangsvollstreckung aus einem im Vormonat ergangenen Urteil gegen Lothar Leitner an. Lothar Leitner wurde verurteilt, an die Bach KG 4 500,00 € aus einem Werkvertrag zu zahlen, was trotz wiederholter Aufforderung bisher nicht getan hat. Das Urteil wurde für vorläufig vollstreckbar gegen eine Sicherheitsleistung in Höhe von 5 000,00 € erklärt.

Aufgrund weiterer ausstehender Zahlungen sowie eigener Verbindlichkeiten sieht sich Sophie Bach leider nicht in der Lage, die Sicherheit zu leisten. Einen entsprechenden Antrag nach § 711 ZPO hätte sie vor Schluss der mündlichen Verhandlung stellen müssen (§ 714 ZPO).

Das heißt, die Vollstreckung kann erst nach Eintritt der Rechtskraft des Urteils beginnen.

Voraussetzungen der Zwangsvollstreckung

Allerdings sieht der Gesetzgeber eine Möglichkeit vor, dass Sophie Bach zumindest den **Rang** ihres Anspruchs gegen Lothar Leitner sichern kann. Das ist von Bedeutung, wenn es weitere Gläubiger gibt, die ebenfalls die Zwangsvollstreckung betreiben.

 Von der Zwangsvollstreckung gegen Sicherheitsleistung ist die Sicherungsvollstreckung zu unterscheiden.

Die Sicherungsvollstreckung nach § 720a ZPO ermöglicht einem Gläubiger, der **wegen einer Geldforderung** die Zwangsvollstreckung betreiben möchte, aber die Sicherheitsleistung **nicht** erbringen kann, dennoch das Vermögen des Schuldners **pfänden** zu lassen.

Das heißt, die Vollstreckung kann auch ohne Sicherheitsleistung beginnen.

Im Beispiel der Bach KG könnte Sophie Bach einen Pfändungsbeschluss in das Arbeitseinkommen von Lothar Leitner beantragen.

Die Vorschrift ist auf Urteile anwendbar, die nur gegen Sicherheitsleistung vorläufig vollstreckbar sind. Sie stellt eine Ausnahme dar, denn nach *§ 751 Abs. 2 ZPO* darf mit der Zwangsvollstreckung grundsätzlich erst begonnen werden, wenn die Sicherheitsleistung nachgewiesen und die Abschrift dieser Urkunde bereits zugestellt ist oder gleichzeitig zugestellt wird.

ABER:
Der Schuldner kann die Sicherungsvollstreckung durch Leistung einer Sicherheit abwenden *(§ 720a Abs. 3 ZPO)*.

Der Vorteil der Sicherungsvollstreckung für den Gläubiger besteht in der **rangwahrenden Wirkung** der Pfändung.

Eine Befriedigung des Gläubigers – im Beispiel Bach KG wäre es die Überweisung des gepfändeten Arbeitseinkommens – kann jedoch erst erfolgen, wenn

- die Sicherheit geleistet wurde *(§ 720a Abs. 1 S. 2 ZPO)* bzw.
- das Urteil rechtskräftig geworden ist (bei Anwendung von *§ 720a Abs. 3 ZPO*).

 Mit der Sicherungsvollstreckung kann – wenn die übrigen allgemeinen Voraussetzungen der Zwangsvollstreckung vorliegen – nicht sofort mit bzw. nach der Zustellung des Titels an den Schuldner begonnen werden. Es ist eine sogenannte Wartefrist einzuhalten. Der Titel muss dem Schuldner mindestens zwei Wochen vor Beginn der Zwangsvollstreckung zugestellt worden sein *(§ 750 Abs. 3 ZPO)*.

2.1.2 Weitere Vollstreckungstitel

Neben dem Urteil gibt es eine Reihe anderer Titel, aus denen die Zwangsvollstreckung betrieben werden kann. § 794 ZPO nennt die wichtigsten Titel, einschließlich des Europäischen Zahlungsbefehls sowie Titeln, die in einem anderen Mitgliedsstaat der Europäischen Union ergangen bzw. bestätigt worden sind *(§ 794 Abs. 1 Nr. 6–9 ZPO)*.

Weitere Vollstreckungstitel sind:

- Prozessvergleiche *(§ 794 Abs. 1 Nr. 1 ZPO)*
- Anwaltsvergleiche – Voraussetzung siehe *§ 796a ZPO*
- Kostenfestsetzungsbeschlüsse *(§ 794 Abs. 1 Nr. 2 ZPO)*

- Vollstreckungsbescheide *(§ 794 Abs. 1 Nr. 4 ZPO)*
- vollstreckbare notarielle Urkunden mit Unterwerfungsklausel, z. B. bei Ansprüchen aus Hypothek oder Grundschuld *(§ 794 Abs. 1 Nr. 5 ZPO)*
- Arrestbefehle und einstweilige Verfügungen *(§§ 928, 936 ZPO)*
- Beschlüsse des Familiengerichts *(§ 86 FamFG)*

2.2 Vollstreckungsklausel

 Die Vollstreckungsklausel ist die amtliche Bescheinigung, dass die Zwangsvollstreckung aus dem vorliegenden Titel zulässig ist.

Der Gläubiger beantragt formlos eine vollstreckbare Ausfertigung des Titels und damit gleichzeitig die Vollstreckungsklausel.

 Die vollstreckbare Ausfertigung (§ 724 ZPO) ist die amtliche Abschrift des Titels, versehen mit der Vollstreckungsklausel.

➲ vgl. § 49 BeurkG

Wortlaut der Klausel:

 § 725 ZPO [...] „Vorstehende Ausfertigung wird dem [...] (Bezeichnung der Partei) zum Zwecke der Zwangsvollstreckung erteilt." [...]

Nicht die Urschrift (diese bleibt bei den Gerichtsakten), sondern eine **Ausfertigung** des Schuldtitels wird mit der Klausel versehen *(§ 724 ZPO)*, und zwar:

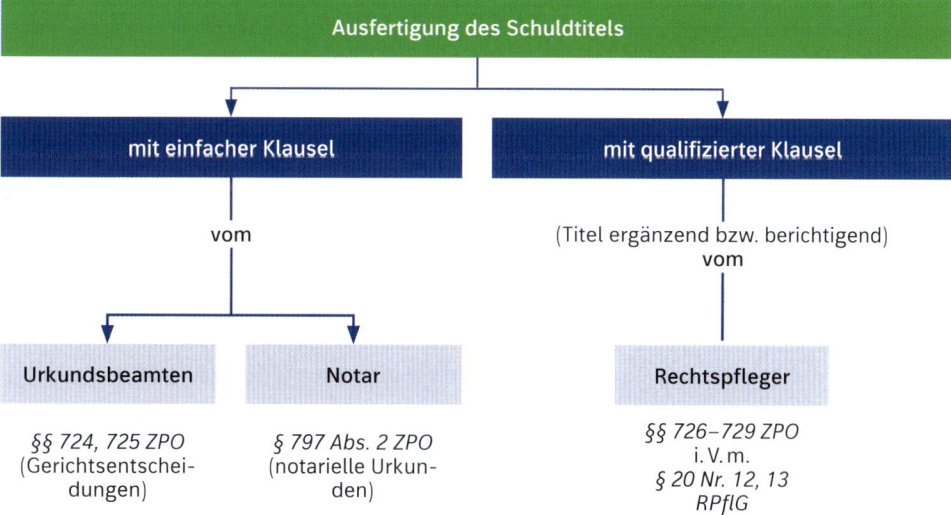

Das Klauselerteilungsverfahren ist ein eigenständiges prozessuales Verfahren; es ist nicht Bestandteil des Zwangsvollstreckungsverfahrens und verfügt deshalb über eigene Organe und Rechtsbehelfe.

Zuständig für die Erteilung **einfacher** Klauseln ist der **Urkundsbeamte** des ersten Rechtszuges, es sei denn, der Rechtsstreit ist bei einem höheren Gericht anhängig. Dann wird die Klausel vom Urkundsbeamten dieses Gerichts erteilt *(§ 724 Abs. 2 ZPO).*

Im Falle notarieller Urkunden wird die Vollstreckungsklausel vom Notar, der die Urkunde verwahrt, erteilt *(§ 797 Abs. 2 ZPO).*

Die Erteilung sogenannter **qualifizierter** Klauseln erfordert die vorherige Prüfung bestimmter Voraussetzungen. Deshalb ist gem. *§ 20 Nr. 12, 13 RPflG* die Zuständigkeit des **Rechtspflegers** gegeben. Qualifizierte Klauseln bestätigen z.B. die Zulässigkeit der Zwangsvollstreckung für und gegen Rechtsnachfolger bzw. für und gegen Nacherben *(§§ 727, 728 ZPO).*

Bei Erteilung einer qualifizierten Klausel ist neben der Zustellung des Titels auch die Zustellung der Vollstreckungsklausel als Voraussetzung für die Zwangsvollstreckung erforderlich *(§ 750 Abs. 2 ZPO).*

Um den Schuldner vor wiederholter Zwangsvollstreckung zu schützen, soll grundsätzlich **nur eine** vollstreckbare Ausfertigung erteilt werden. Wenn jedoch der Gläubiger seinerseits ein Rechtsschutzbedürfnis geltend macht, sind gem. *§ 733 ZPO* nach Prüfung und Berücksichtigung aller Umstände des jeweiligen Einzelfalls weitere vollstreckbare Ausfertigungen zulässig.

So kann der Gläubiger neben einer Sach- oder Forderungspfändung gleichzeitig die Pfändung in das unbewegliche Vermögen des Schuldners betreiben, wofür er mehrere vollstreckbare Ausfertigungen benötigt.

Grundsätzlich **ohne** Vollstreckungsklausel sind z.B. vollstreckbar:

- Vollstreckungsbescheide (Ausnahme siehe *§ 796 Abs. 1 ZPO*)
- Arrestbefehle und einstweilige Verfügungen (Ausnahmen siehe *§§ 929 Abs. 1, 936 ZPO*)
- vereinfachte Kostenfestsetzungsbeschlüsse *(§ 105 ZPO)*

2.3 Zustellung

Zustellung ist die Bekanntgabe eines Dokuments an eine Person in der gesetzlich vorgeschriebenen Form. Sie dient als Nachweis von Zeit und Art der Übergabe *(§§ 166–195 ZPO).*

Der Vollstreckungstitel ist grundsätzlich **vor Beginn** bzw. **gleichzeitig mit Beginn** der Vollstreckungsmaßnahme zuzustellen *(§ 750 Abs. 1 ZPO).*

Eine mit dem Beginn der Zwangsvollstreckung gleichzeitig erfolgende Zustellung ist nur bei der Vollstreckung durch den Gerichtsvollzieher möglich.

vgl. § 757 ZPO

Erst nach Befriedigung des Gläubigers erhält der Schuldner das Original der vollstreckbaren Ausfertigung.

Ausnahmen von der Regel, dass mit Zustellung des Titels die Zwangsvollstreckung beginnen kann, sind in den *§§ 750 Abs. 3, 798 ZPO* festgelegt. Zugunsten des **Schuldners** ist eine **Wartefrist von zwei Wochen** vor Beginn folgender Zwangsvollstreckungsmaßnahmen einzuhalten:

- Sicherungsvollstreckung nach *§ 720a ZPO i. V. m. § 750 Abs. 3 ZPO*
- Kostenfestsetzungsbeschluss nach *§ 794 Abs. 1 Nr. 2 ZPO i. V. m. § 798 ZPO*
- Anwaltsvergleich nach *§ 794 Abs. 1 Nr. 4b ZPO i. V. m. § 798 ZPO*
- Urkunden nach *§ 794 Abs. 1 Nr. 5 ZPO i. V. m. § 798 ZPO*

Andererseits sieht der Gesetzgeber zugunsten des **Gläubigers** vor, dass ohne vorherige oder gleichzeitige Zustellung des Titels mit der Zwangsvollstreckung begonnen werden kann, wenn es sich um

- Arrestbefehle *(§ 929 Abs. 3 ZPO),*
- einstweilige Verfügungen *(§ 936 ZPO)* oder
- Vorpfändung *(§ 845 ZPO i. V. m. § 802a Abs. 2 Nr. 5 ZPO)*

handelt.

Nachdem nun festgestellt ist, warum und wann der Vollstreckungstitel und gegebenenfalls die Klausel zugestellt werden müssen, bleibt noch zu klären, **wer** zustellt.

Urteile werden von Amts wegen zugestellt *(§ 317 Abs. 1 ZPO)*; ebenso gerichtliche Beschlüsse, die einen Vollstreckungstitel bilden *(§ 329 Abs. 3 ZPO).*

Vollstreckungsbescheide werden von Amts wegen zugestellt, wenn nicht die Zustellung im Parteibetrieb beantragt wurde *(§ 699 Abs. 4 ZPO).*

Bei anderen Titeln kommt grundsätzlich die Zustellung auf Betreiben des Gläubigers in Betracht. Dazu gehören z. B.

- Prozessvergleiche *(§ 794 Abs. 1 Nr. 1 ZPO),*
- Anwaltsvergleiche *(§ 794 Abs. 1 Nr. 4b ZPO),*
- gerichtliche oder notarielle Urkunden *(§ 794 Abs. 1 Nr. 5 ZPO).*

Eine weitere Art der Zustellung ist die **öffentliche Zustellung**. Bei Vorliegen der Voraussetzungen kann das Gericht diese Variante bewilligen *(§ 186 Abs. 1 ZPO).*

Übungsaufgaben

1. Erklären Sie die Begriffe „Vollstreckungstitel" und „vollstreckbare Ausfertigung".
2. Nennen Sie drei Titel, die grundsätzlich keiner Vollstreckungsklausel bedürfen.
3. Lea Schulz schuldet Ulli Fuchs 1 100,00 € zuzüglich Zinsen aus einem Kaufvertrag. Da Lea Schulz nicht zahlt, möchte Ulli Fuchs seine Forderung durch Zwangsvollstreckung eintreiben.

   Erläutern Sie, welche Voraussetzungen dafür erforderlich sind.
4. Welche Urteile werden für vorläufig vollstreckbar gegen Sicherheitsleistung erklärt?
5. Schätzen und begründen Sie, wie hoch eine Sicherheitsleistung sein wird, wenn aus einem Urteil über 2 000,00 € vollstreckt wird.

6. Welche Urteile werden ohne Sicherheitsleistung für vorläufig vollstreckbar erklärt?

7. Kai Berger möchte gegen Susanne Neuenhaus die Zwangsvollstreckung aus einem gegen Sicherheitsleistung für vorläufig vollstreckbar zu erklärenden Urteil betreiben und teilt ihr das vor Beginn der Verhandlung mit.

   Gibt es für Susanne Neuenhaus eine Möglichkeit, die Zwangsvollstreckung abzuwenden, wenn durch die Vollstreckungsmaßnahme ein nicht zu ersetzender Nachteil für sie eintreten würde?

8. In einer Rechtssache hat Torsten Berthold aus dem gegen Sicherheitsleistung für vorläufig vollstreckbar erklärten Urteil die Zwangsvollstreckung betrieben. Das Urteil ist mittlerweile rechtskräftig geworden, da der Gegner kein Rechtsmittel eingelegt hat.

   Was muss Torsten Berthold veranlassen, damit er seine Sicherheitsleistung zurückerhält?

3 Organe der Zwangsvollstreckung

3.1 Der Gerichtsvollzieher

 Der Gerichtsvollzieher ist ein dem Amtsgericht zugeordneter Beamter, der mit Zustellungen, Ladungen und Vollstreckungen betraut wird *(§ 154 GVG)*. Er übt hoheitliche Gewalt aus, gegebenenfalls mit polizeilicher Unterstützung *(§ 758 ZPO)*.

Die Regelbefugnisse des Gerichtsvollziehers nach § 802a ZPO sind:

- Versuch einer gütlichen Erledigung der Sache *(§ 802b ZPO)*
- Einholen der Vermögensauskunft des Schuldners *(§ 802c ZPO)*
- Einholen von Auskünften Dritter über das Vermögen des Schuldners *(§ 802 Abs. 1 ZPO)*
- Pfändung und Verwertung körperlicher Sachen *(§§ 808, 814 ZPO)*
- Vorpfändung *(§ 845 ZPO)*

Außerdem ist der Gerichtsvollzieher sachlich zuständig für:

- Erwirken der Herausgabe beweglicher Sachen *(§§ 883, 884 ZPO)*
- Erwirken der Herausgabe/Räumung von Grundstücken *(§ 885 ZPO)*
- Zustellungen auf Betreiben der Partei *(§§ 191 ff. ZPO)*

Der Gläubiger entscheidet, welche Aufträge er dem Gerichtsvollzieher erteilt und in welcher Reihenfolge oder Kombination der Gerichtsvollzieher sie ausführen soll.

Bezug nehmend auf die **Ausgangssituation** könnte die Mandantin Luise Köhn die Kanzlei Schröder bitten, in ihrem Namen einen Gerichtsvollzieher zunächst mit dem Einholen der Vermögensauskunft des Schuldners nach § 802c ZPO zu beauftragen. Danach hat der Schuldner alle ihm gehörenden Vermögensgegenstände anzugeben.

Die Abnahme der Vermögensauskunft wird dem Schuldner mit einer Frist von **zwei Wochen** angekündigt. Damit erhält der Schuldner die Gelegenheit, vorher die Forderung von Luise Köhn zu begleichen *(§ 802f ZPO)*.

Luise Köhn könnte auch einer Ratenzahlung zustimmen.

Sollte die Forderung nach Fristablauf nicht beglichen und auch keine Ratenzahlungsvereinbarung zustande gekommen sein, wäre die Abnahme der **Vermögensauskunft** durch den Gerichtsvollzieher zu veranlassen. Die Richtigkeit und Vollständigkeit der Angaben sind vom Schuldner zu Protokoll **an Eides statt** zu versichern *(§ 802c Abs. 3 ZPO)*.

Aufgrund der Angaben kann Luise Köhn entscheiden, welche Art der Zwangsvollstreckung sie wählt, um die Befriedigung ihrer Forderungen durchzusetzen.

Verweigert der Schuldner grundlos die Vermögensauskunft, erlässt das Gericht auf Antrag des Gläubigers einen Haftbefehl zur Erzwingung der Abgabe *(§ 802g ZPO)*.

Die Abnahme der Vermögensauskunft muss jedoch nicht in jedem Fall vorher angekündigt werden. Wenn der Gläubiger den Gerichtsvollzieher zunächst beauftragt, beim Schuldner eine Sachpfändung durchzuführen, kann dieser Auftrag mit der Abnahme der Vermögensauskunft kombiniert werden, für den Fall, dass die Sachpfändung erfolglos verläuft. Gemäß § 807 ZPO kann der Gerichtsvollzieher im Anschluss an den fruchtlosen Versuch der Sachpfändung die Vermögensauskunft abweichend von *§ 802f ZPO* **sofort** abnehmen.

Robert Brand möchte nun wissen, ob ein Gläubiger oder eine Gläubigerin auch ohne anwaltliche Hilfe die Zwangsvollstreckung betreiben kann. Rechtsanwältin Heike Schröder erklärt ihrem Auszubildenden, dass ein Zwangsvollstreckungsverfahren sehr formalistisch ist. Für einen Laien ist es schwierig zu wissen und zu entscheiden, welche Anträge wann, wo und in welcher Reihenfolge zu stellen sind. Ein Rechtsanwalt erspart dem Gläubiger zeitaufwendige Korrespondenzen mit dem Gericht oder dem Gerichtsvollzieher. Zudem sind die Rechtsanwaltsgebühren in einem Vollstreckungsverfahren überschaubar und werden letztendlich dem Schuldner auferlegt.

Sollte jedoch ein Gläubiger oder eine Gläubigerin genaue Vorstellungen über den Ablauf eines Zwangsvollstreckungsverfahrens haben, steht einer eigenständigen Beauftragung des Gerichtsvollziehers nichts im Wege. Zur Veranschaulichung erklärt Rechtsanwältin Heike Schröder ihrem Auszubildenden an einem Beispiel, bei dem eine Gläubigerin ohne die Inanspruchnahme eines Rechtsanwalts die Zwangsvollstreckung betreibt, wie ein Gerichtsvollzieher vorgeht und was unternommen werden kann, wenn der Schuldner nicht wie gewünscht reagiert.

Beispiel
Gläubigerin Meret Krahl hat einen Vollstreckungstitel über 575,00 € gegen Schuldner Ingo Beier und beauftragt Gerichtsvollzieher Jonas Conrad mit der Zwangsvollstreckung. Meret Krahl ist sicher, dass in der Wohnung von Ingo Beier wertvolle pfändbare Gegenstände vorhanden sind und dass er außerdem über genügend Bargeld verfügt. Deshalb erteilt sie einen Vollstreckungsauftrag zur Pfändung und Verwertung körperlicher Sachen. Sollte wider Erwarten die Pfändung fruchtlos verlaufen, soll der Gerichtsvollzieher sofort die Vermögensauskunft abnehmen.

Anhand der Erläuterungen der Rechtsanwältin fertigt Robert eine Übersicht an, um sich alle erwähnten Schritte besser einprägen zu können.

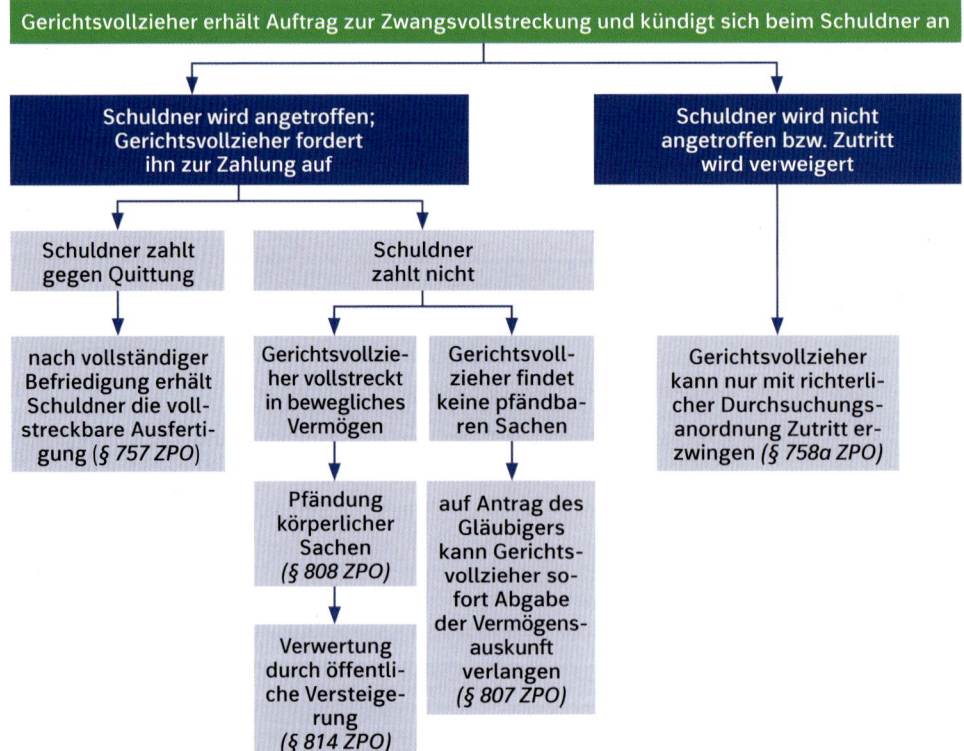

Für den Fall, dass der Schuldner zwar zahlungswillig ist, aber die geschuldete Summe nicht sofort aufbringen kann, wird der Gerichtsvollzieher dem Schuldner eine Zahlungsfrist einräumen oder eine Tilgung durch Teilleistungen (Ratenzahlung) gestatten, sofern der Gläubiger – im obigen Fall Meret Krahl – dies nicht ausgeschlossen hat *(§ 802b Abs. 2 ZPO)*. Wenn dieser Versuch fehlschlägt, kommt es zur Sachpfändung nach *§ 808 ZPO* oder zur Abnahme der Vermögensauskunft nach *§ 807 ZPO*.

Ergibt der Inhalt der Vermögensauskunft die Möglichkeit einer Forderungspfändung oder einer Pfändung in unbewegliches Vermögen, liegt die Zuständigkeit nicht beim Gerichtsvollzieher. Der Gläubiger muss seinen Auftrag beim Vollstreckungsgericht einreichen.

3.2 Das Vollstreckungsgericht

Das Vollstreckungsgericht ist das Amtsgericht, in dessen Bezirk das Vollstreckungsverfahren stattfinden soll, d. h. grundsätzlich am allgemeinen Gerichtsstand des Schuldners *(§ 764 ZPO i. V. m. § 828 ZPO)*.

Funktionell zuständig ist i. d. R. der **Rechtspfleger** *(§ 20 Nr. 17 RPflG)*. Dem **Richter** vorbehalten sind die Entscheidungen über Vollstreckungsschutzanträge und über Erinnerungen gegen die Art und Weise der Zwangsvollstreckung sowie die Anordnung einer Haft oder die Durchsuchung einer Wohnung.

Sachliche Zuständigkeit:

- Zwangsvollstreckung in Forderungen *(§§ 828 ff., 930 Abs. 1 S. 3 ZPO)*
- Entscheidungen über Zulassung der Austauschpfändung *(§ 811a Abs. 2 ZPO)*
  a) Antrag auf andere Verwertungsart *(§ 825 Abs. 1 ZPO)*
  b) Antrag auf Versteigerung durch andere Person
     (nicht Gerichtsvollzieher) *(§ 825 Abs. 2 ZPO)*
- Zwangsversteigerung und Zwangsverwaltung einer Immobilie *(§§ 866 ff. ZPO)*
- Sequesterbestellung bei Herausgabeanspruch auf eine
  unbewegliche Sache *(§ 848 Abs. 1 ZPO)*
- Verteilungsverfahren, wenn hinterlegter Betrag nicht ausreicht *(§§ 872 ff. ZPO)*
- Erlass einer Durchsuchungsanordnung[1] *(§ 758a ZPO)*
- Erlass des Haftbefehls[1] *(§ 802g ZPO)*
- Entscheidung über Vollstreckungserinnerung[1] *(§ 766 ZPO)*
- Entscheidung über Vollstreckungsschutzantrag des Schuldners[1] *(§ 765a ZPO)*

**Um Forderungen des Schuldners gegenüber einem Dritten (Drittschuldner) zu realisieren, muss der Gläubiger beim Vollstreckungsgericht den Erlass eines Pfändungs- und Überweisungsbeschlusses beantragen.
Der Pfändungs- und Überweisungsbeschluss ist kein Vollstreckungstitel.**

---

[1] *funktionelle Zuständigkeit des Richters*

3.3 Das Prozessgericht des ersten Rechtszuges

 Das Prozessgericht des ersten Rechtszuges ist das Gericht, bei dem der Gläubiger sein Urteil erstritten hat. Handelt es sich dabei um ein Landgericht, ist der Zwangsvollstreckungsantrag von einem Anwalt zu stellen.

Sachliche Zuständigkeit:

- Zwangsvollstreckung zur Erwirkung von Handlungen, Duldungen und Unterlassungen *(§§ 887 ff. ZPO)*
- Klage auf Erteilung der Vollstreckungsklausel *(§ 731 ZPO)*
- Klage wegen Unzulässigkeit der Vollstreckungsklausel *(§ 768 ZPO)*
- Vollstreckungsabwehrklage *(§§ 767, 785, 786 ZPO)*
- Anordnung der Einstellung/Aufhebung der Zwangsvollstreckung *(§ 769 Abs. 1 ZPO)*

Funktionell zuständig ist der **Richter**.

3.4 Das Grundbuchamt

 Das Grundbuchamt ist das Vollstreckungsorgan für Eintragungen in das Grundbuch infolge der Zwangsvollstreckung. Das Grundbuch wird bei dem Amtsgericht geführt, in dessen Bezirk das betroffene Grundstück liegt *(§ 1 GBO)*.

Das Grundbuchamt ist sachlich zuständig für die Eintragung einer

- Zwangshypothek *(§§ 866, 867 ZPO)*,
- Pfändung einer Hypothekenforderung *(§ 830 ZPO)*,
- Pfändung einer Reallast, Grundschuld, Rentenschuld *(§ 857 Abs. 6 ZPO)*.

Funktionell zuständig ist der **Rechtspfleger** *(§ 3 Nr. 1h RPflG)*.

Übungsaufgaben

1. Welches Vollstreckungsorgan ist in folgenden Fällen jeweils sachlich zuständig?
   a Pfändung eines Gemäldes
   b Eintragung einer Zwangshypothek
   c Räumung einer Wohnung
   d Pfändung von Lohnforderungen
   e Zwangsversteigerung eines Mehrfamilienhauses
   f Erwirkung von Unterlassungen
   g Einholen der Vermögensauskunft des Schuldners
   h Verwertung gepfändeter Sachen durch öffentliche Versteigerung

2. Jonathan Kaufmann hat einen Vollstreckungstitel gegen Katharina Albrecht erwirkt. An welches Vollstreckungsorgan sollte sich Jonathan Kaufmann wenden, wenn er keinerlei Informationen über die Vermögensverhältnisse von Katharina Albrecht hat?

3. Für welche Vollstreckungshandlungen ist im Falle der sachlichen Zuständigkeit des Vollstreckungsgerichts

   a der Rechtspfleger oder
   b der Richter

   funktionell zuständig?

4. Welche Regelbefugnisse hat der Gerichtsvollzieher aufgrund eines Vollstreckungsauftrages sowie einer vorliegenden vollstreckbaren Ausfertigung des Titels?

4 Vermögensauskunft des Schuldners

Das Gemälde „Die Hausratsauflösung" aus dem 19. Jahrhundert zeigt die typische Vorgehensweise bei der Zwangsvollstreckung in der damaligen Zeit.

Doch in der heutigen Zeit sind in vielen Haushalten kaum wertintensive pfändbare Sachen vorhanden. Die meisten Gegenstände sind unpfändbar (Haushaltsgeräte, Mobiliar, Computer, Fernsehgerät, Fahrzeug) oder die Verwertungskosten übersteigen den Wert der pfändbaren Gegenstände. Die Pfändung von Lohnforderungen und Bankguthaben ist i. d. R. effektiver. Der Zugriff auf diese Vermögenswerte im Rahmen der Forderungspfändung war nach früherem Recht erst nach erfolglosem Sachpfändungsversuch möglich. Mit der Reform der Sachaufklärung wurde der Ablauf des Zwangsvollstreckungsverfahrens an die bestehenden Verhältnisse angepasst – der Informationsbeschaffung wurde Vorrang eingeräumt.

Hat der Gläubiger Kenntnis über die Vermögensverhältnisse des Schuldners, wird er den Gerichtsvollzieher entweder mit der Pfändung und Verwertung körperlicher Sachen beauftragen oder mit der Zustellung eines vorläufigen Zahlungsverbots (Vorpfändung – *§ 845 ZPO*).

Die wesentliche Errungenschaft der Reform der Sachaufklärung besteht jedoch darin, dass der Gläubiger den Gerichtsvollzieher zu Beginn des Zwangsvollstreckungsverfahrens mit der Abnahme der Vermögensauskunft des Schuldners beauftragen kann, um danach zu entscheiden, in welche Vermögensbestandteile es sich lohnt zu vollstrecken.

Örtlich zuständig für die Abnahme der Vermögensauskunft ist der Gerichtsvollzieher bei dem Amtsgericht, in dessen Bezirk der Schuldner zum Zeitpunkt der Auftragserteilung seinen Wohnsitz oder Aufenthaltsort hat *(§ 802e Abs. 1 ZPO)*.

4.1 Voraussetzungen und Ablauf des Verfahrens zur Abnahme der Vermögensauskunft nach § 802f. ZPO

Voraussetzungen für die Abnahme der Vermögensauskunft sind:

- Ein vollstreckbarer Titel ist dem Schuldner zugestellt worden.
- Die vollstreckbare Ausfertigung des Titels und der Vollstreckungsauftrag des Gläubigers liegen dem Gerichtsvollzieher vor.
- Der Schuldner ist nicht in der Lage, die titulierte Forderung innerhalb von **zwei Wochen** zu begleichen und eine Ratenzahlungsvereinbarung ist nicht zustande gekommen.

Die o. g. Frist von **zwei Wochen** für die Begleichung der Forderung wird vom Gerichtsvollzieher gesetzt. Gleichzeitig bestimmt er für den Fall, dass die Forderung nach Ablauf der Frist nicht beglichen ist und auch keine Ratenzahlung erfolgt, einen zeitnahen Termin zur Abgabe der Vermögensauskunft.

Hatte der Gläubiger den Gerichtsvollzieher bereits mit der Sachpfändung beauftragt und ist dieser Pfändungsversuch erfolglos verlaufen, kann der Gerichtsvollzieher nach *§ 807 Abs. 1 ZPO* auf Antrag des Gläubigers die Vermögensauskunft – abweichend von *§ 802f Abs. 1 ZPO* – **sofort** abnehmen.

Der Gerichtsvollzieher errichtet aus den Angaben des Schuldners das Vermögensverzeichnis als elektronisches Dokument, welches dem Schuldner vorzulesen oder zur Durchsicht am Bildschirm vorzulegen ist *(§ 802f Abs. 5 ZPO)*. Nach *§ 802c Abs. 3 ZPO* hat der Schuldner die Richtigkeit der Angaben **an Eides statt** zu versichern. Das heißt, er macht sich strafbar, wenn er vorsätzlich oder fahrlässig falsche bzw. unvollständige Angaben macht *(§§ 156, 161 StGB)*.

Das Vermögensverzeichnis hinterlegt der Gerichtsvollzieher beim zuständigen zentralen Vollstreckungsgericht und leitet dem Gläubiger unverzüglich einen Ausdruck zu *(§ 802f Abs. 6 ZPO i. V. m. § 802k Abs. 1 ZPO)*.

Gemäß *§ 802d ZPO* ist der Schuldner zu einer erneuten Abgabe der Vermögensauskunft innerhalb von **zwei Jahren** nur verpflichtet, wenn wesentliche Veränderungen der Vermögensverhältnisse glaubhaft gemacht werden. Demzufolge wird ein Vermögensverzeichnis beim zentralen Vollstreckungsgericht **zwei Jahre** lang gespeichert und anschließend gelöscht, wenn nicht vorher eine erneute Vermögensauskunft abzugeben ist *(§ 802k Abs. 1 S. 4 ZPO)*.

Die Vermögensverzeichnisse können bundesweit beim gemeinsamen Vollstreckungsportal der Länder im Internet eingesehen und abgerufen werden. Neben dem Gerichtsvollzieher sind die in *§ 802k Abs. 2 ZPO* genannten Vollstreckungsbehörden und Gerichte einsichtsberechtigt.

4.2 Folgen der Nichtabgabe der Vermögensauskunft

Erscheint der Schuldner unentschuldigt nicht zum Termin der Abgabe der Vermögensauskunft oder verweigert er die Abgabe der Vermögensauskunft ohne Grund, erlässt das Gericht auf Antrag des Gläubigers einen Haftbefehl, um damit die Abgabe der Vermögensauskunft zu erzwingen *(§ 802g Abs. 1 ZPO)*. Die Verhaftung erfolgt durch den Gerichtsvollzieher *(§ 802g Abs. 2 ZPO)*.

Der Haftbefehl muss innerhalb von **zwei Jahren** vollzogen werden *(§ 802h Abs. 1 ZPO)*; die Dauer der Haft darf **sechs Monate** nicht übersteigen *(§ 802j Abs. 1 ZPO)*.

Unabhängig von der Möglichkeit, dass der Schuldner sich doch noch zur Abgabe der Vermögensauskunft entschließt, kann der Gerichtsvollzieher auf Antrag des Gläubigers auch Auskünfte

- bei den **Trägern der gesetzlichen Rentenversicherungen**,
- beim **Bundeszentralamt für Steuern** und
- beim **Kraftfahrt-Bundesamt**

einholen. Dasselbe gilt, wenn die in der Vermögensauskunft angegebenen Vermögensgegenstände eine vollständige Befriedigung des Gläubigers nicht erwarten lassen *(§ 802l Abs. 1 ZPO)*.

4.3 Das Schuldnerverzeichnis nach §§ 882b ff. ZPO

Das Schuldnerverzeichnis ist das Verzeichnis der Personen, deren Eintragung
- der Gerichtsvollzieher – von Amts wegen – gem. *§ 882c ZPO*,
- die Vollstreckungsbehörde gem. *§ 284 Abs. 9 AO*,
- das Insolvenzgericht gem. *§ 26 Abs. 2 InsO*

angeordnet hat.

Während nach altem Recht bis 2012 jeder Schuldner, der zur Abgabe der Vermögensauskunft (früher eidesstattliche Versicherung) verpflichtet war, in das Schuldnerverzeichnis eingetragen wurde, hat sich auch diesbezüglich die Rechtslage mit der Reform der Sachaufklärung geändert.

Eine Eintragung erfolgt nur, wenn

- der Schuldner seiner Pflicht zur Abgabe der Vermögensauskunft nicht nachkommt,
- sich aus dem Vermögensverzeichnis offensichtlich keine vollständige Befriedigung des Gläubigers ableiten lässt **oder**
- die Forderung nicht innerhalb eines Monats nach Abgabe der Vermögensauskunft beglichen wird, es sei denn, es existiert ein Zahlungsplan nach § 802b ZPO (§ 882c Abs. 1 ZPO).

Auch der Erlass eines Haftbefehls nach § 802g ZPO wird demzufolge nicht mehr in das Schuldnerverzeichnis eingetragen. Die Eintragung erfolgt erst, wenn die Vollstreckung als **endgültig gescheitert** gilt.

Der Gesetzgeber vollzieht somit eine klare Trennung zwischen

- Informationsbeschaffung des Gläubigers *(§§ 802a ff. ZPO)* und
- rechtlichen Folgen einer erfolglosen Zwangsvollstreckung für den Schuldner *(§§ 882b ff. ZPO)*.

Die Aussagekraft des Schuldnerverzeichnisses wurde deutlich erhöht. Wer als Schuldner im Schuldnerverzeichnis eingetragen ist, hat an Kreditwürdigkeit verloren. Er wird keine Kredite mehr erhalten und im sonstigen Geschäftsverkehr erhebliche Nachteile hinnehmen müssen. Es liegt daher in den meisten Fällen im Interesse des Schuldners, die Eintragung in das Schuldnerverzeichnis zu verhindern oder zu verzögern.

Eine Löschung der Eintragung erfolgt grundsätzlich nach Ablauf von **drei Jahren** *(§ 882e Abs. 1 ZPO)*. Eine vorzeitige Löschung kann erfolgen, wenn die vollständige Befriedigung des Gläubigers nachgewiesen wird oder der Eintragungsgrund weggefallen ist *(§ 882 Abs. 3 ZPO)*.

Das Schuldnerverzeichnis wird von den zentralen Vollstreckungsgerichten der Länder geführt *(§ 882h Abs. 1 ZPO)*. Eine wesentliche Neuerung besteht darin, dass Gläubiger **bundesweit** Kenntnis über eventuelle Einträge im Schuldnerverzeichnis erlangen können. Die Einsicht in das zentrale Schuldnerregister über das gemeinsame Vollstreckungsportal der Länder im Internet ist jedem gestattet, der ein berechtigtes Interesse dafür darlegt *(§ 882f. Abs. 1 ZPO)*. Das Portal ist seit dem 01.01.2013 unter **www.vollstreckungsportal.de** verfügbar. Die Einsichtnahme ist kostenpflichtig. Sie wird nur registrierten Nutzern gewährt und erfolgt ausschließlich in elektronischer Form.

Übungsaufgaben

1. Unter welchen Voraussetzungen kann der Gläubiger die Abgabe der Vermögensauskunft des Schuldners verlangen?
2. Schuldner Tobias Jörgens aus Leipzig wird zur Abgabe der Vermögensauskunft geladen.
   a Welcher Gerichtsvollzieher ist zuständig?
   b Wodurch bestätigt der Schuldner die Richtigkeit und Vollständigkeit seiner Angaben?
   c Wie geht das Verfahren weiter, wenn der Schuldner nicht zum Termin erscheint?
3. Wo werden die Vermögensverzeichnisse hinterlegt und wo ist eine Einsichtnahme möglich?
4. Wo wird das Schuldnerverzeichnis geführt und wo kann Einsichtnahme erfolgen?

5 Arten der Zwangsvollstreckung

Bei der Durchsetzung von Ansprüchen eines Gläubigers gegen einen Schuldner handelt es sich nicht in jedem Fall um Geldforderungen. Es kann auch die zwangsweise Herausgabe von Gegenständen, das Erwirken sowie das Dulden oder Unterlassen von Handlungen angestrebt werden.

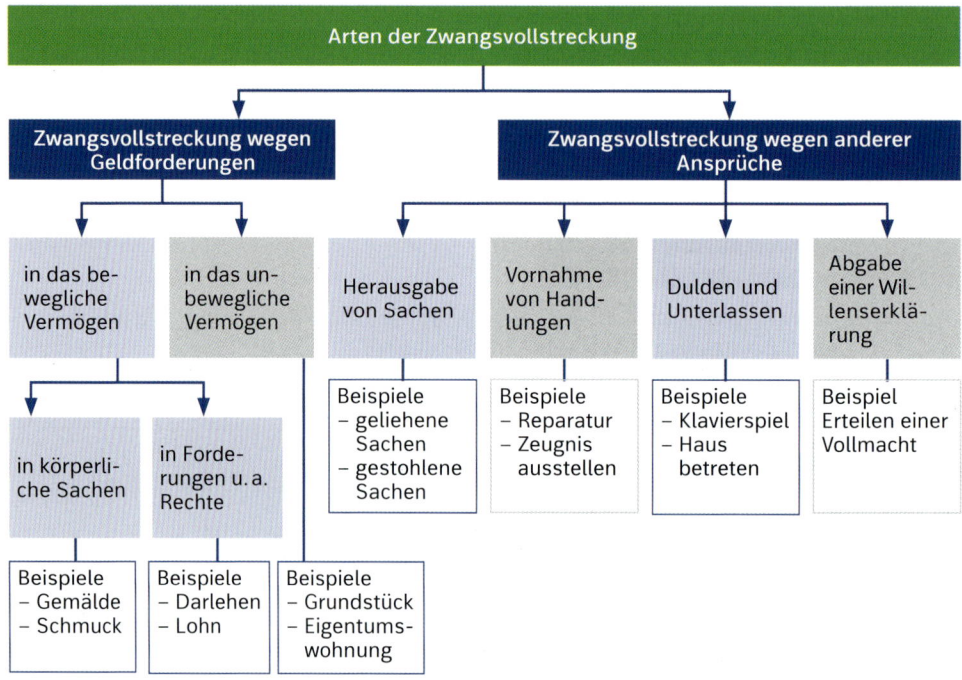

5.1 Zwangsvollstreckung in das bewegliche Vermögen wegen Geldforderungen (Mobiliarvollstreckung)

5.1.1 Zwangsvollstreckung in körperliche Sachen

Diese Art der Zwangsvollstreckung erfolgt durch

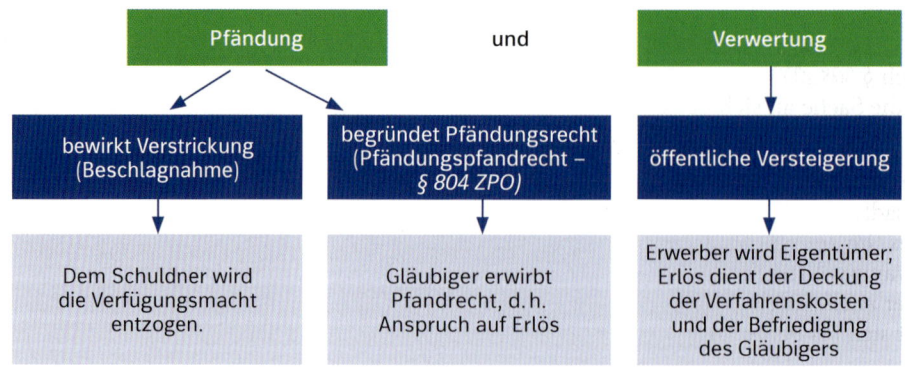

Das Vollstreckungsorgan ist der **Gerichtsvollzieher** *(§§ 753 ff., 808 ff., 814 ff. ZPO).*

Pfändung

 Sachpfändung bedeutet staatliche Beschlagnahme von Gegenständen zum Zwecke der Verwertung.

Gepfändet werden können

- Sachen, die sich **im Gewahrsam** des Schuldners befinden *(§ 808 Abs. 1 ZPO)*,
- Sachen, die sich im Gewahrsam des Gläubigers oder eines zur Herausgabe bereiten Dritten befinden *(§ 809 ZPO)*,
- Früchte, die von dem Boden noch nicht getrennt sind, solange nicht ihre Beschlagnahme im Wege der Zwangsvollstreckung in das unbewegliche Vermögen erfolgt ist *(§ 810 ZPO)*.

Bezug nehmend auf die **Ausgangssituation** möchte der Auszubildende Robert Brand genau wissen, wie der Gerichtsvollzieher vorgeht, wenn er den Auftrag für eine Sachpfändung erhält. Rechtsanwältin Heike Schröder erklärt den möglichen Ablauf eines solchen Verfahrens anhand eines vorliegenden Falles.

Beispiel
Ulf Barth, Inhaber eines Schnellrestaurants, schuldet Marie Pilz 1 060,00 €. Der Schuldtitel wurde Ulf Barth zugestellt. Die vollstreckbare Ausfertigung des Schuldtitels liegt dem Gerichtsvollzieher vor.

*Der Gerichtsvollzieher ist zuständig für die Sachpfändung (§ 808 ZPO), wird aber erst tätig, wenn der **Zwangsvollstreckungsauftrag** (schriftlich oder elektronisch – § 753 ZPO i. V. m. § 3 GVFV – **Gerichtsvollzieherformular-Verordnung**) vorliegt.*

*Zunächst fordert der Gerichtsvollzieher Ulf Barth zur Zahlung auf. Nach Zahlung des gesamten Betrages erhält der Schuldner eine **Quittung** sowie die **vollstreckbare Ausfertigung des Schuldtitels** (§ 757 Abs. 1 ZPO); zahlt der Schuldner nur einen Teilbetrag, wird diese Zahlung auf dem Titel vermerkt und eine Quittung über diesen Betrag ausgehändigt.*

*Zahlt Ulf Barth nicht und kommt es auch zu keiner Ratenzahlungsvereinbarung, nimmt der Gerichtsvollzieher die **Sachpfändung** vor. Mit der Pfändung tritt die **Verstrickung** der gepfändeten Sachen ein.*

Der Gerichtsvollzieher beschlagnahmt im Auftrag des Gläubigers die gepfändeten Gegenstände, indem er nach § 808 ZPO
- die Sache an sich nimmt oder
- ein Pfandsiegel anbringt.

Auf dem amtlichen Pfandsiegel war früher der Bundesadler als Wappentier abgebildet. Spöttisch wurde dies im Zusammenhang mit der unvermeidlichen Zwangsvollstreckung abgewandelt in „Pleitegeier" oder auch „Kuckuck". Diese abwertende Bezeichnung hat sich bis heute im Sprachgebrauch erhalten.

Im Falle des *§ 810 ZPO* (Pfändung ungetrennter Früchte) oder bei Pfändung von Lagerbeständen u. Ä. erfolgt die Kennzeichnung an dem Ort der Pfändung durch eine vom Gerichtsvollzieher gesiegelte und unterschriebene Pfandanzeige (*§ 82 Abs. 2 GVGA* – **Gerichtsvollziehergeschäftsanweisung**).

Verletzungen der durch Pfandsiegel oder Pfandanzeige gekennzeichneten Verstrickung können als **Verstrickungsbruch** (*§ 136 StGB*) oder gegebenenfalls als **Verwahrungsbruch** (*§ 133 StGB*) geahndet werden.

Der Gerichtsvollzieher hat **besondere Pfändungsvoraussetzungen** zu beachten, d. h., die Pfändung muss

1. zur rechten Zeit,
2. am rechten Ort,
3. in rechter Art und Weise und
4. im rechten Umfang

erfolgen.

1. Zur rechten Zeit
Der Gerichtsvollzieher nimmt Vollstreckungshandlungen i. d. R. **werktags zwischen 06:00 Uhr und 21:00 Uhr** vor. An Sonn- und Feiertagen sowie zu Nachtzeiten darf eine Pfändung nur aufgrund einer besonderen richterlichen Anordnung erfolgen (*§ 758a Abs. 4 ZPO*).

Beispiel

Handelt es sich – wie im obigen Beispiel des Ulf Barth, Inhaber eines Schnellrestaurants – bei dem Ort der Vollstreckung um eine Gaststätte, ist die Pfändung gegebenenfalls auch nach 21:00 Uhr erlaubt. Will Gläubigerin Marie Pilz gezielt auf die Tageseinnahmen des Schnellrestaurants zugreifen, muss sie dem Gerichtsvollzieher eine Weisung zur Kassenpfändung erteilen.

2. Am rechten Ort
Überall dort, wo sich die Vermögensmasse des Schuldners befindet, kann gepfändet werden. Das bedeutet, dass gepfändet werden kann, wenn sich die Sache im Gewahrsam des Schuldners – z. B. in der Wohnung oder in seinen Geschäftsräumen (*§ 808 ZPO*) – befindet, aber auch im Gewahrsam eines zur Herausgabe bereiten Dritten oder des Gläubigers (*§ 809 ZPO*).

 Der Gerichtsvollzieher prüft nicht das Eigentum, sondern nur den Gewahrsam (*§ 808 Abs. 1 ZPO*).

Nach *§ 71 Abs. 2 GVGA* pfändet der Gerichtsvollzieher jedoch Sachen nicht, die **offensichtlich** zum Vermögen eines Dritten gehören, z. B. das Abendkleid der Ehefrau oder das Transportgut eines Frachtführers. Allerdings kann der Gerichtsvollzieher auch diese Sachen pfänden, wenn der Gläubiger dies ausdrücklich verlangt bzw. wenn der Dritte erklärt, dass er der Pfändung nicht widerspreche.

3. In der rechten Art und Weise
Der Gerichtsvollzieher nimmt die zu pfändenden Sachen in Besitz. Geld, Kostbarkeiten und Wertpapiere nimmt der Gerichtsvollzieher sofort an sich (*§ 808 Abs. 2 S. 1 ZPO*). Andere Sachen werden beim Schuldner belassen. Die Wirksamkeit der Pfändung ist durch Anlegen von Siegeln oder auf andere Art und Weise ersichtlich zu machen.

Zwangsvollstreckung in das bewegliche Vermögen wegen Geldforderungen (Mobiliarvollstreckung)

Beispiel

*In Bezugnahme auf o. g. Beispiel: Die Wohnung von Ulf Barth darf der Gerichtsvollzieher grundsätzlich nur mit Zustimmung des Schuldners bzw. eines **Dritten** (Personenkreis wie in § 178 ZPO) oder – wenn Zustimmung fehlt – nach Einholen einer **richterlichen Durchsuchungsanordnung** (§ 758a Abs. 1 S. 1 ZPO) durchsuchen (Ausnahme: siehe § 758a Abs. 1 S. 2 ZPO).*

*Im vorliegenden Fall pfändet der Gerichtsvollzieher in der Wohnung von Ulf Barth 500,00 € Bargeld und eine antike Truhe; die Sachen befinden sich **im Gewahrsam** des Schuldners.*

*a) Das Geld wird sofort mitgenommen – § 808 Abs. 1 ZPO – der Gerichtsvollzieher wird **unmittelbarer** Fremdbesitzer.*

*b) Die Truhe wird mit einer Pfandsiegelmarke versehen – § 808 Abs. 2 ZPO – Ulf Barth ist **unmittelbarer**, der Gerichtsvollzieher **mittelbarer** Fremdbesitzer.*

*Ulf Barth gilt als Gewahrsamsinhaber und Besitzer der Sachen, auch wenn er die Wohnung mit seiner Ehefrau oder Lebenspartnerin teilt (§ 739 ZPO). Der Gerichtsvollzieher prüft nicht, ob der Schuldner Eigentümer der Sachen ist. Die Pfändung unterbleibt nur, wenn der Schuldner **offensichtlich** nicht der Eigentümer ist, z. B. wenn der Gerichtsvollzieher Dienstbekleidung der Ehefrau vorfindet.*

*Das gepfändete Geld ist der Gläubigerin Marie Pilz auszuhändigen (§ 815 Abs. 1 ZPO); die Verwertung (**öffentliche Versteigerung**) der Truhe ist frühestens eine Woche nach Pfändung möglich (§ 816 Abs. 1 ZPO).*

4. Im rechten Umfang

 Nicht alle Vermögenswerte eines Schuldners sind pfändbar.

Einer der Verfahrensgrundsätze der Zwangsvollstreckung ist der **Grundsatz der Verhältnismäßigkeit** (Abschnitt V Nr. 5 Einführung in die Zivilprozessordnung):

„Die Pfändung und Verwertung ist nur zulässig, wenn sie zu einer Befriedigung des Gläubigers führen kann. Eine nutzlose Pfändung ist unzulässig, ebenso eine unnötige Überpfändung. Dagegen besteht kein allgemeiner Grundsatz der Verhältnismäßigkeit zwischen dem Vorteil für den Gläubiger und dem Nachteil für den Schuldner. Der Gläubiger darf daher auch wegen einer Bagatellforderung vollstrecken und kann dem Schuldner einen hohen Vollstreckungsschaden zufügen."

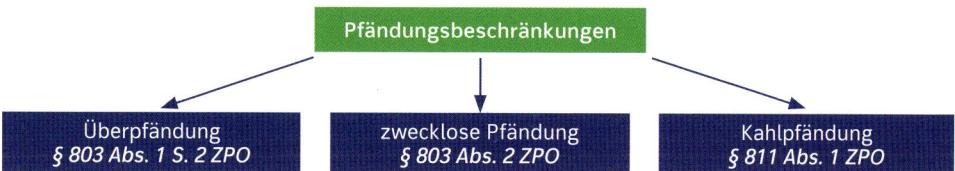

- **Verbot der Überpfändung** *(§ 803 Abs. 1 S. 2 ZPO)*

    Die Pfändung darf nicht weiter ausgedehnt werden, als es zur Befriedigung des Gläubigers und zur Deckung der Kosten der Zwangsvollstreckung erforderlich ist.

Beispiel
Der Gerichtsvollzieher hat einen Zwangsvollstreckungsauftrag über 2 000,00 € und findet beim Schuldner ein antikes Möbelstück im Wert von 30 000,00 € und einen Teppich im Wert von 4 000,00 € vor.

Der Gerichtsvollzieher darf nur den Teppich pfänden, ansonsten läge Überpfändung vor.

Würde als **einziger** pfändbarer Gegenstand das antike Möbelstück vorhanden sein, wäre die Beschlagnahme **keine** Überpfändung. Ergibt die Verwertung einen Erlösüberschuss, so erhält diesen der Schuldner.

Wenn ein wertintensiver Gegenstand wegen einer wesentlich geringeren Forderung gepfändet wird, kann dieser Gegenstand vor der Verwertung wegen einer weiteren Forderung eines anderen Gläubigers ebenfalls gepfändet werden. Es handelt sich dabei um eine **Anschlusspfändung** *(§ 826 ZPO)*. Der Gerichtsvollzieher erklärt, dass er die bereits gepfändete Sache für seinen Auftraggeber gleichfalls pfändet. Die Erklärung ist in das Pfändungsprotokoll *(§ 762 ZPO)* aufzunehmen. Hinsichtlich der Befriedigung der Gläubiger aus dem Erlös ist danach eine Rangfolge zu beachten; der Gläubiger, für den zuerst gepfändet wurde, rangiert vor späteren Gläubigern.

Pfändet der Gerichtsvollzieher wegen mehrerer Vollstreckungsaufträge bei demselben Schuldner zur **gleichen Zeit**, sind alle Aufträge – unabhängig vom Zeitpunkt des Eingangs – gleichrangig. Der Erlös wird im Verhältnis der Forderungen aufgeteilt *(§ 827 Abs. 3 ZPO)*.

- **Verbot der zwecklosen Pfändung** *(§ 803 Abs. 2 ZPO)*

Eine Pfändung darf nicht stattfinden, wenn bei der Verwertung der zu pfändenden Gegenstände kein Überschuss über die Kosten der Zwangsvollstreckung zu erwarten ist. Wenn in den letzten drei Monaten ein Pfändungsversuch gegen den Schuldner fruchtlos verlaufen ist oder der Schuldner im o. g. Zeitraum die Vermögensauskunft abgegeben hat, aus der keine pfändbaren Gegenstände ersichtlich sind, erteilt der Gerichtsvollzieher dem Gläubiger eine sogenannte Unpfändbarkeitsbescheinigung *(§ 32 Abs. 1 GVGA)*.

- **Verbot der Kahlpfändung** *(§ 811 Abs. 1 ZPO)*

Aus sozialen Gründen finden sich in mehreren Gesetzen Pfändbarkeitsbeschränkungen an bestimmten Sachen des Vollstreckungsschuldners. Dem Schuldner und seiner Familie soll eine wirtschaftliche Existenz erhalten werden. Er soll ein bescheidenes, der Würde des Menschen entsprechendes Leben führen können (vgl. *Artikel 1 Grundgesetz*). In der Zivilprozessordnung ist der Pfändungsschutz dahin gehend geregelt, dass Sachen, die dem persönlichen Gebrauch oder Haushalt bzw. zur Fortsetzung einer Erwerbstätigkeit dienen, unpfändbar sind *(§§ 811 ff. ZPO)*.

Dazu gehören neben Kleidung und Haushaltsgegenständen auch auf **vier Wochen** erforderliche Nahrungs-, Feuerungs- und Beleuchtungsmittel bzw. der zur Beschaffung erforderliche Geldbetrag. Die Robe eines Rechtsanwalts darf ebenso wenig gepfändet werden wie das Instrument eines Musikers. Wenn hingegen der Schuldner täglich mit seinem Pkw zur Arbeit fährt, kann geprüft werden, ob die Benutzung öffentlicher Verkehrsmittel zumutbar ist. In diesem Fall könnte auch der Pkw gepfändet werden.

Nach *§ 811c Abs. 1 ZPO* dürfen Haustiere nicht gepfändet werden. Absatz 2 sieht eine Ausnahme vor, falls das Tier einen hohen Wert hat und die Unpfändbarkeit für den Gläubiger eine Härte darstellen würde.

Eine weitere Besonderheit stellt die **Vorwegpfändung** nach *§ 811d ZPO* dar. Sie kommt zur Anwendung, wenn feststeht, dass eine Sache **innerhalb eines Jahres** pfändbar wird. Trotz Pfändung darf der Schuldner die Sache weiterhin nutzen.

Beispiel
Ein Vollstreckungsschuldner betreibt eine Spedition, die er im folgenden Jahr aus Altersgründen aufgeben möchte. Die zum Verkauf vorgesehenen Fahrzeuge können vorweg gepfändet werden.

Im Zuge der Sachpfändung kann der Gerichtsvollzieher im Auftrag des Gläubigers auch eine sogenannte **Taschenpfändung**, d. h. eine körperliche Durchsuchung der vom Schuldner getragenen Kleidung, vornehmen. Der Gerichtsvollzieher darf hierbei auch Dinge pfänden, die der Schuldner in Taschen, Geldbörsen oder sonstigen Behältnissen mit sich führt.

Da jedoch eine Taschenpfändung einen Eingriff in die Persönlichkeitsrechte des Schuldners darstellt, wird sie nur in Ausnahmefällen angewendet, vor allem wenn es Gründe für die Annahme gibt, dass der Schuldner Geld, Schmuck oder andere wertvolle Gegenstände verbirgt, um sie der Zwangsvollstreckung zu entziehen.

Soll die Taschenpfändung in den Räumen Dritter (auch in Geschäftsräumen) durchgeführt werden, bedarf es einer Durchsuchungsanordnung nach § 758a ZPO.

Einer besonderen Anordnung des Richters bedarf es, wenn die Durchsuchung in der Wohnung des Schuldners gegen dessen Willen erfolgen soll *(§ 61 Abs. 10 GVGA)*.

Der Auszubildende Robert Brand ist bei der Aufzählung von Befugnissen des Gerichtsvollziehers und im Zusammenhang mit der Abgabe der Vermögensauskunft schon mehrfach mit dem Begriff **Austauschpfändung** konfrontiert worden und bittet Rechtsanwältin Heike Schröder um Erläuterung dieser besonderen Form der Pfändung.

Rechtsanwältin Heike Schröder sucht dazu eine Akte heraus, um an einem konkreten Beispiel den Ablauf zu erklären.

Beispiel
Ein früherer Mandant, Konrad Sohr, hatte einen Vollstreckungstitel über 6 500,00 € gegen die Schuldnerin Lisa Berthold. Lisa Berthold war Kosmetikvertreterin und besaß außer ihrem Pkw, mit dem sie ihre Kundinnen aufsuchte, kein pfändbares Vermögen. Nach § 811 Nr. 5 ZPO wäre der Pkw grundsätzlich unpfändbar gewesen, da es sich um einen Gegenstand handelte, den Lisa Berthold zur Fortsetzung ihrer Erwerbstätigkeit benötigte.

Der Pkw, den Lisa Berthold fuhr, war ein fast neuer BMW Kombi (3er Reihe Touring Luxury Line) mit einem aktuellen Wert von 33 000,00 €.

Rechtsanwältin Heike Schröder riet ihrem Mandanten, beim Vollstreckungsgericht die Zulassung einer Austauschpfändung zu beantragen.

Die **Austauschpfändung** ermöglicht den Zugriff auf eine nach *§ 811 Nr. 1, 5 oder 6 ZPO* an sich unpfändbare Sache. Allerdings setzt die Austauschpfändung nach *§ 811a Abs. 1 ZPO* voraus, dass der Gläubiger dem Schuldner vor Wegnahme der Sache ein Ersatzstück, das dem Verwendungszweck genügt, oder den zur Beschaffung erforderlichen Geldbetrag überlässt.

Über die Zulässigkeit einer Austauschpfändung entscheidet das Vollstreckungsgericht auf Antrag des Gläubigers. Die Austauschpfändung soll nur dann zugelassen werden, wenn der zu erwartende Vollstreckungserlös den Wert des Ersatzstückes erheblich übersteigt *(§ 811a Abs. 2 ZPO)*.

Beispiel

Im Fall Konrad Sohr gegen Lisa Berthold hatten sich die Beteiligten dahin gehend geeinigt, dass Lisa Berthold bei ihrem Autohändler ein anderes Fahrzeug aussuchte, das weniger als 20 000,00 € kostete und Konrad Sohr den erforderlichen Betrag zur Verfügung stellte, bevor der BMW gepfändet wurde. Das Vollstreckungsgericht erteilte per Beschluss seine Zustimmung. Die spätere Verwertung des BMW ergab einen Überschuss über die Forderungen von Konrad Sohr. Der überschüssige Betrag ging an Lisa Berthold.

Über jede Vollstreckungshandlung hat der Gerichtsvollzieher ein **Protokoll** aufzunehmen. Diese in *§ 762 ZPO* formulierte Pflicht des Gerichtsvollziehers dient der Beweissicherung sowie der Information der Beteiligten und ist damit eine wichtige Grundlage für die Kontrolle des Verfahrens der Zwangsvollstreckung. Die ZPO-Vorschrift wird konkretisiert durch die Bestimmungen der **Gerichtsvollziehergeschäftsanweisung**. Vollstreckungshandlungen sind nach *§ 63 Abs. 1 S. 2 GVGA* alle Handlungen, die der Gerichtsvollzieher zum Zwecke der Zwangsvollstreckung vornimmt.

Das **Pfändungsprotokoll** ist unmittelbar nach der jeweiligen Vollstreckungshandlung aufzunehmen.

Verwertung

 Verwertung einer beweglichen Sache bedeutet i. d. R. Veräußerung dieser Sache im Wege der öffentlichen Versteigerung durch den Gerichtsvollzieher.

Nach Wahl des Gerichtsvollziehers erfolgt die öffentliche Versteigerung

- vor Ort (Präsenzversteigerung) oder
- im Internet über eine Versteigerungsplattform *(§ 814 Abs. 2 ZPO)*.

> vgl. § 814 Abs. 3 ZPO

Nach Inkrafttreten des Gesetzes über die Internetversteigerung in der Zwangsvollstreckung und der entsprechenden Rechtsverordnungen der Länder besteht seit 2010 neben der öffentlichen Präsenzversteigerung die Möglichkeit, gepfändete Gegenstände über die Versteigerungsplattform www.justiz-auktion.de zu versteigern.

Die Internetversteigerung bietet z. B. folgende Vorteile gegenüber der herkömmlichen Versteigerung vor Ort:

- wesentlich geringere Versteigerungskosten (Pfändungshemmnis nach § 803 Abs. 2 ZPO entfällt damit in den meisten Fällen)
- keine zeitliche Begrenzung bei Onlineversteigerung
- weltweites Bieten möglich
- höherer Versteigerungserlös durch größere Anzahl von Interessenten

Der Verlauf der Versteigerung ist in den *§§ 816–819 ZPO* sowie den *§§ 92–96 GVGA* geregelt. Der Gerichtsvollzieher bestimmt den Termin zur öffentlichen Versteigerung i. d. R. sogleich bei der Pfändung. Zeit und Ort der Versteigerung und die Bezeichnung der zu versteigernden Gegenstände sind öffentlich bekannt zu machen *(§ 816 Abs. 3 ZPO)*. Die Versteigerung darf nicht vor Ablauf einer Woche seit dem Tage der Pfändung erfolgen, es sei denn, Gläubiger und Schuldner haben sich auf eine frühere Versteigerung geeinigt.

Der Gerichtsvollzieher führt die Verwertung nach den *§§ 814–825 ZPO* ohne einen besonderen Auftrag des Gläubigers durch.

Im Falle einer Versteigerung vor Ort stellt der Gerichtsvollzieher die zu versteigernden Sachen zunächst zur Besichtigung bereit *(§ 94 Abs. 1 GVGA)*. Der Termin beginnt mit der Bekanntgabe der Versteigerungsbedingungen. Danach werden die Pfandstücke nach ihrer Reihenfolge im Pfändungsprotokoll aufgerufen und der Gerichtsvollzieher fordert zum Bieten auf. Der Meistbietende erhält nach dreimaligem Aufruf den Zuschlag, sofern das Gebot dem nach *§ 817a ZPO* geforderten Mindestbetrag entspricht oder diesen übersteigt.

Das Mindestgebot ist entweder

- die Hälfte des gewöhnlichen Verkaufswertes der Sache **oder**
- der Gold- oder Silberwert im Falle von Gold- und Silbersachen.

Die Übergabe der zugeschlagenen Sache erfolgt nach Erteilung des Zuschlags, wenn das Kaufgeld vorher gezahlt worden ist oder bei Ablieferung gezahlt wird *(§ 817 Abs. 2 ZPO)*. Das Eigentum wird durch rechtsgestaltenden Hoheitsakt übertragen.

 Im Unterschied zu den grundsätzlichen Vorschriften des BGB erwirbt der Ersteher im Wege der öffentlichen Versteigerung auch dann das Eigentum an der ersteigerten Sache, wenn er weiß, dass der Gegenstand nicht Eigentum des Schuldners gewesen ist.

 vgl. § 935 Abs. 2 BGB

Wird der Zuschlag aufgrund des Nichterreichens des Mindestgebots nicht erteilt, bleibt das Pfandrecht des Gläubigers bestehen. Er kann einen neuen Versteigerungstermin anberaumen oder eine anderweitige Verwertung nach *§ 825 ZPO* beantragen. Bei Gold- und Silbersachen kann ein freihändiger Verkauf Erfolg bringen. Auch dabei ist als Mindestbetrag die Hälfte des gewöhnlichen Verkaufswertes einzuhalten.

Neben der Präsenzversteigerung und der Versteigerung über die Internetplattform kann auf **Antrag des Gläubigers oder des Schuldners** eine gepfändete Sache auf eine andere Art und Weise oder an einem anderen Ort verwertet werden *(§ 825 ZPO)*. In einem solchen Fall darf der Gerichtsvollzieher die Sache ohne Zustimmung des Antragsgegners jedoch nicht vor Ablauf von **zwei Wochen** nach dessen Kenntnisnahme verwerten.

Als Formen der anderweitigen Verwertung zeigt *§ 91 Abs. 1 S. 2 GVGA* folgende Möglichkeiten auf:

1. freihändiger Verkauf durch den Gerichtsvollzieher *(§§ 97–99 GVGA)*
2. freihändiger Verkauf durch einen Dritten – gegebenenfalls unter Festsetzung eines Mindestpreises
3. Übereignung an den Gläubiger zu einem bestimmten Preis
4. Versteigerung durch den Gerichtsvollzieher an einem anderen Ort als nach *§ 816 Abs. 2 ZPO* vorgesehen

Freihändiger Verkauf ist nach *§ 97 GVGA* zulässig z.B. bei Gold- und Silbersachen, wenn bei der Versteigerung kein Gebot abgegeben worden ist, das den Gold- und Silberwert erreicht sowie auf Antrag des Gläubigers oder des Schuldners *(§ 825 Abs. 1 ZPO)*. Nach *§ 98 Abs. 4 GVGA* kann der Verkauf auch an den Gläubiger erfolgen.

 vgl. *§ 817a ZPO*

Beispiel
Gläubiger Martin Hauser betreibt gegen Schuldner Lothar Bergmann die Zwangsvollstreckung aus einem Versäumnisurteil. Der zuständige Gerichtsvollzieher pfändet in der Wohnung des Schuldners ein Gemälde eines bekannten holländischen Malers. Martin Hauser ist

> vgl. § 817 Abs. 4 ZPO

selbst an dem Kunstwerk interessiert und möchte es erwerben. Die Möglichkeit der Übereignung nach § 825 ZPO i. V. m. § 91 GVGA ist gegeben. Eine weitere Variante wäre, dass Martin Hauser an der öffentlichen Versteigerung teilnimmt und das Gemälde selbst ersteigert.

Verteilung des Versteigerungserlöses

Grundsätzlich ist der Versteigerungserlös nach Abzug der Kosten dem Gläubiger bis zur Höhe seiner titulierten Ansprüche abzuliefern. Reicht der Erlösüberschuss nicht aus, so wird der Gläubiger eine weitere Vollstreckungsmaßnahme beantragen. Übersteigt der Erlösüberschuss die Forderungen des Gläubigers, erhält der Schuldner den Differenzbetrag.

Abwandlungen nach § 827 ZPO – Verfahren bei **mehrfacher** Pfändung:

- Anschlusspfändung nach *§ 826 ZPO*: Beim Schuldner wurde zu **unterschiedlichen Zeitpunkten** für **mehrere Gläubiger** gepfändet.

Rangfolge: Die Gläubiger werden in der zeitlichen Reihenfolge der **Pfändung** befriedigt, **nicht** nach der Reihenfolge des Eingangs der Aufträge zur Pfändung.

Beispiel:
Gerichtsvollzieher Ilkay Öztürk pfändete beim Schuldner Leon Sieber eine HiFi-Anlage, und zwar für

1. Erich Scholz am 10.10. wegen einer Kaufpreisforderung in Höhe von 800,00 €,

2. Mirko Schulz am 12.10. wegen einer Schadensersatzforderung in Höhe von 400,00 €,

3. Dieter Schulze am 13.10. wegen einer Darlehensforderung in Höhe von 200,00 €.

Die Versteigerung der Anlage erbrachte einen Erlös von 1 160,00 €.

Die Gerichtsvollzieherkosten betrugen insgesamt 110,00 €.

Gerichtsvollzieher Ilkay Öztürk verteilt wie folgt:

Versteigerungserlös	*1 160,00 €*
Kosten des GV	*– 110,00 €*
verbleibender Erlös	*1 050,00 €*

Die Gläubiger erhalten in der Reihenfolge:

1. Erich Scholz	*800,00 €*
2. Mirko Schulz	*250,00 €*
3. Dieter Schulze	*0,00 €*

- Beim Schuldner wurde **gleichzeitig** für **mehrere Gläubiger** gepfändet.

Erlös ist **im Verhältnis der Forderungen** zu verteilen.

Beispiel
Wie oben, aber Gerichtsvollzieher Ilkay Öztürk hat für alle drei Gläubiger gleichzeitig gepfändet.

Die nach Abzug seiner Kosten verbleibenden 1 050,00 € werden wie folgt verteilt:

1. *Erich Scholz erhält*   *600,00 €*
2. *Mirko Schulz erhält*   *300,00 €*
3. *Dieter Schulze erhält*   *150,00 €*

(Summe aller Forderungen 1 400,00 € = 100 %
zu verteilender Erlös   1 050,00 € = 75 %, d. h., jeder Gläubiger erhält 75 % seiner titulierten Forderung)

Wenn der Erlös – wie in den o. g. Beispielen – nicht ausreicht, um alle Gläubiger zu befriedigen, so kann ein Gläubiger ohne Zustimmung der übrigen verlangen, vor den anderen befriedigt zu werden *(§ 827 Abs. 2 ZPO)*. Er kann auch eine andere Verteilung als nach dem Verhältnis der Forderungen zueinander verlangen *(§ 827 Abs. 3 ZPO)*. Der Gerichtsvollzieher hat sodann die Sachlage unter Hinterlegung des Erlöses dem Vollstreckungsgericht anzuzeigen *(§ 827 Abs. 2 ZPO)*. Dem Gerichtsvollzieher wird damit die Entscheidung über die Verteilung des Erlöses unter den Gläubigern abgenommen. Es wird von Amts wegen ein **gerichtliches Verteilungsverfahren** nach *§§ 872 ff. ZPO* eingeleitet.

Für das **Verteilungsverfahren** ist das jeweilige Amtsgericht als Verteilungsgericht zuständig *(§ 872 ZPO)*.

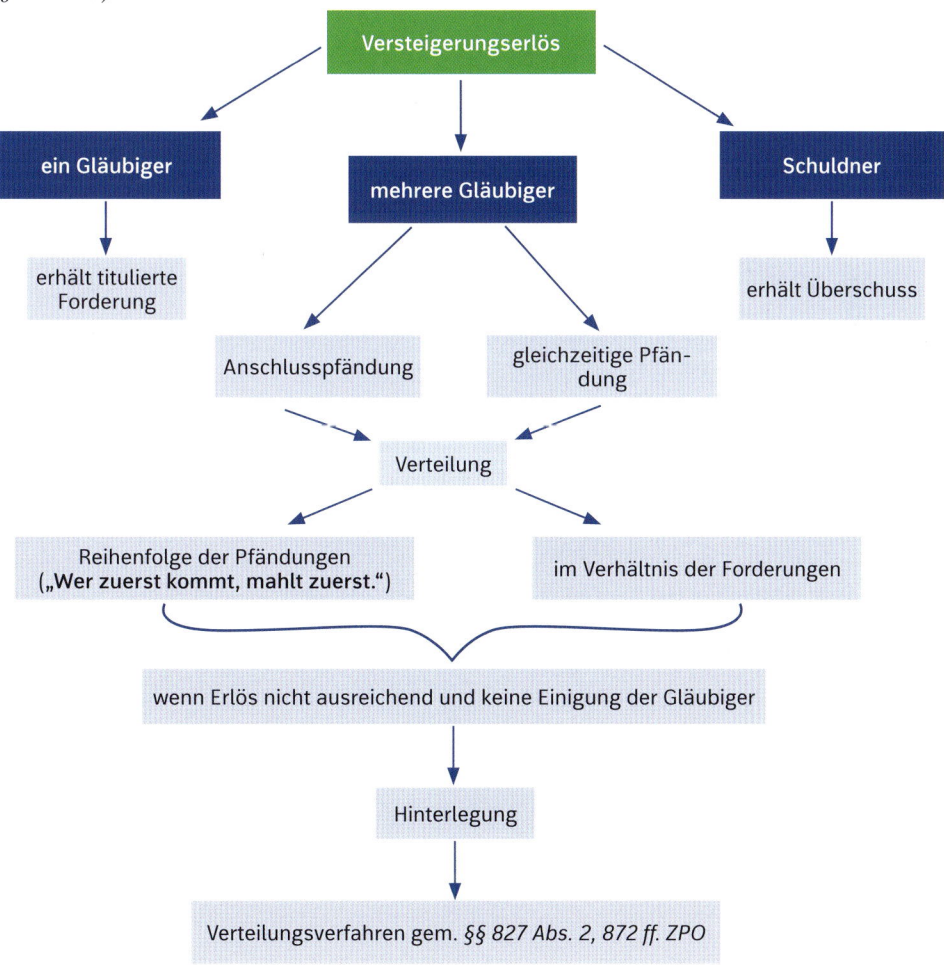

Übungsaufgaben

1. Was versteht man unter Sachpfändung und wer führt sie durch?
2. Welche Wirkungen hat die Pfändung einer körperlichen Sache für Schuldner und Gläubiger?
3. Was kann der Gerichtsvollzieher tun, wenn der Schuldner ihm den Zugang zu seiner Wohnung verwehrt?
4. Zu welcher Uhrzeit darf der Gerichtsvollzieher beim Schuldner pfänden und in welchen Fällen darf von dieser Vorschrift abgewichen werden?
5. Wozu fordert der Gerichtsvollzieher den Schuldner auf, bevor er mit der Pfändung beginnt?
6. Wie erfolgen Pfändung und Verwertung
   a von 1 000,00 € Bargeld,
   b eines Diamantringes,
   c eines antiken Schreibtisches?
7. Der Gerichtsvollzieher findet bei einer Schuldnerin, einer alleinerziehenden Mutter von drei Kindern, folgende Sachen vor:
   a ein wertvolles Gemälde
   b 500,00 € Bargeld
   c eine Nähmaschine
   d den mit Rubinen verzierten Ehering ihrer verstorbenen Großmutter

   Darf der Gerichtsvollzieher o. g. Sachen pfänden?
8. Beim Gerichtsvollzieher gehen folgende Zwangsvollstreckungsaufträge ein, die beide gegen denselben Schuldner gerichtet sind:
   a am 06.11. der Auftrag des Gläubigers Guido Brand wegen einer Forderung von 850,00 €
   b am 19.11. der Auftrag des Gläubigers Ferdinand Pilz wegen einer Forderung von 1 100,00 €

   Am 08.12. geht der Gerichtsvollzieher wegen der beiden Aufträge zum Schuldner Ingo Roth, um in dessen Habe zu vollstrecken. Er pfändet eine große geschnitzte Weihnachtspyramide.

   Entscheiden und begründen Sie, ob es sich hierbei um eine gleichzeitige Pfändung oder eine Anschlusspfändung handelt.
9. Wie unterscheiden sich gleichzeitige Pfändung und Anschlusspfändung hinsichtlich der Erlösverteilung?
10. Was versteht man unter Austauschpfändung und unter welchen Voraussetzungen ist sie zulässig?
11. Bei Schuldner Niko Kraus ist ein wertvoller Teppich gepfändet worden. Der Gläubiger möchte ihn selbst erwerben. Welche Möglichkeiten hat er?

Zwangsvollstreckung in das bewegliche Vermögen wegen Geldforderungen (Mobiliarvollstreckung)

12. Wie hoch ist das Mindestgebot bei der Versteigerung folgender Sachen?
    a einem Gemälde mit gewöhnlichem Verkaufswert von 3 400,00 €
    b einem Armband mit gewöhnlichem Verkaufswert von 280,00 €, bei dem Gold im Wert von 160,00 € verarbeitet worden ist

13. Elke Süß schuldet Alexander Pfau 600,00 € und Felix Gomez 2 000,00 €. Sie hat von ihrem Freund einen Hometrainer zu einem Preis von 2 100,00 € geschenkt bekommen (gewöhnlicher Verkaufswert zum Zeitpunkt der Pfändung betrug 1 500,00 €). Nach erfolgter Pfändung soll das Gerät nun versteigert werden. Leyla Amin ist die einzige Interessentin für den Hometrainer und bietet 700,00 €.

    Kommt es zum Zuschlag und damit zur teilweisen Befriedigung eines Gläubigers oder beider Gläubiger?

14. Worin besteht der Vorteil der Internetversteigerung gegenüber der Präsenzversteigerung?

15. Nach erfolgter Versteigerung gepfändeter Sachen ergibt sich ein Erlös, der nicht zur Befriedigung aller Gläubiger ausreicht.

    Wie wird der Gerichtsvollzieher verfahren, wenn sich die Gläubiger nicht einigen?

5.1.2 Zwangsvollstreckung in Forderungen und andere Vermögensrechte

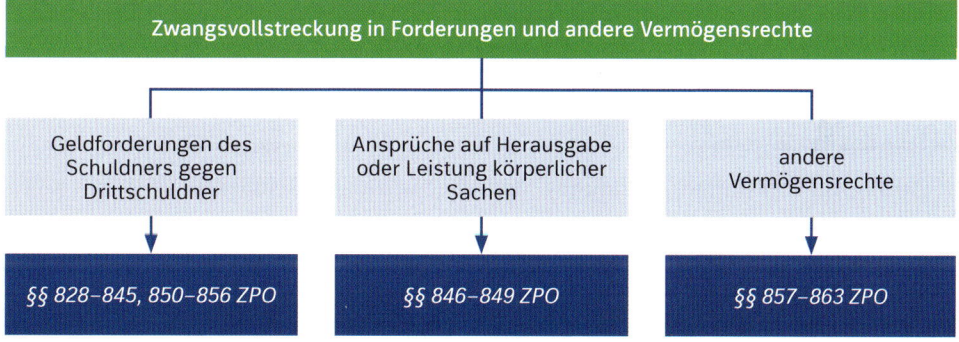

Pfändung und Überweisung von Geldforderungen

Die sogenannte **Forderungspfändung** ist i. d. R. wirksamer als eine Pfändung in körperliche Sachen. Im Unterschied zur Mobiliarvollstreckung, bei welcher der Gerichtsvollzieher im Auftrag des Gläubigers direkt in das Vermögen des Schuldners pfändet, greift bei der Zwangsvollstreckung in Geldforderungen der Gläubiger auf eine Forderung zu, die dem Schuldner gegen einen Dritten (Drittschuldner) zusteht.

Die Pfändung und Überweisung einer Geldforderung wird durch einen **Pfändungs- und Überweisungsbeschluss** (PfÜB) bewirkt, den der Gläubiger bei Vorliegen aller Voraussetzungen für eine Zwangsvollstreckung beim zuständigen Vollstreckungsgericht, d. h. grundsätzlich beim Amtsgericht am allgemeinen Gerichtsstand des Schuldners, beantragt

(§ 828 ZPO). Funktionell zuständig für den Erlass des Pfändungs- und Überweisungsbeschlusses ist der Rechtspfleger *(§ 20 Nr. 17 RPflG)*.

§ 829 ZPO bestimmt, wie bei der Zwangsvollstreckung wegen einer **Geldforderung des Gläubigers** die Pfändung einer **Geldforderung des Schuldners** gegen einen Drittschuldner zu vollziehen ist.

Mit der **Pfändung** erlangt der Gläubiger ein Pfandrecht an der Geldforderung des Schuldners gegen den Drittschuldner *(§ 829 ZPO i. V. m. § 804 Abs. 1 ZPO)*, d. h., zur Befriedigung des Gläubigers kommt es noch nicht. Dazu bedarf es noch der **Überweisung** *(§ 835 ZPO)*.

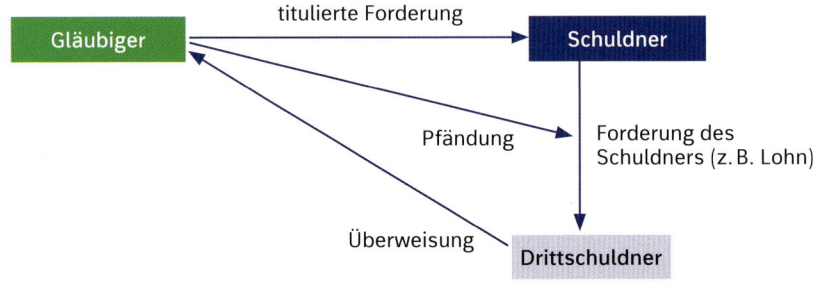

 Drittschuldner ist im Zwangsvollstreckungsrecht der Schuldner einer gepfändeten Forderung, d. h., er ist der Schuldner des Vollstreckungsschuldners.

Als Drittschuldner gelten alle natürlichen oder juristischen Personen, gegen die der Vollstreckungsschuldner Forderungen hat. Drittschuldner können neben dem Arbeitgeber des Schuldners z. B. auch Banken, Sparkassen, Versicherungsträger (z. B. bei Rentenansprüchen oder Ansprüchen aus privaten Versicherungen) sein sowie das Finanzamt bei Steuererstattungsansprüchen oder andere Personen, die dem Vollstreckungsschuldner ihrerseits Geld schulden.

Ablauf des Verfahrens

1. **Antrag auf Erlass eines Pfändungs- und Überweisungsbeschlusses**

   Der Antrag ist an das zuständige Vollstreckungsgericht zu stellen und folgende Anlagen sind beizufügen:

   - die vollstreckbare Ausfertigung des Titels
   - die Zustellungsurkunde
   - gegebenenfalls der Nachweis der Sicherheitsleistung bzw. der Rechtskraftvermerk
   - die bisherigen Vollstreckungsunterlagen zum Nachweis der bereits entstandenen Vollstreckungskosten

2. **Erlass des Pfändungsbeschlusses und des Überweisungsbeschlusses**

    Der Pfändungs- und Überweisungsbeschluss ist kein Vollstreckungstitel gegen den Drittschuldner.

   Nach Prüfung aller Voraussetzungen für die Zwangsvollstreckung sowie der Bestimmtheit der geltend gemachten Forderung entscheidet der Rechtspfleger über den Antrag des Gläubigers – ohne Anhörung des Schuldners *(§ 834 ZPO)* – und erlässt den **Pfändungs- und Überweisungsbeschluss**.

 Der Rechtspfleger prüft nicht, ob die Forderung noch besteht.

Obwohl es sich um zwei voneinander unabhängige Beschlüsse handelt, wird in der Praxis meist der **Überweisungsbeschluss** mit dem **Pfändungsbeschluss** zusammen beantragt und es ergeht ein einheitlicher Pfändungs- und Überweisungsbeschluss (PfÜB). Soll jedoch die Zwangsvollstreckung in eine Forderung als **Sicherungsvollstreckung** nach *§ 720a ZPO* erfolgen (siehe Gliederungspunkt 2.1.1), wird der Gläubiger zunächst nur den **Pfändungsbeschluss** beim Vollstreckungsgericht beantragen. Die gepfändete Forderung wird beschlagnahmt und damit der Pfändungsrang gesichert. Die Verwertung (**Überweisungsbeschluss**) wird dann später beantragt, gegebenenfalls nach Vorliegen des Rechtskraftzeugnisses.

3. Zustellung des Pfändungs- und Überweisungsbeschlusses

Die Zustellung an den **Drittschuldner** erfolgt nicht von Amts wegen, sondern **im Parteibetrieb durch den Gerichtsvollzieher** *(§§ 191 ff. ZPO i.V.m. § 829 Abs. 2 S. 1 ZPO)*. Der Gläubiger hat die Zustellung an den Drittschuldner zu veranlassen, d.h., er kann selbst den Gerichtsvollzieher damit beauftragen oder bereits im Pfändungsantrag die Vermittlung durch die Geschäftsstelle in die Wege leiten *(§ 829 Abs. 2 S. 1 ZPO i.V.m. § 192 Abs. 3 ZPO)*.

Mit der Zustellung des **Pfändungsbeschlusses** an den Drittschuldner ist die Pfändung und damit das Pfändungspfandrecht des Gläubigers an der Forderung bewirkt *(§§ 829 Abs. 3, 835 Abs. 3 S. 1 ZPO)*. Zugleich ist mit dem Zugang beim Drittschuldner der Pfändungsrang gesichert *(§ 804 Abs. 3 ZPO)*, wenn dies nicht bereits durch die Zustellung eines **vorläufigen Zahlungsverbotes** *(§ 845 ZPO)* realisiert wurde.

Die Zustellung je einer **Abschrift des PfÜB** und der **Drittschuldnerzustellungsurkunde** an den **Schuldner** erfolgt **von Amts wegen** *(§ 829 Abs. 2 S. 2 ZPO)*.

4. Verwertung

Bei der Beantragung des **Überweisungsbeschlusses** hat der Gläubiger gem. *§ 835 ZPO* die Wahl zwischen zwei Verwertungsmöglichkeiten, und zwar

a) Überweisung zur Einziehung oder
b) Überweisung an Zahlungs statt.

Die Überweisung zur Einziehung stellt den Normalfall dar. Die Forderung bleibt dabei Vermögensbestandteil des Schuldners. Erst die Zahlung des Drittschuldners an den Gläubiger führt zum Erlöschen der Forderung des Gläubigers. Sollte der Drittschuldner die Forderung nicht realisieren können, kann der Gläubiger erneut gegen den Schuldner vorgehen.

Dagegen hat die Überweisung an Zahlungs statt die Wirkung einer Abtretung im Sinne des *§ 398 BGB*, d.h., die Forderung geht nach *§ 401 BGB* mit allen Nebenrechten, einschließlich der Kosten auf den Gläubiger über. Mit dem Forderungsübergang gilt der Gläubiger als befriedigt, unabhängig davon, ob und inwieweit der Drittschuldner tatsächlich zahlt. Der Gläubiger trägt in diesem Fall das Risiko der Zahlungsunfähigkeit oder -unwilligkeit des Drittschuldners und kann auch z.B. bei späterer Insolvenz des Drittschuldners keine weiteren Schritte gegen den Schuldner unternehmen.

Die Überweisung an Zahlungs statt kommt in der Praxis selten vor.

Informationen darüber, ob Pfändung und Verwertung tatsächlich zur Befriedigung des Schuldners führen können, erhält der Gläubiger auf Verlangen nach Zustellung des Pfändungsbeschlusses bzw. des Pfändungs- und Überweisungsbeschlusses an den Drittschuldner. Dazu dient die sogenannte **Drittschuldnererklärung**, die durch den Drittschuldner abzugeben ist.

Neben der Verpflichtung der Drittschuldner, Auskünfte nach *§ 840 ZPO* zu erteilen, hat der Schuldner nach *§ 836 Abs. 3 ZPO* dem Gläubiger die zur Geltendmachung der Forderung notwendigen Auskünfte zu erteilen und die entsprechenden Urkunden vorzulegen. Der Gläubiger sollte diese Verpflichtung in den Antrag auf Erlass eines Pfändungs- und Überweisungsbeschlusses aufnehmen.

Erklärungspflicht des Drittschuldners

Gemäß *§ 840 Abs. 1 ZPO* ist der Drittschuldner **auf Verlangen** des Gläubigers verpflichtet, über die Forderung Auskunft zu erteilen, und zwar,

- ob und inwieweit er die Forderung als begründet anerkenne und Zahlung zu leisten bereit sei;
- ob und welche Ansprüche andere Personen an die Forderungen machen;
- ob und wegen welcher Ansprüche die Forderung bereits für andere Gläubiger gepfändet sei;
- ob – im Falle einer Kontopfändung – innerhalb der letzten zwölf Monate im Hinblick auf das Konto, dessen Guthaben gepfändet worden ist, nach *§ 850 Abs. 1 ZPO* die Unpfändbarkeit des Guthabens angeordnet worden ist und
- ob es sich bei dem Konto, dessen Guthaben gepfändet worden ist, um ein Pfändungsschutzkonto im Sinne des *§ 850k Abs. 7 ZPO* handelt.

Der Drittschuldner hat die Wahl, dem Gerichtsvollzieher die Fragen **sofort** bei Zustellung des Pfändungsbeschlusses zu beantworten (deshalb wird der Pfändungs- und Überweisungsbeschluss **persönlich** zugestellt *(§ 829 Abs. 2 S. 2 ZPO)* oder **binnen zwei Wochen** nach Zustellung die Erklärung schriftlich abzugeben *(§ 840 Abs. 1 und 3 ZPO)*.

> **Die Aufforderung zur Erklärung nach § 840 ZPO ist in die Zustellungsurkunde aufzunehmen und kann deshalb nur im Wege der persönlichen Zustellung bewirkt werden** *(§ 121 Abs. 2 S. 2 und 3 GVGA)*.

Die Drittschuldnererklärung an sich ist **kein einklagbarer Anspruch** des Gläubigers. Allerdings haftet der Drittschuldner dem Gläubiger für den aus der Nichterfüllung entstandenen Schaden *(§ 840 Abs. 2 S. 2 ZPO)*. Bei schuldhafter Verletzung der Auskunftspflicht ist der Drittschuldner zum Ersatz des Schadens verpflichtet, der dem Gläubiger bis zur verspäteten Auskunft entstanden ist. Der Umfang der Schadensersatzpflicht bestimmt sich nach *§ 249 BGB*, bei Vorsatz gem. *§ 826 BGB*.

Wurde die Aufforderung zur Drittschuldnerauskunft entsprechend den gesetzlichen Vorschriften durch den Gerichtsvollzieher zugestellt und erfolgt dennoch keine ordnungsgemäße Erklärung und auch keine Zahlung durch den Drittschuldner, so kann der Gläubiger **Leistungsklage** am allgemeinen Gerichtsstand des Drittschuldners erheben **(Drittschuldnerklage)**.

Bei der Geltendmachung gepfändeten Arbeitseinkommens ist das Arbeitsgericht zuständig *(§§ 2–5 ArbGG).*

Gemäß § 841 ZPO ist der Gläubiger verpflichtet, dem Schuldner gerichtlich den Streit zu verkünden.

vgl. §§ 72 ff. ZPO

Für den Fall des ungünstigen Ausgangs des Rechtsstreits sichert sich der Gläubiger (Kläger der Drittschuldnerklage) durch die Streitverkündung einen Anspruch auf Gewährleistung oder Schadloshaltung gegen einen Dritten (Schuldner/Streitverkündungsempfänger).

Vorpfändung – vorläufiges Zahlungsverbot *(§ 845 ZPO)*

Schon vor der Pfändung kann der Gläubiger verhindern, dass der Drittschuldner pfändbare Beträge an den Schuldner auszahlt. Dazu bedarf es lediglich eines vollstreckbaren Schuldtitels, d. h., allein die Verkündung eines Urteils mit vollstreckbarem Inhalt ist ausreichend.

 Vorläufiges Zahlungsverbot bedeutet Sicherung der Forderung vor Wirksamwerden der Pfändung ohne Inanspruchnahme des Vollstreckungsgerichts.

Für diese Rangsicherung lässt der Gläubiger durch den Gerichtsvollzieher die Benachrichtigung an den Drittschuldner und an den Schuldner darüber zustellen, dass eine Pfändung bevorstehe.

Die Benachrichtigung enthält

- die Aufforderung an den Drittschuldner, nicht an den Schuldner zu zahlen, sowie
- die Aufforderung an den Schuldner, nicht über die Forderung zu verfügen.

Mit **Zustellung an den Drittschuldner** ist die Vorpfändung wirksam.

 Es muss noch keine vollstreckbare Ausfertigung des Titels vorliegen und der Titel muss nicht zugestellt sein *(§ 802a Abs. 2 Nr. 5 ZPO).*

Die Mitteilung an den Drittschuldner hat die Wirkung eines **Arrests** *(§ 930 ZPO)*, d. h., die Forderung gilt als beschlagnahmt, wodurch der **Pfändungsrang** gesichert ist, sofern die endgültige Pfändung innerhalb **eines Monats** bewirkt wird *(§ 845 Abs. 2 ZPO).*

Beispiel
Firma A schuldet Gläubiger Z aus einem Kaufvertrag 12 000,00 €, die über Forderungspfändung eingezogen werden sollen, denn Firma A hat gegenüber Firma B eine Forderung aus einem Werkvertrag in Höhe von 24 000,00 €.

Aus der von Gläubiger Z angeforderten Drittschuldnererklärung der Firma B ergibt sich, dass diese Forderung schon mehrfach gepfändet ist, und zwar durch

1. *Gläubiger X:*
   - *vorläufiges Zahlungsverbot über 5 000,00 €, zugestellt an Drittschuldnerin (Firma B) am 20.09.20.., zugestellt an Schuldnerin (Firma A) am 18.09.20.. und*
   - *PfÜB, zugestellt an Drittschuldnerin (Firma B) am 22.10.20.., zugestellt an Schuldnerin (Firma A) am 19.10.20..*

2. *Gläubiger Y:*

PfÜB über 8 000,00 €, zugestellt an Drittschuldnerin (Firma B) am 15.10.20.., zugestellt an Schuldnerin (Firma A) am 19.10.20..

3. *Gläubiger Z:*

- *vorläufiges Zahlungsverbot über 12 000,00 €, zugestellt an Drittschuldnerin (Firma B) am 16.10.20.., zugestellt an Schuldnerin (Firma A) am 19.10.20.. und*
- *PfÜB, zugestellt an Drittschuldnerin (Firma B) am 16.11.20.., zugestellt an Schuldnerin (Firma A) am 17.11.20..*

Unter Berücksichtigung der Wirkung des vorläufigen Zahlungsverbots, sofern die Pfändung binnen eines Monats nach Zustellung des vorläufigen Zahlungsverbots erfolgt ist, werden die Gläubiger in folgender Reihenfolge befriedigt:

1. **Rang**: Gläubiger Y erhält den vollen Betrag über 8 000,00 €, da der PfÜB am **15.10.20..** zugestellt wurde.
2. **Rang**: Gläubiger Z erhält den vollen Betrag über 12 000,00 €, da das vorläufige Zahlungsverbot am **16.10.20..** zugestellt wurde und PfÜB fristgerecht zugegangen ist.
3. **Rang**: Gläubiger X erhält die übrigen 4 000,00 €, da das vorläufige Zahlungsverbot wirkungslos ist und erst die Zustellung des PfÜB am **22.10.20..** einen Rangplatz erzielte.

Gläubiger X könnte jedoch verlangen, dass die Drittschuldnerin (Firma B) den gesamten Betrag hinterlegt *(§ 853 ZPO)* und damit von Amts wegen das **Verteilungsverfahren** gem. *§§ 872 ff. ZPO* eingeleitet würde.

Verteilungsverfahren *(§§ 872 ff. ZPO)*

Hat ein Schuldner nicht nur einen Gläubiger, sondern mehrere, reicht der in der Verwertung erwirtschaftete Erlös meist nicht zur Befriedigung aller Gläubiger aus. Sind die Rangverhältnisse entsprechend *§ 804 Abs. 3 ZPO* bestimmt, wird nach dem **Prioritätsprinzip** verteilt. Dennoch kann ein Gläubiger eine andere Verteilung verlangen, weil er z. B. die Wirksamkeit der Pfändung bzw. Vorpfändung eines vorrangigen Gläubigers bestreitet. Einigen sich die Gläubiger nicht, so muss bei einem Streit um die Rangverhältnisse in einem formellen Verfahren entschieden werden, wie der Erlös verteilt wird. Diese Situation kann sowohl bei der Vollstreckung durch den Gerichtsvollzieher im Falle von Mehrfachpfändungen als auch bei dem Zahlungsverlangen mehrerer Gläubiger an den Drittschuldner eintreten. Auf Verlangen eines Gläubigers ist dann der Erlös zu hinterlegen und das Verteilungsverfahren tritt ein.

Der Anwendungsbereich erstreckt sich demzufolge sowohl auf

- die Tätigkeit des Gerichtsvollziehers nach *§ 827 Abs. 2, 3 ZPO* und *§ 854 Abs. 2, 3 ZPO* als auch
- die Forderungsvollstreckung nach *§ 853 ZPO* bei Hinterlegung durch den Drittschuldner.

 Die nachfolgenden Bestimmungen gelten nur für die Verteilung des Erlöses bei der Zwangsvollstreckung in **bewegliches Vermögen *(§ 872 ZPO)*, nicht** bei der Erlösverteilung im Rahmen des Zwangsversteigerungsverfahrens bei unbeweglichem Vermögen.

Ablauf des Verfahrens

1. Das zuständige Verteilungsgericht (Amtsgericht) erlässt nach Eingang der Sachlage an alle beteiligten Gläubiger die Aufforderung, binnen einer Frist von **zwei Wochen** eine Berechnung ihrer Forderungen einzureichen *(§ 873 ZPO)*.

2. Nach Ablauf dieser Frist stellt das Gericht einen Teilungsplan für den Betrag auf, der nach Abzug der Kosten des Verfahrens zur Verfügung steht *(§ 874 ZPO)*.

3. Danach wird ein Termin zur Erklärung über den Teilungsplan sowie die Ausführung der Verteilung bestimmt. Spätestens **drei Tage** vor dem Termin ist den Beteiligten die Einsicht in den Plan zu gewähren *(§ 875 Abs. 1 ZPO)*.

4. Gegen den Teilungsplan kann Widerspruch eingelegt werden *(§ 876 S. 2 ZPO)*.

5. Wird kein Widerspruch erhoben bzw. über erhobene Widersprüche im Termin Einigung erzielt, kann der Teilungsplan ausgeführt werden. Die hinterlegten Beträge können an die Gläubiger ausgezahlt werden *(§ 876 S. 1 ZPO)*.

6. Wird über den Widerspruch keine Einigung erzielt, muss der widersprechende Gläubiger ohne weitere Aufforderung binnen einer Frist von **einem Monat** dem Amtsgericht nachweisen, dass er gegen den bzw. die entsprechenden Gläubiger Widerspruchsklage erhoben hat. Weist er die Klageerhebung nicht nach, wird der Teilungsplan ohne Rücksicht auf den Widerspruch ausgeführt *(§ 878 Abs. 1 ZPO)*.

 Auch bei Versäumung der Frist steht es dem Gläubiger frei, Klage zu erheben *(§ 878 Abs. 2 ZPO)*.

7. Weist er die Klageerhebung nach und hat die Klage Erfolg, sodass der Gläubiger ein entsprechendes Urteil vorlegen kann, wird der Teilungsplan entsprechend dem Urteil geändert und ausgeführt.

Pfändung von Arbeitseinkommen

Eine der häufigsten Zwangsvollstreckungsmaßnahmen im Rahmen der Forderungspfändung ist die Pfändung des Arbeitseinkommens des Schuldners.

Als Arbeitseinkommen werden Bezüge für Dienstleistungen aller Art bezeichnet. Dazu gehören z. B. auch die Altersrente und Hinterbliebenenbezüge *(§ 850 Abs. 2, 3 ZPO)*. Einkommen aus **nichtselbstständiger Arbeit** ist besonders geschützt, d. h., es ist nur **begrenzt** pfändbar *(§§ 850 ff. ZPO)*.

Bezug nehmend auf die **Ausgangssituation** könnte sich aus der Vermögensauskunft, die der Gerichtsvollzieher im Auftrag der Mandantin Luise Köhn beim Schuldner abgenommen hat, die Möglichkeit der Lohnpfändung beim Arbeitgeber des Schuldners ergeben.

Mandantin Luise Köhn weiß aus dem Ergebnis der Abnahme der Vermögensauskunft, wer der Arbeitgeber des Schuldners ist, aber es muss nun geprüft werden, wie hoch der pfändbare Betrag ist, denn Arbeitseinkommen sind nur begrenzt pfändbar, gegebenenfalls überhaupt nicht. Die Pfändungsschutzvorschriften sollen es dem Schuldner ermöglichen, ein menschenwürdiges Leben zu führen, und dienen damit dem öffentlichen Interesse an einer sozialen Sicherung des Schuldners.

Der pfändbare Betrag ergibt sich aus der **Bekanntmachung zu den *§§ 850c* und *850f der Zivilprozessordnung*** (Pfändungsfreigrenzenbekanntmachung im Bundesgesetzblatt).

Laut *§ 850c Abs. 2a ZPO* verändern sich zum 01.07. eines jeden zweiten Jahres die unpfändbaren Beträge in Anlehnung an die Entwicklung des steuerlichen Grundfreibetrags nach *§ 32a EStG* (Einkommensteuergesetz). Das heißt aber auch, dass sie sich nicht verändern, wenn der steuerliche Grundfreibetrag gleich bleibt, was z. B. in den Jahren 2005–2011 der Fall war.

Wie hoch der pfändbare Betrag eines Schuldners ist, kann der Tabelle im Anhang zu *§ 850c ZPO* entnommen werden. Dazu muss zunächst das Nettoeinkommen des Schuldners ermittelt werden. Des Weiteren hängt die Höhe des pfändbaren Betrages von der Anzahl der Personen ab, denen der Schuldner aufgrund einer gesetzlichen Verpflichtung Unterhalt zu zahlen hat. Bei gesetzlicher Unterhaltsverpflichtung erhöht sich der unpfändbare Betrag *(§ 850c Abs. 1 S. 2 ZPO)*.

> Wenn eine gesetzliche Unterhaltspflicht besteht, der Schuldner jedoch den Unterhalt **nicht** gewährt, erhöht sich der ermittelte pfändbare Betrag gem. *§ 850c Abs. 2 S. 1 ZPO*.

An folgendem **Beispiel** erläutert Rechtsanwältin Heike Schröder ihrem Auszubildenden, dass die Lohnpfändung nicht in jedem Fall sinnvoll ist.

Beispiel
Schuldner Kai Arthur hat ein monatliches Nettoeinkommen in Höhe von 1 950,00 €. Seine Familie, die er unterhalten muss, besteht aus seiner Ehefrau, die über kein eigenes Einkommen verfügt, und zwei Kindern im Alter von fünf und acht Jahren. Aus der Tabelle zu § 850c ZPO (im Anhang der ZPO) ist ersichtlich, dass sein Nettoeinkommen bei einer gesetzlichen Unterhaltspflicht für drei Personen unpfändbar ist.

Selbst wenn der Schuldner ein Einkommen hat, das nicht gänzlich vor Pfändung geschützt ist, kann es sein, dass der pfändbare Betrag dennoch nicht zu einer Befriedigung des Gläubigers führt. Dies ist der Fall, wenn das Einkommen des Schuldners bereits von einem oder mehreren Gläubigern mit entsprechender Rangsicherung gepfändet worden ist.

Der Auszubildende Robert Brand interessiert sich sehr für die Lohnpfändungen, die aus den Kanzleiakten ersichtlich sind, und findet folgende **Beispiele**, die er mit Rechtsanwältin Heike Schröder rechnerisch nachvollzieht:

Beispiele
1. *Julia Schneider hatte 2015 gegen Hannelore Fischer einen Prozess gewonnen und ihr lag ein vollstreckbarer Titel über **860,00 €** vor, ebenso die vollstreckbare Ausfertigung des Titels. Das Urteil war Hannelore Fischer zugestellt worden. Die Vermögensauskunft hatte ergeben, dass Hannelore Fischer zwar keine pfändbaren Gegenstände besaß, aber über pfändbares Arbeitseinkommen verfügte. Die Schuldnerin war alleinstehend und hatte keine Unterhaltsverpflichtungen. Ihr monatliches Nettoeinkommen betrug **1 236,00 €** (Stand Oktober 2015).*

    *Aus der Tabelle zum § 850c ZPO (Stand 01.07.2015–30.06.2017) kann Robert Brand den monatlich pfändbaren Betrag in Höhe von **109,28 €** (jeweils aktuelle Pfändungstabelle im BuchPlusWeb) entnehmen und feststellen, dass nach acht Monaten Lohnpfändung die Schuld von Hannelore Fischer getilgt war.*

2. *Die Architektin Olivia Bauer beantragte im Mai 2018 die Zwangsvollstreckung gegen Maximilian Bastians wegen Forderungen in Höhe von **1 145,00 €**. Der Schuldner hatte zu*

dieser Zeit ein Nettoeinkommen von 3 680,00 €; er war verheiratet (Ehefrau ohne eigenes Einkommen) und hatte eine Tochter.

In der Akte liest Robert Brand dass der monatlich pfändbare Betrag 872,91 € betrug und dass demzufolge im ersten Pfändungsmonat bereits ein großer Teil der Forderungen beglichen war und im zweiten Pfändungsmonat nur noch 272,09 € zu zahlen waren. Das kann er allerdings nicht mit einem kurzen Blick in die Tabelle nachvollziehen. Rechtsanwältin Heike Schröder erklärt ihm die Ermittlung des Betrages.

Die Tabelle zu § 850c ZPO endet im Zeitraum 01.07.2017–30.06.2019 bei einem Nettoeinkommen von 3 475,79 € (jeweils aktuelle Pfändungstabelle im *BuchPlusWeb*). Der Teil des Arbeitseinkommens, der diesen in § 850c Abs. 2 S. 2 ZPO erläuterten Betrag (abzulesen am Ende der Pfändungstabelle zu § 850c ZPO) übersteigt, wird bei der Berechnung des unpfändbaren Betrages nicht berücksichtigt – er ist also voll pfändbar. Im Beispiel 2 wäre demnach zu berechnen:

3 680,00 € − 3 475,79 € = 204,21 €

Zu diesem pfändbaren Betrag muss nun noch der Betrag aus der Tabelle – unter Berücksichtigung von zwei unterhaltsberechtigten Personen – addiert werden:

204,21 € + 668,70 € = 872,91 €

 Der Begriff Lohnpfändung wird auch verwendet, wenn es sich um eine Gehaltspfändung handelt.

Der Umfang einer Lohnpfändung wird vom Vollstreckungsgericht grundsätzlich durch Bezugnahme auf die Tabelle nach *§ 850c Abs. 3 S. 2 ZPO* im Pfändungsbeschluss beschrieben. Dieser sogenannte **Blankettbeschluss** ist eine Besonderheit bei der Pfändung von Arbeitseinkommen. Er soll sowohl den Gläubiger als auch die Gerichte entlasten, indem er dem **Drittschuldner** die volle Verantwortung überträgt, die konkrete Höhe der pfändbaren und an den Gläubiger zu leistenden Beträge zu berechnen.

Der Gesetzgeber geht davon aus, dass der Arbeitgeber bei der Lohnabrechnung monatliche Veränderungen (steuerliche, tarifliche oder individuelle) ohnehin erfasst und so den jeweils aktuellen Nettolohn und damit das sogenannte **Pfändungsnetto** (bereinigtes Nettoeinkommen) ermitteln kann. Damit lässt sich der im jeweiligen Monat pfändbare Betrag unter Verwendung der Pfändungstabelle errechnen.

Gäbe es diese Regelung nicht, müsste der Gläubiger jeden Monat bzw. bei jeder Veränderung – Kenntnis davon vorausgesetzt – einen neuen Pfändungsbeschluss erwirken.

Bezug nehmend auf die **Ausgangssituation** würde der Auszubildende Robert Brand gern am Beispiel der Mandantin Luise Köhn nachvollziehen, wie vorzugehen wäre, wenn sie sich entschiede, das Gehalt des Schuldners pfänden zu lassen.

Rechtsanwältin Heike Schröder erklärt, dass auch in diesem Fall ein vorläufiges Zahlungsverbot sinnvoll ist. Sollten noch andere Gläubiger ihre Forderungen gegenüber demselben Schuldner geltend machen, könnte mit wenig Aufwand der Pfändungsrang von Luise Köhn zum Zeitpunkt der Zustellung an den Drittschuldner gesichert werden. Wie bereits allgemein zum Thema **Vorpfändung/vorläufiges Zahlungsverbot** erläutert, bedarf es dazu weder der Erteilung einer vollstreckbaren Ausfertigung noch der Zustellung des Schuldtitels an den Schuldner.

vgl. *§ 802a Abs. 2 Nr. 5 ZPO*

Luise Köhn könnte unmittelbar danach – bzw. gleichzeitig – den Erlass eines Pfändungs- und Überweisungsbeschlusses beim zuständigen Vollstreckungsgericht beantragen, es sei denn, sie möchte erst den Inhalt der Drittschuldnererklärung zur Kenntnis nehmen. Allerdings ist die Frist zur Zustellung des Pfändungs- und Überweisungsbeschlusses an den Drittschuldner zu beachten – **ein Monat** ab Zustellung des vorläufigen Zahlungsverbotes an den Drittschuldner *(§ 845 Abs. 2 ZPO)* –, um den Pfändungsrang nicht zu verlieren.

Besonderheiten zur genauen Ermittlung des pfändbaren Arbeitseinkommens und des pfändbaren Betrages:

- Unpfändbar sind u. a. folgende in *§ 850a ZPO* genannten Teile des Arbeitseinkommens:
  - die Hälfte der Vergütung für Mehrarbeit
  - Urlaubsgeld
  - Zuwendungen aus Anlass eines besonderen Betriebsereignisses, soweit sie den Rahmen des Üblichen nicht übersteigen
  - Aufwandsentschädigungen, Auslösungsgelder und sonstige soziale Zulagen für auswärtige Beschäftigungen
  - Entgelt für selbst gestelltes Arbeitsmaterial
  - Gefahrenzulagen sowie Schmutz- und Erschwerniszulagen, soweit diese Bezüge den Rahmen des Üblichen nicht übersteigen
  - Weihnachtsvergütungen bis zum Betrag der **Hälfte des monatlichen Arbeitseinkommens**, höchstens aber bis zum Betrag von **500,00 €**

- Bezieht der Schuldner **mehrere Arbeitseinkommen** – z. B. bei Ausübung von zwei Teilzeitjobs – sind diese **auf Antrag** des Gläubigers vom Vollstreckungsgericht bei der Pfändung zusammenzurechnen. Gleichzeitig muss der Gläubiger beantragen, aus welchem Einkommen der pfändbare Betrag entnommen werden soll *(§ 850e Nr. 2 ZPO)*.

- Nach *§ 850e Nr. 2a ZPO* sind **auf Antrag** auch Ansprüche auf laufende Geldleistungen nach dem Sozialgesetzbuch mit Arbeitseinkommen zusammenzurechnen.

- Der Drittschuldner hat nach *§ 850e Nr. 3 ZPO* **Naturalleistungen** mit Geldleistungen zusammenzurechnen. Dies gilt z. B. auch für geldwerte Vorteile wie die private Nutzung eines Firmen-Pkw bzw. bei Überlassung einer Firmenwohnung.

- Während einerseits die unpfändbaren Bezüge nach *§ 850a ZPO* zu berücksichtigen sind, erklärt der Gesetzgeber andererseits bestimmte Einkommensteile für **zusätzlich pfändbar**, wenn es sich um die **Pfändung wegen eines Unterhaltsanspruchs** handelt.

Im Falle einer Vollstreckung wegen gesetzlicher Unterhaltsansprüche gegen den Schuldner gilt der Gläubiger als **bevorrechtigt**. Die privilegierte Pfändung nach *§ 850d ZPO* setzt eine **Antragstellung** des Gläubigers voraus, dass der Pfändungsschutz auf den notwendigen Unterhalt beschränkt wird.

Das Arbeitseinkommen des Schuldners ist ohne die Beschränkung des *§ 850c ZPO* pfändbar. Dem Schuldner ist ein notwendiger Unterhalt zu belassen *(§ 850d Abs. 1 S. 2 ZPO)*.

Beispielsweise muss dem Schuldner von den in *§ 850a Nr. 1, 2, 4 ZPO* genannten Bezügen mindestens die Hälfte des unpfändbaren Betrages – z. B. von der Mehrarbeitsvergütung nicht die Hälfte, sondern ein Viertel – verbleiben *(§ 850d Abs. 1 S. 2 2. HS ZPO)*.

Im Gegensatz zur Pfändung eines nicht bevorrechtigten Gläubigers nach § *850c ZPO*, bei welcher der Drittschuldner Bezug auf die Pfändungstabelle nimmt, muss bei der privilegierten Lohnpfändung der dem Schuldner verbleibende unpfändbare Betrag durch das **Vollstreckungsgericht** in einem Pfändungsbeschluss genau bestimmt werden.

Beispiel

Maxim Sokolow ist verheiratet und hat ein acht Jahre altes Kind. Sein monatlicher Bruttolohn beträgt 2 800,00 €. Im Februar wird wegen Unterhalts an seinen unehelichen Sohn ein Pfändungs- und Überweisungsbeschluss zugestellt. In dem Beschluss heißt es: „... dem Schuldner ist monatlich ein unpfändbarer Betrag von 850,00 € zu belassen. Von dem darüber hinausgehenden Betrag ist für den Gläubiger 1/2 pfändbar."

 Treffen Unterhaltspfändungen mit gewöhnlichen Pfändungen zusammen, ist zu beachten, dass die Unterhaltspfändungen den anderen **nicht im Rang vorgehen**, sondern dass sie dadurch privilegiert sind, dass den pfändenden Unterhaltsgläubigern Befriedigung aus dem sogenannten Vorrechtsbereich zusteht. Dies ist der Betrag zwischen dem absolut unpfändbaren Betrag, den das Vollstreckungsgericht festlegt, und dem nach *§ 850c ZPO* pfändbaren Betrag.

Wenn also im obigen Beispiel eine gewöhnliche Pfändung gegen Maxim Sokolow (z. B. wegen einer nicht bezahlten Rechnung eines Versandhauses) einen Monat **vor der Unterhaltspfändung** wirksam erfolgt wäre, bliebe das Versandhaus auf Rangplatz 1. Bei dieser Pfändung würde aber der Tabellenwert des *§ 850c ZPO* herangezogen, wohingegen bei der Unterhaltspfändung – zwar auf Rang 2 – in den vom Vollstreckungsgericht festgelegten Vorrechtsbereich gepfändet werden kann.

- Ebenfalls bevorrechtigt ist der Gläubiger wegen einer Forderung aus einer vorsätzlich begangenen **unerlaubten Handlung**. Auf Antrag des Gläubigers kann das Vollstreckungsgericht auch in einem solchen Fall den pfändbaren Teil des Arbeitseinkommens ohne Rücksicht auf die nach *§ 850c ZPO* vorgesehen Beschränkungen festlegen (*§ 850f Abs. 2 ZPO*).

- Der unpfändbare Betrag kann zugunsten des Schuldners auf dessen Antrag durch das **Vollstreckungsgericht** dahin gehend geändert werden, dass ihm ein Teil des pfändbaren Betrages belassen wird, wenn
    - der Schuldner besondere Gründe und Bedürfnisse nachweisen kann **und**
    - überwiegende Belange des Gläubigers nicht entgegenstehen (*§ 850f Abs. 1 ZPO*).

- Eine weitere Entscheidung obliegt dem **Vollstreckungsgericht** hinsichtlich der Berücksichtigung von Personen, denen der Schuldner aufgrund gesetzlicher Verpflichtungen Unterhalt gewährt. Hat eine Person, der Unterhalt gewährt wird, eigene Einkünfte, so kann der Gläubiger beantragen, dass diese Person bei der Berechnung des unpfändbaren Teils des Arbeitseinkommens ganz oder teilweise unberücksichtigt bleibt (*§ 850c Abs. 4 ZPO*).

Beispiel

Zur Begleichung seiner Schulden wird bei Paul Lubig im Februar 2018 eine Lohnpfändung durchgeführt. Paul Lubig hat ein Nettoeinkommen von 3 270,00 €, ist verheiratet und hat zwei Kinder (für alle drei Personen unterhaltspflichtig).

Ermittlung des monatlich pfändbaren Betrages:

Nettoeinkommen	3 270,00 €
Pfändbarer Betrag bei Unterhaltspflicht für drei Personen	370,21 €

Für den Fall, dass der Gläubiger Kenntnis davon erhält, dass die Ehefrau des Schuldners Heimarbeit für ein Übersetzungsbüro leistet und monatlich ein eigenes Einkommen erzielt, kann er nach § 850c Abs. 4 ZPO einen Antrag stellen.

Eine unterhaltsberechtigte Person bleibt bei der Rechtsprechung i. d. R. gänzlich unberücksichtigt, wenn ihr Einkommen mindestens dem vollstreckungsrechtlichen Grundfreibetrag nach § 850c ZPO entspricht. Ist das Einkommen niedriger, entscheidet das Gericht auf Antrag des Gläubigers nach billigem Ermessen, ob diese Person bei der Berechnung des unpfändbaren Teils des Arbeitseinkommens gegebenenfalls teilweise unberücksichtigt bleibt.

Entscheidet das Gericht im obigen Beispiel, dass die Ehefrau bei der Pfändung in das Arbeitseinkommen ihres Mannes unberücksichtigt bleibt, erhöht sich der pfändbare Betrag auf **588,70 €** (pfändbarer Betrag bei Unterhaltspflicht für zwei Personen lt. gültiger Tabelle im Februar 2018).

Pfändungsschutz bei sonstigen Vergütungen *(§ 850i ZPO)*

Durch das Gesetz zur Reform des Kontopfändungsschutzes wurde mit Wirkung vom 01.07.2010 die Gleichstellung von Schuldnern, die nicht über regelmäßige Arbeitseinkommen aus festen Dienst- bzw. Arbeitsverträgen verfügen, bewirkt. Damit wurde der Pfändungsschutz auf „sonstige Einkünfte, die kein Arbeitseinkommen sind" erweitert.

Mit dieser Vorschrift werden Schuldner mit nicht wiederkehrenden Vergütungen für geleistete Dienste geschützt. Das betrifft z. B. Ansprüche von freiberuflich Tätigen wie Ärzte, Rechtsanwälte, Notare, Künstler, deren Honorare grundsätzlich **ohne Beschränkung pfändbar** sind.

Ohne Pfändungsschutzantrag unterliegen die in *§ 850i ZPO* genannten Einkünfte uneingeschränkt dem Vollstreckungszugriff.

Nach § 850i Abs. 1 ZPO hat das Gericht dem Schuldner **auf dessen Antrag** während eines angemessenen Zeitraums so viel zu belassen, als ihm verbleiben würde, wenn sein Einkommen aus laufendem Arbeits- oder Dienstlohn bestünde.

Dabei wird geprüft, wann der Schuldner mit weiteren Einkünften rechnen kann, aus denen sein Unterhalt und der seiner Familie bestritten werden kann. Das Gericht berücksichtigt die gesamten wirtschaftlichen Verhältnisse des Schuldners, insbesondere sonstige Verdienstmöglichkeiten und Vermögen. Bei der Entscheidung über den Antrag auf Pfändungsschutz wird auch die Situation des Gläubigers betrachtet. Sollten überwiegende Belange des Gläubigers entgegenstehen, z. B. wenn dieser sich selbst in einer Notlage befindet, kann der Antrag des Schuldners abgelehnt werden *(§ 850i Abs. 1 S. 3 ZPO)*.

Pfändungsschutz für Kontoguthaben *(§ 850k ZPO)*

Im Juli 2010 wurde das Pfändungsschutzkonto eingeführt, d. h., jeder Inhaber eines Girokontos kann seither von seiner Bank oder Sparkasse die Umwandlung seines Kontos in ein P-Konto verlangen.

Seit dem 01.01.2012 besteht **Kontopfändungsschutz nur noch** bei Inanspruchnahme eines **P-Kontos** (Pfändungsschutzkonto).

Jede natürliche Person darf **nur über ein** P-Konto verfügen. Wenn der Kunde die Umwandlung seines Girokontos in ein P-Konto beantragt, hat er dem Kreditinstitut vertraglich zu versichern, dass er kein weiteres P-Konto unterhält *(§ 850k Abs. 8 ZPO)*. Um die Richtigkeit der Versicherung zu überprüfen, kann das Kreditinstitut Auskunft bei der SCHUFA einholen.

Unterhält der Schuldner mehrere P-Konten, ordnet das Vollstreckungsgericht auf Antrag des Gläubigers an, welches Konto als Pfändungsschutzkonto bestehen bleibt. Über diese Entscheidung sind alle Drittschuldner zu informieren *(§ 850k Abs. 9 ZPO)*.

Das P-Konto kann trotz einer vorliegenden Pfändung eröffnet bzw. ein Girokonto in ein Pfändungsschutzkonto umgewandelt werden. Es wird als Guthabenkonto geführt.

> **Gesetzlich ist das Kreditinstitut nur dazu verpflichtet, bereits bestehende Girokonten auf Antrag umzuwandeln** *(§ 850k Abs. 7 S. 2 ZPO)*. **Es besteht kein Rechtsanspruch auf die Eröffnung eines P-Kontos.**

Allerdings hat sich die Kreditwirtschaft bereits im Jahr 1995 selbst verpflichtet, grundsätzlich jedem Kunden ein Guthabenkonto zur Verfügung zu stellen, das sogenannte „Girokonto für Jedermann". Ein solches „Jedermann-Konto" kann anschließend in ein P-Konto umgewandelt werden. Probleme gab es jedoch hinsichtlich fehlender rechtlicher Verbindlichkeit für die Banken. Personen, die sich in einer finanziellen Notlage befanden, bei denen ein negativer SCHUFA-Eintrag vorlag oder die keinen festen Wohnsitz nachweisen konnten, wurde häufig ein Guthabenkonto verwehrt.

Das Gesetz zur Umsetzung der Richtlinie des Europäischen Parlaments über die Vergleichbarkeit von Zahlungskontoentgelten, den Wechsel von Zahlungskonten sowie den Zugang zu Zahlungskonten mit grundlegenden Funktionen, das als Artikelgesetz insbesondere das **Zahlungskontengesetz** (ZKG) enthält, wurde am 18.04.2016 im Bundesgesetzblatt verkündet. Zum 18.06.2016 traten die Regelungen zum Basiskonto in Kraft.

Nach § 31 ZKG hat jeder Verbraucher mit rechtmäßigem Aufenthalt in der Europäischen Union, einschließlich Personen ohne festen Wohnsitz und Asylsuchende, das Recht auf ein Basiskonto.

Weist der Schuldner nach, dass er aufgrund gesetzlicher Verpflichtung Unterhalt gewährt, erhöht das Geldinstitut den monatlichen Pfändungsfreibetrag. Des Weiteren können auf das Konto eingehendes Kindergeld und bestimmte Sozialleistungen nach Vorlage entsprechender Bescheinigungen freigestellt werden *(§ 850k Abs. 2 ZPO)*.

Das Vollstreckungsgericht kann außerdem **auf Antrag** abweichende pfändungsfreie Beträge festsetzen *(§ 850k Abs. 4 ZPO)*.

Wie bei der Lohnpfändung können auch auf dem P-Konto weitere unpfändbare Beträge berücksichtigt werden, wie beispielsweise die in *§ 850a ZPO* genannten Bezüge.

Beispiel
Gegen Michael Fischer läuft ein Zwangsvollstreckungsverfahren. Michael Fischer unterhält ein P-Konto, auf das sein Arbeitslosengeld I eingeht. Sein letzter Arbeitgeber schuldet ihm aus dem vergangenen Jahr noch Aufwandsentschädigungen in Höhe von 380,00 € sowie die Weihnachtsvergütung in Höhe von 600,00 €. Der Gesamtbetrag von 980,00 € soll im folgenden Monat auf Michael Fischers Konto überwiesen werden.

Um die Aufwandsentschädigung sowie 500,00 € der Weihnachtsvergütung vor Pfändung zu schützen, muss Michael Fischer einen Antrag beim Vollstreckungsgericht stellen. Darin wird er u. a. formulieren:

„... Bei meinem Konto handelt es sich um ein Pfändungsschutzkonto gem. § 850k ZPO. Auf diesem Pfändungsschutzkonto ist der Grundfreibetrag gem. § 850k Abs. 1 ZPO in Höhe von 1 133,80 € vor Pfändung geschützt.

Im April 2018 erhalte ich jedoch als Nachzahlung 380,00 € Aufwandsentschädigung sowie 600,00 € Weihnachtsvergütung. Oben genannter Freibetrag ist damit nicht ausreichend.

Ich beantrage, die zusätzliche Weihnachtsvergütung gem. § 850a Nr. 4 ZPO bis zu einem Betrag in Höhe von 500,00 € sowie die Aufwandsentschädigung in Höhe von 380,00 € gem. § 850a Nr. 3 ZPO zusätzlich zu dem o. g. pfandfreien Betrag im April freizugeben und die Pfändung insoweit aufzuheben. ..."

Für den Fall, dass trotz beigefügter Unterlagen (Pfändungsbeschluss, Bescheinigung über ALG I, Schreiben des früheren Arbeitgebers usw.) eine sofortige Entscheidung nicht möglich sein sollte, wäre es sinnvoll, gleichzeitig die einstweilige Einstellung der Zwangsvollstreckung nach § 732 ZPO zu beantragen und darzulegen, dass die Auszahlung des zusätzlichen Betrages dringend erforderlich ist.

Aus dem Fallbeispiel ergibt sich allgemein die Frage, wie lange der Schuldner über den pfändungsfreien Betrag auf seinem Konto verfügen kann. In *§ 850k Abs. 1 S. 1 ZPO* ist geregelt, dass dies jeweils **bis zum Ende des Kalendermonats** möglich ist. Hat jedoch der Schuldner trotz eines entsprechenden Guthabens den Freibetrag nicht ausgeschöpft, kann er über dieses Guthaben **im Folgemonat** zusätzlich pfändungsfrei verfügen (*§ 850k Abs. 1 S. 3 ZPO*).

Mit dieser Regelung soll der Schuldner in die Lage versetzt werden, in begrenztem Umfang Guthaben anzusparen und für Leistungen bezahlen zu können, die nicht monatlich zu vergüten sind.

Wenn das übertragene Guthaben im Folgemonat nicht verbraucht wird, ist es an den Gläubiger auszuzahlen.

Zwangsvollstreckung in Spareinlagen

 Spareinlagen sind Guthaben auf einem Sparkonto, die nicht für den Zahlungsverkehr bestimmt sind.

Das Kreditinstitut erteilt darüber eine Urkunde, i. d. R. das **Sparbuch**. Das Sparbuch ist ein „hinkendes Inhaberpapier" oder „qualifiziertes Legitimationspapier" und zählt nicht zu den in *§ 808 Abs. 1 ZPO* genannten Wertpapieren. Wenn der Gerichtsvollzieher während einer Sachpfändung ein Sparbuch vorfindet und vorläufig in Besitz nimmt, so handelt es sich um eine sogenannte Hilfspfändung nach *§ 106 GVGA*. Das Sparbuch ist dem Schuldner zurückzugeben, wenn nicht der Gläubiger innerhalb eines Monats den Pfändungsbeschluss über die zugrunde liegende Forderung bewirkt hat und dieser dem Drittschuldner (Kreditinstitut) zugestellt ist.

Forderungen aus Sparguthaben sind wie andere Geldforderungen durch Pfändungsbeschluss nach *§ 829 ZPO* pfändbar. Die Pfändung wird wirksam mit der Zustellung des Beschlusses an das Kreditinstitut. Die Verwertung erfolgt durch Überweisungsbeschluss nach *§ 835 ZPO*.

Bei **Sparbüchern** besteht jedoch eine Besonderheit, da das Sparbuch eine auf den Namen eines bestimmten Gläubigers (des Sparers) ausgestellte Schuldurkunde ist. Das Kreditinstitut ist gem. *§ 808 Abs. 2 S. 1 BGB* nur gegen Vorlage der Urkunde (Sparbuch) zur Auszahlung verpflichtet, kann aber zusätzlich die Legitimation des Inhabers überprüfen.

Bei der Zwangsvollstreckung hat der Schuldner nach *§ 836 Abs. 3 S. 1 ZPO* die Sparurkunde an den Pfändungsgläubiger herauszugeben. Der Gläubiger kann eine diesbezügliche Anordnung durch das Vollstreckungsgericht verlangen.

Verweigert der Schuldner die Herausgabe, kann diese auf Antrag des Gläubigers nach *§ 836 Abs. 3 S. 5 ZPO* durch den Gerichtsvollzieher gem. *§ 883 ZPO* erzwungen werden. Als Vollstreckungstitel dient dabei der Überweisungsbeschluss.

Sollte die Sparurkunde nicht auffindbar sein, so ist der Schuldner auf Antrag des Gläubigers verpflichtet, an Eides statt zu versichern, dass die Urkunde nicht in seinem Besitz ist und er auch nicht weiß, wo sie sich befindet *(§ 883 Abs. 2 ZPO)*. Zuständig für die Abnahme der **eidesstattlichen Versicherung** ist nach *§ 802e ZPO* der Gerichtsvollzieher. Anschließend muss der Gläubiger die Sparurkunde im Wege des Aufgebotsverfahrens für kraftlos erklären lassen (*§§ 466 ff. FamFG* i. V. m. *§ 808 Abs. 2 BGB*). Zweck dieses Verfahrens ist es, die Vorlegung der Urkunde zu ersetzen, d. h., dem Vollstreckungsgläubiger die Geltendmachung seines Rechts trotz Verlustes der Urkunde zu ermöglichen.

Befindet sich nach Angabe des Schuldners die Urkunde bei einem Dritten, kann der Gläubiger von ihm die Herausgabe verlangen. Sollte der Dritte dazu nicht bereit sein, kann der Gläubiger den Herausgabeanspruch gegen den Dritten nach *§ 886 ZPO* pfänden und sich überweisen lassen und danach die Herausgabe betreiben.

Zwangsvollstreckung in Ansprüche auf Herausgabe oder Leistung körperlicher Sachen *(§§ 846–849 ZPO)*

Auch bei der **Vollstreckung in Ansprüche auf Herausgabe** individuell bestimmter **oder die Leistung** der Gattung nach bestimmter **körperlicher Sachen** handelt es sich um Zwangsvollstreckung **wegen Geldforderungen**. Dem Gläubiger geht es also nicht darum, die Sache zu erhalten – wie im Falle der Herausgabevollstreckung nach *§ 883 ZPO*, sondern um deren Verwertung, um sich aus dem Erlös zu befriedigen.

siehe LF 12, Kap. 5.3.1

 Der zugrunde liegende Vollstreckungstitel muss auf eine Geldforderung gerichtet sein.

§ 846 ZPO richtet sich einerseits auf Herausgabeansprüche des Schuldners gegen einen nicht zur Herausgabe dieser Sache bereiten Dritten (Besitzverschaffungsansprüche) und andererseits auf Leistungsansprüche (gesetzliche bzw. vertragliche Übereignungsansprüche).

Nach *§ 846 ZPO* gelten hierbei die Vorschriften über Zwangsvollstreckung in Geldforderungen unter Beachtung der in den *§§ 847–849 ZPO* angegebenen Sonderregelungen. Auch bei dieser Art der Forderungspfändung benötigt man einen Pfändungs- und Überweisungsbeschluss.

Wenn der Schuldner noch nicht Eigentümer war – z. B. wenn die Übereignung bei einem ansonsten erfüllten Kaufvertrag noch nicht erfolgte –, erwirbt er Eigentum mit Herausgabe durch den Drittschuldner.

Es soll also der **Anspruch eines Schuldners gegen den Drittschuldner auf Herausgabe oder Leistung einer Sache an den Schuldner** gepfändet und danach die **Sache verwertet** werden.

Der Pfändungsbeschluss muss den herauszugebenden Gegenstand bzw. die Gegenstände genau bezeichnen. *§ 847 Abs. 1 ZPO* regelt die besondere Vorgehensweise, d. h., im Pfändungsbeschluss ist anzuordnen, dass die Sache an einen vom Gläubiger zu beauftragenden **Gerichtsvollzieher** herauszugeben ist. Das Vollstreckungsgericht hat die Herausgabe anzuordnen, ohne dass der Gläubiger dies gesondert beantragt.

Die Pfändung und Überweisung des Herausgabeanspruchs dient lediglich der Vorbereitung der Zwangsvollstreckung in die Sache selbst, da erst die Verwertung der Sache zur Befriedigung des Gläubigers führt. Eine Überweisung an Zahlungs statt ist bei der Zwangsvollstreckung in Herausgabeansprüche nicht gegeben *(§ 849 ZPO)*, da der Gläubiger keinen Anspruch auf die Sache selbst hat, sondern auf den Erlös, der bei der Verwertung (i. d. R. durch Versteigerung) erzielt wird.

Hat der Drittschuldner die Sache an den Gerichtsvollzieher herausgegeben, geht das Pfandrecht, das durch die Pfändung des Anspruchs begründet worden ist, in ein **Pfändungspfandrech**t an der Sache über *(§ 124 Abs. 3 GVGA)*. Einer erneuten Pfändung bedarf es nicht.

Beispiel
Sarah Blum hat gegen Bert Passlak einen vollstreckbaren Titel über einen Betrag in Höhe von 3 000,00 €. Nach erfolglosem Zwangsvollstreckungsversuch beim Schuldner erfährt Sara Blum aus der nachträglich beantragten Vermögensauskunft, dass der Schuldner seinen Pkw seinem Sohn überlassen (geliehen) hat. Der Sohn ist in dem Fall der Drittschuldner.

Der Anspruch des Bert Passlak auf Herausgabe des Fahrzeugs kann von Sarah Blum gepfändet werden. Auf Antrag von Sarah Blum stellt das Vollstreckungsgericht dem Drittschuldner einen Pfändungs- und Überweisungsbeschluss zu, in dem gem. § 847 ZPO die **Herausgabe** *des Pkw* **an den Gerichtsvollzieher** *zur Verwertung angeordnet wird. Der Gerichtsvollzieher versteigert das Fahrzeug und der Erlös wird an den Gläubiger – hier Sarah Blum – ausgezahlt.*

Der Pfändungsbeschluss ermächtigt den Gerichtsvollzieher nicht, die Herausgabe der Sache zu erzwingen, wenn der Drittschuldner sie verweigert. In einem solchen Fall ist Klage gegen den Drittschuldner auf Herausgabe geboten *(§ 124 Abs. 2 GVGA)*.

Auf die Verwertung der Sache sind nach *§ 847 Abs. 2 ZPO* die Vorschriften über die Verwertung gepfändeter Sachen anzuwenden. Dazu muss der gepfändete Anspruch dem Gläubiger zur Einziehung überwiesen sein. Der Gerichtsvollzieher verwertet die Sachen nach den *§§ 814 ff. ZPO*. Bei beweglichen Sachen ordnet das Vollstreckungsgericht die Herausgabe an den Gerichtsvollzieher zur Verwertung an *(§ 847 ZPO)*.

Bei Pfändung eines Anspruchs auf Herausgabe einer **unbeweglichen Sache** bestellt das Vollstreckungsgericht auf Antrag des Gläubigers einen Sequester (Treuhänder), an den die Herausgabe bzw. Auflassung erfolgen soll *(§ 848 ZPO)*. Für die Zwangsvollstreckung in die herausgegebene Sache gelten die Vorschriften für die **Zwangsvollstreckung in unbewegliche Sachen** *(§ 848 Abs. 3 ZPO)*.

Zwangsvollstreckung in andere Vermögensrechte *(§§ 857–863 ZPO)*

Mit dem Begriff „andere Vermögensrechte" bezeichnet *§ 857 ZPO* die Rechte, die sich nicht auf Sachen, Forderungen oder Immobilien beziehen. Pfändbar nach dieser Vorschrift sind selbstständige Vermögensrechte, die dem Gläubiger nach erfolgter Pfändung und Überweisung zu einer Befriedigung oder zumindest Sicherung seiner Geldforderung verhelfen.

Zwangsvollstreckung in das bewegliche Vermögen wegen Geldforderungen (Mobiliarvollstreckung)

Beispiele
Patentrechte, Urheberrechte, Lizenzen, Anteile an Gesellschaftsvermögen (GbR, OHG, KG, GmbH-Anteil), Grundschuld, Miteigentum an beweglichen Sachen, Miterbenanteile, Anwartschaftsrechte (z. B. bei Kauf unter Eigentumsvorbehalt oder Sicherungsübereignung)

Für die Pfändung sonstiger Vermögensrechte des Schuldners gelten die *§§ 828–856 ZPO* entsprechend.

Der Pfändungsbeschluss enthält danach das an den Schuldner gerichtete Gebot, sich jeder Verfügung über das Recht zu enthalten *(§ 829 Abs. 1 S. 2 ZPO)* und das an den Drittschuldner gerichtete Verbot, an den Schuldner zu leisten *(§ 829 Abs. 1 S. 1 ZPO)*.

Beispiel
Nora Bart hat unter Eigentumsvorbehalt der Firma Köhler GmbH Deko-Artikel (Bilder, kleine Skulpturen und einen Wandbrunnen) im Wert von 8 048,00 € gekauft. Die Raten sind innerhalb von zwölf Monaten zu zahlen; zwei Raten sind noch offen.

Nora Bart schuldet außerdem dem Kunstmaler Joachim Kaiser für einen Auftrag 4 000,00 €. Die Begleichung der Rechnung soll im Wege der Zwangsvollstreckung erwirkt werden. Außer den o. g. Deko-Artikeln gibt es in der Wohnung keine wertvollen Gegenstände. Die Deko-Artikel gehören jedoch vor der endgültigen Bezahlung nicht zum Vermögen von Nora Bart.

Da sich die Gegenstände aber in ihrem Besitz befinden, könnte der Gerichtsvollzieher sie nach § 808 ZPO pfänden. Dann wäre allerdings die Firma Köhler GmbH als Vorbehaltsverkäufer berechtigt, das noch an den Sachen bestehende Eigentum im Wege der Drittwiderspruchsklage nach § 771 ZPO geltend zu machen.

Lösungsmöglichkeit:

Das **Anwartschaftsrecht** *von Nora Bart an den gekauften Deko-Artikeln unterliegt der Pfändung nach den §§ 857, 829 ZPO. Zur wirksamen Beschlagnahme muss die Rechtspfändung durch eine Sachpfändung des Gerichtsvollziehers ergänzt werden, d. h. die Pfändung der unter Eigentumsvorbehalt stehenden Sachen.*

Die Pfändung des Anwartschaftsrechts erfolgt durch Pfändungsbeschluss, der dem Drittschuldner (Köhler GmbH) zugestellt wird (§ 829 Abs. 3 ZPO). Mit der Pfändung des Anwartschaftsrechts erhält der Gläubiger (Joachim Kaiser) die Befugnis, die offenen zwei Raten an die Köhler GmbH zu zahlen. Damit wird die Eigentumsübertragung an Nora Bart herbeigeführt.

Die Sachpfändung sowie die Verwertung der Deko-Artikel erfolgt nach den allgemeinen Bestimmungen (§§ 808 ff. ZPO).

Drittschuldner ist nicht nur der Schuldner des Vollstreckungsschuldners, sondern jeder Dritte, dessen Rechtsstellung von der Pfändung betroffen ist.

Beispiele dafür sind

- die Miteigentümer bei der Pfändung eines Miteigentumsanteil,
- die Miterben bei der Pfändung eines Erbteils sowie
- der Veräußerer bei der Pfändung des Anwartschaftsrechts des Vorbehaltskäufers einer beweglichen Sache.

Arten der Zwangsvollstreckung

Grundsätzlich wird die Pfändung durch Zustellung des Pfändungsbeschlusses an den Drittschuldner wirksam *(§ 829 Abs. 3 ZPO)*. Besondere Bestimmungen gelten bei den sogenannten **drittschuldnerlosen Rechten** (z. B. Eigentümergrundschuld, Patent- und Urheberrechte). Nach *§ 857 Abs. 2 ZPO* wird die Pfändung in Fällen, bei denen es keinen Drittschuldner gibt, durch die Zustellung des Pfändungsbeschlusses an den Schuldner bewirkt.

Übungsaufgaben

1. Gläubiger Arne Ahrens strebt die Zwangsvollstreckung in eine Forderung des Schuldners Rüdiger Billen an.
   a Wer ist außer Arne Ahrens und Rüdiger Billen noch Beteiligter der Zwangsvollstreckung?
   b Welches Vollstreckungsorgan ist für das Verfahren zuständig?
   c Welchen Antrag stellt Arne Ahrens?
   d Welche Unterlagen sind dem Antrag beizufügen?
   e Wann gilt die Pfändung als bewirkt?
   f Wie erfolgt die Verwertung der gepfändeten Forderung?

2. Worin besteht die Bedeutung des vorläufigen Zahlungsverbots im Rahmen der Forderungspfändung?

3. Schuldner Xaver Mohr hat gegen Firma Y eine Forderung in Höhe von 3 250,00 €. Diese Forderung soll gepfändet werden, und zwar von mehreren Gläubigern. Aus der Drittschuldnererklärung der Firma Y geht hervor, dass Schuldner Xaver Mohr den Gläubigern Anton Auer, Berta Buchwald und Constantin Cerci Geldbeträge schuldet.

   Folgende Informationen liegen vor:
   - Anton Auer hat am 07.01.20.. durch den Gerichtsvollzieher ein vorläufiges Zahlungsverbot über 550,00 € an die Drittschuldnerin zustellen lassen. Am 06.02.20.. wurde an die Drittschuldnerin der Pfändungs- und Überweisungsbeschluss zugestellt.
   - Auf Antrag von Berta Buchwald wurde an die Drittschuldnerin am 10.01.20.. ein Pfändungs- und Überweisungsbeschluss über 3 000,00 € zugestellt.
   - Constantin Cerci hat am 11.01.20.. durch den Gerichtsvollzieher ein vorläufiges Zahlungsverbot über 600,00 € an die Drittschuldnerin zustellen lassen. Am 29.01.20.. wurde an die Drittschuldnerin der Pfändungs- und Überweisungsbeschluss zugestellt.

   Wie werden die 3 250,00 € auf die Gläubiger verteilt?

4. Sollte bei einer mehrfachen Pfändung (z. B. wie bei Aufgabe 3) einer der Gläubiger nicht mit der Art und Weise der Aufteilung einverstanden sein – wie könnte er vorgehen und wie würde weiter verfahren?

5. Armin Stark hat eine titulierte Forderung gegen Eva Brendel über 1 659,00 € und möchte in deren Arbeitseinkommen pfänden.
   a Welche Erklärungen muss der Arbeitgeber auf Antrag von Armin Stark abgeben und welche Frist ist dabei einzuhalten?
   b Was kann Armin Stark unternehmen, wenn der Arbeitgeber die Auskünfte verweigert und auch nicht zahlt?

c Welches Gericht ist in diesem Fall zuständig und wodurch erfährt Eva Brendel von der Vorgehensweise?

6. Elena Pfau hat eine titulierte Forderung gegen Arthur Grau über 1 989,00 € und möchte in dessen Arbeitseinkommen pfänden. Nachdem die Drittschuldnerauskunft ergeben hat, dass das Arbeitseinkommen nicht anderweitig gepfändet wird, möchte Elena Pfau wissen, wie lange es dauert, bis die gesamte Forderung beglichen ist. Arthur Grau hat ein Nettoeinkommen von 3 970,00 €. Er ist verheiratet und hat zwei Kinder (für alle drei Personen unterhaltspflichtig).

Wie hoch ist der monatlich pfändbaren Betrag und wie lange muss Elena Pfau warten, bis die gesamte Schuld getilgt ist?

7. Der Kunstmaler Benno Grün hat bei der Modern Art KG Schulden in Höhe von 3 950,00 €, über die ein Vollstreckungstitel erwirkt wurde. Für ein vor kurzem fertiggestelltes Gemälde hat Benno Grün seinerseits eine Forderung in Höhe von 3 500,00 € gegenüber Restaurantinhaber Jack Mothes Gegenwärtig hat er keine gewinnbringenden Aufträge und hofft, dass er im nächsten halben Jahr genügend Einkommen erzielt, um für sich und seine Tochter den Lebensunterhalt bestreiten zu können.

Wie kann Benno Grün erreichen, dass durch die Modern Art KG seine Forderung gegenüber Jack Mothes nicht vollständig gepfändet wird?

8. Vanessa Klein hat gegen den Vater ihres Kindes Unterhaltsforderungen geltend gemacht. Nach Zustellung des Pfändungs- und Überweisungsbeschlusses an den Arbeitgeber erfährt sie aus der Drittschuldnererklärung, dass das Einkommen bereits durch einen anderen Gläubiger gepfändet worden ist, dessen Forderung aus einem Kaufvertrag weit höher als die ausstehenden Unterhaltsbeträge ist.

Wie ist die gesetzliche Regelung beim Aufeinandertreffen gewöhnlicher und bevorrechtigter Pfändungen hinsichtlich der Rangfolge und der pfändbaren Beträge?

9. Worin unterscheidet sich ein Pfändungsschutzkonto von einem „normalen" Girokonto?

10. Welcher Betrag wird durch ein P-Konto vor Pfändung geschützt?

11. Aus der Vermögensauskunft hat Gläubiger Jakob Schulz erfahren, dass Schuldner Fritz Bellmann Sparguthaben hat. Im Rahmen des Zwangsvollstreckungsverfahrens soll Fritz Bellmann sein Sparbuch herausgeben. Er behauptet, das Sparbuch sei nicht auffindbar, womöglich sei es beim letzten Umzug verloren gegangen.

Was muss Jakob Schulz veranlassen, um sich aus dem Sparguthaben des Schuldners befriedigen zu können?

12. Julius Kohl schuldet Norman Fichtl 4 000,00 €. Norman Fichtl möchte in das Vermögen des Julius Kohl vollstrecken und erfährt, dass dieser von seinem letzten Barvermögen ein Segelboot für 16 000,00 € von einer Privatperson

Arten der Zwangsvollstreckung

> gekauft hat. Das Segelboot wurde bereits bezahlt, befindet sich aber noch auf dem Wassergrundstück des Verkäufers Benjamin Schneider.
>
> Was ist zu veranlassen, damit Normann Fichtl seine 4 000,00 € erhält?
>
> 13. Die Studentin Aylin Vogt hat unter Eigentumsvorbehalt per Ratenzahlungsvertrag bei der Firma Auster GmbH eine Standuhr zum Preis von 1 070,00 € gekauft. Zur Barzahlung hat sie nicht die nötigen Mittel. Außerdem schuldet sie einer früheren WG-Mitbewohnerin Susanne Frey 800,00 €, die auf Rückzahlung drängt und bereits einen Vollstreckungsbescheid gegen Aylin Vogt erwirkt hat.
>
> Welche Möglichkeit der Zwangsvollstreckung hat Susanne Frey, wenn sie weiß, dass Aylin Vogt außer der Standuhr keine wertvollen Sachen besitzt?

5.2 Zwangsvollstreckung in unbewegliches Vermögen wegen Geldforderungen (Liegenschafts- oder Immobiliarvollstreckung)

Gegenstand der Liegenschaftsvollstreckung bzw. Immobiliarvollstreckung sind

- Grundstücke,
- grundstücksgleiche Rechte (z. B. Erbbaurecht, Wohnungseigentum, Bergwerkseigentum),
- im Schiffsregister eingetragene Schiffe und Schiffsbauwerke,
- Gegenstände, auf die sich bei Grundstücken und Berechtigungen die Hypothek, bei Schiffen oder Schiffsbauwerken die Schiffshypothek, erstreckt, insbesondere das dem Eigentümer gehörende Zubehör des Grundstücks *(§ 865 ZPO)*.

> **Auf Grundstückszubehör nach den §§ 97, 98 BGB** kann nur im Wege der Immobiliarvollstreckung zugegriffen werden, obwohl es sich um bewegliche Sachen handelt *(§ 865 Abs. 2 S. 1 ZPO)*.

Dem Gläubiger stehen drei Arten der Zwangsvollstreckung in unbewegliches Vermögen wegen Geldforderungen zur Verfügung *(§ 866 ZPO)*.

Rechtsquellen sind

- ZPO für die Eintragung einer Zwangshypothek und
- ZVG (Gesetz über Zwangsversteigerung und -verwaltung) für die Verfahren der Zwangsversteigerung und der Zwangsverwaltung.

5.2.1 Zwangshypothek (Sicherungshypothek – §§ 866 ff. ZPO)

Die Zwangshypothek ist für den Gläubiger in erster Linie ein Sicherungsmittel und steht einer vertraglich bestellten Sicherungshypothek gleich.

Die Eintragung einer Zwangshypothek in das Grundbuch ist eine Vollstreckungsmaßnahme, die durch ein Grundbuchgeschäft vollzogen wird. Die Zwangshypothek ist eine Buchhypothek.

Auf Antrag des Gläubigers wird die Sicherungshypothek in das Grundbuch eingetragen *(§ 867 Abs. 1 ZPO)*. Voraussetzung ist, dass die Forderung **mehr als 750,00 €** beträgt *(§ 866 Abs. 3 ZPO)*.

Die Zwangshypothek führt nicht zur Befriedigung des Gläubigers, sondern zur dinglichen Sicherung der Forderung und damit der Sicherung eines besseren Ranges für eine evtl. nachfolgende Zwangsversteigerung.

Sachlich zuständig für die Eintragung ist das **Grundbuchamt** *(§ 1 Abs. 1 GBO)*.

Örtlich zuständig ist das Grundbuchamt, in dessen Bezirk das Grundstück liegt *(§ 1 Abs. 1 GBO)*. Liegt ein Grundstück in dem Bezirk mehrerer Grundbuchämter, so wird das zuständige Grundbuchamt durch das nächsthöhere Gericht bestimmt *(§ 1 Abs. 2 GBO i. V. m. § 5 FamFG)*.

Funktionell zuständig ist der **Rechtspfleger** *(§ 3 Nr. 1h RPflG)*.

Die Eintragung wird auf dem vollstreckbaren Titel vermerkt und dient als Nachweis bei einer späteren Zwangsversteigerung zur Befriedigung aus dem Grundstück *(§ 867 Abs. 3 ZPO)*. Ein weiterer Duldungstitel ist nicht erforderlich.

5.2.2 Zwangsversteigerung (§§ 15 ff. ZVG)

Ziel des Zwangsversteigerungsverfahrens ist es, ein Grundstück oder ein grundstücksgleiches Recht im Wege der Immobiliarzwangsvollstreckung zu veräußern, um die Forderung des Gläubigers, der die Zwangsvollstreckung betreibt – und gegebenenfalls auch die Forderungen anderer Gläubiger – aus dem Versteigerungserlös zu befriedigen.

Sachlich zuständig für das Verfahren ist das Amtsgericht als **Vollstreckungsgericht** *(§ 15 ZVG)*.

Örtlich zuständig ist das Vollstreckungsgericht, in dessen Bezirk das Grundstück belegen ist *(§ 1 Abs. 1 ZVG i. V. m. § 35 ZVG)*. Wie bereits bei der Eintragung einer Zwangshypothek erläutert, ist die Zuständigkeit für die Versteigerung gegebenenfalls bei **einem** Amtsgericht für die Bezirke mehrerer Amtsgerichte konzentriert *(§ 1 Abs. 2 ZVG)*.

Funktionell zuständig ist der Rechtspfleger *(§ 3 Nr. 1i RPflG)*.

Eine Zwangsversteigerung kann jeder Gläubiger, dessen Forderung tituliert ist, beantragen. Da jedoch das Zwangsversteigerungsverfahren i. d. R. ein langwieriger und nur bedingt kalkulierbarer Prozess ist, sollte sich ein Gläubiger überlegen, ob er sich wegen einer geringen Forderung für diese Art der Zwangsvollstreckung entscheidet.

Ablauf des Zwangsversteigerungsverfahrens

Der Verfahrensablauf ist im Zwangsversteigerungsgesetz (ZVG) geregelt.

Die Zwangsversteigerung setzt einen vollstreckbaren Titel gegen den Eigentümer voraus und wird eingeleitet durch einen **Antrag des Gläubigers** bei dem Vollstreckungsgericht, in dessen Bezirk das zu versteigernde Grundstück belegen ist *(§ 1 ZVG)*.

Das Gericht ordnet durch **Beschluss** nach Prüfung der allgemeinen Voraussetzungen der Zwangsvollstreckung die Zwangsversteigerung an und veranlasst die Eintragung der Anordnung in das Grundbuch *(§ 15 ZVG)*. Der Beschluss bewirkt die **Beschlagnahme** des Grundstücks zugunsten des betreibenden Gläubigers *(§ 20 Abs. 1 ZVG)*, die ihrerseits die Wirkung eines **Veräußerungsverbots** hat *(§ 23 Abs. 1 ZVG)*.

Die Anordnung wird wirksam entweder

- zum Zeitpunkt der Zustellung des Beschlusses beim Schuldner **oder**
- zum Zeitpunkt des Zugangs des Ersuchens um Eintragung des Versteigerungsvermerks beim Grundbuchamt, sofern auf das Ersuchen die Eintragung demnächst erfolgt *(§ 22 Abs. 1 ZVG)*,

in Abhängigkeit davon, welches Ereignis früher eintritt.

 Nach **§ 26 ZVG** hat eine nach Beschlagnahme bewirkte Veräußerung des Grundstück auf den Fortgang des Verfahrens gegen den Schuldner keinen Einfluss, sofern die Zwangsversteigerung von einem **dinglichen Gläubiger** – meist einer Bank bzw. Sparkasse – betrieben wird.

Der Auszubildende Robert Brand – siehe **Ausgangssituation** – möchte nun wissen, wie das Zwangsversteigerungsverfahren weitergeht, nachdem das Grundstück beschlagnahmt und der Versteigerungsvermerk im Grundbuch eingetragen wurde.

Rechtsanwältin Heike Schröder fasst den weiteren Ablauf wie folgt zusammen:

- In Vorbereitung der Versteigerung wird der Grundstückswert (Verkehrswert) vom Vollstreckungsgericht, i. d. R. nach Anhörung von Sachverständigen, festgesetzt *(§ 74a Abs. 5 ZVG)*.
- Das Vollstreckungsgericht bestimmt einen Versteigerungstermin, zu dem alle Beteiligten geladen werden. Der Zeitraum zwischen Anberaumung des Termins und dem Termin soll nach § 36 Abs. 2 ZVG nicht mehr als sechs Monate betragen.

  Beteiligte am Zwangsversteigerungsverfahren sind nach *§ 9 ZVG*

   – der betreibende Gläubiger,

   – der Schuldner und

   – Personen, für die ein Recht im Grundbuch eingetragen ist, z. B. Grundpfandrechte, Dienstbarkeiten oder Reallasten.

  Weitere Personen können ihre Ansprüche bis zum Beginn des Versteigerungstermins anmelden und gelten damit auch als Beteiligte.

- Der zuständige Rechtspfleger des Vollstreckungsgerichts leitet den öffentlichen Versteigerungstermin mit dem **Aufruf der Sache** ein *(§ 66 Abs. 1 ZVG)* und gibt den Ablauf bekannt:

  1. **Bekanntmachungen** über Grundstücksnachweisungen, den bzw. die betreibenden Gläubiger, Ansprüche, Zeit der Beschlagnahme, Grundstückswert, Anmeldungen,

Feststellung des **geringsten Gebots** und Versteigerungsbedingungen sowie Hinweis auf den bevorstehenden Ausschluss weiterer Anmeldungen *(§ 66 Abs. 1 ZVG)*

Daran anschließend fordert das Gerichte zur Abgabe von Geboten auf *(§ 66 Abs. 2 ZVG)*.

2. **Bietzeit** von **mindestens 30 Minuten** zur Abgabe von Geboten im Versteigerungstermin *(§ 73 Abs. 1 S. 1 ZVG)*

   Die Versteigerung muss jedoch so lange fortgesetzt werden, bis ungeachtet der Aufforderung des Gerichts kein Gebot mehr abgegeben wird *(§ 73 Abs. 1 S. 2 ZVG)*.

   Das letzte Gebot wird vom Gericht zum Schluss der Versteigerung mittels **dreimaligem Aufruf** verkündet *(§ 73 Abs. 2 ZVG)*.

3. **Anhörung** der anwesenden Beteiligten zum Zuschlag *(§ 74 ZVG)*

- Entweder im Versteigerungstermin oder in einem späteren Termin entscheidet das Gericht durch **Beschluss** über den **Zuschlag**. Verkündet wird entweder der Zuschlag oder die Versagung des Zuschlags.
- Der Beschluss, durch den der Zuschlag erteilt wird, ist ein Vollstreckungstitel auf Räumung und Herausgabe des Grundstücks *(§ 93 Abs. 1 ZVG)*.
- Durch den Zuschlag wird der Ersteher Eigentümer des Grundstücks gem. *§ 90 ZVG*. Dieser Eigentumsübergang ist unabhängig von einer Eintragung im Grundbuch.
- Nach der Erteilung des Zuschlags bestimmt das Gericht einen Termin zur **Verteilung des Versteigerungserlöses** *(§§ 105 ff. ZVG)*, es sei denn, die Beteiligten einigen sich außergerichtlich *(§ 143 ZVG)*.
- Im Falle der Festlegung des gerichtlichen Verteilungstermins hat der Ersteher den ermittelten Barbetrag **(Bargebot)** vorab durch Überweisung oder Einzahlung auf ein Konto der Gerichtskasse zu entrichten *(§ 49 Abs. 3 ZVG)*.
- Im Verteilungstermin wird der Teilungsplan aufgestellt *(§ 113 ZVG)*, gegen den nach *§ 115 ZVG* Widerspruch eingelegt werden kann.
- Der Teilungsplan wird durch Zahlung an die Berechtigten ausgeführt *(§ 117 ZVG)*.
- Die Eintragung ins Grundbuch erfolgt nach Ausführung des Teilungsplanes *(§ 130 ZVG)*.

Um den soeben beschriebenen Verfahrensablauf im Detail nachvollziehen zu können, folgen einige Begriffserklärungen und Erläuterungen.

- Was ist das **geringste Gebot**?

  Das geringste Gebot umfasst die dem Anspruch des betreibenden Gläubigers **vorgehenden Rechte** sowie die **Kosten des Verfahrens** *(§ 44 ZVG)*.

Beispiel
Gläubigerin Azra Nasit betreibt die Zwangsvollstreckung gegen den Schuldner Harald Pahl wegen einer vollstreckbaren Kaufpreisforderung in Höhe von 40 000,00 €. Das Grundstück des Schuldners soll auf Antrag der Gläubigerin zwangsversteigert werden.

Im Grundbuch sind auf dem Grundstück folgende Rechte eingetragen:

| Abt. III | Nr. 1 | Hypothek zugunsten der A-Bank | 30 000,00 € |
| | Nr. 2 | Grundschuld zugunsten der B-Bank | 20 000,00 € |

Außerdem schuldet Harald Pahl der Gemeinde 6 000,00 € Anliegerbeiträge.

Für das Verfahren werden Kosten in Höhe von 2 500,00 € angesetzt.

Berechnung des geringsten Gebots		
Verfahrenskosten	2 500,00 €	§ 109 Abs. 1 ZVG
Anliegerbeiträge	6 000,00 €	§ 10 Abs. 1 Nr. 3 ZVG
Hypothek	30 000,00 €	§ 10 Abs. 1 Nr. 4 ZVG
Grundschuld	20 000,00 €	§ 10 Abs. 1 Nr. 4 ZVG
Geringstes Gebot	**58 500,00 €**	**§ 44 ZVG**

Alle o. g. Rechte, einschließlich der Verfahrenskosten, gehen der Gläubigerin Azra Nasit vor, d. h., ihr **Rangplatz** kommt erst danach (vgl. *§ 10 Abs. 1 Nr. 5 ZVG*).

Die Berechnung des geringsten Gebots erfolgt durch das Vollstreckungsgericht nach den *§§ 10 ff. ZVG*.

- Was bedeutet **Bargebot**?

Nach *§ 49 ZVG* ist das Bargebot der **Teil des geringsten Gebots**, der zur Deckung der Verfahrenskosten *(§ 109 ZVG)* sowie der im *§ 10 Nr. 1–3 ZVG* und im *§ 12 Nr. 1, 2 ZVG* bezeichneten Ansprüche bestimmt ist. Für den Fall, dass das Meistgebot höher ist als das geringste Gebot, erhöht sich das Bargebot um die Differenz zwischen beiden.

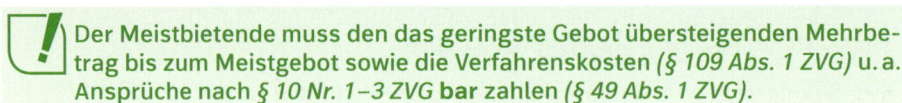

Im obigen Beispiel kann nur das Mindest-Bargebot ermittelt werden, da kein Meistgebot vorliegt. Es errechnet sich wie folgt:

Verfahrenskosten	2 500,00 €	§ 109 Abs. 1 ZVG
Anliegerbeiträge	6 000,00 €	§ 10 Abs. 1 Nr. 3 ZVG
Bargebot	**8 500,00 €**	**§ 49 Abs. 1 ZVG**

- Was bedeuten **Deckungsprinzip** und **Übernahmeprinzip**?

Bei der Zwangsversteigerung gilt das **Deckungsprinzip**, wonach nur ein solches Gebot zugelassen wird, durch das die dem Anspruch des Gläubigers vorgehenden Rechte sowie die Kosten des Verfahrens gedeckt werden (**geringstes Gebot**).

Die dem betreibenden Gläubiger vorgehenden Rechte, z. B. Hypotheken mit besserem Rang, erlöschen durch die Zwangsversteigerung nicht, sondern bleiben bestehen, und sie werden als Belastungen des Grundstücks vom Erwerber übernommen (**Übernahmeprinzip**), der dafür keine Barmittel aufwenden muss. Die übrigen vorgehenden Rechte und die Verfahrenskosten sind bar zu decken (**Mindest-Bargebot**).

- Was sind **bestehen bleibende Rechte**?

    Für den Bietinteressenten sind die **bestehen bleibenden Rechte** von besonderer Bedeutung, denn diese sind gedanklich zum Bargebot hinzuzurechnen. Geboten wird im Versteigerungstermin nur das Bargebot, also das, was vor dem Verteilungstermin zu zahlen ist *(§ 49 Abs. 3 ZVG)*. Der Ersteher übernimmt jedoch mit dem Zuschlag z.B. eingetragene Grundschulden und Hypotheken. Nach *§ 52 ZVG* bleibt ein Recht bestehen, wenn es bei der Errechnung des geringsten Gebots berücksichtigt und nicht durch Zahlung zu decken ist.

    Im obigen Beispiel Azra Nasit gegen Harald Pahl übernimmt der Ersteher auch die Hypothek in Höhe von 30 000,00 € sowie die Grundschuld in Höhe von 20 000,00 €, obwohl er vielleicht nur 8 500,00 € als Bargebot geboten hat.

- Was passiert bei der **Verhandlung über den Zuschlag**?

    Der Zuschlag kann nur erfolgen, wenn das **geringste Gebot** erreicht ist *(§ 44 ZVG)*.

Wenn jedoch das geringste Gebot erreicht oder überschritten ist, kann es dennoch sein, dass das abgegebene Meistgebot **unter 7/10 des Grundstückswertes** bleibt. In einem solchen Fall kann gem. *§ 74a ZVG* die **Versagung des Zuschlages** durch einen Berechtigten, dessen Anspruch durch das Meistgebot nicht oder nur teilweise gedeckt ist, **beantragt** werden. Der Gläubiger kann auch zu diesem Zeitpunkt noch die einstweilige Einstellung des Verfahrens bewilligen.

Der Zuschlag ist **von Amts wegen** zu versagen, wenn das abgegebene Meistgebot einschließlich des Kapitalwertes der nach den Versteigerungsbedingungen bestehen bleibenden Rechte nicht die Hälfte des Grundstückswertes erreicht *(§ 85a Abs. 1 ZVG)*.

Beispiel
Tim Hansen ist Eigentümer eines Grundstücks, dessen Wert 200 000,00 € beträgt. Er hat bei mehreren Gläubigern Schulden, die er nicht begleichen kann. Sein einziger Vermögenswert, auf den zugegriffen werden kann, ist das Grundstück.

Neben den im Grundbuch eingetragenen Gläubigern

  1. *AW-Bank   Hypothek über   120 000,00 €*
  2. *Sparkasse   Grundschuld über   20 000,00 €*

hat er noch Schulden gegenüber der Maler OHG in Höhe von 5 000,00 € und der Haus und Garten KG in Höhe von 600,00 € aus Werk- bzw. Kaufverträgen, für die Vollstreckungstitel (ohne Rangsicherung) existieren. Außerdem schuldet er noch Grundsteuern in Höhe von 2 100,00 € (Annahme: die Verfahrenskosten betragen 1 700,00 €).

- *Für den Fall, dass die Sparkasse die Zwangsversteigerung betreibt, betragen*

    - *das geringste Gebot =123 800,00 € (§ 44 ZVG)*
      (1 700,00 € + 2 100,00 € + 120 000,00 €),

    - *das Mindest-Bargebot = 3 800,00 € (§ 49 Abs. 1 ZVG)*
      (1 700,00 € + 2 100,00 €).

*Im vorliegenden Fall findet der Versteigerungstermin statt und der einzige Interessent bietet **150 000,00 €**.*

*Es kommt zum Zuschlag, da das Gebot 7/10 des Grundstückswertes übersteigt und somit ein Antrag auf Versagung nicht gestellt werden kann (**§ 74a Abs. 1 ZVG – Umkehrschluss**). Außerdem ist das Gebot ausreichend für alle beteiligten Gläubiger.*

Abwandlung 1:

*Würde das Meistgebot **125 000,00 €** betragen, könnte es zum Zuschlag kommen, wenn nicht ein Antrag auf Versagen des Zuschlags gestellt würde, da das Gebot 7/10 des Grundstückswertes nicht erreicht.*

Abwandlung 2:

*Bei einem Meistgebot von **122 000,00 €** käme es nicht zum Zuschlag, da es unter dem geringsten Gebot liegt.*

Abwandlung 3:

*Ein Meistgebot in Höhe von **95 000,00 €** würde natürlich ebenfalls nicht zum Zuschlag führen, da damit weder das geringste Gebot noch die Hälfte des Grundstückspreises erreicht wären.*

- *Für den Fall, dass nur die Maler OHG die Zwangsversteigerung betreibt, betragen*
    - *das geringste Gebot = **143 800,00 €** (123 800,00 € + 20 000,00 €),*
    - *das Mindest-Bargebot = **3 800,00 €** (wie oben).*

Sofern eine Versagung des Zuschlags nach § 74a Abs. 1 ZVG (Meistgebot unter 7/10 des Grundstückswertes) oder § 85a Abs. 1 ZVG (Meistgebot unter 1/2 des Grundstückswertes) im ersten Termin vorliegt, fallen im zweiten Termin die Wertgrenzen. Der Zuschlag kann dann bereits erfolgen, wenn zumindest das **geringste Gebot** abgegeben wird. Für den rein rechnerischen Fall, dass bei obigem Beispiel die AW-Bank die Zwangsversteigerung betreiben würde, wären geringstes Gebot und Mindest-Bargebot gleich, und zwar 3 800,00 €. Somit könnte in dem zweiten Termin der Zuschlag für ein Gebot gegeben werden, das keinesfalls im Interesse des betreibenden Gläubigers – und natürlich auch nicht der übrigen Gläubiger – läge.

Werden im ersten Termin **keine Angebote** abgegeben, so wird ein neuer Termin anberaumt, der als neuer „erster" Termin mit den entsprechenden Wertgrenzen gilt.

An den Beispielen ist erkennbar, dass ein Meistgebot nicht immer den Vorstellungen eines oder mehrerer Gläubiger entsprechen wird. An dieser Stelle ist erneut daran zu erinnern, dass der betreibende Gläubiger **Herr des Verfahrens** ist, d.h., er ist in der Lage, das Verfahren zu jedem Zeitpunkt aufheben (§ 29 ZVG) oder nach einer einstweiligen Einstellung fortsetzen (§ 31 ZVG) zu lassen.

Eine **einstweilige Einstellung** des Verfahrens kann auf **Antrag des Schuldners** nach § 30a ZVG erfolgen, wenn die Aussicht besteht, dass damit eine Versteigerung vermieden werden kann. Die Entscheidung über den Antrag ergeht durch Beschluss (§ 30b Abs. 2 ZVG).

Nach *§ 30 ZVG* kann der betreibende Gläubiger ohne Begründung die einstweilige Einstellung des Verfahrens veranlassen. Laut Gesetzestext „bewilligt" er die einstweilige Einstellung. Dies kann jederzeit im Verfahren erfolgen, um außergerichtliche Verhandlungen mit dem Schuldner zu führen. Der betreibende Gläubiger kann damit auch einen Zuschlag verhindern, obwohl ein Gebot über 7/10 des Grundstückswertes abgegeben wurde.

5.2.3 Zwangsverwaltung (§§ 146 ff. ZVG)

Die Zwangsverwaltung ist neben der Zwangsversteigerung und der Zwangshypothek die dritte Variante der Zwangsvollstreckung in das unbewegliche Vermögen. Die Gläubiger sollen bei dieser Art der Vollstreckung nicht aus dem Grundstück, sondern aus den Erträgen des Grundstücks (z. B. Miete oder Pacht) befriedigt werden. Anstelle des Eigentümers verwaltet ein amtliches Organ – der Zwangsverwalter – das Grundstück nach wirtschaftlichen Gesichtspunkten.

Sachlich bzw. **örtlich** zuständig für die Zwangsverwaltung eines Grundstücks ist als Vollstreckungsgericht das Amtsgericht, in dessen Bezirk das Grundstück belegen ist *(§ 1 Abs. 1 ZVG)*.

Auf die Anordnung der Zwangsverwaltung finden nach *§ 146 Abs. 1 ZVG* grundsätzlich die Vorschriften über die Anordnung der Zwangsversteigerung Anwendung.

Der Zwangsverwalter wird vom Vollstreckungsgericht bestellt *(§ 150 Abs. 1 ZVG)* und hat die Verpflichtung, die Interessen aller Beteiligten bestmöglich zu wahren.

Nach *§ 152 ZVG* hat der Zwangsverwalter das Recht und die Pflicht, alle Handlungen vorzunehmen, die erforderlich sind, um das Grundstück in seinem wirtschaftlichen Bestand zu erhalten und eine ordnungsgemäße Nutzung sicherzustellen. Dazu zählen:

- Inbesitznahme des Grundstücks
- Einziehung der Miet- und Pachtzinsen
- Maßnahmen zur Erhaltung des Grundstücks
- Überprüfung des Versicherungsschutzes

Der Zwangsverwalter muss die Zwangsverwaltung gegenüber den Mietern bzw. Pächtern anzeigen und Zahlungsverbote an entsprechende Drittschuldner beantragen, sodass sie die Miete bzw. Pacht künftig an ihn und nicht mehr an den Vermieter zahlen.

Der Zwangsverwalter ist allen Beteiligten gegenüber verpflichtet, Auskunft über die Erfüllung seiner Aufgaben zu erteilen und jährlich bzw. nach Beendigung der Verwaltung Rechnung zu legen *(§ 154 S. 2 ZVG)*.

Reichen die Einnahmen aus dem Grundstück nicht zur Deckung der Ausgaben für die ordnungsgemäße Verwaltung, hat der Zwangsverwalter dies dem Gericht anzuzeigen. Daraufhin wird der betreibende Gläubiger zur Vorschussleistung aufgefordert. Das Gericht kann die Aufhebung des Verfahrens anordnen, wenn der erforderliche Geldbetrag nicht vorgeschossen wird *(§ 161 Abs. 3 ZVG)*.

Die Verwertung erfolgt durch Verteilung der Nutzungen nach dem vom Vollstreckungsgericht aufgestellten Teilungsplan *(§§ 155 ff. ZVG)*. Aus den Nutzungen des Grundstücks sind die Ausgaben der Verwaltung sowie die Kosten des Verfahrens mit Ausnahme derjenigen, die durch die Anordnung des Verfahrens oder den Beitritt eines Gläubigers entstehen, vorweg zu bestreiten. Gibt es einen Überschuss, so werden die Nutzungen an die Gläubiger nach ihrem Rang verteilt.

Die Reihenfolge bei der Verteilung ergibt sich aus der Rangordnung, vergleichbar mit der Verteilung des Erlöses beim Zwangsversteigerungsverfahren. Anders als bei der Zwangsversteigerung werden jedoch nur die Rangklassen 1–5 berücksichtigt und es geht nicht in erster Linie darum, die gesamte Forderung eines Gläubigers auszugleichen, sondern um Befriedigung von Ansprüchen auf laufende wiederkehrende Leistungen.

siehe § 10 ZVG

Arten der Zwangsvollstreckung

Übungsaufgaben

1. Welche Gesetze regeln die Vorschriften zur Immobiliarvollstreckung?
2. Welches Gericht ist sachlich und örtlich für die Immobiliarvollstreckung zuständig?
3. Welche Möglichkeiten der Zwangsvollstreckung hat ein Gläubiger, dem bekannt ist, dass der Schuldner nicht über pfändbares bewegliches Vermögen verfügt, jedoch Eigentümer eines Grundstücks ist?
4. Welche Voraussetzungen müssen für die Eintragung einer Zwangshypothek gegeben sein und welches Vollstreckungsorgan ist zuständig?
5. Fassen Sie stichpunktartig den Ablauf eines Zwangsversteigerungstermins zusammen.
6. Wie lange muss das Gericht Gelegenheit zur Abgabe von Geboten geben?
7. Welchen weiteren Verlauf nimmt ein Zwangsversteigerungsverfahren, wenn
   a kein Gebot abgegeben wird,
   b im Falle der Abgabe von Geboten das geringste Gebot nicht erreicht wird oder
   c das höchste Gebot weniger als 5/10 des Grundstückswertes beträgt?
8. Horst Stramm ist Eigentümer eines Grundstücks, dessen Wert 400 000,00 € beträgt. Da er jedoch nicht in der Lage ist, Darlehen und andere Schulden an verschiedene Gläubiger zurückzuzahlen, soll auf das einzige Vermögen, das er hat – das Grundstück – mittels Zwangsversteigerung zugegriffen werden.

   Neben den Grundschuldgläubigern
   1. Invest-Bank   Grundschuld über 200 000,00 €,
   2. Sparkasse   Grundschuld über   40 000,00 €

   hat er noch Schulden aus Werkverträgen gegenüber der Bau GmbH in Höhe von 12 000,00 € und gegenüber der Fliesenhandel KG in Höhe von 4 000,00 €, für die Vollstreckungstitel (ohne Rangsicherung) existieren.

   Außerdem schuldet er Grundsteuern in Höhe von 3 800,00 €.
   a Ermitteln Sie das geringste Gebot und das Mindest-Bargebot für den Fall, dass die Sparkasse die Zwangsvollstreckung betreibt (Annahme: die Verfahrenskosten betragen 3 200,00 €).
   b Wie hoch wären geringstes Gebot und Mindest-Bargebot, wenn nur die Fliesenhandel KG die Zwangsvollstreckung betreiben würde (Verfahrenskosten wie oben)?
9. Im obigen Fall – Aufgabe 8 a findet der Versteigerungstermin statt und der einzige Interessent bietet 245 000,00 €.
   a Begründen Sie kurz, ob es zum Zuschlag kommen und/oder ob das Verfahren einen anderen Verlauf nehmen könnte.
   b Wie würde das Verfahren weiter verlaufen, wenn der Zuschlag nicht erteilt würde?
   c Wie kommt es zur Erlösverteilung für den Fall, dass der Zuschlag erteilt wird?

5.3 Zwangsvollstreckung wegen anderer Ansprüche

5.3.1 Erwirkung der Herausgabe von Sachen

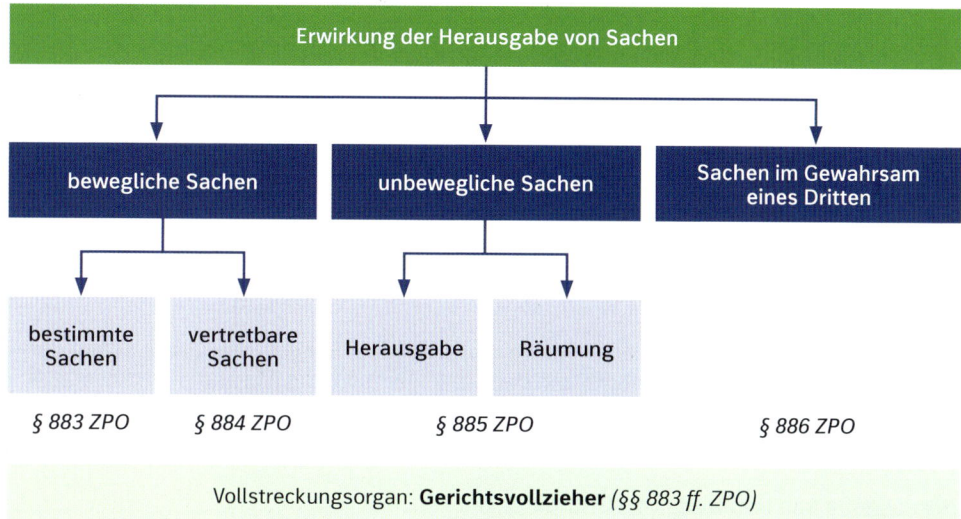

Herausgabe bestimmter beweglicher Sachen

Beispiel

Schuldner Bernd Schröder wurde vom Amtsgericht Bonn verurteilt, Gläubiger Bennet Mertens ein genau bestimmtes Elektrogerät herauszugeben. Bernd Schröder hat die Sache bisher nicht an Bennet Mertens übergeben. Das Urteil ist vollstreckbar. Die Zwangsvollstreckung wurde beantragt.

Möglicher Ablauf:

a) Der Gerichtsvollzieher findet die Sache beim Schuldner, nimmt sie weg und übergibt sie dem Gläubiger (§ 883 Abs. 1 ZPO). Damit ist die Zwangsvollstreckung beendet.

b) Der Gerichtsvollzieher findet die Sache **nicht** beim Schuldner. Daraufhin gibt es folgende Möglichkeiten:

- Bernd Schröder wird auf Antrag von Bennet Mertens verpflichtet, zu Protokoll **an Eides statt zu versichern**, dass er das Elektrogerät nicht besitze und auch nicht wisse, wo es sich befinde (§ 883 Abs. 2 ZPO i. V. m. § 802e ZPO).
- Bennet Mertens klagt auf Schadensersatz (§ 893 ZPO).
- Bennet Mertens beantragt einen Pfändungs- und Überweisungsbeschluss, wenn sich die Sache im Gewahrsam eines Dritten befindet und dieser nicht zur Herausgabe bereit ist (§§ 886, 829, 835 ZPO).

Herausgabe einer bestimmten Menge vertretbarer Sachen

Beispiel

Carolin Fast wurde verurteilt, 150 Aktien eines Automobilkonzerns an Luise Tomas herauszugeben. Da diese Herausgabe nicht erfolgte, leitete Luise Tomas die Zwangsvollstreckung ein.

Möglicher Ablauf:

a) Der Gerichtsvollzieher findet die Aktien bei der Schuldnerin vor, nimmt sie weg und übergibt sie der Gläubigerin *(§ 884 ZPO i. V. m. § 883 Abs. 1 ZPO)*. Damit ist die Zwangsvollstreckung beendet.

b) Der Gerichtsvollzieher findet die Aktien **nicht** bei der Schuldnerin. Daraufhin gibt es folgende Möglichkeiten:

- Luise Tomas klagt auf Schadensersatz *(§ 893 ZPO)*.
- Luise Tomas beantragt einen Pfändungs- und Überweisungsbeschluss, wenn sich die Aktien im Gewahrsam eines Dritten befinden und dieser nicht zur Herausgabe bereit ist *(§§ 886, 829, 835 ZPO)*. Ist der Dritte – möglicherweise eine Bank – zur Herausgabe bereit, kann in entsprechender Anwendung des *§ 883 Abs. 1 ZPO* die Zwangsvollstreckung betrieben werden.

 Wenn der Gerichtsvollzieher beim Schuldner keine Sachen oder Wertpapiere der geschuldeten Art vorfindet, kann der Gläubiger **nicht** die Abgabe der eidesstattlichen Versicherung verlangen. *§ 884 ZPO* erklärt nur die Anwendbarkeit von *§ 883 Abs. 1 ZPO*, nicht aber die Anwendbarkeit der Absätze 2 und 3 der Vorschrift.

Herausgabe und Räumung von Grundstücken

Beispiel
Vermieter Konstantin von Ginkel hat gegen seinen Mieter Max Liebherr ein Räumungsurteil erstritten, da Max Liebherr seit längerer Zeit keine Miete mehr gezahlt hat. Max Liebherr reagiert nicht und wird auch in der Wohnung nicht angetroffen.

Nach *§ 128 Abs. 2 S. 1–3 GVGA* teilt der **Gerichtsvollzieher** dem Schuldner den Zeitpunkt mit, zu dem nach *§ 885 Abs. 1 ZPO* dem Schuldner der Besitz entzogen und der Gläubiger in den Besitz eingewiesen wird, notfalls mit Gewalt. Eine Anwesenheit des Schuldners ist nicht erforderlich *(§ 128 Abs. 2 S. 9 GVGA)*.

Möglicher Ablauf:

a) Bei der Räumung nach *§ 885 ZPO* („klassische" Räumung) lässt der Gerichtsvollzieher (Sperr-)Müll durch eine Entsorgungsfirma beseitigen und das übrige Inventar von einer Spedition abholen und einlagern. Der Vermieter muss die Kosten für die Zwangsräumung zunächst vorschießen; bei mittellosen Mietern ist jedoch eine Erstattung der Kosten meist nicht zu erwarten.

b) Bei einem Zwangsvollstreckungsauftrag nach *§ 885a ZPO* („Berliner Modell" oder auch „Berliner Räumung") macht der Vermieter sein Vermieterpfandrecht nach *§ 562 BGB* geltend. In diesem Fall lässt der Gerichtsvollzieher alle Gegenstände in der Wohnung. Es werden nur die Schlösser ausgetauscht und die neuen Schlüssel dem Vermieter übergeben. Der Gerichtsvollzieher hat im Protokoll die frei ersichtlichen beweglichen Sachen zu dokumentieren, gegebenenfalls als Bildaufnahmen *(§ 885a Abs. 2 ZPO)*.

Vorteil dieser Variante: Einsparung von Kosten

Nachteile dieser Variante:

- Der Vermieter muss unpfändbare Gegenstände aufbewahren und auf Verlangen an den Mieter herausgeben.

- Der Vermieter muss eine öffentliche Zwangsversteigerung zur Verwertung der pfändbaren Sachen organisieren und dabei Formvorschriften und Fristen beachten.

Das klassische Modell verursacht zwar wesentlich höhere Kosten, aber es ist für den Vermieter die sicherste und am wenigsten aufwendige Möglichkeit der Räumung.

Die „Berliner Räumung" ist eine schnelle und kostengünstige Alternative, wenn z. B. der Mieter einer Entfernung und Entsorgung des Inventars schriftlich zustimmt.

5.3.2 Erwirkung von Handlungen

Hat ein Schuldner laut Vollstreckungstitel eine Handlung vorzunehmen und erfüllt er diese Pflicht nicht, so kann der Gläubiger die Erfüllung erzwingen.

Das **Vollstreckungsorgan** ist in einem solchen Fall das **Prozessgericht erster Instanz**.

Handelt es sich beim Vollstreckungsorgan um ein Landgericht, herrscht Anwaltszwang auch bei Zwangsvollstreckungsmaßnahmen.

Zwangsvollstreckung wegen vertretbarer Handlungen *(§ 887 ZPO)*

Vertretbar sind alle Handlungen, die auch durch einen Dritten vorgenommen werden können.

Beispiel
Vermieter Volker Veh ist durch Urteil des Amtsgerichts Köln verurteilt worden, eine dringende Reparatur bei seinem Mieter Alexander Mohr durchzuführen, was er trotz wiederholter Aufforderung bisher nicht erledigt hat.

Alexander Mohr beantragt beim Prozessgericht erster Instanz, die Handlung auf Kosten des Schuldners selbst vorzunehmen bzw. einen Dritten zu beauftragen. Er kann zugleich beantragen, den Vermieter zur Vorauszahlung der Kosten zu verurteilen (§ 887 Abs. 2 ZPO).

Die Vollstreckung erfolgt durch Ermächtigung des Gläubigers (§ 887 Abs. 1 ZPO).

Zwangsvollstreckung wegen nicht vertretbarer Handlungen *(§ 888 ZPO)*

Nicht vertretbar sind Handlungen, die nicht von einem Dritten vorgenommen werden können.

Beispiel
Arbeitgeber Thomas Dierke wurde verurteilt, der ehemaligen Angestellten Kerstin Erle ein qualifiziertes Arbeitszeugnis auszustellen, was er trotz mehrfacher Aufforderung nicht getan hat.

Kerstin Erle beantragt beim Prozessgericht erster Instanz, Zwangsmittel anzuordnen.

Zwangsmittel sind **Zwangsgeld** und **Zwangshaft** *(§ 888 Abs. 1 ZPO)*. Eine Androhung findet nicht statt *(§ 888 Abs. 2 ZPO)*.

Bei dem Zwangsgeld handelt es sich um ein sogenanntes Beugemittel, mit dem der Schuldner zur Vornahme der geschuldeten Handlung gebracht werden soll. Die Höhe des Zwangsgeldes liegt grundsätzlich im Ermessen des Gerichts.

Für den Fall, dass das Zwangsgeld nicht beigetrieben werden kann, ist die Verhängung von Zwangshaft vorgesehen. In Ausnahmefällen, bei denen die Forderung von Zwangsgeld von vornherein aussichtslos erscheint oder wenn Fluchtgefahr besteht, kommt auch die unmittelbare Festsetzung von Zwangshaft in Betracht.

Der ergehende Beschluss über die Beitreibung von Zwangsgeld und/oder die Vollstreckung der Zwangshaft ist ein eigenständiger Vollstreckungstitel nach *§ 794 Abs. 1 Nr. 3 ZPO*, der einer **Vollstreckungsklausel** bedarf. Die Vollstreckung der Haft setzt einen Haftbefehl voraus, der auf Antrag des Gläubigers vom Prozessgericht erster Instanz erlassen und vom Gerichtsvollzieher ausgeführt wird *(§ 144 Abs. 1 Nr. 3 GVGA i. V. m. § 802g Abs. 1 ZPO)*.

Eine Erzwingung der Vornahme einer nicht vertretbaren Handlung ist nach Vollstreckung der Zwangshaft über einen Zeitraum von **sechs Monaten** nicht mehr möglich. Der Gläubiger hat dann nur noch einen Anspruch auf Leistung des Interesses (Schadensersatz) nach *§ 893 ZPO*.

 Wenn die Zwangsvollstreckung zur Vornahme einer **vertretbaren oder nicht vertretbaren** Handlung nach den *§§ 887, 888 ZPO* **nicht mehr möglich** ist, kann der Gläubiger im Wege einer Schadensersatzklage sein Interesse nach *§ 893 ZPO* geltend machen.

Weitere Beispiele für nicht vertretbare Handlungen sind:

- Abgabe einer eidesstattlichen Versicherung nach bürgerlichem Recht *(§§ 259, 260 BGB)*
- Leistungen, die höchste geistige, wissenschaftliche oder künstlerische Befähigung voraussetzen (z. B. Kunstmaler)
- Weiterbeschäftigung eines Arbeitnehmers nach Kündigungsschutzklage

5.3.3 Erwirkung von Duldungen und Unterlassungen

Unterlässt bzw. **duldet** ein Schuldner eine Handlung trotz gerichtlicher Anordnung **nicht**, so kann der Gläubiger zur Durchsetzung seiner Forderungen **Ordnungsmittel** beantragen.

Das **Vollstreckungsorgan** ist das **Prozessgericht erster Instanz** *(§ 890 Abs. 1 ZPO)*.

Ordnungsmittel sind **Ordnungsgeld** und **Ordnungshaft** *(§ 809 Abs. 1 ZPO)*. Anders als bei den Zwangsmitteln nach *§ 888 ZPO* sind die Ordnungsmittel vor der Verurteilung **anzudrohen** *(§ 890 Abs. 2 ZPO)*.

Beispiele

- *Eugen Schönefeldt wird unter Androhung eines Ordnungsgeldes bzw. Ordnungshaft verboten, weiterhin Küchenabfälle auf das Grundstück seiner Nachbarin Elvira Kuhn zu kippen.*
- *Annemarie Renner wird nach Androhung eines Ordnungsgeldes bzw. Ordnungshaft verurteilt, Tom Wilberg das Betreten ihres Grundstücks zu gestatten, damit dieser neue Wasserleitungsrohre verlegen kann.*

Zur Beseitigung eventuellen Widerstands des Schuldners kann der Gläubiger einen Gerichtsvollzieher hinzuziehen *(§ 892 ZPO).*

Unterlässt Eugen Schönefeldt die Handlung trotz Mitwirkung des Gerichtsvollziehers und anschließender Vollstreckung der Ordnungshaft dennoch nicht und darf Tom Wilberg das Grundstück nicht betreten, obwohl alle Ordnungsmittel ausgeschöpft wurden, können auch hier nur noch Schadensersatzansprüche im Klageweg durchgesetzt werden *(§ 893 ZPO)*.

Die Schadensersatzansprüche richten sich nach den Vorschriften des materiellen Rechts (insb. *§§ 280 ff. BGB*). *§ 893 ZPO* gilt für titulierte Ansprüche nach den *§§ 883–890 ZPO*.

5.3.4 Erwirkung der Abgabe einer Willenserklärung

§ 894 ZPO regelt die Durchsetzung eines titulierten Anspruchs auf Abgabe einer Willenserklärung.

Anders als bei der Erzwingung von nicht vertretbaren Handlungen nach *§ 888 ZPO* soll der Wille des Schuldners **nicht durch Zwangsmittel gebeugt** werden.

Nach *§ 894 ZPO* kommt es zu einer „**Fiktion der Abgabe der Willenserklärung**" im Interesse des Gläubigers, indem der Gesetzgeber festgelegt hat, dass die Willenserklärung als abgegeben gilt, sobald die **Rechtskraft eines diesbezüglich ergangenen Urteils** eintritt.

Die laut Urteil zu erbringende Leistung muss in der Abgabe einer Willenserklärung bestehen, d. h., dass im Gerichtsverfahren ein nach *§ 253 ZPO* bestimmter, auf die Abgabe der Willenserklärung gerichteter Antrag gestellt wurde.

Zur Erwirkung der Abgabe einer Willenserklärung nach *§ 894 ZPO* bedarf es keiner weiteren Zwangsvollstreckungsmaßnahme.

Beispiel

Miraç Lorch ist als gewerblicher Verkäufer Mitglied eines Onlinemarktplatzes. Einer seiner Kunden, Tom Reinhardt, hatte ein kleines Problem bei seiner letzten Bestellung, wofür sich Miraç Lorch entschuldigt und ihm sogar einen Preisnachlass gewährt hatte. Dennoch fand Miraç Lorch wenig später eine geschäftsschädigende Onlinebewertung von diesem Kunden vor. Laut AGB können derartige Bewertungskommentare dazu führen, dass das betreffende Mitglied von dem Onlinemarktplatz ausgeschlossen wird.

Nachdem Tom Reinhardt nicht auf die Aufforderung von Miraç Lorch, einer Löschung des Kommentars zuzustimmen und gegenüber dem Onlinemarktplatz-Betreiber von der Bewertung Abstand zu nehmen, reagierte, klagte Miraç Lorch auf Abgabe einer solchen Willenserklärung.

 Genügt die Verurteilung zur Abgabe einer Willenserklärung nicht dem Bestimmtheitserfordernis des *§ 253 Abs. 2 Nr. 2 ZPO*, **kann die Abgabe der geforderten Erklärung nicht** nach *§ 888 ZPO* **erzwungen werden.**

Übungsaufgaben

1. Wie kann ein Gläubiger in folgenden Fällen die Vollstreckung seiner Ansprüche durchsetzen und welches Vollstreckungsorgan ist jeweils zuständig?
    a Anna Frei wurde verurteilt, das Fitness-Trainingsgerät, das ihr Susanne Bender während der Urlaubszeit geliehen hatte, herauszugeben. Auch auf die titulierte Forderung von Susanne Bender reagiert Anna Frei nicht.
    b Lisa Unger hat sich für ihre Hochzeitsfeier eine große wertvolle Bodenvase von ihrer Nachbarin geliehen. Nach den Feierlichkeiten reagiert sie nicht auf die Aufforderung, die Vase zurückzugeben, sodass die Nachbarin schließlich Klage erhebt. Als der Schuldtitel vorliegt, stellt sich heraus, dass die Vase nicht mehr existiert; sie war bei Aufräumarbeiten zerbrochen.
    c Baustoffhändler Miroslav Heinen wurde verurteilt, laut gültigem Kaufvertrag zwei Tonnen Bausand mittlerer Güte an Wohnungsbauunternehmer Fred Trares zu liefern. Der Baustoffhändler weigert sich weiterhin mit der Begründung, er habe den Sand nicht mehr im Sortiment.
    d Vermieter Volker Schmidt lässt trotz Verurteilung vom Amtsgericht Nürnberg die defekte Heizung in der Wohnung von Mieter Uwe Baumann nicht reparieren.
    e Der Schlagzeuger Jonas Reck probt weiterhin mit unerträglicher Lautstärke bis nach 23:00 Uhr in seiner Wohnung für die kommenden Auftritte, obwohl sein Nachbar Lars Winkler ein Gerichtsurteil erstritten hat, das diese Ruhestörung untersagt.
    f Arbeitgeber Hein Jespersen weigert sich, Harald Münzer einen schriftlichen Arbeitsvertrag auszuhändigen, obwohl dieser seit Monaten für ihn arbeitet. Harald Münzer lässt sich seinen Anspruch titulieren, aber er bekommt den Vertrag dennoch nicht.
    g Aufgrund eines vorliegenden Vollstreckungstitels gegen Steven Shaw hat dieser seine Einraumwohnung an den Vermieter Lutz Neuhaus herauszugeben und zu räumen. Weder der Schuldner noch ein Bevollmächtigter erscheint zum bekannt gegebenen Räumungstermin.

2. Albert Wehnert wurde per Gerichtsurteil bestätigt, dass seine Bank die Löschung einer Hypothek auf seinem Grundstück zu bewilligen hat. Die Bank reagiert nicht.

    Wie ist die Rechtslage?

3. Elmar Jung unterlässt trotz Gerichtsurteil aufgrund der Klage eines Ehepaars mit Kindern im Vorschulalter nicht, an fast jedem Wochenende in seiner Wohnung Handwerksarbeiten mit störenden Geräuschen – Hämmern, Sägen, Bohren – durchzuführen. Selbst nach Ablauf einer Ordnungshaft hämmert, bohrt und sägt er weiter.

    Was kann das Ehepaar nun noch gegen Elmar Jung unternehmen?

6 Einwendungen gegen Zwangsvollstreckungsmaßnahmen

Im Rahmen der Zwangsvollstreckung stehen den am Verfahren Beteiligten vollstreckungsinterne Rechtsbehelfe, Rechtsmittel sowie vollstreckungsrechtliche Klagen zu.

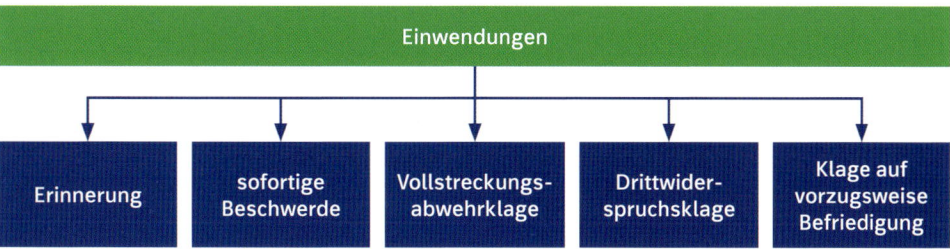

6.1 Erinnerung (§ 766 ZPO)

Die Erinnerung (Vollstreckungserinnerung) ist ein **Rechtsbehelf**, mit dem sowohl **Gläubiger** als auch **Schuldner** geltend machen können, dass eine Zwangsvollstreckungsmaßnahme gegen gesetzliche Vorschriften verstößt. Auch beteiligte **Dritte** können Erinnerung einlegen.

Ein Beteiligter, der durch eine Vollstreckungshandlung beschwert ist, kann beim Vollstreckungsgericht Erinnerung einlegen. Der Rechtsbehelf richtet sich gegen Verfahrensverstöße des Gerichtsvollziehers und gegen Maßnahmen des Vollstreckungsgerichts.

Beispiel
Bei der Ausführung eines Sachpfändungsauftrages beschlagnahmt der Gerichtsvollzieher einen im Gewahrsam des Schuldners befindlichen Gegenstand, den der Schuldner als unpfändbar betrachtet. Der Schuldner legt Erinnerung ein. Würde der Gerichtsvollzieher den Gegenstand vor Klärung der Pfändbarkeit nicht pfänden, könnte der Gläubiger Erinnerung gegen die Art und Weise der Zwangsvollstreckung einlegen.

Das Vollstreckungsgericht – das Amtsgericht, in dessen Bezirk das Vollstreckungsverfahren stattgefunden hat oder stattfinden soll *(§ 764 Abs. 2 ZPO)* – ist nach *§ 802 ZPO* ausschließlich zuständig.

Die Erinnerung ist schriftlich oder zu Protokoll der Geschäftsstelle einzulegen; sie ist nicht fristgebunden.

Obwohl keine Frist für das Einlegen bestimmt ist, wird die Erinnerung unzulässig, wenn die Vollstreckungsmaßnahme beendet ist, z. B. im Falle einer Sachpfändung mit Ablieferung des Versteigerungserlöses an den Gläubiger.

Über die Erinnerung entscheidet der **Richter** am Vollstreckungsgericht durch **Beschluss**.

Gegen den Beschluss kann sofortige Beschwerde beim Vollstreckungsgericht bzw. beim Beschwerdegericht (Landgericht) eingelegt werden *(§ 793 ZPO)*.

➲ vgl. *§ 20 Nr. 17 S. 2 RPflG*

Die Erinnerung allein hat keine aufschiebende Wirkung. Um den Fortgang der Zwangsvollstreckungsmaßnahme aufzuhalten, müsste der Schuldner zeitgleich mit der Erinnerung die **einstweilige Einstellung der Zwangsvollstreckung** beantragen *(§ 766 Abs. 1 S. 2 ZPO i. V. m. § 732 Abs. 2 ZPO)*.

Die einstweilige Einstellung der Zwangsvollstreckung liegt im Ermessen des Vollstreckungsgerichts. Dabei wird überprüft, ob die schutzwürdigen Interessen des Schuldners die des Gläubigers überwiegen.

Tipp für Gläubiger:

Er sollte dem Antrag entgegentreten und darlegen, weshalb er dringend auf die Befriedigung seiner Forderung angewiesen ist.

6.2 Sofortige Beschwerde (§§ 793, 567–572 ZPO)

 Die sofortige Beschwerde nach § 793 ZPO ist ein **Rechtsmittel** gegen Entscheidungen des **Vollstreckungsgerichts** sowie des **Prozessgerichts** im Rahmen der Zwangsvollstreckung, die ohne mündliche Verhandlung ergehen.

Die sofortige Beschwerde richtet sich gegen

- Erinnerungsentscheidungen nach *§ 766 ZPO*,
- Entscheidungen des Prozessgerichts als Vollstreckungsorgan nach den *§§ 887, 888, 890 ZPO*,
- Entscheidungen des Richters im Amtsgericht nach *§ 758a ZPO*,
- Entscheidungen des Rechtspflegers nach *§ 11 Abs. 1 RPflG i. V. m. § 793 ZPO*.

Beispiele

*1. Mit einem Erinnerungsbeschluss entscheidet das Vollstreckungsgericht, dass der Gerichtsvollzieher angewiesen wird, die vom Gläubiger beantragte Pfändung nicht mit der Begründung zu verweigern, die zu pfändende Sache sei nach § 811 Abs. 1 Nr. 1 ZPO unpfändbar. Gegen diesen Beschluss kann der **Schuldner** sofortige Beschwerde einlegen.*

*2. Gegen einen Beschluss des Prozessgerichts zur Festsetzung von Zwangsgeld nach § 888 ZPO zur Ausführung einer nicht vertretbaren Handlung ist für den **Schuldner** die sofortige Beschwerde gegeben. Wird der Antrag auf Festsetzung von Zwangsgeld abgelehnt, kann der **Gläubiger** gegen diesen Beschluss sofortige Beschwerde einlegen.*

Die sofortige Beschwerde ist nach *§ 569 Abs. 1 ZPO* innerhalb einer **Notfrist von zwei Wochen** bei dem Gericht einzulegen, dessen Entscheidung angefochten wird, oder beim Beschwerdegericht.

Gegen den Erinnerungsbeschluss aus Beispiel 1 (s. o.) kann sofortige Beschwerde beim Vollstreckungsgericht eingelegt werden, um Abhilfe zu erwirken, oder beim zuständigen Landgericht als Beschwerdegericht *(§ 572 ZPO)*.

Gegen den Zwangsgeldbeschluss aus Beispiel 2 (s. o.) kann sofortige Beschwerde bei dem Prozessgericht des ersten Rechtszuges oder beim Beschwerdegericht eingelegt werden *(§ 572 ZPO)*. Für die Zuständigkeit sind folgende Möglichkeiten gegeben:

a) Wurde der Beschluss von einem Amtsgericht erlassen, kann die sofortige Beschwerde bei diesem Gericht oder beim zuständigen Landgericht als Beschwerdegericht eingelegt werden.

b) Wurde der Beschluss von einem Landgericht erlassen, kann die sofortige Beschwerde bei diesem Gericht oder beim zuständigen Oberlandesgericht als Beschwerdegericht eingelegt werden.

Wird der Beschwerde nicht beim Prozessgericht abgeholfen, sondern wird sie dem Beschwerdegericht vorgelegt, sind folgende Entscheidungen gegeben:

1. Eine unbegründete Beschwerde wird zurückgewiesen, eine unzulässige Beschwerde verworfen *(§ 572 Abs. 2 ZPO)*.
2. Wird die sofortige Beschwerde als begründet erachtet, kann das Beschwerdegericht selbst entscheiden oder die Sache nach *§ 572 Abs. 3 ZPO* an das Ausgangsgericht zurückverweisen.

Die Entscheidung über die sofortige Beschwerde ergeht durch Beschluss *(§ 572 Abs. 3 ZPO)*. Unter den Voraussetzungen des *§ 574 ZPO* ist gegebenenfalls Rechtsbeschwerde möglich.

> **Die sofortige Beschwerde hat grundsätzlich keine aufschiebende Wirkung, es sei denn, sie hat die Festsetzung eines Ordnungs- oder Zwangsmittels zum Gegenstand** *(§ 570 ZPO)*.

6.3 Vollstreckungsabwehrklage (§ 767 ZPO)

Die Vollstreckungsabwehrklage (Vollstreckungsgegenklage) ist eine prozessuale Gestaltungsklage auf Beseitigung der Vollstreckbarkeit eines Urteils oder eines anderen Titels.

Mit der Vollstreckungsabwehrklage werden materiell-rechtliche Einwendungen gegen einen Vollstreckungstitel geltend gemacht. Die Klage ist auf Unzulässigerklärung der Zwangsvollstreckung aus dem Titel gerichtet *(§ 767 Abs. 1 ZPO)*.

Es sind grundsätzlich nur die Einwendungen zulässig, deren Gründe nach Schluss der letzten mündlichen Verhandlung entstanden sind *(§ 767 Abs. 2 ZPO)*. Eine Ausnahme bildet z. B. die Vollstreckungsabwehrklage bei vollstreckbaren Urkunden.

> vgl. *§ 797 Abs. 4 ZPO*

Ausschließlich zuständig für die Vollstreckungsabwehrklage ist das Prozessgericht des ersten Rechtszuges *(§ 767 Abs. 1 ZPO i. V. m. § 802 ZPO)*.

Mit Klageerhebung kann der Schuldner geltend machen,

- er habe die titulierte Forderung erfüllt,
- er habe mit einer Gegenforderung wirksam aufgerechnet,
- der Gläubiger habe ihm die Forderung erlassen oder ihm Stundung gewährt.

Der Schuldner muss die Voraussetzungen für den Erfolg der Klage schlüssig darlegen.

Die Vollstreckungsabwehrklage hat keine aufschiebende Wirkung, aber nach *§ 769 ZPO* kann das Gericht auf Antrag des Schuldners die einstweilige Einstellung der Zwangsvollstreckung anordnen.

> vgl. *§ 294 ZPO*

6.4 Drittwiderspruchsklage (§ 771 ZPO)

Die Drittwiderspruchsklage (Interventionsklage) ist eine prozessuale Gestaltungsklage zur Feststellung der Unzulässigkeit der Zwangsvollstreckung in Gegenstände, die nicht Eigentum des Schuldners sind.

Einwendungen gegen Zwangsvollstreckungsmaßnahmen

Die Drittwiderspruchsklage ermöglicht einer bisher nicht am Verfahren beteiligten Person, gegen die Zwangsvollstreckung in einen bestimmten Gegenstand aufgrund eines Rechts an der Sache vorzugehen.

Anders als bei der Vollstreckungsgegenklage geht es nicht darum, die Zwangsvollstreckung aus einem Titel vollständig einzustellen. Bei der Drittwiderspruchsklage soll nur die Zwangsvollstreckung in den Gegenstand, an dem der Kläger ein Recht zu haben behauptet, für unzulässig erklärt werden.

Beispiel

Gerichtsvollzieherin Gertrud Stein pfändet in der Wohnung von Robert Damm eine Taucherausrüstung im Auftrag von Gläubiger Roland Fuchs. Robert Damm hat die Ausrüstung unter Eigentumsvorbehalt des Sporthauses „Ehlers" gekauft und zahlt monatliche Raten.

Das Sporthaus „Ehlers" ist demnach Eigentümer der Taucherausrüstung. Eine Vollstreckungserinnerung würde keinen Erfolg bringen, da die Gerichtsvollzieherin nach den Vorschriften der ZPO die Eigentumsverhältnisse nicht zu prüfen hat. Nach *§ 808 ZPO* pfändet die Gerichtsvollzieherin die im Gewahrsam des Schuldners befindlichen Gegenstände. Daher ist die Pfändung der Taucherausrüstung zulässig.

Für das Sporthaus „Ehlers" ist nun Klage gegen Roland Fuchs geboten. Da Roland Fuchs selbst keinen Anlass für eine Klage gegeben hat – auch er musste die Eigentumsverhältnisse nicht prüfen –, wird das Sporthaus „Ehlers" Roland Fuchs vor Erhebung der Drittwiderspruchsklage schriftlich zur Freigabe der gepfändeten Taucherausrüstung auffordern. Die tatsächlichen Eigentumsverhältnisse sind glaubhaft zu machen.

Kommt es zur Drittwiderspruchsklage, so ist ausschließlich das Amts- bzw. Landgericht zuständig, in dessen Bezirk die Zwangsvollstreckung stattfindet (*§ 771 Abs. 1 ZPO* i. V. m. *§ 802 ZPO*).

Die Drittwiderspruchsklage hat keine aufschiebende Wirkung, aber der Dritte kann einen Antrag auf einstweilige Einstellung der Zwangsvollstreckung nach *§ 769 ZPO* stellen (*§ 771 Abs. 3 ZPO*).

6.5 Klage auf vorzugsweise Befriedigung (*§ 805 ZPO*)

 Die Klage auf vorzugsweise Befriedigung (Vorzugsklage) ist eine **prozessuale Gestaltungsklage**, durch die ein Dritter aufgrund eines besitzlosen Pfand- oder Vorzugsrechts die Befriedigung aus dem Vollstreckungserlös vor dem Vollstreckungsgläubiger beansprucht.

Anders als bei der Drittwiderspruchsklage kann der Dritte mit der Klage auf vorzugsweise Befriedigung die Pfändung der Sache, an welcher er ein besitzloses Pfandrecht oder ein Vorzugsrecht hat, nicht verhindern. Der Kläger muss ein Pfand- oder Vorzugsrecht haben, das dem Pfändungspfandrecht des Beklagten vorgeht, und kann damit Anspruch auf den Erlös der Versteigerung oder des Verkaufs vor anderen Gläubigern vorzugsweise erheben.

Beispiel

*Mieter Peter Hofmann hat bei Vermieter Daniel Krause eine Wohnung angemietet. Mit dem Mietvertrag hat Daniel Krause ein gesetzliches Pfandrecht – Vermieterpfandrecht – an den von Peter Hofmann in die Wohnung eingebrachten Sachen (§ 562 BGB) für den Fall, dass dieser mit der Miete im Rückstand ist. Da Daniel Krause keinen unmittelbaren Zugriff auf die Sachen von Peter Hofmann hat, handelt es sich um ein **besitzloses Pfandrecht**. Schuldet Peter Hof-*

mann außerdem dem Gläubiger Tarek Prinz aus einem anderen Rechtsverhältnis, z. B. einem Kaufvertrag, Geld, so kann Tarek Prinz seine Forderung titulieren lassen und die Zwangsvollstreckung aus einem **Pfändungspfandrecht** in das Vermögen von Peter Hofmann betreiben.

Tarek Prinz beauftragt einen Gerichtsvollzieher, der in der Wohnung von Peter Hofmann ein wertvolles Gemälde pfändet. Daniel Krause kann weder der Pfändung noch der Verwertung widersprechen, aber er hat Anspruch darauf, aus dem Versteigerungserlös zuerst befriedigt zu werden.

Vor Einreichung der Klage auf vorzugsweise Befriedigung sollte der Kläger den Gläubiger auffordern, in die vorrangige Befriedigung einzuwilligen. Sollte der Gläubiger im Termin den Anspruch sofort anerkennen, würden die Kosten des Rechtsstreits dem Kläger auferlegt *(§ 93 ZPO)*.

Ausschließlich zuständig für eine Klage ist grundsätzlich das Vollstreckungsgericht, im Falle eines Streitgegenstands von mehr als 5 000,00 € das Landgericht, in dessen Bezirk das Vollstreckungsgericht seinen Sitz hat *(§ 805 ZPO i. V. m. § 802 ZPO)*.

 Neben den Einwendungen besteht für den Schuldner in besonderen Härtefällen die Möglichkeit, einen **Vollstreckungsschutzantrag** *(§ 765a ZPO)* zu stellen.

Übungsaufgaben

Welche Art der Einwendung wäre in folgenden Fällen angebracht und wer nimmt sie gegen wen und bei welchem Gericht in Anspruch?

1. Gerichtsvollzieher Julian Baumeister pfändet wegen einer Kaufpreisforderung in Höhe von 200,00 € das Wohnmobil des Schuldners Leopold Preil im Wert von 8 000,00 € sowie eine Zeltausrüstung mit einem Wert von 550,00 €.

2. Gerichtsvollzieher Walter Hartung pfändet beim Schuldner Timo Ludwig eine Multimediaanlage, die dieser unter Eigentumsvorbehalt von der Firma Reich GmbH gekauft hat.

3. Gerichtsvollzieher Franz Sorge hat die beim Schuldner Gustav Kamann vorgefundene antike Spieluhr deshalb nicht gepfändet, weil diese nach Auskunft der Ehefrau des Schuldners dessen Mutter gehöre.

4. Gerichtsvollzieher Noel Berthold kündigt sich bei Udo Hirsch an, um die Zwangsvollstreckung aus einem Vollstreckungsbescheid der Firma Schneid KG zu betreiben. Udo Hirsch entgegnet, die Schneid KG habe ihm die Schuld erlassen, da die gelieferte Sache stark fehlerhaft war.

5. Gläubiger Siegfried Ziesche hat gegen Schuldner Anton Brendel einen vollstreckbaren Titel über eine Kaufpreisforderung und betreibt die Zwangsvollstreckung. Einziger pfändbarer Gegenstand ist ein wertvoller Teppich in der Mietwohnung von Anton Brendel. Siegfried Ziesche beschlagnahmt den Teppich und versteigert ihn. Anton Brendel ist außerdem im Rückstand mit der Zahlung seiner Wohnraummiete bei Vermieter Werner Lohse. Dieser macht sein gesetzliches Pfandrecht an den eingebrachten Sachen seines Mieters geltend.

6. Nach erfolgter Pfändung durch Gerichtsvollzieher Gerd Bräuer beantragt Gläubiger Xaver Vieth, die gepfändete Perlenkette durch einen anderen Gerichtsvollzieher versteigern zu lassen. Der Antrag wird abgelehnt.

7 Einstweiliger Rechtsschutz – Arrest und einstweilige Verfügung

Vorläufige Rechtsschutzmaßnahmen sind erforderlich, wenn zu befürchten ist, dass ein Schuldner sein Vermögen dem Zugriff des Gläubigers entziehen könnte. Wenn z. B. noch kein Vollstreckungstitel vorhanden ist und das Erkenntnisverfahren noch einige Zeit in Anspruch nehmen wird, besteht die Gefahr, dass die Realisierung des Anspruchs beeinträchtigt oder vereitelt wird.

Mit dem Arrest und der einstweiligen Verfügung hat der Gesetzgeber zwei Mittel zur Gewährleistung eines einstweiligen Rechtsschutzes geschaffen.

7.1 Arrest

 Arrest ist die Beschlagnahme einzelner Vermögensgegenstände (dinglicher Arrest) oder die Beschränkung der Bewegungsfreiheit des Schuldners (persönlicher Arrest) zur Sicherung der Zwangsvollstreckung **wegen einer Geldforderung**.

Beispiel
Lutz Hennemann hat gegenüber Mario Fellini eine noch nicht titulierte Forderung aus einem Kaufvertrag in Höhe von 1 380,00 €. Mario Fellini hat in den letzten Monaten fast sein gesamtes Vermögen in einem Casino verspielt. Als einziges noch vorhandenes Vermögen hat er das von seinen Großeltern geerbte kleine Bauernhaus, das er vor einigen Tagen zum Verkauf auf einer Internetplattform angeboten hat. Lutz Hennemann hat den begründeten Verdacht, dass sich Mario Fellini nach dem Verkauf des Hauses ins Ausland absetzen wird, ohne vorher seine Schulden beglichen zu haben.

Lutz Hennemann könnte sofort die Zwangsvollstreckung betreiben, wenn er einen Vollstreckungstitel hätte. Da er den nicht hat, müsste er Mario Fellini zunächst verklagen oder einen Vollstreckungsbescheid erwirken. Das Klageverfahren würde zu lange dauern und beim Mahnverfahren müsste Lutz Hennemann mit einem Widerspruch rechnen, sodass es erst gar nicht zu einem Vollstreckungsbescheid käme. Mit einer Zwangsvollstreckung, die zur Befriedigung seines Anspruchs führen könnte, käme Lutz Hennemann daher zu spät.

Für solche Fälle sieht der Gesetzgeber den Arrest vor.

Nach § 916 Abs. 1 ZPO findet der Arrest zur Sicherung der Zwangsvollstreckung in das bewegliche oder unbewegliche Vermögen wegen einer Geldforderung oder wegen eines Anspruchs statt, der in eine Geldforderung übergehen kann.

 Jeder vermögensrechtliche Anspruch kann in eine Geldforderung übergehen, sofern er sich bei Nichterfüllung in einen Schadensersatzanspruch in Form von Geld verwandelt.

Beispiel
Der Anspruch eines Käufers auf Lieferung einer Sache verwandelt sich bei Nichterfüllung in einen Schadensersatzanspruch in Form von Geld nach §§ 433 Abs. 1 S. 1, 280 Abs. 1, 281 Abs. 1, 251 Abs. 1 BGB.

Der **dingliche** Arrest findet statt, wenn die Gefahr besteht, dass ohne dessen Verhängung die Vollstreckung des Urteils vereitelt oder wesentlich erschwert werden würde *(§ 917 Abs. 1 ZPO)*.

Beim zuständigen Gericht ist ein Antrag auf Erlass eines Arrests schriftlich einzureichen bzw. zu Protokoll vor der Geschäftsstelle zu erklären *(§ 920 ZPO)*. Zuständig ist entweder das Gericht der Hauptsache (Amts- oder Landgericht in Abhängigkeit vom Streitwert) oder das Amtsgericht, in dessen Bezirk sich der mit dem Arrest zu belegende Gegenstand befindet *(§ 919 ZPO)*.

Das Gesuch soll die Bezeichnung des Anspruchs unter Angabe des entsprechenden Geldbetrages sowie die Bezeichnung des Arrestgrundes enthalten. Beides ist glaubhaft zu machen *(§ 920 ZPO)*.

Um dem Schuldner keine Gelegenheit zu geben, Vermögensgegenstände beiseite zu schaffen, erfolgt die Entscheidung über das Gesuch und die Anordnung des Arrests meist ohne mündliche Verhandlung durch Beschluss. Wurde mündlich verhandelt, entscheidet das Gericht durch Urteil *(§ 922 ZPO)*.

Der Zweck des Arrests besteht darin, schnell einen Titel zu schaffen. Der Arrestbefehl ist ein Vollstreckungstitel, aus dem in das gesamte bewegliche oder unbewegliche Schuldnervermögen vollstreckt werden kann *(§ 916 Abs. 1 ZPO)*. Er bedarf einer Vollstreckungsklausel nur dann, wenn die Vollziehung für einen anderen als den im Befehl bezeichneten Gläubiger oder gegen einen anderen Schuldner erfolgen soll *(§ 929 Abs. 1 ZPO)*.

Mit dem Erlass des Arrestbefehls ist der einstweilige Rechtsschutz noch nicht bewirkt. Dazu muss der Arrestbefehl auf erneuten Antrag des Gläubigers durch das zuständige Vollstreckungsorgan (Gerichtsvollzieher, Vollstreckungsgericht oder Grundbuchamt) vollzogen werden.

 Der Arrestbefehl ist als Vollstreckungstitel sofort vollstreckbar; es kann bereits vor Zustellung des Titels an den Schuldner und i. d. R. ohne Vollstreckungsklausel vollstreckt werden *(§ 929 Abs. 1, 3 ZPO)*.

Die sofortige Vollziehung verliert jedoch ihre Wirkung, wenn nicht innerhalb einer Woche nach Vollziehung die Zustellung erfolgt *(§ 929 Abs. 3 S. 2 ZPO)*. Zu beachten ist ebenfalls die Monatsfrist ab Verkündung bzw. Zustellung des Arrestbefehls nach § 929 Abs. 2 ZPO. Die Vollziehung ist nach Ablauf der Frist nicht mehr statthaft.

Nach § 934 ZPO kann der vollzogene Arrest vom Vollstreckungsgericht aufgehoben werden, insbesondere bei Hinterlegung des im Arrestbefehl festgestellten Geldbetrages.

Die Arrestvollziehung erlaubt zunächst nur eine rangwahrende Sicherung des Gläubigers, keine Verwertung. Die Vollziehung des dinglichen Arrests in bewegliches Vermögen erfolgt durch Pfändung *(§ 930 ZPO)*, die Vollziehung in ein Grundstück durch Eintragung einer Sicherungshypothek/Arresthypothek *(§ 932 ZPO)*.

Zur eigentlichen Befriedigung muss nun der Gläubiger einen Vollstreckungstitel erwirken, der auch eine Verwertung des gesicherten Vermögens erlaubt.

Gemäß *§ 926 Abs. 1 ZPO* kann der Schuldner beim Arrestgericht beantragen, dem Gläubiger eine Frist zur Klageerhebung in der Hauptsache zu setzen. Der entsprechende Antrag ist zulässig, sofern die Hauptsache noch nicht rechtshängig ist und der Arrest noch besteht. Versäumt der Gläubiger die daraufhin gesetzte Klagefrist, kann der Schuldner nach § 926 Abs. 2 ZPO die Aufhebung des Arrests beantragen.

Sollte in Abwandlung des o. g. Beispiels der Gläubiger erst dann Kenntnis von den Plänen des Schuldners erlangen, wenn dieser sein Haus bereits verkauft hat, alle Formalitäten erledigt sind und das Flugticket bereits gekauft ist, wird der dingliche Arrest gegebenenfalls nicht mehr ausreichen. Da der Gläubiger nicht in Besitz eines vollstreckbaren Titels ist und er wahrscheinlich auch nicht weiß, wo sich der Erlös des Hausverkaufs befindet, ist Eile geboten, um seine Forderung doch noch sichern zu können. Der Gläubiger muss gegenüber dem Gericht glaubhaft machen, dass zusätzlich der persönliche Arrest erforderlich ist.

Der **persönliche** Sicherungsarrest nach *§ 918 ZPO* findet nur statt, wenn der dingliche Arrest nicht ausreicht, um die gefährdete Zwangsvollstreckung in das Vermögen des Schuldners zu sichern. Der persönliche Arrest sichert die Forderung dadurch, dass er den Schuldner hindert, die künftige Vollstreckung zu vereiteln, indem er sich ins Ausland absetzt. Im Falle einer Anordnung wird der Schuldner in seiner Bewegungsfreiheit eingeschränkt.

Bei der Verhängung des persönlichen Arrests ist eine Verhältnismäßigkeitsprüfung erforderlich. Das Gericht hat dabei zu prüfen, ob eine Haftanordnung durch mildere freiheitsbeschränkende Maßnahmen ersetzt werden kann (Reiseverbot ins Ausland mit Beschlagnahme des Passes, Hausarrest mit Beschlagnahme des Personalausweises oder Meldepflicht).

Gemäß *§ 933 ZPO* richtet sich die Vollziehung des persönlichen Arrests durch Haft nach den Vorschriften der *§§ 802g, 802h, 802j Abs. 1 und 2 ZPO*. Wenn die Vollziehung durch sonstige Beschränkungen der persönlichen Freiheit erfolgen soll, trifft das Arrestgericht besondere Anordnungen.

Zusammenfassung der wesentlichen Abläufe eines Arrestverfahrens:

- Das Arrestgesuch ergeht schriftlich oder zu Protokoll der Geschäftsstelle *(§ 920 ZPO)*.
- Anspruch und Arrestgrund sind glaubhaft zu machen *(§ 920 ZPO)*.
- Das Gericht entscheidet durch Beschluss (ohne mündliche Verhandlung) bzw. Urteil (nach mündlicher Verhandlung) – *§ 922 ZPO*.
- Der Arrestbefehl ist ein **Vollstreckungstitel** zur Sicherung einer Geldforderung (nicht zur Befriedigung) – er bedarf grundsätzlich **keiner Vollstreckungsklausel** *(§ 929 Abs. 1 ZPO)*.
- Die Vollziehung des Arrests ist vor Zustellung des Arrestbefehls an den Schuldner möglich *(§ 929 Abs. 3 ZPO)*, aber die Zustellung innerhalb **einer Woche** erforderlich.
- Die Vollziehung ist unstatthaft, wenn die **Monatsfrist** abgelaufen ist *(§ 929 Abs. 2 ZPO)*.

7.2 Einstweilige Verfügung

 Die einstweilige Verfügung ist ein Instrument des vorläufigen Rechtsschutzes zur Sicherung eines nicht auf Geld gerichteten Anspruchs bis zur endgültigen Entscheidung im Hauptsacheverfahren.

Beispiel
Jochen Stein hatte seinen BMW Oldtimer auf Drängen seiner Ehefrau, die lieber ein moderneres Auto hätte, an Harry Carstens verkauft, aber bisher den Kaufpreis trotz mehrfacher Mahnung mit Fristsetzung nicht erhalten. Da Jochen Stein sich sowieso nicht gern von dem guten alten Stück getrennt hatte, wollte er ihn aufgrund des Zahlungsverzugs des Herrn

Harry Carstens wieder zurück haben. Die gesetzlichen Voraussetzungen für einen Rücktritt vom Vertrag waren gegeben. Leider reagierte der Schuldner auch auf die Rückgabeforderung nicht. Jochen Stein hatte durch einen Mitarbeiter des Schuldners erfahren, dass Harry Carstens mit dem Fahrzeug demnächst eine Urlaubsreise durch Italien antreten und danach den Oldtimer seinem auf Sardinien lebenden Sohn schenken wollte. Für ein Gerichtsverfahren zum Erwirken eines Titels zur Herausgabe war es zu spät.

Für solche Fälle sieht der Gesetzgeber die einstweilige Verfügung vor.

Grundsätzlich gelten für die Anordnung einer einstweiligen Verfügung und das weitere Verfahren dieselben Vorschriften wie für die Anordnung des Arrests und das Arrestverfahren *(§ 936 ZPO)*.

Das Gesetz unterscheidet zunächst zwei Arten einstweiliger Verfügungen:

1. die **Sicherungsverfügung** gem. *§ 935 ZPO*, die zur Sicherung von Ansprüchen jeder Art mit Ausnahme von Zahlungsansprüchen dient
2. die **Regelungsverfügung**, mit der gem. *§ 940 ZPO* Regelungen zur Abwendung wesentlicher Nachteile oder zur Verhinderung drohender Gewalt bezüglich streitiger Rechtsverhältnisse getroffen werden

Darüber hinaus hat die Rechtsprechung für bestimmte Ausnahmefälle die sogenannte **Leistungsverfügung** als eine Verfügung auf vorläufige Erfüllung anerkannt.

Beispiele für Anwendungsbereiche einer Sicherungsverfügung sind die

- Herausgabe einer Sache an einen Sequester,
- Unterlassung der Veräußerung einer Sache,
- Eintragung einer Vormerkung zur Rangsicherung einer Sicherungshypothek.

Verfügungsgrund ist dabei die durch eine Veränderung des gegenwärtigen Zustands hervorgerufene Gefahr, dass die Verwirklichung eines Rechts des Gläubigers vereitelt oder wesentlich erschwert werden könnte *(§ 935 ZPO)*.

Herausgabeansprüche können z. B. durch Übereignung an Dritte, Beschädigung oder übermäßigen Gebrauch gefährdet sein. Durch die einstweilige Verfügung kann die Herausgabe an einen Sequester/Gerichtsvollzieher angeordnet werden. Auch bei Gefährdung der Ansprüche aus dem Vermieterpfandrecht kann nach Ankündigung des Mieters, er werde ausziehen, so verfahren werden.

Sachlich zuständig für den Erlass einer einstweiligen Verfügung ist nach *§§ 937 Abs. 1, 943 ZPO* grundsätzlich das Gericht der Hauptsache. In dringenden Fällen kann nach *§ 942 Abs. 1 ZPO* das Amtsgericht, in dessen Bezirk sich der Streitgegenstand befindet, eine einstweilige Verfügung erlassen.

Welche Maßnahmen zur Sicherung angeordnet werden, bestimmt das Gericht nach freiem Ermessen *(§ 938 Abs. 1 ZPO)*.

Auch im Falle einer **Regelungsverfügung** nach *§ 940 ZPO* steht es im Ermessen des Gerichts, welche Regelung es trifft. Aufgrund des Verbots der Vorwegnahme der Hauptsache kann eine Regelung jedoch nur für die Zeit bis zur endgültigen Entscheidung getroffen werden.

Beispiele für Anwendungsbereiche einer Regelungsvergütung sind

- das Verbot der Auseinandersetzung einer Erbengemeinschaft,
- die vorläufige Regelung der Geschäftsführung,
- die Räumung von Wohnraum nur bei verbotener Eigenmacht *(§ 940a ZPO)*.

Die Rechtsprechung akzeptiert in Ausnahmefällen eine Leistungsverfügung als Regelungsverfügung, wenn diese nur teilweise zur Vorwegnahme der Hauptsache führt, z.B. wenn angeordnet werden soll, dass ein Schuldner **vorläufig** weiter mit Strom beliefert wird.

Ebenso wie der Arrestbefehl ist die einstweilige Verfügung sofort vollstreckbar; einer Vollstreckungsklausel bedarf es grundsätzlich nicht *(§§ 936, 928, 929 ff. ZPO)*.

Übungsaufgaben

1. Was ist unter der Bezeichnung „vorläufiger Rechtsschutz" zu verstehen?
2. Worin unterscheiden sich Arrest und einstweilige Verfügung hinsichtlich ihrer Ziele?
3. Welches Gericht ist sachlich für die Anordnung eines Arrests zuständig?
4. Das Gericht kann seine Entscheidung durch Beschluss oder Urteil fällen.

   Aus welchem Grund beantragt der Gläubiger meist die Entscheidung durch Beschluss?
5. Unter welchen Voraussetzungen bedürfen Arrestbefehl und einstweilige Verfügung einer Vollstreckungsklausel?
6. Innerhalb welcher Frist ist die Vollziehung des Arrests statthaft?
7. Welche Vorschrift gibt es hinsichtlich der Einleitung des Hauptsacheverfahrens zur endgültigen Entscheidung?
8. Welche Arten der einstweiligen Verfügung unterscheidet das Gesetz?
9. Bei welchem Gericht ist der Antrag auf einstweilige Verfügung grundsätzlich zu stellen und welcher Ausnahmefall ist zulässig?
10. Was kann der Schuldner gegen den Erlass eines Arrestbeschlusses bzw. einer einstweiligen Verfügung unternehmen?

8 Gebührenrechtliche Aspekte

8.1 Ausgewählte Gebührentatbestände und Gegenstandswerte in der Zwangsvollstreckung

Der Gegenstandswert bei der Zwangsvollstreckung in das bewegliche Vermögen des Schuldners ist in *§ 25 RVG* geregelt. Wird wegen einer Geldforderung vollstreckt, so bestimmt sich der Gegenstandswert grundsätzlich nach deren Höhe. Im Gegensatz zur Streitwertbestimmung für das Erkenntnisverfahren umfasst der Gegenstandswert bei der Zwangsvollstreckung auch alle Nebenforderungen, z. B. Zinsen, sowie die Kosten bisheriger Vollstreckungsmaßnahmen *(§ 25 Abs. 1 Nr. 1 HS 1 RVG)*.

Soll ein bestimmter Gegenstand gepfändet werden, dessen Wert geringer ist als die Geldforderung, so bestimmt sich der Gegenstandswert nach dem geringeren Wert *(§ 25 Abs. 1 Nr. 1 HS 2 RVG)*.

Beispiel
Melanie Fechner betreibt gegen Michael Pabst die Zwangsvollstreckung wegen einer titulierten Geldforderung in Höhe von 8 000,00 €. Der Gläubigerin ist bekannt, dass Michael Pabst eine Geldforderung gegen Lisa Baumgartner in Höhe von 3 500,00 € hat. Melanie Fechner lässt diese Forderung pfänden, d. h., der Gegenstandswert beträgt nicht 8 000,00 € zuzüglich Nebenforderungen, sondern 3 500,00 € zuzüglich Nebenforderungen.

Richten sich die Gebühren nach dem Gegenstandswert, beträgt eine volle Gebühr bei einem Gegenstandswert in Höhe von 500,00 € oder darunter **45,00 €** (vgl. *§ 13 Abs. 1 RVG*). Gemäß *§ 13 Abs. 2 RVG* ist der Mindestbetrag einer Gebühr **15,00 €**.

Beispiel
Julia Mangold schuldet Sophie Bischoff 380,16 €. Ein Vollstreckungsbescheid liegt vor und Sophie Bischoff möchte mithilfe ihres Anwalts die Zwangsvollstreckung betreiben. Die volle Gebühr für vorliegenden Gegenstandswert in Höhe von 380,16 € beträgt 45,00 €. Rein rechnerisch ergäbe sich eine 0,3-Verfahrensgebühr von 13,50 €. Da jedoch nach § 13 Abs. 2 RVG der Mindestbetrag 15,00 € ist, wird diese Gebühr verwendet.

Nachdem Robert Brand – siehe **Ausgangssituation** – mittlerweile einen guten Überblick über die Vorgänge in der Zwangsvollstreckung erhalten hat, schaut er sich Beispiele zur Ermittlung der Rechtsanwaltsvergütung an.

Mithilfe des RVG kann er nachvollziehen, wie sich z. B. die einzelnen Werte bei der Vergütung für die Ratenzahlung ergeben, wenn zunächst nur der Rechtsanwalt – ohne Einleitung von Vollstreckungsmaßnahmen *(Nr. 1000 VV Anmerkung Abs. 1 Nr. 2 HS 2 RVG)* – mit der Herbeiführung einer Einigung beauftragt wird:

Gebührenrechtliche Aspekte

Rechtsanwaltsvergütung für Ratenzahlungsvereinbarung	
Gegenstandswert: 1 361,54 € gem. § 25 Abs. 1 Nr. 1 RVG	
1. Verfahrensgebühr §§ 2, 13 RVG, Nr. 3309 VV (0,3)	
Wert: 1 361,54 €	34,50 €
2. Einigungsgebühr §§ 2, 13 RVG, Nr. 1000 VV (1,5)	
Wert: 272,31 € (gem. § 31b RVG)	67,50 €
3. Pauschale für Post- u. Telekommunikationsdienstleistungen, Nr. 7002 VV	20,00 €
Zwischensumme	122,00 €
4. 19 % Umsatzsteuer, Nr. 7008 VV	23,18 €
Gesamtbetrag	145,18 €

Der Gegenstandswert für die Ermittlung der Verfahrensgebühr ergibt sich aus *§ 25 Abs. 1 Nr. 1 RVG*, d. h. aus der Forderung der Mandantin Luise Köhn in Höhe von 1 350,00 € zuzüglich 11,54 € Zinsen.

Nach *§ 13 Abs. 1 RVG* i. V. m. *Anlage 2 RVG* beträgt eine volle Gebühr für o. g. Gegenstandswert 201,00 €, woraus sich die 0,3-Verfahrensgebühr in Höhe von 34,50 € ableitet.

Der Gegenstandswert für die Einigungsgebühr bei Zahlungsvereinbarungen ist nach *§ 31b RVG* auf **20 %** des Anspruchs, d. h. im Falle von Luise Köhn, auf 272,31 € begrenzt.

Eine etwas andere Rechnung ergäbe sich, wenn Luise Köhn (vgl. LF 12, Kap. 3.1) bereits vor Inanspruchnahme eines Rechtsanwalts den Gerichtsvollzieher mit der Zwangsvollstreckung beauftragt hätte. Anstelle der 1,5-Einigungsgebühr entstünde nur eine 1,0-Einigungsgebühr *(Nr. 1003 VV RVG)*. Die Telekommunikationspauschale betrüge 20 % der entstandenen Gebühren.

„Das Verfahren vor dem Gerichtsvollzieher steht einem gerichtlichen Verfahren gleich." *(Nr. 1003 VV RVG – Anmerkung Abs. 1 Satz 3)*

Rechtsanwaltsvergütung für Ratenzahlungsvereinbarung	
Gegenstandswert: 1 361,54 € gem. § 25 Abs. 1 Nr. 1 RVG	
1. Verfahrensgebühr §§ 2, 13 RVG, Nr. 3309 VV (0,3)	
Wert: 1 361,54 €	34,50 €
2. Einigungsgebühr §§ 2, 13 RVG, Nr. 1003 VV (1,0)	
Wert: 272,31 € (gem. § 31b RVG)	45,00 €
3. Pauschale für Post- u. Telekommunikationsdienstleistungen,	
Nr. 7002 VV (20 % von 79,50 €)	15,90 €
Zwischensumme	95,40 €
4. 19 % Umsatzsteuer, Nr. 7008 VV	18,13 €
Gesamtbetrag	113,53 €

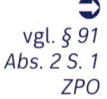
vgl. *§ 91 Abs. 2 S. 1 ZPO*

In der Praxis sei immer wieder umstritten, erklärt Rechtsanwältin Heike Schröder ihrem Auszubildenden, ob die 1, 0- oder die 1,5-Einigungsgebühr zu den Zwangsvollstreckungskosten zähle, die nach *§ 788 ZPO* vom Schuldner zu erstatten seien. Als Begründung wird angeführt, dass die Einigungsgebühr nicht der Durchführung oder Vorbereitung der Vollstreckung, sondern der Vermeidung dient. Des Weiteren wird darüber diskutiert, ob es überhaupt notwendig sei, dass ein Rechtsanwalt bei der Einigung mitwirken müsse.

Um diese Streitfragen auszuschließen, ist es wichtig zu **vereinbaren**, dass der Schuldner die Kosten der Einigung übernimmt. Gemäß der Entscheidung des BGH (Beschluss vom 24.01.2006 – VII ZB 74/05) sind die **vom Schuldner übernommenen** Kosten eines im Zwangsvollstreckungsverfahren geschlossenen Vergleichs bzw. einer Einigung notwendige Kosten der Zwangsvollstreckung und damit auch die entstandenen Vergleichs- oder Einigungsgebühren für die Einschaltung eines Rechtsanwalts.

vgl. LF 12, Kap. 3.1

Als nächstes Beispiel schaut sich Robert Brand die Gebührenermittlung bei der Abgabe der Vermögensauskunft für die Forderung von Luise Köhn an und findet zunächst die Übereinstimmung hinsichtlich der Berechnung der 0,3-Verfahrensgebühr:

Rechtsanwaltsvergütung für Vermögensauskunft	
Gegenstandswert: 1 361,54 € gem. § 25 Abs. 1 Nr. 4 RVG	
1. Verfahrensgebühr §§ 2, 13 RVG, Nr. 3309 VV (0,3)	
Wert: 1 361,54 €	34,50 €
2. Pauschale für Post- u. Telekommunikationsdienstleistungen, Nr. 7002 VV	6,90 €
Zwischensumme	41,40 €
3. 19% Umsatzsteuer, Nr. 7008 VV	7,87 €
Gesamtbetrag	49,27 €

Rechtsanwältin Heike Schröder weist ihren Auszubildenden darauf hin, dass der Gegenstandswert in obigem Beispiel – Abnahme der Vermögensauskunft nach § 802c ZPO – zwar genauso errechnet wird wie der Gegenstandswert für die Verfahrensgebühr im Falle der Ratenzahlungsvereinbarung, bei höheren Forderungen allerdings auf **2 000,00 €** begrenzt ist *(§ 25 Abs. 1 Nr. 4 RVG)*.

Beispiel

*Im Falle einer Kaufpreisforderung in Höhe von **2 500,00 €** zuzüglich **8,83 €** Zinsen würden die Rechtsanwaltsgebühren für die Abnahme der Vermögensauskunft folgendermaßen errechnet:*

Rechtsanwaltsvergütung für Vermögensauskunft	
Gegenstandswert: 2 000,00 € gem. § 25 Abs. 1 Nr. 4 RVG	
1. Verfahrensgebühr §§ 2, 13 RVG, Nr. 3309 VV (0,3)	
Wert: 2 000,00 €	45,00 €
2. Pauschale für Post- u. Telekommunikationsdienstleistungen, Nr. 7002 VV	9,00 €
Zwischensumme	54,00 €
3. 19% Umsatzsteuer, Nr. 7008 VV	10,26 €
Gesamtbetrag	64,26 €

Eine weitere Besonderheit stellt der Gegenstandswert für die Pfändung von künftig fällig werdendem Arbeitseinkommen wegen Rentenforderung aufgrund von Körperverletzung dar *(§ 25 Abs. 1 Nr. 1 HS 3 RVG i.V.m. § 850d Abs. 3 ZPO)*. Hierbei wird nach § 9 ZPO der dreieinhalbfache Jahresbetrag als Gegenstandswert angesetzt.

Gebührenrechtliche Aspekte

Beispiel
Wegen einer Rentenforderung aus Körperverletzung sollen monatlich 400,00 € des Arbeitseinkommens von Lothar Gerke gepfändet werden. Der Vollstreckungsauftrag wird im April 2017 erteilt. Zu diesem Zeitpunkt war der Schuldner bereits sechs Monate im Rückstand, d. h., 2 400,00 € waren bereits fällig.

Die zukünftig erst fällig werdenden Rentenansprüche sind nach § 9 ZPO mit einem Wert von 16 800,00 € (400,00 € · 42 Monate bzw. 4 800,00 € · 3,5 = 16 800,00 €) anzusetzen. Der bereits fällige Anspruch ist nach § 25 Abs. 1 Nr. 1 HS 1 RVG zu bewerten. Der Gegenstandswert der zu vollstreckenden Forderung setzt sich zusammen aus dem fälligen Anspruch sowie den künftig fällig werdenden Ansprüchen und beträgt demzufolge 2 400,00 € + 16 800,00 € = 19 200,00 €.

Im Zwangsversteigerungs- und im Zwangsverwaltungsverfahren entstehen Gebühren nach *Nr. 3311 VV RVG* (0,4-Verfahrensgebühr) und *Nr. 3312 VV RVG* (0,4-Terminsgebühr).

Gebühren bei der Zwangsvollstreckung in das bewegliche Vermögen

Die in der Mobiliarvollstreckung entstehenden Gebühren nach *Nr. 3309 VV RVG* (0,3-Verfahrensgebühr) und *Nr. 3310 VV RVG* (0,3-Terminsgebühr) gelten auch für das Verfahren der Eintragung einer Zwangshypothek.

vgl. Vorbemerkung 3.3.3 VV RVG

Des Weiteren kann eine Einigungsgebühr entstehen, und zwar

- eine 1,5-Einigungsgebühr – *Nr. 1000 VV RVG* –, wenn an der Einigung kein Vollstreckungsorgan beteiligt ist oder
- eine 1,0-Einigungsgebühr – *Nr. 1003 VV RVG* –, wenn vor Inanspruchnahme des Rechtsanwalts bereits ein Vollstreckungsorgan beauftragt worden ist (siehe Beispiele oben).

Verfahrensgebühr *Nr. 3309 VV RVG* – ein Antragsteller
Die Verfahrensgebühr *Nr. 3309 VV RVG* entsteht, wenn der Rechtsanwalt

- vom **Gläubiger** beauftragt wird, die Zwangsvollstreckung durchzuführen oder
- vom **Schuldner** beauftragt wird, die Zwangsvollstreckung abzuwenden.

 Die Verfahrensgebühr entsteht einmal für jede Vollstreckungsmaßnahme, jedoch nicht für jede einzelne Tätigkeit im Zusammenhang mit dieser Maßnahme *(§ 15 Abs. 1 und 2 RVG).*

Eine Vollstreckungsmaßnahme beinhaltet gem. *§ 18 Abs. 1 Nr. 1 RVG* weitere, durch diese vorbereitete Vollstreckungshandlungen bis zur Befriedigung des Gläubigers, wie z. B. die Bewirkung einer Vorpfändung nach *§ 845 ZPO* und den Erlass eines anschließenden Pfändungsbeschlusses. Die Verfahrensgebühr fällt bereits mit dem Auftrag für ein vorläufiges Zahlungsverbot an. Wird die Pfändung fristgerecht binnen eines Monats nach Zustellung des vorläufigen Zahlungsverbots bewirkt, bedeutet das die Fortführung der ursprünglichen Vollstreckungsmaßnahme, d. h., die Verfahrensgebühr kann nur einmal abgerechnet werden.

Wenn der Gläubiger den Rechtsanwalt mit einer Vollstreckungsandrohung beauftragt, entsteht ebenfalls bereits die Verfahrensgebühr. Kommt es zur Durchführung der angedrohten Maßnahme, wird keine weitere Gebühr ausgelöst.

Nach *§ 19 Abs. 1 RVG* gehören zu einem Zwangsvollstreckungsverfahren auch alle Vorbereitungs-, Neben- und Abwicklungstätigkeiten, wie z. B.

- die Vorbereitung des Antrags *(§ 19 Abs. 1 S. 2 Nr. 1 RVG)*,
- die erstmalige Erteilung der Vollstreckungsklausel, sofern deswegen keine Klage erhoben wird *(§ 19 Abs. 1 S. 2 Nr. 13 RVG)*,
- die Zustellung der in *§ 750 ZPO* genannten Urkunden (Vollstreckungstitel, Vollstreckungsklausel u. a.).

Sollte jedoch die Vollstreckungsmaßnahme dauerhaft beendet werden, weil

- der Schuldner unpfändbar ist (gegebenenfalls Unpfändbarkeitsbescheinigung nach § 32 Abs. 1 GVGA),
- der Gläubiger den Vollstreckungsauftrag zurücknimmt oder
- die Zwangsvollstreckung nach *§ 775 Nr. 1 ZPO* eingestellt wird,

bleibt die Verfahrensgebühr in voller Höhe bestehen, auch wenn es nicht zur Befriedigung gekommen ist. Gleiches gilt, wenn der Schuldner unmittelbar nach Erteilung des Auftrags zur Zwangsvollstreckung seine Schuld begleicht.

Verfahrensgebühr *Nr. 3309 VV RVG* – mehrere Antragsteller

Vertritt der Rechtsanwalt mehrere Auftraggeber in derselben Angelegenheit, erhöht sich die Verfahrensgebühr nach *Nr. 1008 VV RVG* grundsätzlich um 0,3 je weiterem Auftraggeber.

In der Anmerkung zu *Nr. 1008 VV RVG* ist bestimmt, dass

1. bei Wertgebühren der Gegenstand der anwaltlichen Tätigkeit derselbe sein muss,
2. die Erhöhung nach dem Betrag berechnet wird, an dem die Personen gemeinschaftlich beteiligt sind und
3. mehrere Erhöhungen einen Gebührensatz von 2,0 nicht übersteigen.

Der Höchstbetrag von 2,0 ist erst zu beachten, wenn mehr als acht Personen Auftraggeber sind.

Beispiele

1. Rechtsanwalt Manfred Blumenhagen wird von einer Erbengemeinschaft, bestehend aus drei Gläubigern, mit der Durchführung der Zwangsvollstreckung gegen Schuldner Manuel Wollitz aus einem rechtskräftigen Räumungsurteil beauftragt (Gegenstandswert 5 350,00 €).

Rechtsanwaltsvergütung für Räumungsvollstreckung	
Gegenstandswert: 5 350,00 € gem. § 25 Abs. 1 Nr. 2 RVG i. V. m. § 41 Abs. 2 GKG	
1. Verfahrensgebühr §§ 2, 13 RVG, Nr. 3309 VV (0,3) erhöht um 0,6 auf 0,9 gem. Nr. 1008 VV Wert: 5 350,00 €	318,60 €
2. Pauschale für Post- u. Telekommunikationsdienstleistungen, Nr. 7002 VV	20,00 €
Zwischensumme	338,60 €
3. 19 % Umsatzsteuer, Nr. 7008 VV	64,33 €
Gesamtbetrag	402,93 €

2. In Abwandlung zu Beispiel 1 handelt es sich bei folgender Kostennote nicht um drei Auftraggeber, sondern um eine Erbengemeinschaft, bestehend aus zwölf Personen.

Rechtsanwaltsvergütung für Räumungsvollstreckung	
Gegenstandswert: 5 350,00 € gem. § 25 Abs. 1 Nr. 2 RVG i. V. m. § 41 Abs. 2 GKG	
1. Verfahrensgebühr §§ 2, 13 RVG, Nr. 3309 VV (0,3) erhöht um 2,0 auf 2,3 gem. Nr. 1008 VV Wert: 5 350,00 €	814,20 €
2. Pauschale für Post- u. Telekommunikationsdienstleistungen, Nr. 7002 VV	20,00 €
Zwischensumme	834,20 €
3. 19 % Umsatzsteuer, Nr. 7008 VV	158,50 €
Gesamtbetrag	992,70 €

Terminsgebühr *Nr. 3310 VV RVG*

Neben der Verfahrensgebühr entsteht nach *Nr. 3310 VV RVG* (siehe Anmerkung) eine 0,3-Terminsgebühr für die Teilnahme an

- einem gerichtlichen Termin,
- einem Termin zur Abgabe der Vermögensauskunft oder
- einem Termin zur Abgabe der eidesstattlichen Versicherung.

Gerichtliche Termine in Zwangsvollstreckungsverfahren finden z. B. im Zusammenhang mit Ordnungs- oder Zwangsgeldverfahren statt. Kommt es dabei zu einer mündlichen Verhandlung, entsteht neben der Verfahrensgebühr auch eine Terminsgebühr nach *Nr. 3310 VV RVG*.

Einigungsgebühr *Nr. 1000* oder *1003 VV RVG*

Eine Einigungsgebühr entsteht, wenn im Rahmen der Zwangsvollstreckung mit dem Schuldner Vereinbarungen getroffen werden, durch die der Streit oder die Ungewissheit der Parteien über ein Rechtsverhältnis beseitigt wird.

Dazu gehören

- Ratenzahlungsvereinbarung,
- Gewährung eines Zahlungsaufschubs (Zahlungsfrist) oder
- Schließen eines Vergleichs.

Wie bereits an den Beispielen zur Bestimmung des Gegenstandswertes bei Ratenzahlungsvereinbarungen erläutert, entsteht eine **1,5-Einigungsgebühr *Nr. 1000 VV RVG***, wenn vorläufig auf Vollstreckungsmaßnahmen verzichtet wurde *(Anmerkung Abs. 1 Nr. 2 HS 2 VV RVG)*. Eine **1,0-Einigungsgebühr *Nr. 1003 VV RVG*** entsteht, wenn zum Zeitpunkt der Einigung ein Vollstreckungsverfahren anhängig ist (dazu gehört auch ein Vollstreckungsauftrag an den Gerichtsvollzieher – *Anmerkung Abs. 1 S. 3 VV RVG*).

8.2 Besondere Angelegenheiten

Jede Vollstreckungsmaßnahme stellt mit den durch diese vorbereiteten weiteren Vollstreckungshandlungen bis zur Befriedigung des Gläubigers eine besondere Angelegenheit dar *(§ 18 Abs. 1 S. 1 RVG)*. Vergütet wird nach *§ 15 Abs. 1, 2 RVG* die gesamte Tätigkeit des Rechtsanwaltes innerhalb einer Angelegenheit.

Nach *§ 19 Abs. 1 Nr. 1 RVG* gehören auch alle Vorbereitungs-, Neben- und Abwicklungstätigkeiten zu ein und derselben Vollstreckungsmaßnahme, wenn die Tätigkeit nicht nach *§ 18 RVG* eine besondere Angelegenheit ist. *§ 19 Abs. 2 RVG* regelt, welche Vorbereitungshandlungen und Nebentätigkeiten zu einer Angelegenheit zählen.

Als vorbereitende Handlung löst z.B. die Vollstreckungsandrohung bereits die Gebühr *Nr. 3309 VV RVG* aus. Die Durchführung der angedrohten Vollstreckungsmaßnahme löst keine weitere Gebühr aus.

Beispiel
Karin Jansen beauftragt Rechtsanwalt Jerome Paulsen mit einer Zahlungsaufforderung an Schuldner Edgar Zinn aufgrund eines vorliegenden Vollstreckungstitels. Mit der Zahlungsaufforderung soll gleichzeitig die Zwangsvollstreckung angedroht werden. Es entsteht eine 0,3-Verfahrensgebühr nach Nr. 3309 VV RVG. Für den Fall, dass der Schuldner nicht zahlt, beauftragt der Gläubiger den Rechtsanwalt mit der Durchführung einer Sachpfändung. Eine weitere Gebühr entsteht gem. § 18 Abs. 1 Nr. 1 RVG dadurch nicht.

Weitere vorbereitende Handlungen sind z.B. die Informationsbeschaffung zur Ermittlung des Aufenthaltsortes des Schuldners oder die Einsichtnahme in das Schuldnerverzeichnis.

Zu einer Zwangsvollstreckungsmaßnahme im Sinne des *§ 18 Abs. 1 Nr. 1 RVG* gehören nach *§ 19 Abs. 2 RVG* z.B. auch der Durchsuchungsbeschluss nach *§ 758a ZPO* sowie die Erinnerung gegen die Art und Weise der Zwangsvollstreckung nach *§ 766 ZPO*.

Beispiel
Gregor Münzer beauftragt Rechtsanwältin Dilhan Fahi mit der Zwangsvollstreckung gegen Schuldner Ronny Dahlmann aufgrund einer titulierten Forderung in Höhe von 1 360,00 € zuzüglich bereits entstandener Vollstreckungskosten in Höhe von 265,00 €. Ronny Dahlmann beauftragt seinen Anwalt mit der Einlegung einer Erinnerung, da er der Ansicht ist, dass Gregor Münzer nur wegen der Hauptforderung und 170,00 € Nebenkosten die Vollstreckung betreiben dürfe.

Für Rechtsanwältin Dilhan Fahi bleibt es trotz des Erinnerungsverfahrens bei einer 0,3-Verfahrensgebühr (§ 19 Abs. 2 Nr. 2 RVG).

Für den Anwalt von Ronny Dahlmann löst das Erinnerungsverfahren erstmals Gebühren nach Nr. 3500 VV RVG aus. Er kann aber nur eine 0,3-Verfahrensgebühr nach § 15 Abs. 6 RVG berechnen, und zwar aus dem Wert des Interesses, das durch die Erinnerung verfolgt wird (§ 23 Abs. 2 S. 3 i.V.m. S. 1 RVG), d.h. 95,00 €.

Zur Angelegenheit „Forderungspfändung" zählen als Vorbereitungs- und Abwicklungshandlungen ebenfalls die Androhung der Maßnahme sowie Vorpfändung, die nachfolgende Pfändung durch den Pfändungsbeschluss und das Einholen der Drittschuldnererklärung. Auch die wiederholte Vorpfändung derselben Forderung wegen Versäumung der Monatsfrist nach *§ 845 Abs. 2 ZPO* stellt keine neue Angelegenheit dar.

Eine weitere besondere Angelegenheit stellt nach *§ 18 Abs. 1 Nr. 16 RVG* das Verfahren zur Abnahme der Vermögensauskunft dar. Auch bei dieser Zwangsvollstreckungsmaßnahme bilden vorbereitende Handlungen mit Neben- und Abwicklungstätigkeiten eine Einheit. Eine vorbereitende Handlung könnte z.B. die Einsichtnahme in das Schuldnerverzeichnis sein. Beispiele für Neben- und Abwicklungstätigkeiten sind das Stellen eines Antrags auf Erlass eines Haftbefehls und das Einholen von Drittauskünften.

Beispiel

Rechtsanwalt Olaf Bachmann beauftragt den Gerichtsvollzieher wegen einer titulierten Forderung des Gläubigers Joachim Voswinckel in Höhe von 4 000,00 € mit der Abnahme der Vermögensauskunft und für den Fall, dass der Schuldner der Pflicht zur Abgabe der Vermögensauskunft nach § 802c ZPO nicht nachkommt, mit der Einholung von Drittauskünften nach § 802l ZPO. Der Schuldner erscheint unentschuldigt nicht zum anberaumten Termin der Abnahme der Vermögensauskunft und der Gerichtsvollzieher holt die Drittauskünfte ein.

Bei o. g. kombinierten Aufträgen – Abnahme der Vermögensauskunft und anschließende Einholung von Drittauskünften – handelt es sich um dieselbe gebührenrechtliche Angelegenheit. Die 0,3-Gebühr *Nr. 3309 VV RVG* entsteht nur einmal. Der Höchstwert von 2 000,00 € nach *§ 25 Abs. 1 Nr. 4 RVG* gilt jedoch **nicht**, wenn der Gerichtsvollzieher nach *§ 802l ZPO* neben der Abnahme der Vermögensauskunft auch beauftragt wird, Drittauskünfte einzuholen. Als Gegenstandswert gilt in diesen Fällen nach *§ 25 Abs. 1 Nr. RVG* der Gesamtwert der Forderung, d. h. in obigem Beispiel 4 000,00 €.

Rechtsanwalt Olaf Bachmann könnte im Auftrag des Gläubigers nach *§ 802g Abs. 1 ZPO* beim Vollstreckungsgericht einen Haftbefehl zur Erzwingung der Abgabe der Vermögensauskunft beantragen, wenn der Schuldner zum Termin unentschuldigt fern geblieben ist oder grundlos die Auskunft verweigert hat. Auch diese beiden Verfahren – Abgabe der Vermögensauskunft nach *§ 802f ZPO* und das Haftbefehlsverfahren nach *§ 802g ZPO* – bilden ebenfalls nur eine gebührenrechtliche Angelegenheit (siehe Wortlaut *§ 18 Abs. 1 Nr. 16 RVG*).

8.3 Kostenfestsetzung nach *§ 788 ZPO*

Die Kosten der Zwangsvollstreckung sind, sofern sie notwendig waren, grundsätzlich vom Schuldner zu tragen (*§ 788 Abs. 1 S. 1 ZPO i. V. m. § 91 ZPO*).

Auf Antrag setzt das Vollstreckungsgericht bzw. bei Vollstreckung nach *§§ 887, 888 und 890 ZPO* das Prozessgericht die Kosten gem. *§§ 103 Abs. 2, 104, 107 ZPO* fest (*§ 788 Abs. 2 ZPO*).

Die Kostenfestsetzung ist eine schnelle und kostengünstige Möglichkeit, aufgelaufene Vollstreckungskosten titulieren und verzinsen zu lassen. Gemäß *§ 104 Abs. 1 S. 2 ZPO* werden auf Antrag die festgesetzten Kosten mit fünf Prozentpunkten über dem Basiszinssatz verzinst *(§ 247 BGB)*.

Zu den Gebühren und Kosten, die sich als Vollstreckungskosten festsetzen lassen, gehören:

- Anwaltsvergütung nach RVG
- Gerichtsvollzieherkosten
- Gerichtskosten
- Kosten für das Einholen von Informationen

Die Festsetzung der Kosten ist vor allem empfehlenswert

- wenn Streit über die Kosten besteht,
- wenn die Notwendigkeit der Kosten nicht eindeutig erkennbar ist,
- wenn aufgrund mehrerer Vollstreckungsmaßnahmen die Übersicht über die Kosten erschwert ist oder
- aus Gründen der Verjährung.

Ein weiterer Vorteil der Festsetzung der Zwangsvollstreckungskosten besteht darin, dass das Vollstreckungsverfahren beschleunigt wird, weil der Rechtspfleger diese Kosten nicht bei jeder Maßnahme erneut prüfen muss.

Über den Antrag auf Kostenfestsetzung entscheidet das Gericht nach Prüfung, ob es sich tatsächlich um **notwendige Kosten** handelt.

Werden die Kosten festgesetzt, dann findet die Zwangsvollstreckung aus dem **Kostenfestsetzungsbeschluss** statt.

8.4 Verrechnung von Zahlungseingängen

Sowohl bei den bereits mehrfach erwähnten Ratenzahlungsvereinbarungen als auch im Falle von Teilzahlungen ist bei der Buchung von Zahlungseingängen nach *§ 367 Abs. 1 BGB* zu verfahren, wenn nichts anderes vereinbart wurde. Wenn der Schuldner außer der Hauptleistung Zinsen und Kosten zu entrichten hat, wird eine zur Tilgung der ganzen Schuld nicht ausreichende Leistung zunächst auf die Kosten, dann auf die Zinsen und zuletzt auf die Hauptleistung angerechnet.

Beispiel
Cornelius Renz hat gegenüber Joseph Lauer eine titulierte Forderung in Höhe von 2 450,00 € zuzüglich Zinsen seit dem 27.05.2015. Im Juni 2016 beauftragt Cornelius Renz Rechtsanwalt Mario Kunis, mit dem Schuldner eine Ratenzahlungsvereinbarung abzuschließen, die eine Einmalzahlung in Höhe von 500,00 € und danach monatliche Zahlungen von mindestens 150,00 € beinhalten soll. Die Vereinbarung kommt zustande und Joseph Lauer zahlt am 30.06.2016 den vereinbarten Teilbetrag von 500,00 € und am 01.07.2016 die erste monatliche Rate in Höhe von 150,00 €.

Wie diese Zahlung gem. § 367 Abs. 1 BGB zu verbuchen ist, zeigt folgende Tabelle:

Datum	Sachverhalt	Geldeingang	Kosten	Zinsen auf Hauptforderung	Hauptforderung	Gesamt
15.05.2015	Rechnung vom 16.05.2015, verzinst mit 5 Prozentpunkten über dem Basiszinssatz seit 27.05.2015				2 450,00 €	2 450,00 €
29.06.2016	Rechtsanwaltsvergütung für Ratenzahlungsvereinbarung		238,36 €			2 688,36 €
30.06.2016	aufgelaufene Zinsen bis 30.06.2016 (**4,17 % aus 2 450,00 €**)			112,10 €		2 800,46 €

Gebührenrechtliche Aspekte

Datum	Sachverhalt	Geldeingang	Kosten	Zinsen auf Hauptforderung	Hauptforderung	Gesamt
30.06.2016	Einmalzahlung davon auf:	– 500,00 €				
	Ratenzahlungsvereinbarung		– 238,36 €			
	Zinsen aus Rechnung vom 25.05.2015			– 112,10 €		
	Rechnung vom 25.05.2015				– 149,54 €	
			0,00 €	0,00 €	2 300,46 €	2 300,46 €
01.07.2016	aufgelaufene Zinsen bis 01.07.2016 (**4,12 %** aus 2 300,46 €)			0,26 €		
01.07.2016	1. Rate davon auf:	– 150,00 €				
	Zinsen aus Rechnung vom 25.05.2015			– 0,26 €		
	Rechnung vom 25.05.2015				– 149,74 €	
			0,00 €	0,00 €	2 150,74 €	2 150,74 €

Nach Zahlungseingang der Einmalzahlung am 30.06.2016 und der 1. Monatsrate am 01.07.2016 schuldet Joseph Lauer noch 2 150,74 €. Die laufenden Zinsen bis zur vollständigen Tilgung aller Ansprüche des Gläubigers sind jeweils unter Beachtung des aktuellen Basiszinssatzes hinzuzufügen.

Entsprechend der Vorschrift des *§ 367 Abs. 1 BGB* werden auch in den darauf folgenden Monaten die Zahlungseingänge wie oben verrechnet. Der Zahlungsplan ergibt eine vollständige Tilgung der Schuld bis Oktober 2017.

Übungsaufgaben

1. Wie wird der Gegenstandswert bei Vollstreckungsmaßnahmen grundsätzlich bestimmt?
2. Welche Regelung gibt es für die Höhe des Gegenstandswertes im Falle der Abnahme der Vermögensauskunft?
3. Welche Rechtsanwaltsgebühren kommen bei der Mobiliarvollstreckung zur Anwendung?

Verrechnung von Zahlungseingängen

4. In welchen Fällen wird bei der Ermittlung der Rechtsanwaltsvergütung eine Einigungsgebühr gefordert?

5. Unter welchen Voraussetzungen entsteht eine 1,0-Einigungsgebühr bzw. eine 1,5-Einigungsgebühr?

6. Frederic Wolters beauftragt Rechtsanwalt Heribert Ludwig mit der Zwangsvollstreckung wegen einer titulierten Forderung in Höhe von 6 100,00 € einschließlich Zinsen.

   Wie würde die Kostennote aussehen, wenn es zu einer Ratenzahlungsvereinbarung käme?

7. Rechtsanwalt Erich Künzel erhält von Gläubiger Lasse Grundmann den Auftrag, der Schuldnerin Ida Krahl die Zwangsvollstreckung wegen einer titulierten Forderung anzudrohen. Der Gegenstandswert beträgt 460,75 €.

   Welche Gebühr entsteht?

8. Susanne Rendel möchte die Zwangsvollstreckung wegen einer titulierten Forderung in Höhe von 27 600,00 € einschließlich Zinsen gegen Sebastian Schmidt betreiben. Sie hat keinerlei Informationen über die Vermögensverhältnisse des Schuldners. Deshalb beauftragt sie Rechtsanwältin Nora Haustein zunächst mit einer Vollstreckungsandrohung. Sollte diese Androhung nicht zur Begleichung der Schulden führen, soll die Rechtsanwältin einen Gerichtsvollzieher mit der Abnahme der Vermögensauskunft beauftragen. Sollte der Schuldner die Vermögensauskunft grundlos verweigern, soll sich ein Haftbefehl anschließen.

   Welche Rechtsanwaltsgebühren entstehen?

9. Wie würde die Kostennote für den Fall aus Aufgabe 8 aussehen, wenn Susanne Rendel die Rechtsanwältin ausschließlich mit der Beauftragung eines Gerichtsvollziehers zur Abnahme der Vermögensauskunft beauftragt hätte?

10. Welche Gebühr würde entstehen, wenn die Rechtsanwältin aus Aufgabe 8 erstmalig von Susanne Rendel wegen Erlass des Haftbefehls beauftragt wird?

9 Vorrang des Insolvenzverfahrens gegenüber der Einzelzwangsvollstreckung

Bei der Einzelzwangsvollstreckung gilt das **Prioritätsprinzip**, d. h., wer zuerst vollstreckt, wird zuerst befriedigt. Gläubiger, die später vollstrecken, sind schlechter gestellt und gehen gegebenenfalls leer aus.

Beim Insolvenzverfahren gilt der Grundsatz der **gleichmäßigen Befriedigung**. Mit der Eröffnung des Verfahrens ist das gesamte vollstreckbare Vermögen des Schuldners beschlagnahmt. Ein vom Gericht bestellter Insolvenzverwalter verwaltet und verwertet dieses Vermögen und befriedigt die Gläubiger aus dem Erlös.

In § 1 InsO (Insolvenzordnung) sind die Ziele und Möglichkeiten eines Insolvenzverfahrens folgendermaßen zusammengefasst:

§ 1 InsO Das Insolvenzverfahren dient dazu, die Gläubiger eines Schuldners gemeinschaftlich zu befriedigen, indem das Vermögen des Schuldners verwertet und der Erlös verteilt oder in einem Insolvenzplan eine abweichende Regelung insbesondere zum Erhalt des Unternehmens getroffen wird. Dem redlichen Schuldner wird Gelegenheit gegeben, sich von seinen restlichen Verbindlichkeiten zu befreien.

Im Vordergrund steht die Befriedigung der Gläubiger.

Gemäß § 13 Abs. 1 InsO wird das Insolvenzverfahren nur auf schriftlichen Antrag eröffnet. Antragsberechtigt sind die Gläubiger und der Schuldner.

Die Insolvenzordnung strebt keine Zerschlagung des Unternehmens an, sondern eine ökonomisch sinnvolle gemeinschaftliche Haftungsverwirklichung. Der Schuldner soll von seinen Verbindlichkeiten befreit werden, wenn möglich bei Erhaltung seiner wirtschaftlichen Existenz.

Während der Dauer des Insolvenzverfahrens gilt der Grundsatz der Gleichbehandlung der Insolvenzgläubiger in Bezug auf die Insolvenzmasse. Sie steht der Gesamtheit der Insolvenzgläubiger zur Verfügung und wird vor unberechtigten Zugriffen einzelner Gläubiger geschützt.

Als Insolvenzgründe gelten

- die Zahlungsunfähigkeit *(§ 17 InsO)* sowie
- die Überschuldung *(§ 19 InsO)*.

Auch die drohende Zahlungsunfähigkeit gilt nach § 18 InsO als Eröffnungsgrund, sofern der Schuldner die Eröffnung des Insolvenzverfahrens beantragt, um eine mögliche Sanierung anzustreben.

Gemäß § 15a InsO sind juristische Personen verpflichtet, im Falle von Zahlungsunfähigkeit sowie Überschuldung einen Antrag auf Eröffnung des Insolvenzverfahrens beim zuständigen Gericht zu stellen.

Das **Insolvenzplanverfahren** ist eine vom Gesetzgeber geschaffene Möglichkeit zur Sanierung in der Insolvenz. Nach *§ 218 Abs. 1 InsO* sind zur Vorlage eines Insolvenzplans an das Insolvenzgericht nur der **Insolvenzverwalter** und der **Schuldner** berechtigt. Jedoch kann die Gläubigerversammlung den Insolvenzverwalter beauftragen, einen Insolvenzplan auszuarbeiten und dem Gericht vorzulegen *(§ 218 Abs. 2 InsO)*. Wird der Insolvenzplan durch die Beteiligten angenommen *(§§ 244–246a InsO)* und stimmt der Schuldner ebenfalls zu, bestätigt das Insolvenzgericht den Plan, nachdem der Insolvenzverwalter, der Gläubigerausschuss und der Schuldner gehört wurden *(§ 248 InsO)*.

Tritt der Insolvenzplan in Kraft, wird das Insolvenzverfahren beendet. Im Insolvenzplan kann eine **Planüberwachung** angeordnet werden. Der Insolvenzverwalter ist danach verpflichtet, die Erfüllung des Insolvenzplans durch den Schuldner in regelmäßigen Abständen zu kontrollieren.

Besonderheiten beim Verbraucherinsolvenzverfahren

Für natürliche Personen besteht grundsätzlich keine Verpflichtung zur Beantragung eines Insolvenzverfahrens (Ausnahme: Antrag auf Eröffnung des Nachlassinsolvenzverfahrens – *§ 1980 BGB*).

Antragsberechtigt für die Eröffnung eines Verbraucherinsolvenzverfahrens sind Schuldner und Gläubiger *(§ 13 Abs. 1 InsO)*. Ein Interesse des Gläubigers zur Antragstellung kann bestehen, wenn Zwangsvollstreckungsmaßnahmen erfolglos verlaufen sind und er durch das Insolvenzverfahren zumindest eine teilweise Befriedigung erwartet. Der Gläubiger muss bei der Antragstellung glaubhaft machen, dass der Schuldner zahlungsunfähig ist, und dazu z. B. das Pfändungsprotokoll vorlegen.

Sollte das Insolvenzverfahren von einem Gläubiger und nicht vom Schuldner beantragt werden, ist der Schuldner anzuhalten, seinerseits das Verfahren zu beantragen, um einen Antrag auf Restschuldbefreiung stellen zu können.

Das Verfahren der Verbraucherinsolvenz gliedert sich in sechs aufeinanderfolgende Stufen, die jedoch nicht alle durchlaufen werden müssen:

1. **Außergerichtliches Schuldenbereinigungsverfahren**

   Dieses Verfahren muss stattfinden, um einen Schuldenbereinigungsplan zu erstellen und die Gesamthöhe der rückständigen Zahlungen zu ermitteln. Ziel ist die Herbeiführung einer Einigung mit den Gläubigern.

2. **Gerichtliches Schuldenbereinigungsverfahren**

   Ist das außergerichtliche Schuldenbereinigungsverfahren gescheitert, kann Insolvenzantrag gestellt werden. Das Gericht eröffnet das Insolvenzverfahren, wenn es ebenfalls der Meinung ist, dass der Schuldenbereinigungsplan nicht Erfolg versprechend ist.

3. **Insolvenzplanverfahren**

   Durch dieses Verfahren wurde seit 01.07.2014 das Verbraucherinsolvenzverfahren deutlich flexibler. Wenn sich die Vermögensverhältnisse des Schuldners geändert haben und/oder die Gläubiger mittlerweile verhandlungsbereit sind, kann ein erneuter Einigungsversuch unternommen und die Insolvenz vorzeitig beendet werden.

4. Gerichtliches Insolvenzverfahren

Kommt es zur Eröffnung des Insolvenzverfahrens, wird ein Treuhänder bestimmt. Dieser versucht, das vorhandene Vermögen zu verwerten. Vermögen, das im Fall einer Zwangsvollstreckung pfändbar wäre, gehört zur Insolvenzmasse.

5. Wohlverhaltensphase (Abtretungsphase)

Die Wohlverhaltensphase beginnt mit der Ankündigung der Restschuldbefreiung durch das Gericht. Der Schuldner führt nur noch den pfändbaren Anteil eines Einkommens an den Treuhänder ab. Der Treuhänder zahlt vorhandene Beträge an die Gläubiger aus, sobald die gestundeten Verfahrungskosten getilgt wurden.

Im Zeitraum zwischen Beendigung des Insolvenzverfahrens und dem Ende der Abtretungsfrist hat der Schuldner eine angemessene Erwerbstätigkeit auszuüben. Wenn er ohne Beschäftigung ist, hat er sich um eine solche zu bemühen und keine zumutbare Tätigkeit abzulehnen *(§ 295 Abs. 1 InsO)*.

Spätestens **sechs** Jahre nach Eröffnung des Insolvenzverfahrens ist über eine mögliche Restschuldbefreiung zu entscheiden (BGH-Beschluss IX ZB 247/08 vom 03.12.2009). Diese Frist verkürzt sich aber

- auf **drei** Jahre, wenn der Schuldner mindestens 35 % der Forderungen der Insolvenzgläubiger befriedigt sowie die gesamten Verfahrenskosten in diesem Zeitraum zahlt *(§ 300 Abs. 1 Nr. 2 InsO)* oder
- auf **fünf** Jahre, wenn der Schuldner innerhalb dieses Zeitraums zumindest die gesamten Verfahrenskosten gezahlt hat *(§ 300 Abs. 1 Nr. 3 InsO)*.

6. Restschuldbefreiung

Nach Ablauf der Wohlverhaltensphase entscheidet das Gericht über die Restschuldbefreiung. Das Gericht wird dem Antrag stattgeben, wenn der Schuldner seine Verpflichtungen erfüllt hat und keine Gründe dagegen sprechen. Die Restschuldbefreiung wirkt gegen alle Insolvenzgläubiger. Dies gilt auch für Gläubiger, die ihre Forderungen nicht angemeldet haben *(§ 301 InsO)*.

 Der Schuldner muss den Antrag auf Restschuldbefreiung mit dem Insolvenzantrag oder unverzüglich nach diesem Antrag stellen *(§ 287 Abs. 1 InsO)*.

Übungsaufgaben

1. Worin besteht der Hauptunterschied zwischen Einzelzwangsvollstreckungsverfahren und Insolvenzverfahren?
2. Welche grundlegenden Ziele werden mit einem Insolvenzverfahren angestrebt?
3. Wer kann ein Insolvenzverfahren beantragen?
4. Unter welchen Voraussetzungen kann das Gericht für das Insolvenzverfahren Eigenverwaltung anordnen?

5. Welche Vorteile bringt das Insolvenzplanverfahren und wer ist berechtigt, einen Insolvenzplan vorzulegen?
6. Erläutern Sie den Zusammenhang zwischen dem Ziel der bestmöglichen Befriedigung der Gläubiger und dem Grundsatz „Sanieren statt Liquidieren" beim Insolvenzverfahren.
7. Wer kann ein Verbraucherinsolvenzverfahren beantragen?
8. Grenzen Sie Vorteile und Chancen für den Schuldner von eventuellen Nachteilen im Rahmen des Verbraucherinsolvenzverfahrens ab.
9. Erläutern Sie die Begriffe „Wohlverhaltensphase" und „Restschuldbefreiung".
10. In welchem Zeitraum und unter welchen Voraussetzungen bzw. Obliegenheiten kann sich der Schuldner von seinen Verpflichtungen befreien?

Lernfeld 13:
Ehe- und Partnerschaftsverträge vorbereiten und abwickeln

Situation

Meltem und Achim wollen heiraten – der Ehevertrag

Meltem Karabulut und Achim Wünsch wollen bald heiraten. Sie wollen jedoch keine Kinder haben, beide berufstätig sein und möglichst auf Unterhalt und Versorgungsausgleich verzichten. Meltem Karabulut hat von ihren Eltern ein großes Grundstück in Mannheim bekommen, das ihr ohne einen Ausgleich weiter gehören soll. Achim Wünsch hat darauf schon ein Haus vor der Ehe für sie beide gebaut und vollständig finanziert, in welchem beide schon jetzt wohnen. Dafür soll er abgesichert werden.

1 Ehe- und Partnerschaftsverträge

Ehe- und Partnerschaftsverträge können vor oder nach der Eheschließung bzw. vor oder nach der Eintragung einer Lebensgemeinschaft unter gleichgeschlechtlichen Partnern geschlossen werden.

Eheverträge

Eheverträge haben häufig ähnliche Inhalte wie Vereinbarungen anlässlich einer Trennung von Ehegatten oder wie Verträge über die Folgen einer Scheidung. In einem Ehevertrag, mit dem Scheidungsfolgen geregelt werden, werden meist

- das Vermögen der Ehegatten auseinandergesetzt,
- Regelungen für den Kindes- und Ehegattenunterhalt getroffen sowie
- während der Ehe begründete Renten- bzw. Pensionsanrechte wegen Alters, Berufs- oder Erwerbsunfähigkeit ausgeglichen (Versorgungsausgleich).

 Im **Versorgungsausgleich** werden anlässlich der Scheidung die während der Ehe erworbenen Renten- und Pensionsanrechte der Ehegatten auf Altersversorgung oder Versorgung wegen Invalidität oder Berufsunfähigkeit hälftig zwischen den Ehegatten aufgeteilt.

Nicht nur vor der Ehe werden Eheverträge vereinbart, sondern auch, wenn sich Konflikte während der Ehe andeuten oder wenn bei den verheirateten Partnern das Bedürfnis entsteht, eine Frage abweichend vom Gesetz zu regeln.

In einem Ehevertrag können die Ehegatten im Allgemeinen über ihren Güterstand, über den nachehelichen Unterhalt und über den Versorgungsausgleich frei vereinbaren.

Nicht selten werden in Eheverträgen aber auch weitere Fragen geregelt. Zum Beispiel werden dort Vereinbarungen zur Betreuung der Kinder, zur elterlichen Sorge, zur Ehewohnung, zu Geschäften zur Deckung des Lebensbedarfs getroffen, aber auch erbrechtliche Regelungen. Anlässlich von Trennung und Scheidung der Ehegatten kann auch der gemeinsame Haushalt im Vertrag aufgeteilt werden.

Aus einem Vertrag kann nicht auf Eingehung der Ehe geklagt werden *(§ 1297 Abs. 1 BGB)*. Der Wille der Eheschließenden zu heiraten soll frei sein. Die Ehe soll nicht erzwungen werden können. Ein Strafversprechen für den Fall, dass die Heirat nicht erfolgt, ist nichtig *(§ 1297 Abs. 2 BGB)*.

Beispiel
Meltem und Achim wollen heiraten – der Ehevertrag
Meltem Karabulut und Achim Wünsch haben eine Erklärung unterschrieben, in der beide sich versprechen, die Ehe einzugehen. Dieses Versprechen ist rechtlich nicht bindend (§ 1297 Abs. 1 BGB).

Wer aber ein Verlöbnis löst, kann für den Ersatz des Schadens verantwortlich sein, den der andere dadurch erleidet, dass er auf die stattfindende Hochzeit vertraut hat *(§§ 1298, 1299 BGB)*. Dies können z. B. Fahrtkosten zum Hochzeitsort sein, wenn der andere die Heirat ohne wichtigen Grund kurzfristig absagt.

Partnerschaftsverträge
Ähnlich wie bei der Eingehung einer Ehe können gleichgeschlechtliche Lebenspartner gegenüber dem Standesbeamten erklären, dass sie eine Partnerschaft auf Lebenszeit führen wollen *(§ 1 Gesetz über die Eingetragene Lebenspartnerschaft – LPartG)*.

Eine Eingetragene Lebenspartnerschaft wird begründet durch die Erklärung von zwei gleichgeschlechtlichen Personen gegenüber dem Standesbeamten, miteinander eine Partnerschaft auf Lebenszeit führen zu wollen.

Für die Partner einer Eingetragenen Lebensgemeinschaft gelten im Wesentlichen ähnliche Vorschriften wie für Ehegatten. Unter anderem sind ähnlich geregelt:

- der Partnerschafts- bzw. Familienunterhalt *(§ 5 LPartG, §§ 1360 S. 2, 1360a BGB)*
- der Unterhalt nach Trennung der Partner bzw. Ehegatten *(§ 12 LPartG, § 1361 BGB)*
- der Unterhalt nach Aufhebung der Lebenspartnerschaft bzw. nach Scheidung der Ehegatten *(§ 16 LPartG, §§ 1570 ff. BGB)*
- Der gesetzliche Güterstand der Zugewinngemeinschaft gilt ebenfalls für die Lebenspartner *(§ 7 LPartG, §§ 1363 Abs. 2, 1364 ff. BGB)*, wenn sie nichts anderes vereinbaren.
- Anlässlich der Aufhebung einer Lebenspartnerschaft wie bei einer Scheidung findet der Versorgungsausgleich statt *(§ 20 LPartG i. V. m. Versorgungsausgleichsgesetz)*.

Partner einer Eingetragenen Lebenspartnerschaft können entsprechende vertragliche Regelungen wie Eheleute vereinbaren.

1.1 Form des Ehevertrages

 Ein Ehevertrag ist im Allgemeinen nur wirksam, wenn er notariell beurkundet ist.

Ein solcher Vertrag ist formbedürftig. Wenn er vor Rechtskraft der Scheidung geschlossen wird, ist er nur wirksam, wenn er notariell beurkundet wird. Dies gilt bei Vereinbarungen über

- den Güterstand gem. *§§ 1408, 1410 BGB,*
- den Versorgungsausgleich gem. *§ 7 VersAusglG* und
- über den nachehelichen Unterhalt gem. *§ 1585c BGB.*

Entsprechendes gilt für einen Lebenspartnerschaftsvertrag unter gleichgeschlechtlichen Partnern einer Eingetragenen Lebenspartnerschaft *(§§ 7, 16, 20 LPartG).*

Die notarielle Form ist nur dann nicht erforderlich, wenn die entsprechende Vereinbarung in einem Gerichtsverfahren in einem gerichtlichen Protokoll festgehalten wird. Die sonst erforderliche notarielle Beurkundung des Vertrages wird dann durch ein gerichtliches Protokoll ersetzt *(§ 127a BGB).* Wenn über nachehelichen Unterhalt vor der Scheidung Vereinbarungen in einem gerichtlichen Protokoll getroffen werden, ist dies aber nur in Ehesachen, wie z. B. in einem Scheidungsverfahren, möglich *(§1585c BGB).*

Ein Ehevertrag ist auch dann notariell zu beurkunden, wenn Eigentum oder Miteigentum an Immobilien übertragen werden *(§ 311b Abs. 1 BGB).*

1.2 Inhalts- und Ausübungskontrolle

Nach der Rechtsprechung sind ehevertragliche Regelungen unwirksam bzw. unanwendbar, wenn ein Ehegatte im Ehevertrag unangemessen benachteiligt wird und es dadurch zu einer einseitigen Lastenverteilung im Ehevertrag kommt, oder wenn das Wohl gemeinsamer Kinder nicht gewahrt wird (BGH FamRZ 2004, 601 ff.).

Ein Ehevertrag wird umso eher beanstandet je mehr er den Kernbereich der Scheidungsfolgen abweichend vom Gesetz regelt.

Zum geschützten Kernbereich zählen in absteigender Reihenfolge

1. der nacheheliche Unterhalt wegen Kindesbetreuung *(§ 1570 BGB),*
2. auf der folgenden Stufe der nacheheliche Unterhalt wegen Krankheit oder Alters sowie der Versorgungsausgleich und
3. auf einer späteren Stufe der nacheheliche Unterhalt wegen Erwerbslosigkeit *(§ 1573 Abs. 1 BGB).*

Eine Vereinbarung zum Versorgungsausgleich ist danach nicht grundsätzlich unwirksam. Dies ist z. B. dann nicht der Fall, wenn beide Partner etwa gleich hohe Anwartschaften auf Altersversorgungen haben und den Versorgungsausgleich vertraglich ausschließen.

Inhaltskontrolle

Zunächst ist sicherzustellen, dass der Ehevertrag nicht sittenwidrig ist und ein Vertragspartner nicht die Lage des anderen ausnutzt. Der Notar muss dies durch entsprechende Fragen an die Vertragsschließenden ermitteln. Das Ergebnis seiner Fragen oder seiner mündlichen Hinweise kann er in den Vertrag aufnehmen.

Beispiel
Meltem und Achim
Der Notar will sichergehen, dass Meltem Karabulut einer Einschränkung ihrer Rechte im Ehevertrag nicht unter Druck zustimmt. Er fragt sie, ob sie schwanger sei. Wenn ihr künftiger Ehemann diese Lage ausnutzen würde und den nachehelichen Unterhalt gem. § 1570 BGB wegen Betreuung eines Kindes deshalb im Ehevertrag ausschließen will, wäre die entsprechende vertragliche Regelung sittenwidrig und damit unwirksam (§ 138 Abs. 1 BGB).
Meltem Karabulut antwortet dem Notar, dass sie nicht schwanger sei. Meltem Karabulut und Achim Wünsch führen auf eine weitere Frage des Notars aus, dass sie beide voll berufstätig sind und dies auch bleiben wollen, sodass jeder von ihnen in der Lage sei, auch nach Heirat für seinen Unterhalt aufzukommen.

Sittenwidrig wäre auch ein Ausschluss von nachehelichem Unterhalt für den Fall der Krankheit oder der Not, wenn die Ehegatten damit rechnen, dass ein Ehegatte auf Hilfe zum Lebensunterhalt angewiesen ist. Ein solcher Ausschluss zulasten des Sozialhilfeträgers ist unwirksam *(§ 138 Abs. 1 BGB).*

Ausübungskontrolle

Wenn die ehevertragliche Regelung nach vorgenommener Inhaltskontrolle nicht sittenwidrig ist, ist zu untersuchen, ob die Berufung auf eine ehevertragliche Regelung im Einzelfall treuwidrig ist und damit gegen *§ 242 BGB* verstößt. Dies kann der Fall sein, wenn später Umstände eintreten, mit denen die Vertragspartner bei Vertragsschluss nicht gerechnet haben.

Beispiel
Meltem und Achim – Variante mit Blick in eine ungeplante Zukunft
Meltem Karabulut und Achim Wünsch haben den Versorgungsausgleich im Ehevertrag ausgeschlossen, da sie bei Vertragsschluss davon ausgingen, dass sie beide während der Ehe voll erwerbstätig sein werden. Im Laufe der Jahre haben beide aber vier Kinder bekommen. Meltem Karabulut hat mit der Geburt des ersten Kindes ihre Arbeit aufgegeben, 17 Jahre lang den Haushalt geführt und überwiegend die Kinder betreut. Die Berufung auf den Ausschluss des Versorgungsausgleichs wäre im Hinblick auf die Änderung der Lebensgestaltung in der Ehe treuwidrig. Anlässlich eines Scheidungsverfahrens würde das Amtsgericht den Versorgungsausgleich so wie gesetzlich vorgesehen durchführen.

Ehe- und Partnerschaftsverträge

Übungsaufgaben

1. Anselm Funk und Rita Gereon unterschreiben eine Erklärung, wonach sie sich versprechen, einander zu heiraten und derjenige, der die in zehn Monaten geplante Heirat absagt, an den anderen eine Strafe in Höhe von 15 000,00 € zu zahlen hat. Eine Woche später sagt Rita Gereon die Heirat ab. Wie ist die Rechtslage?

2. Was versteht man unter „Versorgungsausgleich" und aus welchem Grund wird er vorgenommen?

3. In welchem Güterstand leben eingetragene Lebenspartner, wenn sie keinen Partnerschaftsvertrag geschlossen haben?

4. Ist ein mündlich geschlossener Ehevertrag über den nachehelichen Unterhalt wirksam?

5. Warum nimmt die Rechtsprechung eine Inhalts- und Ausübungskontrolle bei Eheverträgen vor?

2 Unterhalt

Eltern, Ehegatten oder Lebenspartner können nicht völlig frei Vereinbarungen über den Unterhalt treffen. Zum Schutz des potenziell schwächeren Partners oder zum Schutz von unterhaltsbedürftigen Kindern haben Gesetzgeber und Rechtsprechung Einschränkungen getroffen.

Unterhaltsansprüche		
für Verwandte in gerader Linie	Ehegattenunterhalt	des unverheirateten Elternteils
wie für Abkömmlinge (Kinder und Enkel), für Eltern und für Großeltern	▪ Familienunterhalt vor der Trennung ▪ Trennungsunterhalt vor der Scheidung ▪ nachehelicher Unterhalt nach der Scheidung	▪ für die Mutter sechs Wochen vor und acht Wochen nach der Geburt ▪ mindestens drei Jahre nach der Geburt für den das Kind betreuenden Elternteil

2.1 Verwandtenunterhalt

Verwandte stammen voneinander ab. Bei Ehegatten ist dies regelmäßig nicht der Fall. Nach dem BGB sind nur in gerader Linie Verwandte einander unterhaltspflichtig.

Verwandte in gerader Linie stammen direkt voneinander ab (z. B. Enkelin, Mutter, Großmutter).

In der Seitenlinie verwandt sind z. B. Geschwister. Diese sind füreinander nicht unterhaltspflichtig.

Auf den Unterhaltsanspruch gegenüber in gerader Linie Verwandter, wie auf Kindesunterhalt, kann nicht für die Zukunft verzichtet werden *(§§ 1601, 1614, 134 BGB)*.

Daraus folgt auch, dass ein Unterhaltsverzicht für zurückliegende Zeiträume grundsätzlich wirksam ist.

Durch diese Vorschriften wird die Inhaltsfreiheit als Teil der Vertragsfreiheit gem. *Art. 2 Abs. 1 GG* eingeschränkt.

Ein Verzicht auf künftigen Unterhalt unter Verwandten ist unwirksam.

Unterhalt für minderjährige Kinder

Gegenüber minderjährigen Kindern leistet i. d. R. ein Elternteil Unterhalt, indem er das Kind allein oder überwiegend betreut *(§ 1606 Abs. 3 BGB)*. Der andere Elternteil zahlt dann den Barunterhalt. Dieser richtet sich im Allgemeinen nach der Düsseldorfer Tabelle und hängt u. a. vom Einkommen des Unterhaltspflichtigen und vom Alter des Kindes ab.

Düsseldorfer Tabelle: A. Kindesunterhalt (Stand: 01.01.2019)

	Nettoeinkommen des/der Barunterhaltspflichtigen (Anm. 3, 4)	Altersstufen in Jahren (§ 1612a Abs. 1 BGB)				Prozentsatz	Bedarfskontrollbetrag (Anm. 6)
		0–5	6–11	12–17	ab 18		
		Alle Beträge in Euro					
1.	bis 1 900,00	354,00	406,00	476,00	527,00	100	880,00 / 1 080,00
2.	1 901,00–2 300,00	372,00	427,00	500,00	554,00	105	1 300,00
3.	2 301,00–2 700,00	390,00	447,00	524,00	580,00	110	1 400,00
4.	2 701,00–3 100,00	408,00	467,00	548,00	607,00	115	1 500,00
5.	3 101,00–3 500,00	425,00	488,00	572,00	633,00	120	1 600,00
6.	3 501,00–3 900,00	454,00	520,00	610,00	675,00	128	1 700,00
7.	3 901,00–4 300,00	482,00	553,00	648,00	717,00	136	1 800,00
8.	4 301,00–4 700,00	510,00	585,00	686,00	759,00	144	1 900,00
9.	4 701,00–5 100,00	539,00	618,00	724,00	802,00	152	2 000,00
10.	5 101,00–5 500,00	567,00	650,00	762,00	844,00	160	2 100,00
	ab 5 501,00 nach den Umständen des Falles						

Oberlandesgericht Düsseldorf: Düsseldorfer Tabelle, veröffentlicht am 01.01.2019 unter: http://www.olg-duesseldorf.nrw.de/infos/Duesseldorfer_Tabelle/Tabelle-2019/Duesseldorfer-Tabelle-2019.pdf [03.01.2019]

Gegebenenfalls kommt noch ein Mehrbedarf bzw. ein Sonderbedarf hinzu.

Beispiele

- *Mehrbedarf: notwendige Nachhilfekosten, Kosten für eine Klassenfahrt, auch Kosten einer privaten Krankenversicherung eines minderjährigen Kindes, da sie nicht in den Beträgen der Düsseldorfer Tabelle enthalten ist*
- *Sonderbedarf: Kosten einer notwendigen Zahnspange*

Beispiel
Meltem und Achim – Variante mit Blick in eine ungeplante Zukunft
Wenn Meltem Karabulut und Achim Wünsch vier Kinder haben, so sind beide grundsätzlich gegenüber den Kindern unterhaltspflichtig. Der Notar weist sie darauf hin, dass sie diese Unterhaltspflicht nicht durch Vertrag ausschließen oder wesentlich begrenzen können.

Die Rechtsprechung lässt teilweise Vereinbarungen über die Höhe des Kindesunterhalts zu, wenn diese den Unterhalt nach der Düsseldorfer Tabelle um nicht mehr als 20% unterschreiten, weil auch dadurch noch ein angemessener Kindesunterhalt gewahrt sei. Jedenfalls muss grundsätzlich der Mindestunterhalt für minderjährige Kinder ohne weitere Abzüge bezahlt werden *(§ 1612a BGB)*.

Beispiel
Die Eltern des 13-jährigen Edgar, Boris Iwanov und Yelena Ivanowa, vereinbaren, dass Edgar bei der Mutter aufwächst. Für die Berechnung des Kindesunterhalts von Edgar gehen sie von einem unterhaltsrechtlich bereinigten monatlichen Nettoeinkommen bei Boris Ivanow in Höhe von 3 910,00 € aus und vereinbaren, dass er 10 % weniger Unterhalt für Edgar bezahlt als er sich bei der Anwendung der Düsseldorfer Tabelle errechnet. Yelena Ivanowa erhält das Kindergeld für Boris. Edgar ist der einzige, für den Boris Ivanow Unterhalt bezahlt. Danach ergibt sich folgende Berechnung für den Kindesunterhalt:
Einkommensgruppe 7 + eine Einkommensgruppe. Da nur ein Unterhaltsberechtigter vorhanden ist, richtet sich der Unterhalt nach Einkommensgruppe 8 und Altersstufe 3 der Düsseldorfer Tabelle, d. h., 576,00 € abzüglich 10 % daraus, und beträgt monatlich 518,40 €. Diese Vereinbarung ist wirksam, da mehr als der Mindestunterhalt von 355,00 € monatlich gezahlt werden und Boris Ivanow nur knapp das Einkommen der Gruppe 7 erreicht hat.

Düsseldorfer Tabelle: Zahlbeträge (Stand: 01.01.2019)

	1. und 2. Kind	0–5	6–11	12–17	ab 18	%
1.	bis 1 900,00	354,00	406,00	476,00	527,00	100
2.	1 901,00–2 300,00	372,00	427,00	500,00	554,00	105
3.	2 301,00–2 700,00	390,00	447,00	524,00	580,00	110
4.	2 701,00–3 100,00	408,00	467,00	548,00	607,00	115
5.	3 101,00–3 500,00	425,00	488,00	572,00	633,00	120
6.	3 501,00–3 900,00	454,00	520,00	610,00	675,00	128
7.	3 901,00–4 300,00	482,00	553,00	648,00	717,00	136
8.	4 301,00–4 700,00	510,00	585,00	686,00	759,00	144
9.	4 701,00–5 100,00	539,00	618,00	724,00	802,00	152
10.	5 101,00–5 500,00	567,00	650,00	762,00	844,00	160

Oberlandesgericht Düsseldorf: Düsseldorfer Tabelle, veröffentlicht am 01.01.2019 unter: http://www.olg-duesseldorf.nrw.de/infos/Duesseldorfer_Tabelle/Tabelle-2019/Duesseldorfer-Tabelle_2019.pdf [03.01.2019]

Freistellungsvereinbarung

Möglich ist es aber, dass ein Elternteil den anderen von der Verpflichtung zur Zahlung von Kindesunterhalt ganz oder teilweise freistellt. Solche Freistellungsvereinbarungen wirken nur zwischen den Eltern. Das Kind ist daran nicht gebunden. Das bedeutet, dass das Kind dann weiterhin seinen Unterhaltsanspruch in gesetzlicher Höhe hat. Die Vereinbarung wirkt nur im Innenverhältnis zwischen den Eltern *(vgl. § 417 Abs. 2 BGB)*.

Eine solche Vereinbarung kann im Einzelfall aber sittenwidrig sein *(§ 138 Abs. 1 BGB)*, wenn etwa ein vermögens- und einkommensloser Elternteil, der das minderjährige Kind allein betreut, den anderen gut verdienenden Elternteil von der Verpflichtung zur Zahlung von Kindesunterhalt freistellt.

Unterhalt für volljährige Kinder

Für volljährige Kinder ist normalerweise zumindest Unterhalt während der ersten Berufsausbildung zu bezahlen. Dies setzt voraus, dass die Ausbildung ohne große Verzögerungen nach dem Schulabschluss begonnen und durchgeführt wird.

vgl. § 1606 Abs. 3 BGB

Da ab Volljährigkeit die Kinder nicht mehr als betreuungsbedürftig angesehen werden, sind beide Eltern barunterhaltspflichtig. Sie haften anteilig für den Unterhalt des volljährigen Kindes.

Wenn das volljährige Kind noch im Haushalt eines Elternteils lebt, richtet sich der Unterhalt nach Altersstufe 4 der Düsseldorfer Tabelle. Die Einkommensgruppe wird dann nach dem zusammengerechneten und unterhaltsrechtlich bereinigten Nettoeinkommen beider Elternteile bestimmt.

Wenn das volljährige Kind einen eigenen Hausstand begründet hat, beträgt sein Bedarf nach Anmerkung 7 zur Düsseldorfer Tabelle derzeit normalerweise 735,00 € monatlich.

Unterhalt gegenüber weiteren Verwandten

Als weitere Verwandte in gerader Linie kommen Eltern oder Großeltern in Betracht. In der Praxis kommt es häufig vor, dass Kinder von Sozialhilfeempfängern für den Unterhalt ihrer betreuungsbedürftigen Eltern herangezogen werden, wenn deren Renten bzw. Altersbezüge und die Leistungen aus der Pflegeversicherung nicht ausreichen.

2.2 Ehegattenunterhalt vor Scheidung

Unverzichtbar sind auch

- der Unterhalt vor der Trennung der Ehegatten, der Familienunterhalt, und
- der Trennungsunterhalt (nach Trennung und vor der Scheidung der Ehegatten).

Der Gesetzgeber verweist insofern auf *§ 1614 BGB*, der den Unterhaltsverzicht für die Zukunft unter Verwandten für unwirksam erklärt und für den Ehegattenunterhalt vor Scheidung entsprechend gilt *(§§ 1360a Abs. 3, 1361 Abs. 4 BGB)*.

Ein Unterhaltsverzicht für die Vergangenheit bleibt möglich.

Beispiel

Meltem und Achim wollen heiraten – der Ehevertrag
Der Notar weist Meltem Karabulut und Achim Wünsch darauf hin, dass sie nicht auf den Ehegattenunterhalt während bestehender Ehe verzichten können. Er führt aus, dass unter bestimmten Einschränkungen nur ein Verzicht auf den Unterhalt nach rechtskräftiger Scheidung möglich ist. Meltem Karabulut und Achim Wünsch wollen den nachehelichen Unterhalt so weit wie möglich begrenzen und bitten den Notar, einen entsprechenden Vereinbarungsentwurf auszuarbeiten. Der Notar beauftragt seine Mitarbeiterin, die persönlichen Daten der beiden aus deren Personalausweisen aufzunehmen und eine Mustervereinbarung vorzubereiten, in die er Änderungen einarbeiten will.

 Ein Verzicht auf künftigen Ehegattenunterhalt vor der Scheidung ist unwirksam.

2.3 Ehegattenunterhalt nach Scheidung

Nach der Scheidung hat jeder Ehegatte für seinen Unterhalt grundsätzlich selbst zu sorgen *(§ 1569 BGB).* Wenn ein Ehegatte nach der Scheidung nicht in der Lage ist, den Unterhalt für sich aufzubringen, kann er aus folgenden Gründen einen Unterhaltsanspruch haben:

- wegen Betreuung eines gemeinschaftlichen Kindes *(§ 1570 BGB)*
- wegen Alters *(§ 1571 BGB)*
- wegen Krankheit oder Gebrechen *(§ 1572 BGB)*
- wegen Erwerbslosigkeit *(§ 1573 Abs. 1 BGB)*
- wegen unzureichender Einkünfte aus einer Erwerbstätigkeit; „Aufstockungsunterhalt" *(§ 1573 Abs. 2 BGB)*
- wegen Ausbildung *(§ 1575 BGB)*
- aus Billigkeitsgründen *(§ 1576 BGB)*

Beispiel
Meltem und Achim
Durch den Notar werden Meltem Karabulut und Achim Wünsch darauf aufmerksam gemacht, dass sie auf den Betreuungsunterhalt gem. § 1570 Abs. 1 BGB nicht wirksam verzichten können, weil dieser auch dazu dient, dass das Kind angemessen durch einen Elternteil betreut werden kann. Dies gilt auch für die Verlängerung des Betreuungsunterhalts aus kindbezogenen Gründen gem. § 1570 Abs. 1 S. 2 BGB. Der Notar rät auch dazu, den Unterhaltsanspruch gem. § 1570 Abs. 2 BGB nicht auszuschließen, obwohl dieser einen Unterhaltsanspruch aus Billigkeitsgründen einräumt, die nicht kindbezogen sind und sich u. a. auch nach den bestehenden Betreuungsmöglichkeiten für das Kind richten. Er weist darauf hin, dass der Unterhaltsanspruch nach § 1570 Abs. 2 BGB bei sehr hohen Einkommen gegebenenfalls der Höhe nach begrenzt werden kann. Im Übrigen hält der Notar einen Ausschluss des nachehelichen Unterhalts aus heutiger Sicht für möglich und beauftragt seine Mitarbeiterin, die entsprechende Musterformulierung aus der Textverarbeitung zu übernehmen.

Regelmäßig ist die Höhe des Unterhalts auf den Ersatz ehebedingter, beruflicher Nachteile begrenzt, die der Unterhaltsberechtigte etwa durch Kinderbetreuung oder Haushaltsführung während der Ehe hatte. Aber auch im Hinblick auf die Dauer der Ehe kann ein Unterhaltsanspruch durch das Gericht zuerkannt werden *(§ 1578b BGB).* Der Unterhaltsanspruch kann herabgesetzt und zeitlich begrenzt werden *(§ 1578b Abs. 3 BGB)* soweit keine ehebedingten Nachteile bestehen oder inzwischen nicht mehr vorliegen.

Beispiel
Meltem und Achim
Die Mitarbeiterin des Notars stellt für ihn folgende Textbausteine zu diesem Thema zusammen und übergibt ihm den Entwurf:

„Unterhalt nach Scheidung

1. Für den Fall der Scheidung der Ehe oder der Auflösung der Ehe aus anderem Grund verzichten die Parteien, vorbehaltlich der Regelung unter 3., wechselseitig auf nachehelichen Unterhalt auch für den Fall der Krankheit oder Not. Beide Parteien nehmen diesen Verzicht wechselseitig an.

2. Der Notar weist die Parteien darauf hin, dass die Wirksamkeit eines umfassenden Verzichts auf nachehelichen Unterhalt rechtlich umstritten ist. Die Parteien werden über die Folgen und die Bedeutung dieses wechselseitigen Unterhaltsverzichts aufgeklärt, auch über die derzeit nicht abschätzbare Entwicklung, dass nach einer Scheidung der Ehe jeder in eigener Verantwortung für seinen Unterhalt zu sorgen hat und seinen eigenen Lebensbedarf selbst decken muss. Sofern ein nicht erwerbstätiger Ehegatte ohne Einkommen und Vermögen auf nachehelichen Unterhalt verzichtet, könnte dies den guten Sitten zuwiderlaufen bzw. zur Unanwendbarkeit der entsprechenden Regelung führen, mit der Folge, dass der Verzicht nicht gegenüber einem Sozialhilfeträger wirksam sein könnte. Die Parteien wollen aber einen Verzicht auf nachehelichen Unterhalt ausdrücklich und erklären, dass beide aus ihrem eigenen Erwerbseinkommen derzeit ihren jeweiligen Lebensbedarf selbst decken können sowie dass aus heutiger Sicht nicht absehbar ist, dass sich künftig etwas daran ändern wird.

3. Dieser Unterhaltsverzicht gilt nicht für den Unterhalt wegen Betreuung eines minderjährigen oder wegen notwendiger Betreuung eines volljährigen Kindes gem. § 1570 BGB. In diesen Fällen richtet sich der Unterhaltsanspruch nach den gesetzlichen Vorschriften."

Der Notar bespricht den Entwurf mit Meltem Karabulut und Achim Wünsch, die einverstanden sind, den nachehelichen Unterhalt wie vorstehend zu regeln.

2.4 Unterhaltsanspruch der nicht miteinander verheirateten Eltern

Wenn die Eltern eines Kindes nicht miteinander verheiratet sind, hat der das Kind betreuende Elternteil einen Unterhaltsanspruch mindestens bis zum dritten Lebensjahr des Kindes *(§ 1615l BGB)*.

Daneben kann die Mutter sechs Wochen vor und acht Wochen nach der Geburt Unterhalt beanspruchen. Dazu gehören auch die Kosten infolge von Schwangerschaft und Entbindung *(§ 1615l Abs. 1 BGB)*.

vgl. LF 13, Kap. 2.2.

Auf den Unterhaltsanspruch gem. *§ 1615l BGB* kann ebenfalls für die Zukunft nicht verzichtet werden.

Der eigene Unterhaltsanspruch des Kindes besteht daneben.

Übungsaufgaben

1. Die vermögenslose Sieglinde Albert verlangt von ihrem gut verdienenden Bruder Unterhalt – zu Recht?
2. Gabriel Bauer lässt sich von seiner 18-jährigen Tochter Gaby, die die Fachoberschule besucht, eine Erklärung unterschreiben, dass sie keinen Unterhalt mehr bekommt, sobald sie eine schlechtere Note als eine „2" schreibt. Ist die Vereinbarung wirksam?
3. Kann auf Ehegattenunterhalt vor der Scheidung wirksam verzichtet werden?
4. Hat ein Ehegatte grundsätzlich Anspruch auf nachehelichen Unterhalt?

3 Güterstand und Vermögensausgleich

Der **Güterstand** betrifft die Fragen,
- wie die Vermögensgegenstände den Ehegatten zuzuordnen sind und
- wie das Vermögen oder dessen Zuwächse im Falle der Scheidung oder Auflösung der Ehe unter den Ehegatten aufzuteilen ist bzw. sind.

Entsprechendes gilt für die Eingetragene Lebenspartnerschaft bzw. im Fall der gerichtlichen Aufhebung der Lebenspartnerschaft *(§ 6 LPartG)*.

Ehegatten oder Partner einer Eingetragenen Lebenspartnerschaft können durch Ehe- bzw. Partnerschaftsvertrag den Güterstand wählen. Wenn sie keine Wahl treffen, gilt der gesetzliche Güterstand, die Zugewinngemeinschaft.

Güterstände		
Zugewinngemeinschaft	Gütertrennung	Gütergemeinschaft
<ul><li>gesetzlicher Güterstand</li><li>getrennte Vermögen der Ehegatten</li><li>Ausgleich des Zugewinns bei Beendigung</li></ul>	<ul><li>Wahlgüterstand</li><li>getrennte Vermögen der Ehegatten</li><li>kein Vermögensausgleich bei Beendigung</li></ul>	<ul><li>Wahlgüterstand</li><li>Gesamtgut: gemeinsames Vermögen der Ehegatten</li><li>Aufteilung des Gesamtguts bei Beendigung</li></ul>

Die Ehegatten können wählen, ob sie den Güterstand der Gütertrennung oder der Gütergemeinschaft vereinbaren oder ob sie einen Güterstand wählen oder beibehalten, ihn aber teilweise abweichend vom Gesetz verändern wollen. In der Praxis kommt es häufig vor, dass die Ehegatten den Güterstand der Zugewinngemeinschaft beibehalten, aber in einzelnen Fragen abändern wollen. In letzterem Fall sprechen wir von einer modifizierten Zugewinngemeinschaft.

3.1 Gütergemeinschaft

Die Ehegatten haben im Güterstand der Gütergemeinschaft gemeinschaftliches Vermögen, das Gesamtgut genannt wird *(§ 1416 BGB)*.

Da die Gütergemeinschaft in der Praxis vielfach schwierig zu handhaben ist, wird dieser Güterstand sehr selten vereinbart.

Nicht zum Gesamtgut gehört das Sondergut. Sondergut sind Gegenstände, die nicht durch Rechtsgeschäft übertragbar sind *(§ 1417 BGB)*. Dazu gehören z. B. Lohnforderungen soweit sie unpfändbar sind oder unpfändbare Unterhaltsforderungen.

Neben dem Sondergut wird aber auch das Vorbehaltsgut nicht gemeinschaftliches Vermögen der Ehegatten. Vorbehaltsgut ist im Wesentlichen das Vermögen, das ein Ehegatte bei Wahl des Güterstandes der Gütergemeinschaft vertraglich für sich vorbehält *(§ 1418 Abs. 1, Abs. 2 Nr. 1, 3 BGB)*.

Jeder Ehegatte verwaltet sein Sondergut und Vorbehaltsgut selbstständig. Dagegen wird das Gesamtgut von den Ehegatten gemeinschaftlich verwaltet, wenn sie nicht einen Ehegatten im Ehevertrag als Verwalter bestimmen *(§§ 1419, 1421 BGB)*.

Die Gütergemeinschaft ist wie die BGB-Gesellschaft und die Erbengemeinschaft eine Gesamthandsgemeinschaft.

Danach kann kein Ehegatte über seinen Anteil am Gesamtgut oder über einen einzelnen, zum Gesamtgut gehörenden Gegenstand allein verfügen.

Allein verfügen über Gegenstände, die zum Gesamtgut gehören kann i.d.R. ein Ehegatte, wenn er durch Ehevertrag zum Verwalter des Gesamtguts bestimmt wurde *(§§ 1421, 1422 BGB)*. Der Verwalter bedarf aber zur Verfügung über das Gesamtgut im Ganzen, zur Verfügung über Grundstücke und für Schenkungen aus dem Gesamtgut der Zustimmung des anderen Ehegatten *(§§ 1423–1425 BGB)*. Die fehlende Zustimmung des anderen Ehegatten kann gem. *§ 1426 BGB* durch das Familiengericht ersetzt werden.

Die Gütergemeinschaft endet

- durch entsprechende Vereinbarung der Ehegatten,
- durch Scheidung oder
- regelmäßig durch den Tod eines Ehegatten.

In letzterem Fall wird die Gütergemeinschaft nach dem Tod eines Ehegatten ausnahmsweise fortgesetzt, wenn dies im Ehevertrag vereinbart ist *(§§ 1483 ff. BGB)*. Im Übrigen ist nach Beendigung der Gütergemeinschaft das Gesamtgut gem. *§§ 1471 ff. BGB* auseinanderzusetzen. Der Anteil des verstorbenen Ehegatten am Gesamtgut gehört zum Nachlass *(§ 1482 BGB)*.

3.2 Gütertrennung

Bei den Güterständen der Gütertrennung und der Zugewinngemeinschaft haben die Ehegatten voneinander getrennte Vermögen.

Jeder Ehegatte ist beim Güterstand der Gütertrennung weder am Vermögen des anderen Ehegatten noch am Zuwachs des Vermögens des anderen Ehegatten beteiligt. Bei Beendigung der Ehe findet deshalb kein Vermögensausgleich statt. Gesetzlich erbt der überlebende Ehegatte neben ein bis zwei Kindern des verstorbenen Ehegatten zu gleichen Teilen mit den Kindern des Verstorbenen dessen Vermögen *(§ 1931 Abs. 4 BGB)*.

Beispiel

Adam und Elfriede heiraten und vereinbaren im Ehevertrag Gütertrennung. Beide haben zwei gemeinsame Kinder. Sie haben kein Testament errichtet. Wenn Adam verstirbt, beträgt Elfriedes Erbteil ein Drittel. Daneben werden die beiden Kinder zu je einem Drittel Erben. Im Übrigen wird der Erbteil des überlebenden Ehegatten nicht aufgestockt und er erhält den Erbteil gem. § 1931 Abs. 1 BGB, d.h., dass er z.B. neben drei oder mehr Kindern des verstorbenen Ehegatten zu einem Viertel erbt.

Wie die Gütergemeinschaft kann der Güterstand der Gütertrennung nur durch Ehevertrag vereinbart werden. Gütertrennung tritt auch ein, wenn die Ehegatten im Ehevertrag den gesetzlichen Güterstand ohne eine weitere Regelung ausschließen *(§ 1414 BGB)*. Das Gleiche gilt, wenn die Ehegatten den Ausgleich des Zugewinns im Ehevertrag ausschließen oder wenn sie die Gütergemeinschaft aufheben, wenn sich jeweils aus dem Ehevertrag nichts anderes ergibt.

Beispiel
Meltem und Achim
Meltem Karabulut und Achim Wünsch überlegen, ob sie den Güterstand der Gütertrennung wählen oder ob sie den gesetzlichen Güterstand der Zugewinngemeinschaft vertraglich abändern wollen. Zunächst klärt der Notar sie über die Folgen der Gütertrennung auf und legt ihnen folgenden Entwurf dazu vor:

„Die Eheleute vereinbaren für ihre künftige Ehe den Güterstand der Gütertrennung. Diese Vereinbarung ist auflösend bedingt dadurch, dass ein gemeinsames Kind der Eheleute geboren wird. Dann tritt ab dem Geburtstag des ersten gemeinsamen Kindes der Güterstand der Zugewinngemeinschaft in Kraft.

Wenn einer der Ehegatten nach Eheschließung eine Eintragung der Gütertrennung im Güterrechtsregister möchte, wird der Notar dies auf dessen Wunsch veranlassen. Der Notar wird hiermit bevollmächtigt, die Eintragung in das Güterrechtsregister zu beantragen."

Meltem Karabulut und Achim Wünsch besprechen den Entwurf miteinander. Sie möchten sich aber noch nicht entscheiden und vereinbaren mit dem Notar einen neuen Termin, in dem sie über den Güterstand der Zugewinngemeinschaft und die Möglichkeiten der Vertragsgestaltung dazu aufgeklärt werden.

Da dem überlebenden Ehegatten im Güterstand der Gütertrennung kein Ausgleich eines Zugewinns zusteht, entfällt auch der für den Güterstand der Zugewinngemeinschaft vorgesehene erbschaftssteuerliche Freibetrag *(§ 5 Erbschafts- und Schenkungssteuergesetz)*.

3.3 Zugewinngemeinschaft

Wenn die Ehegatten nichts anderes vereinbaren, leben sie im Güterstand der Zugewinngemeinschaft *(§ 1363 Abs. 1 BGB)*.

Praktisch ist die Zugewinngemeinschaft der häufigste Güterstand von Ehegatten in Deutschland.

Zugewinnausgleich

Die Ehegatten haben getrennte Vermögen. Der während der Ehe erzielte Zugewinn wird ausgeglichen, wenn die Zugewinngemeinschaft endet *(§ 1363 Abs. 2 BGB)*.

Der Ausgleich des Zugewinns erfolgt, wenn die Ehe nicht durch Tod eines Ehegatten endet, schuldrechtlich dadurch, dass der Ehegatte, der den höheren Zugewinn erzielt, die Hälfte dieses Überschusses an den anderen Ehegatten ausgleichen muss *(§ 1378 Abs. 1 BGB)*.

Um den Zugewinn zu ermitteln, wird das Anfangsvermögen vom Endvermögen bei jedem Ehegatten abgezogen.

Güterstand und Vermögensausgleich

 Das Anfangsvermögen ist das Vermögen, welches die Ehegatten bei Beginn des Güterstandes, normalerweise bei Heirat, haben *(§ 1374 Abs. 1 BGB)*.

Schulden sind vollständig abzuziehen, auch über die Höhe des Vermögens hinaus, sodass ein negatives Anfangsvermögen vorliegen kann.

Zum Anfangsvermögen wird i. d. R. hinzugerechnet, was ein Ehegatte während des Güterstandes erbt oder geschenkt bekommt *(§ 1374 Abs. 2 BGB)*. An diesen Dingen soll der andere Ehegatte im Zugewinnausgleich nicht teilhaben, weil sie nicht gemeinsam erworben wurden.

 Endvermögen ist das Vermögen, das jedem Ehegatten bei Beendigung des Güterstandes gehört *(§ 1375 Abs. 1 BGB)*.

Die Beendigung des Güterstandes kann durch Ehevertrag erfolgen, durch Auflösung oder Scheidung der Ehe sowie durch Tod eines Ehegatten. Im Fall der Scheidung wird das Endvermögen normalerweise zu dem Zeitpunkt ermittelt, zu dem der Scheidungsantrag dem Antragsgegner zugestellt wird *(§ 1384 Abs. 1 BGB)*.

In bestimmten Fällen, z. B. wenn die Ehegatten seit mindestens drei Jahren getrennt leben, kann ein vorzeitiger Ausgleich des Zugewinns verlangt werden *(§ 1385 BGB)*.

Beispiel

Meltem und Achim wollen heiraten – Der Ehevertrag
Der Notar erläutert Meltem Karabulut und Achim Wünsch, dass das Anfangsvermögen – wie Meltem Karabuluts Grundstück – nicht zum Zugewinn gehört. Das Grundstück wird auch im Endvermögen angesetzt, wenn es bei Ende des Güterstandes noch vorhanden ist. Eine Wertsteigerung des Grundstücks während der Ehe – soweit sie die Inflationsrate überschreitet – fällt damit in den Zugewinnausgleich. Wenn Meltem Karabulut bei Ende des Güterstandes z. B. eine inflationsbereinigte Wertsteigerung des Grundstücks von 50 000,00 € hätte und sonst keinen Zugewinn, und wenn Achim Wünsch einen Zugewinn von 10 000,00 € während der Ehe erzielt hätte, dann wäre Meltem Karabuluts Zugewinn um 40 000,00 € höher. Dieser Überschuss ist zu teilen, sodass Achim Wünsch einen Zugewinnausgleichsanspruch in Höhe von 20 000,00 € hätte.

Zugewinn Meltem Karabulut	*50 000,00 €*
Zugewinn Achim Wünsch	*10 000,00 €*
Überschuss	*40 000,00 €*

Zugewinnausgleich: 40 000,00 € · 0,5 = 20 000,00 €

Der Notar weist darauf hin, dass es sich um einen schuldrechtlichen Anspruch handelt. Achim Wünsch wird dadurch nicht Miteigentümer von Meltem Karabuluts Grundstück, sondern hätte nur einen Anspruch auf Bezahlung des Zugewinnausgleichs.

Wenn ein Ehegatte stirbt, wird der Zugewinn ausgeglichen,

- indem sich der Erbteil des überlebenden Ehegatten pauschal um ein Viertel erhöht oder,
- wenn der überlebende Ehegatte weder Erbe wird noch ein Vermächtnis erhält, bekommt er neben seinem Pflichtteil den Anspruch auf Zugewinnausgleich gem. *§ 1378 Abs. 1 BGB*;
- wenn der überlebende Ehegatte die Erbschaft ausschlägt, kann er neben dem Pflichtteil ebenfalls den Ausgleich des Zugewinns verlangen *(§ 1371 BGB)*.

Vermögensverwaltung

Die Ehegatten verwalten ihr Vermögen selbstständig und getrennt voneinander in der Zugewinngemeinschaft. Da sie aber trotzdem miteinander verbunden sind und i. d. R. miteinander leben, hat der Gesetzgeber abweichende Regelungen getroffen:

- Ein Ehegatte kann nur mit Zustimmung des anderen Ehegatten Verpflichtungs- oder Verfügungsgeschäfte über sein Vermögen im Ganzen treffen *(§ 1365 BGB)*.
- Über ihm gehörende Gegenstände des ehelichen Haushalts kann ein Ehegatte nur verfügen oder sich dazu verpflichten, wenn der andere Ehegatte einwilligt *(§ 1369 BGB)*.

Zugewinngemeinschaft		
getrennte Vermögen der Ehegatten	Vermögen eines Ehegatten im Ganzen (betrifft auch einzelne Vermögensgegenstände, die über 90 % des Vermögens ausmachen)	Haushaltsgegenstände, die im Eigentum eines Ehegatten sind (z. B. gemeinsam genutztes TV, Kaffeemaschine in der gemeinsam genutzten Küche)
<ul><li>Jeder verwaltet sein Vermögen für sich.</li><li>Jeder kann allein darüber verfügen und sich dazu verpflichten.</li></ul>	Zustimmung des anderen Ehegatten zu Verfügung und Verpflichtung dazu erforderlich; Familiengericht kann Zustimmung ersetzen, wenn das Geschäft einer ordnungsgemäßen Verwaltung entspricht	Zustimmung des anderen Ehegatten zu Verfügung darüber und Verpflichtung dazu erforderlich; kann durch Familiengericht ersetzt werden, wenn sie grundlos verweigert wird oder wenn der andere Ehegatte verhindert ist

Modifizierte Zugewinngemeinschaft

Durch Ehevertrag können die Ehegatten den Güterstand abweichend vom Gesetz regeln. Sie können vereinbaren, dass für sie die Zugewinngemeinschaft anders geregelt sein soll, als das Gesetz es vorsieht.

Beispiel
Meltem und Achim wollen heiraten   der Ehevertrag
Nachdem der Notar die Zugewinngemeinschaft erläutert hat, äußert Meltem Karabulut, dass eine Wertsteigerung des Grundstücks, die zu einem Zugewinnausgleich führt, sie dazu zwingen könnte, das Grundstück zu verkaufen, um den Zugewinnausgleich zu finanzieren. Achim Wünsch überlegt, dass er in einem solchen Fall für den Zugewinn des Grundstücks ja nichts getan habe. Andererseits überlegen beide, dass Achim Wünsch, der ihr Haus auf dem Grundstück allein gebaut und finanziert hat, auch abgesichert sein soll. Sie fragen den Notar, was sie hier vereinbaren könnten.
Der Notar schlägt vor, dass das Grundstück aus der Zugewinngemeinschaft durch Ehevertrag herausgenommen werden könnte. Damit fällt es weder in Meltem Karabuluts Anfangsnoch in ihr Endvermögen.
Der Notar weist darauf hin, dass das Haus wesentlicher Bestandteil des Grundstücks ist und damit wie das Grundstück allein Meltem Karabulut gehört (§ 94 BGB). Um Achim Wünsch wegen des von ihm teils finanzierten, teils selbst gebauten Hauses abzusichern, schlägt der Notar vor, ihm einen Anspruch auf den Gebäudewert zukommen zu lassen, der zum Trennungszeitpunkt ermittelt wird. Beide sind damit einverstanden und sagen, dass sie zwar den Güterstand der

Zugewinngemeinschaft wollen, aber ihr Vermögen ausnahmslos getrennt verwalten wollen, sodass auch Verfügungen des Eigentümers über sein Vermögen im Ganzen und über ihm gehörende Haushaltsgegenstände uneingeschränkt wirksam sein sollen.
Der Notar beauftragt seine Mitarbeiterin, ihm die notwendigen Textbausteine in einem Dokument bereitzustellen, das er dann weiter auf Meltem Karabuluts und Achim Wünschs Bedürfnisse abstimmen wird.

Häufig wird in Eheverträgen der Zugewinnausgleich für den Fall der Auflösung der Ehe oder der Scheidung überhaupt ausgeschlossen. Es kann aber auch vereinbart werden, dass bestimmte Vermögensgegenstände nicht oder nur mit einem bestimmten Wert im Anfangs- oder Endvermögen eines Ehegatten berücksichtigt werden.

Beispiel

Meltem und Achim wollen heiraten – der Ehevertrag
Der Notar schlägt vor, den gesetzlichen Güterstand, die Zugewinngemeinschaft, im Ehevertrag wie folgt zu regeln:

„1. *Die Parteien behalten den gesetzlichen Güterstand der Zugewinngemeinschaft unter folgenden Änderungen bei.*

2. *Das Grundstück der Ehefrau, FlSt. ... Gemarkung ... in Mannheim einschließlich dessen Wertsteigerungen oder -minderungen soll beim Zugewinnausgleich nicht berücksichtigt werden. Es soll in keiner Weise im Anfangs- oder im Endvermögen der Ehefrau angesetzt werden.*

3. *Zum Ausgleich dafür, dass der Ehemann ein Haus auf dem Grundstück der Ehefrau gebaut und bezahlt hat, erhält der Ehemann einen schuldrechtlichen Anspruch gegen die Ehefrau auf Bezahlung des Wertes des Hauses. Der Anspruch soll nur dann bestehen und ist auch nur dann fällig, wenn die Ehe der Parteien geschieden oder aufgelöst wird. Die Parteien vereinbaren verbindlich, dass der Gebäudewert zum Zeitpunkt des Auszugs des Ehemannes aus dem gemeinsamen Haus verbindlich durch einen gegenüber dem Notar von der örtlich zuständigen Industrie- und Handelskammer zu benennenden, öffentlich bestellten und vereidigten Sachverständigen für Immobilien zu erfolgen hat.*

4. *Der vorstehende Anspruch unter 3. ist auch dann gegeben, wenn die Parteien nicht heiraten sollten. Dann ist der Anspruch fällig und zahlbar mit dem Auszug des Ehemannes aus dem vorgenannten Haus.*

5. *Ferner wird vom Zugewinnausgleich ausgeschlossen der Anspruch des Ehemannes unter 3. und 4. Dieser soll weder im Anfangs- noch im Endvermögen des Ehemannes oder der Ehefrau berücksichtigt werden.*

6. *Die Parteien schließen die Beschränkungen des Verpflichtungs- und des Verfügungsgeschäfts für das Vermögen im Ganzen gem. § 1365 BGB und für einem Ehegatten gehörende Haushaltsgegenstände gem. § 1365 BGB aus. Diese Bestimmungen sollen nicht für den Güterstand der Parteien gelten.“*

Der Notar erklärt, dass auch Achim Wünsch so gut abgesichert ist. Auch wenn beide nicht heiraten und sich trennen sollten, hat Achim Wünsch den Anspruch auf den Gebäudewert zur Zeit seines Auszugs. Meltem Karabulut und Achim Wünsch finden diese Lösung gut, da, solange sie zusammen sind, das Grundstück und das Haus von beiden genutzt werden und ein Ausgleich erst mit Trennung oder Scheidung sinnvoll ist.

3.4 Wahl-Zugewinngemeinschaft

Auf der Grundlage eines zwischen Frankreich und Deutschland geschlossenen Abkommens vom 10.02.2010 können die Ehegatten auch den Güterstand der „Wahl-Zugewinngemeinschaft" vereinbaren. Dieses Abkommen ist zum 01.05.2013 in Kraft getreten.

Die Vereinbarung der Wahl-Zugewinngemeinschaft erfolgt durch Ehevertrag *(§ 1519 BGB)*.

 Bei der Wahl-Zugewinngemeinschaft errechnen sich der Zugewinn und die Zugewinnausgleichsforderung grundsätzlich so wie bei der Zugewinngemeinschaft gem. *§§ 1363 ff. BGB* (Art. 2 des Abkommens).

Folgende Unterschiede bestehen aber u. a. zur Zugewinngemeinschaft:

- Art. 5 des Abkommens enthält eine Verfügungsbeschränkung eines Ehegatten nicht nur über Haushaltsgegenstände, sondern auch über Rechte, durch die die Familienwohnung sichergestellt wird. Zum Beispiel kann die Kündigung des Mietvertrages der Familienwohnung durch einen Ehegatten unwirksam sein, selbst wenn er allein den Mietvertrag abgeschlossen hatte. Der Vermieter kann sich nicht auf eine fehlende Eintragung im Güterrechtsregister berufen, da *§ 1412 BGB* unanwendbar ist *(§ 1519 BGB)*.
- Jeder Ehegatte kann Verträge zur Führung des Haushalts oder für den Bedarf der Kinder zwar allein abschließen, aber der andere Ehegatte wird damit gesamtschuldnerisch verpflichtet (Art. 6 des Abkommens). Die gesamtschuldnerische Verpflichtung tritt nur dann nicht ein, wenn die Verträge nach der Lebensführung der Ehegatten offensichtlich unangemessen sind und der Vertragspartner dies wusste oder hätte erkennen können.
- Zum Anfangsvermögen werden nicht hinzugerechnet die Gegenstände des Anfangsvermögens, die ein Ehegatte während des Güterstandes Verwandten in gerader Linie geschenkt hat (Art. 8 Abs. 3 Nr. 2 des Abkommens).
- Grundstücksrechte und grundstücksgleiche Rechte werden i. d. R. im Anfangsvermögen mit dem Wert angesetzt, den sie am Tag der Beendigung des Güterstandes haben (Art. 9 Abs. 2 des Abkommens).
- Nach der Lebensführung der Ehegatten unangemessene Schenkungen werden dem Endvermögen hinzugerechnet. Dies gilt nicht, wenn einem Verwandten in gerader Linie ein Gegenstand aus dem Anfangsvermögen geschenkt wurde (Art. 10 Abs. 2 des Abkommens).
- Die Zugewinnausgleichsforderung ist auch hier ein Geldanspruch. Das Gericht kann jedoch auf Antrag eines der Ehegatten anordnen, dass Gegenstände des Schuldners dem Gläubiger zum Zweck des Ausgleichs übertragen werden, wenn das der Billigkeit entspricht (Art. 12 Abs. 2 des Abkommens).
- Die Zugewinnausgleichsforderung wird i. d. R. auf den halben Wert des Vermögens des Ausgleichspflichtigen begrenzt (Art. 14 des Abkommens).

Der Güterstand der Wahl-Zugewinngemeinschaft ist noch nicht so verbreitet, weil er einerseits noch nicht lange gilt und andererseits durch Abkommen nur zwischen zwei Staaten geregelt ist.

3.5 Güterrechtsregister

Eintragungen in das Güterrechtsregister können bei jedem Amtsgericht bewirkt werden, in dessen Bezirk ein Ehegatte seinen gewöhnlichen Aufenthalt hat *(§ 1558 Abs. 1 BGB)*.

In das Güterrechtsregister können die Güterstände der Gütergemeinschaft und der Gütertrennung sowie Änderungen zum gesetzlichen Güterstand der Zugewinngemeinschaft eingetragen werden.

 Gegenüber Dritten wirken diese Änderungen nur, wenn sie in das Güterrechtsregister eingetragen sind oder wenn sie dem Dritten bekannt waren, als das Rechtsgeschäft vorgenommen wurde *(§ 1412 BGB)*.

Die Eintragungen in das Güterrechtsregister erfolgen nur auf Antrag, der öffentlich beglaubigt sein muss *(§ 1560 BGB)*.

Beispiel
Meltem und Achim wollen heiraten – der Ehevertrag
Die Mitarbeiterin des Notars fügt folgenden Textbaustein nach Absprache mit Meltem Karabulut und Achim Wünsch ein.
„Der Notar wird beauftragt und bevollmächtigt, den Ehevertrag sowie den Ausschluss der Verfügungsbeschränkung gem. § 1365 BGB in das Güterrechtsregister beim zuständigen Amtsgericht zu beantragen und vollziehen zu lassen."

Übungsaufgaben

1. Nennen Sie eine Gemeinsamkeit und einen wesentlichen Unterschied zwischen den Güterständen der Gütertrennung und der Gütergemeinschaft.
2. Was ist die Zugewinngemeinschaft?
3. Wie erfolgt der Zugewinnausgleich?
4. Begründen Sie, ob der gesetzliche Güterstand unter Änderungen beibehalten werden kann und welche Änderungen vorgenommen werden können.
5. Was bewirken Eintragungen in das Güterrechtsregister?

4 Versorgungsausgleich

Im Versorgungsausgleich werden bei der Scheidung die Anwartschaften der Ehegatten aus Versorgungen wegen Alters oder eingeschränkter Erwerbsfähigkeit ausgeglichen. Die erworbenen Anrechte sind jeweils zur Hälfte zwischen den Ehegatten zu teilen.

Der Versorgungsausgleich ist im Versorgungsausgleichsgesetz (VersAusglG) geregelt.

Folgende, im In- und Ausland bestehenden Anrechte werden u. a. ausgeglichen *(§ 2 VersAusglG)*: Anrechte

- der gesetzlichen Rentenversicherung,
- der Beamtenversorgung,
- aus betrieblichen Altersversorgungen,
- aus berufsständischen Versorgungen (z.B. Rechtsanwalts-, Ärzte-, Architektenversorgung),
- aus privaten Rentenversicherungsverträgen oder aus Lebensversicherungen auf Rentenbasis und
- aus gesetzlichen oder privaten Erwerbsminderungs- oder Berufsunfähigkeitsrenten.

Die Anrechte werden bezogen auf die Ehezeit ausgeglichen.

Die Ehezeit beginnt mit dem ersten Tag des Monats, in dem geheiratet wurde, und endet am letzten Tag des Monats vor Zustellung des Scheidungsantrags *(§ 3 Abs. 1 VersAusglG)*.

Bei einer kurzen Ehezeit von bis zu drei Jahren findet ein Versorgungsausgleich nur statt, wenn ein Ehegatte dies beantragt *(§ 3 Abs. 3 VersAusglG)*.

Bei Geringfügigkeit soll das Familienrecht von einem Ausgleich der betroffenen Anrechte absehen *(§ 18 VersAusglG)*.

Ein Anrecht ist nicht auszugleichen, wenn es zum Zeitpunkt der letzten mündlichen Verhandlung, aufgrund derer die Entscheidung über den Versorgungsausgleich ergeht, noch nicht ausgleichsreif ist *(§ 19 VersAusglG)*. Zum Beispiel ist dies der Fall, wenn eine Anwartschaft auf Betriebsrente noch verfallbar ist, weil der Berechtigte noch nicht lange genug im Betrieb gearbeitet hat. Dann unterbleibt insoweit der Versorgungsausgleich bei der Scheidung. Später, wenn das Anrecht unverfallbar geworden ist und der Ausgleichsverpflichtete daraus Leistungen bezieht, kann der Ausgleichsberechtigte den schuldrechtlichen Ausgleich verlangen *(§§ 20 ff. VersAusglG)*. Der Ausgleichsberechtigte kann z.B. verlangen, dass ihm die Rente in Höhe des Ausgleichswerts abgetreten wird.

Interne Teilung

Die Versorgungsanwartschaften sind grundsätzlich intern zu teilen *(§ 10 VersAusglG)*.

Interne Teilung bedeutet, dass dem Ausgleichsberechtigten der hälftige Ehezeitanteil des Anrechts bei demselben Versorgungsträger übertragen wird, bei dem das Anrecht zugunsten des Ausgleichsverpflichteten besteht.

Der Versorgungsträger kann die für ihn durch die interne Teilung entstehenden Kosten hälftig mit den Anrechten beider Ehegatten verrechnen soweit sie angemessen sind *(§ 13 VersAusglG).*

Beispiel
Carl und Françoise Evry lassen sich scheiden. Das Familiengericht gleicht die Betriebsrente von Carl Evry bei der BMW AG mit einem Kapitalwert bezogen auf die Ehezeit von 18 260,00 € aus. Die BMW AG setzt Kosten für die interne Teilung in Höhe von 160,00 € an. Die Hälfte des Kapitalwerts abzüglich der Hälfte der Teilungskosten ist an Françoise Evry zu übertragen, d. h.
18 260,00 € : 2 = 9 130,00 € abzüglich 80,00 € (=160,00 € : 2) und damit 9 070,00 €.
Das Familiengericht überträgt mit der Scheidung eine Anwartschaft auf Betriebsrente bei der BMW AG mit einem Kapitalwert in Höhe von 9 070,00 € an Françoise Evry zulasten von Carl Evrys Betriebsrente.

Externe Teilung

Ein Anrecht wird extern geteilt, wenn bei demselben Versorgungsträger ein Anrecht für den anderen Ehegatten aufgrund dessen Versorgungsordnung nicht begründet werden kann. Dies betrifft z. B. häufig die Pensionsanwartschaften von Landesbeamten.

 Externe Teilung bedeutet, dass ein Anrecht für den Ausgleichsberechtigten nicht bei dem Versorgungsträger des Ausgleichsverpflichteten begründet wird, sondern bei einem anderen Versorgungsträger *(§ 14 VersAusglG).*

Der Ausgleichsberechtigte kann für das extern auszugleichende Anrecht eine Zielversorgung wählen. Die gewählte Zielversorgung muss angemessen sein *(§ 15 VersAusglG),* d. h., es muss u. a. eine lebenslange Altersvorsorge sichergestellt sein, und das Anrecht darf nicht übertragen, veräußert oder beliehen werden können.

Wenn der Ausgleichsberechtigte keine Zielversorgung wählt, begründet das Familiengericht ein Anrecht für den Ausgleichsberechtigten in der gesetzlichen Rentenversicherung oder bei Betriebsrenten in der Versorgungsausgleichskasse *(§ 15 Abs. 5 VersAusglG).*

Vereinbarungen zum Versorgungsausgleich

Vereinbarungen zum Versorgungsausgleich sind weitgehend möglich *(§ 6 VersAusglG).* Sie unterliegen aber einer gerichtlichen Ausübungs- und Inhaltskontrolle (siehe dazu oben unter 1.2).

Beispiel
Meltem und Achim wollen heiraten – der Ehevertrag
Meltem Karabulut und Achim Wünsch teilen dem Notar mit, dass sie den Versorgungsausgleich eigentlich ausschließen wollen, da beide beabsichtigen, berufstätig zu sein. Der Notar weist darauf hin, dass eine solche Vereinbarung jedenfalls dann nicht zur Anwendung kommen könnte, falls Kinder geboren werden und ein Ehegatte die Kinder weitgehend betreut. Er schlägt folgende Regelung zum Versorgungsausgleich vor:

„*1. Die Parteien schließen den gesetzlichen Versorgungsausgleich für ihre Ehe aus.*

 2. Dieser Ausschluss soll dann nicht gelten, wenn die Parteien ein gemeinsames Kind oder mehrere gemeinsame Kinder haben. In diesem Fall soll der Versorgungsausgleich ab dem Ersten des Monats, in dem das erste gemeinsame Kind geboren wird, stattfinden. Dieser Zeitpunkt tritt anstelle des Beginns der Ehezeit gem. § 3 Abs. 1 VersAusglG. Im Übrigen soll der Versorgungsausgleich in diesem Fall wie gesetzlich vorgesehen durchgeführt werden."

Übungsaufgaben

1. Welche Anrechte werden im Versorgungsausgleich ausgeglichen?
2. Wie erfolgt der Versorgungsausgleich i d. R.?
3. Was passiert, wenn ein Versorgungsträger keine interne Teilung der bei ihm bestehenden Anrechte vorsieht?
4. Ist der Ausgleich eines bei Scheidung noch verfallbaren Anrechts auf Altersversorgung ausgeschlossen?
5. Können die Ehegatten zum Versorgungsausgleich Vereinbarungen treffen?

5 Elterliche Sorge

 Die Eltern haben die Pflicht und das Recht, für das minderjährige Kind (Personensorge) und für dessen Vermögen (Vermögenssorge) zu sorgen *(§ 1626 Abs. 1 BGB)*.

Recht und Pflicht zur Erziehung ihrer Kinder sind als Elternrecht verfassungsrechtlich geschützt *(Art. 6 Abs. 2 GG)*. Die *§§ 1626 ff. BGB* gestalten dieses Elternrecht aus.

5.1 Elterliche Sorge verheirateter Eltern

Die elterliche Sorge steht den Eltern gemeinsam zu, wenn sie verheiratet sind.

Dies gilt auch, wenn die Eltern getrennt leben, soweit keine anderweitige Regelung getroffen wird *(§ 1687 BGB)*. Dann müssen beide Eltern Angelegenheiten von erheblicher Bedeutung für das Kind einvernehmlich treffen. Dazu gehört z. B. die Entscheidung, ob und welche weiterführende Schule das gemeinsame Kind besucht.

Der Elternteil, bei dem sich das Kind berechtigterweise gewöhnlich aufhält, kann dagegen in Angelegenheiten des täglichen Lebens und der tatsächlichen Betreuung allein entscheiden. Dazu gehören Entscheidungen, die die Ernährung, den Fernsehkonsum und das tägliche Freizeitverhalten des Kindes betreffen.

Wenn die Eltern getrennt leben, kann die elterliche Sorge aber einem Elternteil durch das Familiengericht übertragen werden, wenn ein Elternteil dies beantragt und *(§ 1671 BGB)*

- wenn der andere Elternteil zustimmt; es sei denn, dass das mindestens 14-jährige Kind dem widerspricht, oder
- wenn zu erwarten ist, dass die Übertragung dem Wohl des Kindes am besten entspricht.

Wenn keine Regelung erfolgt, bleibt das gemeinsame Sorgerecht der Eltern für ihre minderjährigen Kinder auch nach Scheidung erhalten.

5.2 Elterliche Sorge nicht miteinander verheirateter Eltern

Wenn die Eltern nicht die Ehe geschlossen haben, richtet sich die elterliche Sorge nach *§ 1626a BGB*. Eine gemeinsame elterliche Sorge von Eltern, die bei der Geburt des Kindes nicht miteinander verheiratet waren, setzt voraus *(§ 1626a Abs. 1 BGB)*, dass

- die Eltern erklären, die Sorge gemeinsam übernehmen zu wollen (Sorgerechtserklärungen),
- die Eltern später heiraten oder
- das Familiengericht ihnen die elterliche Sorge gemeinsam überträgt.

Auf Antrag überträgt das Familiengericht den nicht verheirateten Eltern die gemeinsame elterliche Sorge, wenn in dem Verfahren keine Gründe genannt werden oder sonst bekannt sind, dass diese Übertragung dem Kindeswohl widerspricht.

Wenn die Eltern später nicht heiraten, keine Sorgerechtserklärungen abgeben oder keine Regelung durch das Familiengericht erfolgt, hat die Mutter die elterliche Sorge (§ 1626a Abs. 3 BGB).

5.3 Wechselmodell

In der Praxis vereinbaren immer mehr Eltern nach der Trennung, dass sie die Kinder abwechselnd jeweils bei sich betreuen, d.h., dass sie zu etwa gleichen Zeitanteilen sich jeweils um ihre gemeinsamen Kinder kümmern.

Beispiel
Marius und Carola Ernst vereinbaren anlässlich ihrer Trennung, dass sie beide Kinder jeweils im Wochenwechsel bei sich betreuen, da die Kinder nach der Schule einen Hort besuchen und beide Eltern die Betreuung der Kinder danach sicherstellen können. Nach Beratung durch ihre jeweiligen Rechtsanwälte schließen sie folgende Vereinbarung:

„1. Beide Eltern wollen nach der Scheidung das gemeinsame Sorgerecht beibehalten.

2. Darüber hinaus sind sie der Ansicht, dass die Betreuung der Kinder im Wechselmodell dem Wohl der Kinder am besten entspricht.

3. Die Kinder verbringen die Wochen wechselweise bei beiden Eltern. An geraden Wochen übernimmt der Vater die Betreuung der Kinder, an ungeraden Wochen die Mutter.

4. In der Schulzeit werden die Kinder jeweils montags um 16:00 Uhr vom betreuenden Elternteil vom Hort abgeholt, nachdem sie vom anderen Elternteil morgens in die Schule gebracht wurden. In den Ferien oder an Feiertagen wollen die Eltern Übergabe und Betreuung der Kinder jeweils miteinander so absprechen, dass die o. g. Betreuungsanteile erhalten bleiben.

5. Beide Eltern erklären, dass sie gegenüber den Kindern stets den anderen Elternteil gut darstellen werden und die Betreuung der Kinder durch den jeweils anderen Elternteil auch sonst unterstützen. Sie verpflichten sich u. a., die Kinder während ihrer Betreuungszeiten mit dem anderen Elternteil großzügig telefonieren zu lassen vor 21:00 Uhr."

5.4 Teilweise Übertragung der elterlichen Sorge

Die elterliche Sorge kann aber auch nur in Teilen auf einen Elternteil übertragen werden.

Praktisch der bedeutsamste Fall ist die Übertragung des Aufenthaltsbestimmungsrechts für die minderjährigen Kinder. Der Elternteil, der dieses Recht übertragen bekommt, kann die Kinder in seine Obhut nehmen und betreut sie meist überwiegend.

Dem anderen Elternteil steht dann regelmäßig ein Recht auf Umgang mit den Kindern zu (§ 1684 BGB). Maßstab für die Übertragung des Aufenthaltsbestimmungsrechts und für die Regelung des Umgangs mit den Kindern ist neben dem Kindeswohl auch der ernsthafte Wunsch der Kinder. Letzteres wird umso eher berücksichtigt je älter das minderjährige Kind ist.

Es können aber auch andere Entscheidungen einem Elternteil allein übertragen werden, wie z. B. allein über den Schulbesuch des Kindes zu entscheiden. Das Familiengericht kann diesen Teil des Sorgerechts auf einen Elternteil übertragen, wenn der andere Elternteil an dieser Entscheidung nicht mitwirken will oder wenn der andere Elternteil bislang nachhaltig in einer dem Kindeswohl widersprechenden Art und Weise mitgewirkt hat.

Übungsaufgaben

1. Wer ist nach Scheidung der Eltern Inhaber der elterlichen Sorge, wenn die Eltern hierzu nichts vereinbaren und keine Regelung durch das Familiengericht erfolgt?
2. Wer hat die elterliche Sorge für ein Kind, wenn die Eltern nicht verheiratet sind oder waren?
3. Können auch Teile des Sorgerechts auf einen Elternteil übertragen werden? Nennen Sie ein Beispiel.

6 Sonstige Vereinbarungen

Die Ehegatten können in einem Ehevertrag oder in einer Vereinbarung über Trennungs- oder Scheidungsfolgen aber auch weitere Vereinbarungen treffen.

Geschäfte zur Deckung des Lebensbedarfs

Normalerweise haftet ein Ehegatte, der im gesetzlichen Güterstand lebt, nicht für die Schulden des anderen Ehegatten. Dies gilt nur, wenn er sich besonders dazu verpflichtet hat, etwa wenn beide Ehegatten einen Kreditvertrag unterschreiben oder wenn sich ein Ehegatte wirksam für eine Schuld des anderen verbürgt hat.

Eine Ausnahme davon beschreibt *§ 1357 BGB*. Danach kann ein Ehegatte mit Wirkung für den anderen Ehegatten Geschäfte zur angemessenen Deckung des Lebensbedarfs für die Familie abschließen. Aus solchen Geschäften werden beide Ehegatten verpflichtet und berechtigt.

Beispiel
Nach den ehelichen Lebensverhältnissen ist es üblich, dass die Francesca Mauri die Reisen für die Familie bucht. Sie bucht eine 14-tägige Reise für sich, ihren Mann Eduardo und für die beiden Kinder nach Holland. Aus diesem Vertrag wird auch Eduardo Mauri verpflichtet, d. h., von ihm kann der volle Preis für die Reise verlangt werden.

Der andere Ehegatte wird durch solche Geschäfte nicht verpflichtet, wenn die Ehegatten getrennt leben *(§ 1357 Abs. 3 BGB)*.

Beispiel
Meltem und Achim wollen heiraten – der Ehevertrag
Meltem Karabulut und Achim Wünsch wollen sichergehen, dass keiner von beiden durch ein Geschäft verpflichtet wird, das ein Ehegatte allein abschließt. Der Notar schlägt folgende Formulierung vor:

„1. Die Parteien vereinbaren für ihre künftige Ehe, dass die Anwendung des § 1357 BGB vollständig ausgeschlossen wird. Aus Geschäften zur Deckung des Lebensbedarfs der Familie wird damit allein der Ehegatte berechtigt und verpflichtet, der das betreffende Rechtsgeschäft abschließt.

 2. *Die Parteien bevollmächtigen und beauftragen den Notar, den Ausschluss des § 1357 BGB im Güterrechtsregister eintragen zu lassen. Damit wirkt diese Vereinbarung auch gegenüber Dritten (§ 1412 BGB)."*

Meltem Karabulut und Achim Wünsch sind einverstanden mit den Vorschlägen des Notars und unterschreiben den Ehevertrag, den der Notar beurkundet.

Verteilung des Hausrats

Haushaltsgegenstände, die während der Ehe für den gemeinsamen Haushalt der Ehegatten angeschafft wurden, gelten als gemeinsames Eigentum der Ehegatten. Dies gilt nur dann nicht, wenn ein Ehegatte sein alleiniges Eigentum nachweisen kann *(§ 1568b BGB)*.

Verteilung Hausrat	
bei Getrenntleben *(§ 1361a BGB)*	**anlässlich der Scheidung** *(§ 1568b BGB)*
lässt Eigentumsverhältnisse unberührt	Überlassung und Eigentumszuordnung
<ul><li>Herausgabe der einem Ehegatten allein gehörenden Gegenstände, es sei denn, Überlassung an den anderen ist billig oder der andere benötigt die Gegenstände</li><li>Gericht kann eine angemessene Vergütung für die Benutzung festlegen, wenn sich die Ehegatten nicht einigen</li></ul>	<ul><li>betrifft nur Gegenstände, die den Ehegatten gemeinsam gehören</li><li>Zuordnung der Gegenstände nach Billigkeit oder der Ehegatte erhält diese, der stärker darauf angewiesen ist</li><li>Der Ehegatte, der die Gegenstände nicht bekommt, hat Anspruch auf eine angemessene Ausgleichszahlung.</li></ul>

Haushaltsgegenstände, die im gemeinsamen Eigentum der Ehegatten stehen, unterliegen nicht dem Güterrecht und fallen nicht in den Zugewinn.

Anlässlich einer Trennung oder Scheidung teilen die Ehegatten meist einvernehmlich den Hausrat untereinander auf, z. B. das Geschirr, den Fernseher, die Musikanlage usw.

Mit einer solchen Vereinbarung vermeiden die Ehegatten ein gerichtliches Verteilungsverfahren.

Erbrechtliche Regelungen

In den notariellen Ehevertrag können auch erbrechtliche Regelungen aufgenommen werden. Beispielsweise könnten sich die Ehegatten in einem gemeinschaftlichen Testament oder in einem Erbvertrag gegenseitig zu Alleinerben einsetzen und ihre gemeinsamen Kinder zu Nacherben des länger lebenden Ehegatten bestimmen.

In einer Vereinbarung über die Scheidungsfolgen wird häufig ein gegenseitiger Verzicht auf das Erbrecht der Ehegatten und auf den Pflichtteil vorgenommen. Dies ist auch sinnvoll, da die Ehegatten ihre Zukunft getrennt voneinander planen.

 Erb- und Pflichtteilsverzicht sind nur wirksam, wenn sie notariell beurkundet sind *(§§ 2346, 2348 BGB)*.

Beispiel

Meltem und Achim wollen heiraten – der Ehevertrag
Der Notar weist Meltem Karabulut und Achim Wünsch auf die erbrechtlichen Regelungen hin, die nach Eheschließung gelten. Meltem Karabulut und Achim Wünsch wollen hierzu jedoch derzeit nichts vereinbaren und es bei der gesetzlichen Regelung belassen. Gegebenenfalls wollen beide nach ihrer Heirat ein gemeinschaftliches eigenhändiges Testament gem. § 2267 BGB errichten.

Übungsaufgaben

1. Haftet ein im Güterstand der Zugewinngemeinschaft lebender Ehegatte für Schulden des anderen Ehegatten?
2. Wann wird das Eigentum am beiden Ehegatten gemeinsam gehörenden Hausrat verteilt?
3. Die Ehegatten vereinbaren mündlich, dass sie auf ihr gegenseitiges Erbrecht verzichten. Ist der Verzicht gültig?

7 Kostenrecht

Die Kosten des Notars für die von ihm vorgenommenen Tätigkeiten richten sich nach dem Gesetz über Kosten der freiwilligen Gerichtsbarkeit für Gerichte und Notare (GNotKG). Es ist zum 01.08.2013 in Kraft getreten.

Beispiel
Meltem und Achim wollen heiraten – der Ehevertrag
Der Notar beauftragt seine Mitarbeiterin, die Kostenrechnung für den beurkundeten Ehevertrag zu erstellen. Die Mitarbeiterin des Notars ermittelt zunächst den Geschäftswert des Ehevertrags. Dabei werden die Werte für verschiedene im Ehevertrag geregelte Beurkundungsgegenstände zusammengerechnet (§§ 35 Abs. 1, 86 Abs. 2, 111 Nr. 2 GNotKG).

Geschäft:

1. Beurkundung einer modifizierten Zugewinngemeinschaft
2. Verzicht auf nachehelichen Unterhalt
3. Verzicht auf Versorgungsausgleich

Geschäftswerte:

- **zu (1) Geschäftswert für die Vereinbarung der modifizierten Zugewinngemeinschaft**
  Der Wert der beiderseitigen Vermögen von Meltem Karabulut und Achim Wünsch wird zusammengerechnet. Verbindlichkeiten werden dabei bis zur Hälfte des jeweiligen Vermögens abgezogen *(§ 100 Abs. 1 GNotKG).*

  Die Mitarbeiterin erfragt bei Meltem Karabulut und Achim Wünsch deren Vermögenswerte.
  Meltem Karabulut hat ein Grundstück mit Haus im Wert von 300 000,00 € und Geldvermögen in Höhe von 15 000,00 €. Sie hat keine Schulden. Achim Wünsch hat Geldvermögen in Höhe von 10 000,00 €, aber Schulden für den Hausbau in Höhe von 20 000,00 €.

Vermögen Meltem Karabulut	315 000,00 €
Vermögen Achim Wünsch (10 000,00 € · 0,5)	5 000,00 €
	320 000,00 €

  Achim Wünschs Schulden werden nur bis zur Hälfte seines Vermögens berücksichtigt, d. h. zur Hälfte von 10 000,00 €, sodass für seine Schulden nur 5 000,00 € abgezogen werden.

- **zu (2) Geschäftswert für den Ausschluss des nachehelichen Unterhalts**
  Es ist nicht bekannt, auf welchen Unterhaltsbetrag in der Zukunft verzichtet wird oder ob überhaupt ein nachehelicher Unterhalt geschuldet sein wird. Daher wird ein pauschaler Geschäftswert in Höhe von 5 000,00 € angenommen *(§ 36 Abs. 1, 3 GNotKG).*

- **zu (3) Geschäftswert für den Ausschluss des Versorgungsausgleichs**
  Es ist auch nicht bekannt, auf welchen Versorgungsausgleich in der Zukunft verzichtet wird oder ob überhaupt ein Versorgungsausgleich geschuldet sein würde. Daher wird ein pauschaler Geschäftswert in Höhe von 5 000,00 € angenommen *(§ 36 Abs. 1, 3 GNotKG).*

  Die Geschäftswerte sind zusammenzurechnen *(§ 35 Abs. 1 GNotKG)* und betragen damit 330 000,00 €.

Es ist eine Gebühr für die Beurkundung anzusetzen in Höhe von 2,0 (21100 Kostenverzeichnis [KV] zum GNotKG, *§ 34 GNotKG*)	1 370,00 €
zuzüglich Pauschale für Post und Telekommunikation *(Nr. 32005 KV)*	20,00 €
zuzüglich 19 % Umsatzsteuer aus 1 390,00 € *(Nr. 32014 KV)*	264,10 €
gesamt	1 654,10 €

Wenn der Notar nach der Eheschließung die Eintragung des Ehevertrages in das Güterrechtsregister betreibt, fällt eine weitere Gebühr von 100,00 € zuzüglich Umsatzsteuer an *(Nr. 13200 Kostenverzeichnis zum GNotKG, § 111 Nr. 3 GNotKG)*.

Übungsaufgaben

1. Welcher Geschäftswert wird beim Notar für eine Vereinbarung zum Güterstand der Ehegatten angesetzt?

2. Wird für die Werte verschiedener, in einem Ehevertrag geregelter Beurkundungsgegenstände jeweils eine eigene Kostenrechnung durch den Notar erstellt?

3. Wie ist der Geschäftswert für eine Tätigkeit anzusetzen, für die ein Wert nicht ermittelt werden kann?

Lernfeld 14:
Erbrechtliche Urkunden vorbereiten und vollziehen

Situation

Aufgewühlt ruft eine Nicole Otte bekannte Kundin des Notariats an. Ihre Mutter sei vor drei Tagen gestorben, sie weiß nicht genau, was sie jetzt machen soll, ein handschriftliches Testament sei vorhanden, das sie als Alleinerbin ausweist. Es sind in den letzten anderthalb Jahren erhebliche Rechnungen für die medizinische Behandlung der Mutter und ihre Unterbringung in verschiedenen Pflegeheimen aufgelaufen, sie will diese Kosten durch den Verkauf der kleinen Eigentumswohnung der Mutter decken. Sie befürchtet, dass sich die mit der Mutter sehr zerstrittene Schwester der Mutter bei ihr melden wird, um ihren Pflichtteil geltend zu machen, weil die Anruferin „ja auch ein uneheliches Kind der Mutter gewesen sei ...", so etwas in der Art habe sie schon angekündigt ...

Nicole Otte kann die Anruferin schnell beruhigen, weil sie ihr erklärt, dass die Schwester gar kein Pflichtteilsrecht hat. Für das Erbrecht seien außerdem alle Abkömmlinge gleich viel wert, egal, ob ehelicher oder nicht ehelicher Herkunft. Sie lädt die Anruferin zu einem kurzfristigen Termin ein, um einen Erbscheinsantrag beurkunden zu lassen, den sie nämlich braucht, um die Wohnung der Mutter verkaufen zu können. Weil sich die Dame um die Kosten dafür sorgt, teilt Nicole Otte ihr mit, dass die Verbindlichkeiten der Mutter von deren Vermögen abgezogen werden können und der Gegenstandswert daher dann nicht so hoch ausfallen werde. Sie bittet die Anruferin, das Testament umgehend persönlich beim Nachlassgericht abzugeben, und nimmt die nötigen Daten für den Erbscheinsantrag auf, auch die Kontaktdaten des Bestattungsunternehmens, das sich um die Beerdigung kümmert. Anschließend ruft Nicole Otte dort an und bittet um Übersendung einer Sterbeurkunde an das Notariat.

Als die Anruferin am übernächsten Tag zum Termin eine knappe halbe Stunde vor der vereinbarten Zeit erscheint, händigt Nicole Otte ihr für die Wartezeit ein Infoblatt der Bundesnotarkammer zum Thema Vorsorgevollmacht und ein Infoblatt des Notars über „Die sieben häufigsten Fehler in Testamenten" aus.

1 Erbschein

Der Erbschein ist eine öffentliche Urkunde, die vom Nachlassgericht ausgestellt wird. Diese Funktion übernehmen die Amtsgerichte[1]. Die große Bedeutung dieses Zeugnisses für den Rechtsverkehr liegt in der gesetzlichen Vermutung, dass die darin enthaltenen Angaben über die Rechtsnachfolge des oder der Erben zutreffend und vollständig sind *(§§ 2353, 2365–2368 BGB)*. Der Besitzer des Erbscheins kann sich damit also gegenüber Dritten legitimieren. Dies ist etwa gegenüber dem Grundbuchamt erforderlich *(§ 35 Abs. 1 GBO)*. Das Nachlassgericht ist das Amtsgericht, in dessen Bezirk der Erblasser seinen letzten gewöhnlichen Aufenthalt im Inland hatte[2]. Dieses Zeugnis wird nur auf Antrag erteilt. Der Besitz des Erbscheins entfaltet die vorbeschriebene Wirkung, weshalb er auch jeweils bei entsprechenden Beurkundungen und dem Grundbuchamt bei Anträgen des Erben als neuer Eigentümer vorzulegen ist. Weil die Vermutung widerleglich ist, wird ein Streit über die Erbenstellung, über Quoten der Beteiligung am Nachlass oder um Beschränkungen der Erben, z.B. eine Testamentsvollstreckereinsetzung, auch häufig heftig unter Einschaltung von Rechtsanwälten im Rahmen des Erbscheinerteilungsverfahrens oder in zivilgerichtlichen Prozessen ausgefochten. Über das Nachlassverfahren geben die *§§ 342–373 FamFG* Auskunft.

→ vgl. § 72 FGG

→ vgl. § 343 FamFG

Für die notarielle Praxis ist zu beachten, dass die Gutglaubenswirkung des Erbscheins sehr beschränkt ist. Darüber, ob sich z.B. ein Grundstück, das der Erbe veräußert, überhaupt im Nachlass befindet, sagt der Erbschein nichts aus. Aus diesem Grund ist es bei Immobilienkaufverträgen ratsam, die Fälligkeit des Kaufpreises davon abhängig zu machen, dass der Erbe, der verkauft, selbst im Grundbuch als Eigentümer eingetragen wird. Ab diesem Moment streitet die Gutglaubenswirkung des Grundbuches für den Erwerber, wonach der Verkäufer Eigentümer ist. Der Käufer kann von ihm gutgläubig Eigentum erwerben, auch wenn sich später herausstellt, dass z.B. ein jüngeres Testament, das zum Zeitpunkt der Erteilung des Erbscheins nur noch nicht aufgefunden worden war, eine andere Person zum Erben macht.

Als Alternative zum Erbschein können die Erben auch das ihnen vom Nachlassgericht übersandte Protokoll über die Eröffnung eines notariellen Testaments oder Erbvertrages als Legitimationsurkunde im Rechtsverkehr verwenden. Als Anlage beigefügt ist dem Protokoll der Text der letztwilligen Verfügung, aus dem sich ihre Erbenstellung ergibt. Aus diesem Grund erspart die lebzeitige Investition in die Gebühren für ein notarielles Testament regelmäßig nicht nur spätere Erbstreitigkeiten, sondern auch noch die Gebühren für einen Erbschein.

Bei grenzüberschreitenden Nachlässen in der EU[3] besteht die Möglichkeit, ein Europäisches Nachlasszeugnis zu beantragen. Erben, Vermächtnisnehmer, Testamentsvollstrecker und Nachlassverwalter können sich damit im anderen Mitgliedsland legitimieren, Gläubiger ihn jedoch nicht beantragen. Es ist in der EU-ErbVO geregelt *(Art. 63, 65 EU-ErbVO)*. Seine Einführung erleichtert die Abwicklung von grenzüberschreitenden Nachlässen, weil nicht in jedem Land die dortigen Nachweiszeugnisse neu erwirkt werden müssen. Der Antrag kann mittels eines Formblattes gestellt werden. Sie finden es z.B. unter eur-lex.europa.eu/legal-content/DE/TXT/?uri=uriserv: OJ.L_.2014.359.01.0030.01.DEU, Anhang 4, Formblatt IV. Zuständig ist im Regelfall das Amtsgericht am letzten gewöhnlichen Aufenthaltsort.

Einen Erbschein kann jeder Erbe beantragen, auch ein Testamentsvollstrecker, Nachlassverwalter oder Gläubiger des Erben. Wenn Erbenmehrheit besteht, so beantragt häufig ein

---

[1] *In Baden-Württemberg die staatlichen Notariate.*
[2] *Hatte er dort keinen, ist das AG Schöneberg in Berlin zuständig.*
[3] *Für Personen mit letztem gewöhnlichen Aufenthalt in Dänemark, Irland und im Vereinigten Königreich gelten diese Regeln nicht.*

Erbe einen gemeinschaftlichen Erbschein. Er weist alle Miterben und deren Erbquoten aus. Der alleinige Erbe beantragt für sich einen Alleinerbschein[1]. Auch Gläubiger des Erblassers oder der Erben selbst können für diese einen Erbschein beantragen, wenn sie einen Vollstreckungstitel haben *(§§ 792, 896 ZPO)*.

vgl. LF 14, Kap. 1

Das Nachlassgericht wird, nach Überprüfung der Angaben im Erbschein und Beteiligung aller von der Entscheidung betroffenen Personen durch die Einräumung der Möglichkeit der Anhörung, die beantragten Feststellungen über das Erbrecht treffen, oder aber den Antrag zurückweisen, wogegen die Beschwerde möglich ist, ebenso wie gegen einen erteilten Erbschein mit dem Ziel seiner Einziehung.

Der Antrag auf Erteilung eines Erbscheins könnte nach dem Urkundseingang/Rubrum etwa wie folgt aussehen[2], wobei keine letztwillige Verfügung vorliegt und der Erblasser ohne Abkömmlinge und ohne Ehepartner verstorben ist.

„Die Vorbefassungsfrage verneinend ersuchte er um Beurkundung folgenden

Erbscheinantrages mit eidesstattlicher Versicherung.

I. Tatbestand
Am … ist in …, dem Ort seines gewöhnlichen Aufenthaltes, mein Bruder BX verstorben, ohne eine Verfügung von Todes wegen zu hinterlassen. Er war in einziger Ehe verheiratet mit D. Die Ehe wurde rechtskräftig vor seinem Ableben geschieden. Der Erblasser hatte keine Abkömmlinge.

Unsere Eltern, Eheleute VX und MX, geborene …, waren in einziger Ehe miteinander verheiratet. Dies im gesetzlichen Güterstand der Zugewinngemeinschaft.

Aus dieser Ehe sind vier Kinder hervorgegangen:

- BX, der Erblasser
- KX, ohne Hinterlassung von Abkömmlingen vorverstorben
- ich, der Erschienene
- meine Schwester AS, geborene AX

Weitere Abkömmlinge hatten weder mein Vater VX noch meine Mutter MX, geborene …, die vor dem Erblasser verstorben ist. MX und BX hatten im Zeitpunkt ihres Ablebens die deutsche Staatsangehörigkeit und in Deutschland auch ihren gewöhnlichen Aufenthalt.

II. Gesetzliche Erbfolge
Kraft Gesetzes sind somit Erben des Erblassers geworden:

1. mein Vater VX, geboren am …, wohnhaft … zum halben Anteil
2. meine Schwester AS, geborene AX, geboren am …, wohnhaft … zu einem Viertel Anteil
3. ich, der Erschienene, zu einem Viertel Anteil

III. Tatsachenangaben
Andere Personen, als die Genannten, welche die Erben von der Erbfolge ausschließen oder ihre Erbteile mindern würden, sind und waren nicht vorhanden.

---

[1] Es gibt noch andere Formen von Erbscheinen, etwa Teilerbscheine über den Umfang der einzelnen Erbanteile, gegenständlich beschränkte Erbscheine, etwa bei Auslandssachverhalten etc.

[2] Alle Formulierungsbeispiele sind nur als beispielhafte Darstellungen gedacht, nicht als Musterempfehlungen.

> Die Erben haben die Erbschaft angenommen.
>
> Zum Nachlass gehört kein Hof i. S. d. Höfeordnung. Im Ausland belegenes Vermögen ist nicht vorhanden.
>
> Ein Rechtsstreit über das Erbrecht ist nicht anhängig.
>
> **IV. Versicherung an Eides statt**
> Von dem Notar über die Bedeutung einer eidesstattlichen Versicherung und die Strafbarkeit einer unrichtig abgegebenen eidesstattlichen Versicherung belehrt, versichere ich hiermit an Eides statt, dass mir nichts bekannt ist, was der Richtigkeit meiner vorstehend gemachten Angaben entgegensteht.
>
> **V. Antrag**
> Ich beantrage die Erteilung eines **gemeinschaftlichen Erbscheins** nach dem Erblasser und Aushändigung einer Ausfertigung desselben an mich/*zu Händen des beurkundenden Notars*.
>
> **VI. Kosten, Anlagen**
> Den Wert des Nachlasses nach Abzug der Verbindlichkeiten des Erblassers gebe ich mit … € an. Die Kosten trage ich.
>
> Folgende Anlagen werden in notariell beglaubigter Ablichtung von der jeweiligen öffentlichen Urkunde beigefügt, etwa noch fehlende Urkunden bitte ich bei mir direkt anzufordern:
>
> …
> Schlussformel"

Folgende Informationen sind zur Antragstellung zu ermitteln und im Erbschein anzugeben, wenn er sich auf gesetzliche Erbfolge beruft:

- der Zeitpunkt des Todes des Erblassers
- Vorname, Nachname, abweichender Geburtsname, Geburtsdatum des Erblassers
- Güterstand des Erblassers
- Personendaten der Erben
- der letzte gewöhnliche Aufenthalt und die Staatsangehörigkeit des Erblassers
- das Verhältnis, auf dem das Erbrecht beruht
- ob und welche Personen des Antragstellers vorhanden sind oder waren, durch die er von der Erbfolge ausgeschlossen oder sein Erbteil gemindert werden würde
- dass keine Verfügungen von Todes wegen vorhanden sind
- ob ein Rechtsstreit über das Erbrecht anhängig ist

- dass die Erben die Erbschaft angenommen haben
- die Größe der jeweiligen Erbteile
- Ist eine Person weggefallen, durch die die angegebenen Erben von der Erbfolge ausgeschlossen oder ihr Erbteil gemindert werden würde, so hat der Antragsteller anzugeben, in welcher Weise die Person weggefallen ist.

Beruft sich der Antragsteller auf eine gewillkürte Erbfolge, so hat er zusätzlich bzw. statt der Verneinung ihres Vorhandenseins

- die Verfügung zu bezeichnen, auf der sein Erbrecht beruht;
- anzugeben, ob und welche sonstigen Verfügungen des Erblassers von Todes wegen vorhanden sind.

Der Antragsteller hat die Richtigkeit der Angaben soweit möglich durch öffentliche Urkunden nachzuweisen und im Fall der gewillkürten Erbfolge die Urkunde vorzulegen, auf der sein Erbrecht beruht. Sind die Urkunden nicht oder nur mit unverhältnismäßigen Schwierigkeiten zu beschaffen, so genügt die Angabe anderer Beweismittel. Zum Nachweis, dass der Erblasser zur Zeit seines Todes im Güterstand der Zugewinngemeinschaft gelebt hat, und zum Nachweis der übrigen erforderlichen Angaben hat der Antragsteller vor Gericht (Abnahme) oder bei einem Notar (Aufnahme, vgl. *§ 22 BNotO*) an Eides statt zu versichern, dass ihm nichts bekannt sei, was der Richtigkeit seiner Angaben entgegensteht. Dieses Mittel der Glaubhaftmachung ist natürlich besonders für den Nachweis des Nichtvorhandenseins von Umständen brauchbar (kein Testament, keine weiteren Erben, …).

Es kann erforderlich sein, noch weiteren Angabe zu machen, z. B. ob ein Hof nach der Höfeordnung zum Nachlass gehört.

Folgende Unterlagen sind vom Antragsteller beizubringen:

- Sterbeurkunde des Erblassers
- Sterbeurkunden entfallener Erben
- Erbteils- oder Zuwendungsverzichtserklärungen
- Familienstandsurkunden der Erben
- handschriftliches Testament, falls vorhanden und nicht hinterlegt

Der Notar kann dem Antrag von ihm beglaubigte Ablichtungen von öffentlichen Nachweisurkunden beifügen, einen Anspruch auf Übersendung dieser Urkunden selbst hat das Nachlassgericht grundsätzlich nicht. Es ist üblich, das Gericht zu bitten, etwa noch fehlende Urkunden beim Antragsteller selbst anzufordern.

Ein erteilter Erbschein ist nachfolgend wiedergegeben.

11 VI 299/15

Ausfertigung

Amtsgericht Detmold

Erbschein

Alleinerbe

des am 08.02.2016 verstorbenen deutschen Staatsangehörigen

Heiner Franz Meier

geboren am 04.01.1929 in Carow,
mit letztem gewöhnlichen Aufenthalt in Detmold

ist:

Berthold Trener,
geboren am 20.03.1956,
wohnhaft: Pechtelstraße 48, 30338 Kletner
-Bruder d.Verstorbenen-

Detmold, 29.06.2016
Amtsgericht

Kerbel
Rechtspfleger

Ausgefertigt

Mertels, Justizobersekretär
als Urkundsbeamter der Geschäftsstelle

Erbschein

1.1 Gesetzliche Erbfolge

Eine der zentralen Aufgaben bei der Erstellung eines Erbscheinantrages ist die korrekte Angabe der Erbfolge. Hat der Erblasser hierüber nicht wirksam letztwillig verfügt, so greift die gesetzliche Erbfolge. Zu ihrer Ermittlung ist es ratsam, einen Stammbaum des Erblassers zu erstellen, der wie unten dargestellt aussehen kann. Kreise stellen dabei weibliche, Quadrate männliche Personen dar, gestrichelte Linien sind Verbindungen zwischen Eheleuten, durchgehende solche zwischen Eltern und Kindern, durchgestrichene Personen sind bereits vor dem Erblasser verstorben, durchgestrichene Linien stellen im Zeitpunkt des Ablebens bereits beendete Ehen dar.

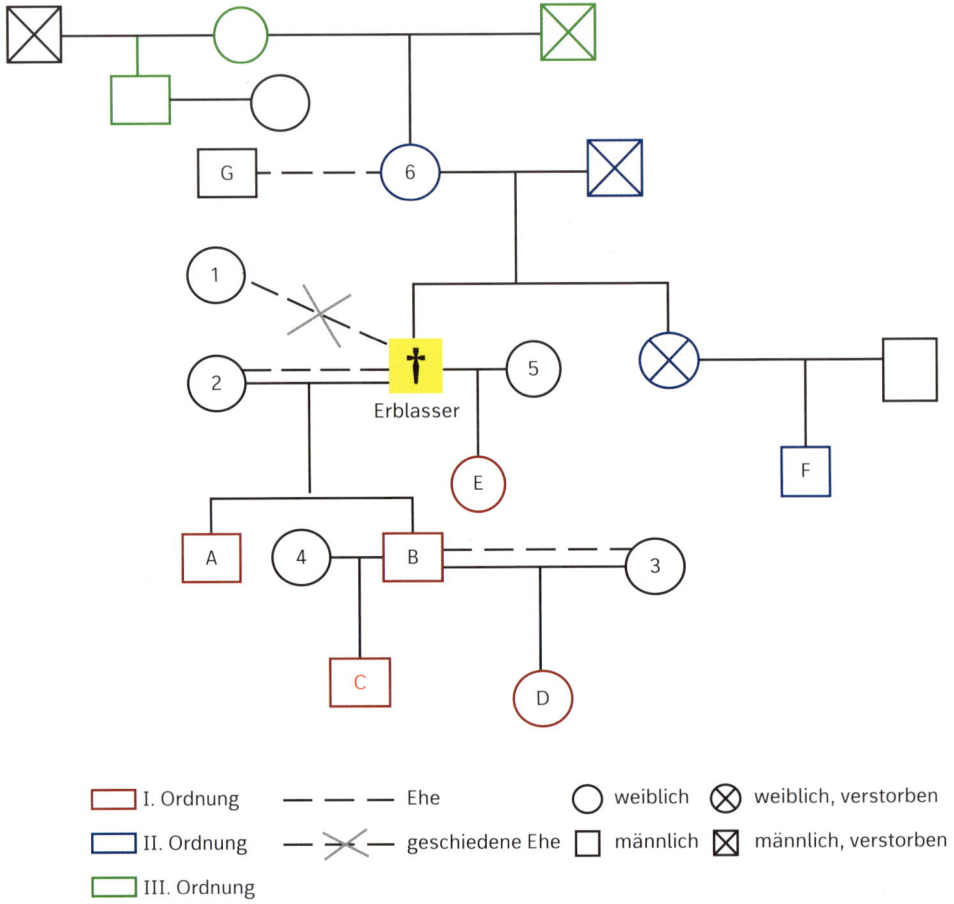

Stammbaum

Im Erbfall (Tod einer Person) geht ihr gesamtes Vermögen (Erbschaft) auf eine oder mehrere andere Personen (Erben) über *(§ 1922 BGB)*. Durch diese Gesamtrechtsnachfolge wird der Erbe kraft Gesetzes von einer Sekunde auf die andere Inhaber aller nicht höchstpersönlichen Rechte des Erblassers, also statt seiner Besitzer, Eigentümer, Schuldner, Vertragspartner seiner Verträge usw. Von dieser Universalsukzession ausgenommen sind nur Beteiligungen an Personengesellschaften. Hier geht die jeweilige gesellschaftsrechtliche Regelung dem Erbrecht vor, um das Gefüge der Gesellschaft nicht zu beeinträchtigen. Sie beruhen entweder auf dem Gesetz *(§ 727 BGB)* oder auf dem Gesellschaftsvertrag. Dieser kann z. B. eine Fortsetzungsklausel vorsehen („Auch im Falle des Todes eines Gesellschafters wird die Gesellschaft mit den verbleibenden Gesellschaftern weitergeführt. Sein Anteil wächst den anderen im Verhältnis ihrer Beteiligungen an.") oder eine Nachfolgeklausel („Die Gesellschaft wird mit dem Erben weitergeführt, wenn dieser als Bäckermeister in der Handwerksrolle eingetragen ist, anderenfalls wird die Gesellschaft mit den verbleibenden ...").

vgl. *§ 2032 BGB*

Mehrere Erben bilden eine Erbengemeinschaft. Es handelt sich um eine Gesamthandsgemeinschaft, ähnlich der GbR. Anders als diese ist sie jedoch auf Auseinandersetzung angelegt. Verfügungen über Nachlassgegenstände sind nur einvernehmlich möglich, die bloße Verwaltung ist nach Mehrheitsbeschluss zulässig *(§§ 2038, 745 BGB)*. In manchen Erbengemeinschaften herrscht Streit, andere bleiben über Jahrzehnte einvernehmlich und ungeteilt, ja es erfolgt zuweilen in die einzelnen Erbteile wiederum weitere Rechtsnachfolge in die nächste Generation.

Ein Erbteil als solcher kann veräußert werden, der Anteil des Miterben an einzelnen Nachlassgegenständen hingegen nicht *(§ 2033 BGB)*. Auch ein Alleinerbe kann eine ihm angefallene Erbschaft veräußern *(§ 2373 BGB)*. Vor dem Anfall des Erbes hat der potenzielle Erbe nur eine Erberwartung, keinen Anspruch.

Erben kann nur, wer zur Zeit des Erbfalles lebte (auch wenn er gegebenenfalls kurz danach verstorben ist!) oder zu diesem Zeitpunkt zumindest schon gezeugt war. Dieser Nasciturus ist ein Beispiel für eine Teilrechtsfähigkeit vor der Vollendung der Geburt *(§ 1 BGB)*.

Der Erbgang erfolgt in der Reihenfolge von Ordnungen, von der niedrigsten Ordnung bis zur höchsten. Je enger das Verwandtschaftsverhältnis zum Erben, umso niedriger die Nummer der Ordnung. In der I. und II. Ordnung schließt ein erbfähiger Verwandter aus einer vorangehenden Ordnung alle ferneren Ordnungen von der Erbschaft aus. Abkömmlinge einer verstorbenen Person treten (als Gruppe) an seine Stelle, in der I. Ordnung als Stämme, in der II. als Linien *(§§ 1924 Abs. 2, 3, 1925 Abs. 2, 3 BGB)*. Innerhalb der III. Ordnung bilden die Großeltern mit ihren Abkömmlingen jeweils eine Linie. In den ferneren Ordnungen erbt, wer mit dem Erblasser einen engeren Verwandtschaftsgrad hat *(§ 1928 Abs. 3 BGB)*.

Eine Sonderrolle haben Ehepartner. Sie sind keine Verwandten, stehen aber „neben" dem Erblasser und haben ein gesetzliches Ehegattenerbrecht *(§ 1931 BGB)*. Sein Umfang ist umso größer, je weniger dicht die erbenden Verwandten mit dem Erblasser verwandt sind.

In den Fällen, wo die Eheleute im gesetzlichen Güterstand der Zugewinngemeinschaft leben, erhält der überlebenden Ehegatte als pauschalen Ausgleich des Zugewinns anlässlich des Endes des Güterstandes (durch Tod des anderen Ehegatten) eine Erhöhung des Umfanges seines gesetzlichen Erbteils um ein Viertel des Nachlasses, unabhängig von der Nähe der weiteren Erben zum Erblasser *(§ 1371 BGB)*. Diese Quotenerhöhung ist eigentlich ein güterrechtlicher Effekt, der sich eines erbrechtlichen Instrumentes bedient. Bestand Gütertrennung, so variiert der gesetzliche Erbteil des überlebenden Ehepartners, abhängig von der Anzahl der Kinderstämme des Erblassers, von der Hälfte bis zu einem Viertel. Diese Verringerung des gesetzlichen Ehegattenerbrechts, die mit der Gütertrennung einhergeht, ist ein Grund dafür, dass Notare den Eheleuten, die Scheidungsvorsorge im Hinblick auf einen Zugewinnausgleich in einem Ehevertrag treffen wollen, statt Gütertrennung regelmäßig die Modifikation des Zugewinnausgleichs dergestalt anraten, dass er nur für den Fall der Scheidung, nicht aber für den Fall des Todes ausgeschlossen bzw. beschränkt wird.

Erbschein

Stammbäume können Sie mithilfe nachfolgender Übersicht erstellen:

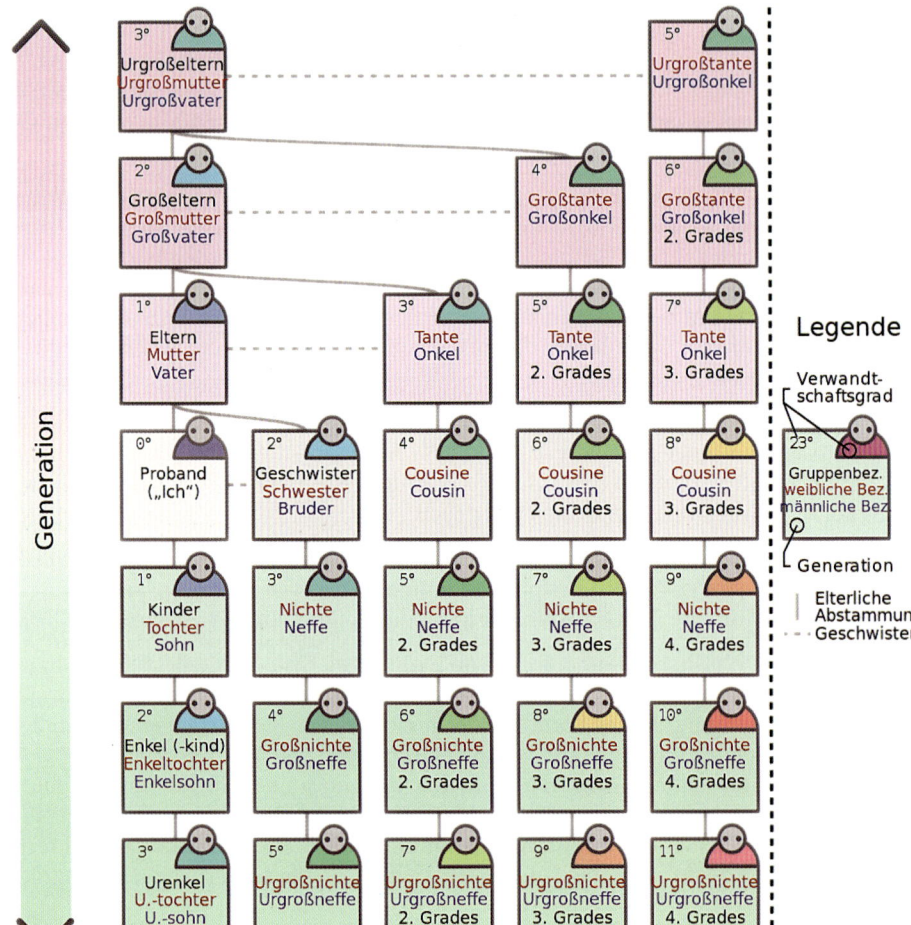

I. Ordnung

- Kinder des Erblassers
- Enkel des Erblassers
- Urenkel des Erblassers usw., d. h. „Abkömmlinge des Erblassers"

II. Ordnung

- Eltern des Erblassers
- Abkömmlinge der Eltern des Erblassers, also Geschwister des Erblassers und deren Abkömmlinge, also seine Neffen und Nichten und deren Abkömmlinge, seine Großneffen und Großnichten usw.

III. Ordnung

- Großeltern des Erblassers
- Abkömmlinge der Großeltern des Erblassers, also die Geschwister der Eltern des Erblassers, seine Onkel und Tanten und deren Kinder (seine Cousins und Cousinen) und Enkel (seine Nichten und Neffen 2. Grades) usw.

IV. Ordnung

- Urgroßeltern des Erblassers
- die Abkömmlinge der Urgroßeltern

V. Ordnung

- Ururgroßeltern des Erblassers
- die Abkömmlinge der Urgroßeltern

Sind keine gesetzlichen Erben vorhanden, weil sie vorverstorben sind oder das Erbe ausgeschlagen haben, so erbt schließlich der Fiskus, d. h. das Bundesland des letzten gewöhnlichen Aufenthaltes.

In der Abbildung „Stammbaum" sind die ersten drei Ordnungen eingezeichnet. Hier wird der Erblasser von seinen Abkömmlingen beerbt, in diesem Fall seinen Kindern A und B und E als Erben I. Ordnung. Seine gegenwärtige Ehefrau (2) hat als solche ein gesetzliches Erbrecht. Seine Höhe ist davon abhängig, ob 2 mit dem Erblasser im gesetzlichen Güterstand des Zugewinnausgleichs gelebt hat. Wenn ja, dann beträgt dieser Anteil ein Viertel des Erbes. Ein weiteres Viertel tritt in diesem Fall als pauschaler Zugewinnausgleich hinzu. Die drei Kinder teilen sich die verbleibende Hälfte dann zu gleichen Teilen, also jeweils zu einem Sechstel. Die Mutter von E (5), mit der der Erblasser nicht verheiratet ist, hat kein Erbrecht, ebenso wenig wie seine vorherige Ehefrau (1) oder die Schwiegertochter (3). Dass E ein nicht eheliches Kind des Erblassers ist, spielt für ihr Erbrecht keine Rolle. Die Enkel C und D erben nicht, weil ihr Vater B noch lebt. Auch die Mutter von C erbt nicht. Die Mutter des Erblassers (6) ist Erbin II. Ordnung. Sie wird jedoch von den lebenden Abkömmlingen des Erblassers von einer Erbschaft ausgeschlossen. Das würde auch gelten, wenn A, B und E verstorben wären, aber C oder D noch am Leben sind *(§ 1930 BGB)*.

Nur dann, wenn kein (!) Abkömmling des Erblassers lebt (also auch keine Enkel oder Urenkel usw.), erben dessen Eltern – dann neben der Ehefrau 2 nach den Regeln des *§ 1931 Abs. 1 BGB*. 2 würde dann die Hälfte erben. In die andere Hälfte teilen sich die Eltern hälftig, wenn sie beide noch leben. Wenn, so wie in der Abbildung „Stammbaum", der Vater schon verstorben ist, dann erbt nach *§ 1925 Abs. 3 BGB* die Mutter (6) ein Viertel. In das Viertel des verstorbenen Gatten teilen sich dessen andere Abkömmlinge, hier also nur F, weil dessen Mutter, die Schwester des Erblassers, bereits verstorben ist.

F repräsentiert seinen Stamm. Wenn er Kinder hätte, dann wären sie nicht als Erben berufen. Hätte F drei Kinder und wäre bereits verstorben, dann würden diese drei Abkömmlinge des verstorbenen Vaters des Erblassers sich in das Viertel teilen, das auf den Vater des Erblassers entfällt – für den Fall, dass der Erblasser keine Kinder hat (anders als in der Abbildung „Stammbaum").

Der Ehemann der Mutter des Erblassers (G) hat in keinem Fall ein Erbrecht. Gleiches gilt für die frühere Ehefrau des Erblassers (1).

1.2 Gewillkürte Erbfolge

Wenn eine letztwillige Verfügung vorliegt, ist sie im Hinblick auf die darin enthaltenen Erbeinsetzungen auszuwerten. Der Erbschein ist entsprechend zu beantragen. Es sind dabei weitere Angaben zu machen und die Verfügung vorzulegen. Das Verhältnis zum Erblasser indes ist regelmäßig nicht nachzuweisen, weil die Erbeinsetzung ja nicht auf ihm, sondern auf dem Willen des Erblassers beruht.

Erbschein

vgl. § 352b FamFG

In einem Fall wie dem in der Abbildung „Stammbaum" könnte der Erblasser z. B. seine zweite Ehefrau (2) zur Alleinerbin eingesetzt haben. Für sie wäre dann ein Alleinerbschein zu beantragen. Wurde 2 nur als Vorerbin, z. B. vor A, B und E eingesetzt, A, B und E aber als Nacherben, dann ist zu beantragen, ihr einen insoweit beschränkten Erbschein zu erteilen. Es müssen die Namen der Nacherben mitgeteilt werden, die Voraussetzungen, unter denen die Nacherbschaft eintreten soll und gegebenenfalls, ob und in welchem Umfange der Vorerbe von den gesetzlichen Beschränkungen eines Vorerben befreit sein soll.

Wenn sich die Eheleute in einem gemeinschaftlichen Testament gegenseitig zu Erben und ihre gemeinsamen Abkömmlinge zu Schlusserben eingesetzt haben, dann ergänzen sie die Erbeinsetzung häufig durch eine Pflichtteilsstrafklausel. Danach erhält ein Schlusserbe, der beim ersten Erbfall sein Pflichtteil geltend gemacht hat, beim zweiten Erbfall auch nur den Pflichtteil. In einem solchen Fall hat die eidesstattliche Versicherung des Antragstellers bei einem Erbschein für die Schlusserben (nach dem zweiten Erbfall also) auch den Umstand zu umfassen, dass von der Geltendmachung eines solchen Pflichtteils nichts bekannt ist bzw. er nicht geltend gemacht wurde. Hier unterliegt die Erbeinsetzung insoweit einer Bedingung, sodass die Tatsache, dass sie nicht eingetreten ist, dem Nachlassgericht nachzuweisen ist.

1.3 Eidesstattliche Versicherung

Als Mittel der Glaubhaftmachung enthält der Erbschein praktisch immer für die in § 352 FamFG genannten Umstände eine eidesstattliche Versicherung, die auch der Notar aufnehmen kann. Die Pflicht zur Abgabe kann vom Nachlassgericht erlassen werden. Für den Todeszeitpunkt, das Verhältnis, auf dem das gesetzliche Erbrecht beruht (Stellung als Abkömmling durch Geburtsurkunden, Adoptionen, Eheurkunde, Lebenspartnerschaft usw.) und den Wegfall von vorrangigen Erben sind hingegen immer öffentliche Urkunden als Nachweis beizubringen.

Der Notar wird den Antragsteller darauf hinweisen, dass die Abgabe einer falschen eidesstattlichen Versicherung strafbar ist nach § 156 StGB:[1]

> § 156 StGB Wer vor einer zur Abnahme einer Versicherung an Eides Statt zuständigen Behörde eine solche Versicherung falsch abgibt oder unter Berufung auf eine solche Versicherung falsch aussagt, wird mit Freiheitsstrafe bis zu drei Jahren oder mit Geldstrafe bestraft.

Entsprechend sind die Angaben im Erbschein sehr genau zu fassen, um die Abgabe einer falschen Versicherung zu vermeiden.

Der Antragsteller kann sich bei der Abgabe der Versicherung grundsätzlich nicht vertreten lassen. Gesetzliche Vertreter, etwa Eltern für ihre Kinder, geben sie jedoch für die Vertretenen ab, wenn diese noch nicht eidesmündig sind (bis zur Vollendung des 16. Lebensjahres). Testamentsvollstrecker, Nachlassverwalter geben sie im eigenen Namen ab. Wenn sie keine Kenntnis haben können, kann das Nachlassgericht von der Erlassmöglichkeit Gebrauch machen.

---

[1] Bei fahrlässiger Abgabe droht Geldstrafe oder Freiheitsstrafe bis zu einem Jahr (§ 161 StGB).

1.4 Kosten

Die Hinterlegung eines Testaments bei einem Amtsgericht kostet dort Amtsgebühren in Höhe von 75,00 €. Dies ist unabhängig davon, ob es sich um ein notarielles oder ein privatschriftliches Testament handelt.

Die Gerichtskosten für einen Erbschein oder ein Europäisches Nachlasszeugnis sind gleich. Sie richten sich nach dem Geschäftswert, der dem Wert des Nachlasses im Zeitpunkt des Todes entspricht. Dabei sind jedoch vom Erblasser herrührende Schulden abzuziehen, also die Verbindlichkeiten, die im Zeitpunkt des Erbfalles schon bestanden *(§ 40 GNotKG)*. Auf diesen Wert fällt sodann eine 1,0-Gebühr nach *Nr. 23300 KV GNotKG* an. Sie gilt nach *Vorbemerkung 2.3.3 Nr. 2 KV GNotKG* die Gebühr für den Antrag beim Nachlassgericht mit ab. Es treten etwaige Zusatzgebühren und die Auslagen hinzu. Im GNotKG gibt es, anders als in der KostO, keine Kostenprivilegierung für den Fall mehr, dass der Erbschein nur für Zwecke des Grundbuchverfahrens benötigt wird. Es ist immer der Aktivwert des gesamten Nachlasses maßgeblich, nicht nur derjenige des Grundstücks.

Übungsaufgaben

1. In welcher Beziehung stehen die Erben in der Abbildung „Stammbaum" zueinander?
2. Wie hoch wäre der Erbteil von 2 in der Abbildung „Stammbaum", wenn der Erblasser mit ihr in Gütertrennung gelebt hätte?

2 Erbausschlagung

Nach *§ 1967 BGB* haftet der Erbe auch für Nachlassverbindlichkeiten, also die Schulden des Erblassers und diejenigen, die ihn als Erbe nach dem Erbfall treffen. Weil die Gesamtrechtsnachfolge unabhängig vom Willen des Erben eintritt, muss er sich für den Fall, dass er das Erbe nicht antreten will, durch aktives Handeln von dieser Folge des *§ 1922 BGB* befreien. Hierzu ist es erforderlich, dass er entweder das Erbe ausschlägt oder aber dessen Annahme (diese erfolgt spätestens durch Verstreichenlassen der Ausschlagungsfrist) anficht.

2.1 Erklärung

Eine Ausschlagungserklärung kann wie folgt aussehen:

> Urkundenrolle-Nr. ...
>
> „Amtsgericht Bergen
> – Nachlassgericht –
> Adresse
>
> In der Nachlasssache
> Reichel, Käthe, geborene Bauer, geboren am 14.09.1932, verstorben am 17.04.2018 in Bergen,
> Az. NEU
>
> schlage ich, Ingeborg Tauch, geboren am 19.09.1965, wohnhaft ... (Adresse), als Tochter der Erblasserin die Erbschaft hiermit aus allen Berufungsgründen aus. Die Sterbeurkunde der Erblasserin füge ich bei. Vom Ableben meiner Mutter habe ich am 20.05.2018 durch einen Anruf des Bestattungsunternehmens erfahren. Ich habe keine Abkömmlinge. Als weitere Erbin kommt meine Schwester Frauke Kaul, geborene Bauer, geboren am 16.02.1960, wohnhaft ... (Adresse), in Betracht.
>
> Bergen, 05.06.2018
>
> Unterschrift, Beglaubigungsvermerk"

2.2 Frist

Das Gesetz sieht eine Frist von sechs Wochen für die Ausschlagung vor. Sie verlängert sich auf sechs Monate, wenn der Erblasser seinen letzten Wohnsitz nur im Ausland hatte oder der Erbe sich dort bei Fristbeginn aufgehalten hat. Die Frist beginnt erst mit Kenntnis vom Tode des Erblassers und des Grundes der Berufung zum Erben. Maßgeblich für die Berechnung des Ablaufs ist der Zeitpunkt des Einganges der Ausschlagungserklärung beim Nachlassgericht am Ort des gewöhnlichen Aufenthaltes des Erblassers oder an demjenigen, bei dem der Ausschlagende seinen gewöhnlichen Aufenthalt hat (*§§ 1944 f. BGB, § 344 Abs. 7 FamFG*). Der Ausschlagende muss sich also um einen nachweisbaren fristgerechten Zugang beim Gericht kümmern. Seine Unterschrift muss beglaubigt werden. Dieselbe Frist gilt für die Anfechtung *(§ 1954 BGB)*. Bei wirksamer Ausschlagung gilt die Erbschaft als nicht angefallen, es wird fingiert, dass sie mit dem Erbfall dem nächsten Erben angefallen ist.

Anfechten wird der Erbe seine Annahme, wenn er sich dabei in einem rechtserheblichen Irrtume befand. Er wird sich hierauf etwa dann berufen, wenn sich erst später herausstellt, dass der Nachlass überschuldet war.

Wenn Eltern für ihre minderjährigen Kinder eine diesen angefallene Erbschaft ausschlagen, dann ist darauf zu achten, dass jeder sorgeberechtigte Elternteil die Ausschlagung erklärt. Die Ausschlagung bedarf zudem der familiengerichtlichen Genehmigung. Hiervon macht das Gesetz allerdings eine sehr praxisrelevante Ausnahme.

Wenn das Erbe dem Kind nur deswegen angefallen ist, weil zuvor das (im Stamm bzw. der Linie) vor ihm berufene Elternteil ausgeschlagen hat, ist die Genehmigung entbehrlich *(§ 1643 Abs. 2 BGB)*. Der Gedanke dieser Regelung ist, dass die Eltern nicht ausgeschlagen hätten, wenn der Nachlass nicht überschuldet ist – und dass eine Ausschlagung daher regelmäßig auch im Interesse der Kinder ist. Diese Ausnahme gilt auch in den Fällen, in denen der Nachlass im konkreten Fall gar nicht überschuldet ist.

Der Effekt der Ausschlagung ist, dass derjenige, der ausschlägt, so behandelt wird, als sei er zum Zeitpunkt des Erbfalles nicht am Leben gewesen. Das Erbe fällt dann demjenigen an, der der nächste Erbe ist. Es ergibt sich also eine Kaskade weiterer Erbfälle im Rahmen der gesetzlichen, gegebenenfalls auch gewillkürten Erbfolge. Im Zuge der Vorbereitung der Ausschlagung im Notariat sollte dies bedacht werden. Die Urkundsersuchenden werden häufig dankbar sein, wenn man allen betroffenen, familiär verbundenen Erben in dieser Kette die Möglichkeit einräumt, in einem gemeinsamen Termin die Ausschlagungserklärungen abzugeben. Die jeweiligen weiteren sorgeberechtigten Elternteile sind sinnvollerweise hinzuzuziehen. Zuweilen ist etwas Aufklärungsarbeit erforderlich, um zu vermitteln, welche Rolle die „Schwiegertöchter/-söhne" bei dieser Gelegenheit spielen – und warum sie bei dieser Angelegenheit mitwirken müssen, besonders dann, wenn das Verhältnis der Beteiligten getrübt bzw. nicht (mehr) vorhanden ist.

 Erbausschlagungen sind wegen des Fristablaufes und der Haftungsrisiken für die Erben eilig zu bearbeiten, die relevanten Zeitpunkte sind im Vorwege bereits zu ermitteln.

2.3 Kosten

Für die Ausschlagung oder Anfechtung der Annahme ist der Nachlasswert nach Abzug der Verbindlichkeiten im Zeitpunkt der Erklärung maßgeblich *(§§ 97, 103 Abs. 1 GNotKG)*. Hierauf fällt eine 0,5-Beurkundungsgebühr nach *Nr. 21201 Nr. 7, 24102 (Entwurf) KV GNotKG* an, mindestens 30,00 €. Ausschlagungen werden regelmäßig wegen der (vermuteten) Überschuldung stattfinden, sodass der Wert 0,00 € beträgt, also die Mindestgebühr greift. Dies gilt auch, wenn mehrere Ausschlagungserklärungen in einer Urkunde erfolgen (z. B. Elternteil für sich und beide Sorgeberechtigten für dessen Abkömmlinge).

Oft wird die Frage zu klären sein, ob das Notariat die Übermittlung der beglaubigten Ausschlagungserklärung an das zuständige Nachlassgericht veranlassen soll, oder ob die Urkundsersuchenden dies selbst verantworten wollen. Dies ist wegen des Fristablaufes und des Nachweises des fristgerechten Zuganges haftungsrelevant. Es fällt bei entsprechendem Auftrag die Vollzugsgebühr *Nr. 22124 KV GNotKG* in Höhe von 20,00 € an, gegebenenfalls zusätzlich *Nr. 31002 KV GNotKG*, Pauschale für Zustellung Einschreiben-Rückschein in Höhe von 3,50 €. Diese Form der Zustellung ist regelmäßig zu wählen, wenn eine Übermittlung durch Botengang wegen der großen Entfernung zum Gericht nicht in Betracht kommt.

Übungsaufgaben

1. Nach welcher Vorschrift schließen Eltern ihre Kinder von der Erbfolge aus, wenn die Eltern im Zeitpunkt des Erbfalles leben?
2. Wodurch wird eine Erbschaft angenommen, was hat die Annahme für Rechtsfolgen?

3   Testament

Als Teil der allgemeinen Handlungsfreiheit des Menschen, die das BGB voraussetzt, steht ihm auch die Testierfreiheit zu, also die Möglichkeit, durch letztwillige Verfügung über sein Vermögen im Falle seines Todes zu bestimmen. Hierfür sieht das Gesetz verschiedene Instrumente vor, die der Erblasser einsetzen kann. Wenn er dabei auch Bestimmungen darüber trifft, wer sein Erbe oder seine Erben sein sollen, so spricht man von gewillkürter Erbfolge, im Gegensatz zur gesetzlichen Erbfolge, weil die Wirkungen des *§ 1922 BGB* in diesem Fall auf einer Willensentscheidung des Erblassers beruhen *(§§ 1937, 1941 BGB)*.

Nicht alle letztwilligen Verfügungen berühren indes die vom Gesetz vorgesehene Erbfolge. Am deutlichsten wird dies bei der Sorgerechtsverfügung, mit der die Eltern minderjähriger Kinder bestimmen, wer im Falle ihres Ablebens das Sorgerecht über sie haben soll bzw. wem es auf keinen Fall übertragen werden soll *(§§ 1776 f. BGB –* Vormundbenennung). Solche Erklärungen sind vorsorglich vor allem für Situationen sinnvoll, in denen kein Elternteil mehr lebt, etwa bei gemeinsamem Versterben, bei Halbwaisen oder weil einem Elternteil das Sorgerecht bereits entzogen ist *(§ 1777 BGB)*. Diese Erklärungen müssen vollständig handschriftlich geschrieben und unterschrieben sein, wenn sie nicht notariell beurkundet werden.

Nach *§ 2247 BGB* muss ein privatschriftliches Testament eigenhändig geschrieben (also kein Ausdruck, Schreibmaschine o. Ä.) und unterschrieben sein. Es soll Tag, Monat, Jahr und Ort der Ausstellung angeben und Vor- und Nachname in der Unterschrift enthalten. Eine Überschrift wie „Testament", „Mein letzter Wille" o. Ä. ist nicht nötig, aber empfehlenswert.

Testamentsumschlag

Ein weiterer Vorteil des alternativen notariellen Testamentes, also der Beurkundung des letzten Willens des Erblassers, ist die Feststellung des Vorliegens der nötigen Testierfähigkeit *(§ 2229 BGB)*. Es handelt sich um einen Unterfall der Geschäftsfähigkeit. Sie setzt voraus, dass der Erblasser erfassen kann, welche wirtschaftliche Bedeutung für die betroffenen Personen seine Entscheidungen haben, und dass er diese Entscheidungen aus freiem Willen treffen kann. Der Notar wird die Feststellung des Vorliegens der insoweit (nur) erforderlichen Geschäftsfähigkeit in der Urkunde vermerken, gegebenenfalls sonst auch seine Zweifel daran *(§ 28 BeurkG)*.

Wer das 16. Lebensjahr vollendet hat, ist grundsätzlich testierfähig, bis zur Volljährigkeit jedoch nur bei Errichtung des Testamentes vor einer Amtsperson, regelmäßig mittels Beurkundung durch einen Notar.

Ob die Errichtung eines Testamentes überhaupt erforderlich ist und welchen Inhalt es haben sollte, das zeigt sich erst nach Ermittlung der gesetzlichen Erbfolge. Es ist also auch hier nötig, einen genauen Stammbaum des Erblassers zu erstellen und die Regeln der gesetzlichen Erbfolge auf ihn anzuwenden. Dabei sollte man auch überlegen, was passiert, wenn einzelne danach berufene Erben entfallen, weil sie vorversterben oder das Erbe ausschlagen. Erst wenn die dabei ermittelten Ergebnisse des Vermögensganges dem Erblasser nicht genehm sind, ist in einem zweiten Schritt zu ermitteln, welche Gestaltungsinstrumente eingesetzt werden können, um zu einer passenderen Verteilung zu kommen.

3.1 Erbeinsetzung

Laientestamente haben nicht selten einen Inhalt wie den folgenden:

> „Hiermit setze ich meine Ehefrau zur Erbin meines Hauses ein. Meine Kinder setze ich zu gleichen Teilen zu Erben meines Barvermögens ein. Mein Bruder erbt meine Bibliothek."

Eine solche Erbeinsetzung für einzelne Vermögensgegenstände ist nicht möglich. Erben sind immer Gesamtrechtsnachfolger. Sie können daher nur für das gesamte Vermögen oder für Bruchteile davon eingesetzt werden, für Erbquoten also. Ein etwas geschickter formuliertes Testament könnte also wie folgt lauten:

> „Hiermit setze ich meine Ehefrau und meine Kinder als Erben ein. Meine Ehefrau setze ich zur Hälfte, meine Kinder zu gleichen Teilen für die andere Hälfte meines Nachlasses ein."

3.2 Vermächtnis

Wenn der Erblasser bestimmte Vermögensgegenstände einzelnen Personen zukommen lassen möchte, dann ist dies in erster Linie durch entsprechende Vermächtnisse möglich:

> „Hiermit setze ich meine Ehefrau zur Alleinerbin ein. Meinen Kindern setze ich ein Vermächtnis aus, wonach sie mein Barvermögen zu gleichen Teilen erhalten. Es umfasst sämtliches Bargeld und alle Sparbücher und Girokonten, nicht jedoch mein Aktien- und Wertpapierdepot und meine Fondsanlagen. Meinem Bruder setze ich ein Vermächtnis aus, wonach er meine Bibliothek erhält."

Die Ehefrau wird hier die Rechtsnachfolgerin für den gesamten Nachlass, also auch die Eigentümerin des Hauses, der Bibliothek, des Bargeldes und aller Sparbücher und Konten. Die Vermächtnisnehmer haben jedoch ihr gegenüber einen schuldrechtlichen Anspruch auf Herausgabe und Übereignung der ihnen vom Erblasser vermachten Vermögenspositionen im Zeitpunkt des Erbfalles. Die Ehefrau wird daher die Bücher an den Bruder übergeben und übereignen und die Konten und Sparbücher auf die Kinder übertragen, ihnen das Bargeld übergeben und übereignen.

Auch eine Person, die Erbe ist, kann zum Vermächtnisnehmer gemacht werden, etwa wenn der Erblasser sichergehen möchte, dass ihr ein bestimmter Gegenstand aus dem Nachlass zukommt (sogennantes Vorausvermächtnis – *§ 2150 BGB*):

> „Meine Tochter setze ich zu meiner Erbin ein, ebenso meine Ehefrau, beide je zur Hälfte. Meiner Tochter setze ich ein Vermächtnis aus, wonach sie meine Eigentumswohnung in Berlin erhält."

3.3 Auflage

Mit einer Auflage nach *§§ 2192 ff. BGB* kann ein Erbe oder Vermächtnisnehmer beschwert werden. Er hat dann eine bestimmte Pflicht zu erfüllen, die in der Auflage festgelegt wird, ohne dass derjenige, dem die Pflichterfüllung zugutekommt, einen Anspruch darauf hat. Dem Erben kann z. B. die Auflage gemacht werden, das Grab des Erblassers (oder seiner Eltern, Ehefrau usw.) für 20 Jahre zu pflegen bzw. die Kosten dafür zu tragen, ein Haustier zu unterhalten, ein Denkmal zu errichten o. Ä. Eine Auflage könnte wie folgt aussehen:

> „Meine Eltern sind meine Erben. Sie erhalten die Auflage, mein Pferd Calipso bis zu seinem natürliche Tode bzw. bis zur vom Tierarzt empfohlenen Einschläferung im bisherigen Umfange zu unterhalten und tierschutzgerecht zu beschäftigen, wobei die Vergabe von Reitbeteiligungen an geeignete Reiterinnen zulässig ist. Zur Überwachung und mit dem Recht, Einzelweisungen zu erteilen, ordne ich Testamentsvollstreckung an. Als Testamentsvollstrecker setze ich meine Freundin ... ein, ersatzweise den Pferdewart der reiterlichen Vereinigung ... e. V."

3.4 Teilungsanordnung

Der Erblasser kann den Erben vorgeben, wie sie den Nachlass zu teilen haben *(§ 2048 BGB)*. Dies kann Streit unter den Erben vermeiden oder dem Erhalt wirtschaftlich sinnvoller Vermögenspositionen (Unternehmensbeteiligungen etwa) dienen. Eine denkbare Anordnung wäre z. B.:

> „A, B und C sind meine Erben zu gleichen Teilen. Ich ordne an, dass der Nachlass wie folgt aufgeteilt wird: Meine Wohnung in Berlin erhält A, mein Haus am Starnberger See erhält B und C erhält mein gesamtes sonstiges Vermögen. Sollte einer der Erben durch diese Form der Teilung einen wirtschaftlichen Mehrwert erhalten, so ist dieser durch Geldzahlung auszugleichen, wobei die Zahlung auf ein Jahr zinslos gestundet ist."

Eine überquotale Begünstigung eines Erben ist nur durch ein entsprechendes Vorausvermächtnis möglich, nicht durch Teilungsanordnung. Der Erblasser kann auch die Teilung des Nachlasses verbieten *(§ 2044 BGB)*. Einvernehmlich können sich Erben über solche Anordnungen hinwegsetzen. Dies kann dcr Erblasser nur verhindern, wenn er einen Testamentsvollstrecker einsetzt mit der Aufgabe, seine Anordnungen durchzusetzen.

3.5 Vor- und Nacherbe

Ein besonderes Instrument der Nachlassplanung ist die Vor- und Nacherbschaft. Der Erblasser setzt einen oder mehrere Vorerben ein und bestimmt daneben Nacherben, die den Nachlass erhalten, wenn der vom Erblasser bestimmte Nacherbfall eintritt. Häufig ist dieser Umstand der Tod des Vorerben, seine Wiederverheiratung oder ein bestimmtes Alter, das der (oder alle) Nacherben erreichen. Der Vorerbe ist damit nur „Erbe auf Zeit", der Nachlass bleibt eine von seinem sonstigen Vermögen getrennte Vermögensmasse und geht beim Eintritt des Nacherbenfalles direkt vom Erblasser auf den Nacherben über. Letzterer erbt also vom ursprünglichen Erblasser, nicht vom Vorerben. Damit vom Vorerbe noch „etwas übrig bleibt" bis zum Eintritt des Nacherbenfalles, erlegt das Gesetz dem Vorerben verschiedene Einschränkungen auf *(§§ 2112–2115 BGB)*. Insbesondere Verfügungen über Grundstücke und Schenkungen sind gegenüber dem Nacherben unwirksam. Um hier eine Vereitelung der Aussichten des Nacherben zu vermeiden, wird von Amts wegen gem. *§ 51 GBO* ein Nacherbenvermerk in die Grundbücher des Erblassers eingetragen, wenn die Rechtsnachfolge dem Grundbuchamt bekannt wird. Entsprechend wird eine solche Beschränkung des Erbrechts des Vorerben auch im Erbschein genannt *(§ 352b FamFG)*. Auf diese Weise kann der Erwerber sich nicht auf seinen sonst möglichen gutgläubigen lastenfreien Erwerb vom Vorerben berufen.

Eine Vor- und Nacherbschaft wird zuweilen in Ehegattentestamenten vorgesehen oder wenn ein Erbe in wirtschaftlichen Schwierigkeiten steckt. Auf das Vorerbvermögen können die Gläubiger des Vorerben nämlich nicht zugreifen (nur auf die Erträge des Vermögens, die dem Vorerben regulär zufließen). Eine Vor- und Nacherbeneinsetzung könnte wie folgt aussehen:

> „Hiermit setze ich meine Ehefrau zu meiner Erbin ein. Sie soll jedoch nur Vorerbin sein. Nacherben sind meine Kinder zu gleichen Teilen. Der Nacherbfall tritt ein beim Versterben meiner Ehefrau, bei ihrer Wiederverheiratung oder wenn sie unter Betreuung gestellt wird."

Der Erblasser kann anordnen, dass der Vorerbe weitestgehend von den gesetzlichen Beschränkungen befreit wird *(§ 2136 BGB)*. Stattdessen kann er ihn durch Auflagen, Vermächtnisse oder Testamentsvollstreckung auch weiter einschränken. Dies erfolgt bei überschuldeten oder behinderten Erben, um ihnen persönlich Vorteile des Vermögens zuzuwenden, ohne dass ihre Gläubiger bzw. die Sozialkassen ihrerseits davon profitieren bzw. entlastet werden.

3.6 Testamentsvollstreckung

Die *§§ 2197–2228 BGB* gestatten es dem Erblasser, seinen Willen noch umfangreicher in die Zukunft hinein durchzusetzen, als dies durch ein bloßes Testament der Fall ist, indem er eine oder mehrere Personen als Testamentsvollstrecker einsetzt. Sie vollstrecken seinen im Testament niedergelegten Willen. Entweder werden sie nur tätig, um den Nachlass abzuwickeln, also z. B. Gegenstände daraus gem. der ausgesetzten Vermächtnisse zu verteilen, gem. Teilungsanordnung zuzuweisen oder auch den Nachlass oder Teile davon in Geld umzusetzen, z. B. ein Unternehmen zu verkaufen. Alternativ dazu kann auch eine Verwaltungsvollstreckung angeordnet werden, bei der der Vollstrecker den Nachlass für eine bestimmte Zeit verwaltet, etwa bis die minderjährigen Erben ein gewisses Alter erreicht haben. Dies kann auch in der Form der Dauervollstreckung erfolgen, bei der der Vollstrecker über Nachlassgegenstände verfügen kann, etwa Aktien verkaufen und neue Aktien erwerben, um auf Ereignisse an der Börse reagieren zu können. Dauervollstreckung kann ohne weiteres bis zu 30 Jahre angeordnet werden, faktisch länger, wenn sie z. B. bis zum Ableben des Erben festgelegt wird.

Der Testamentsvollstrecker ist Partei kraft Amtes, er erklärt im eigenen Namen, jedoch mit Wirkung für den Nachlass. Er ist nicht Vertreter des Erben und legitimiert sich durch ein Testamentsvollstreckerzeugnis *(§ 2368 BGB)*. Die Einschränkung der Befugnisse der Erben durch Testamentsvollstreckung in Bezug auf Grundstücke wird durch die Eintragung eines Testamentsvollstreckervermerkes im Grundbuch gesichert *(§ 52 GBO)*. Ein Testamentsvollstrecker kann auch nur zur Erfüllung eines Vermächtnisses eingesetzt werden. Es kann sich dabei auch um den Vermächtnisnehmer handeln.

Die Testamentsvollstreckereinsetzung kann wie folgt aussehen:

> „Zu meinen Erben setze ich A, B und C ein. Bis der jüngste von ihnen sein 25. Lebensjahr erreicht hat, ordne ich Dauertestamentsvollstreckung an. Als Testamentsvollstrecker setze ich meinen besten Freund, RA und Steuerberater X ein. Sollte er hierzu nicht bereit oder in der Lage sein, so setze ich ersatzweise einen Partner der Kanzlei Müller, Vogel, Reichert zum Testamentsvollstrecker ein. Die Vergütung des Testamentsvollstreckers erfolgt nach der Neuen Rheinischen Tabelle."[1]

3.7 Gemeinschaftliches Testament

Eheleute haben die Möglichkeit, ein gemeinschaftliches Testament, häufig auch „Ehegattentestament" genannt, zu errichten. Es muss handschriftlich von einem von ihnen geschrieben, aber von beiden unterschrieben sein. Das Besondere dieser Testamentsform ist, dass in ihr letztwillige Verfügungen mit Bindungswirkung dem anderen Ehegatten gegenüber getroffen werden können *(§ 2270 BGB)*.

vgl. *§ 2267 BGB* i.V.m. *§ 2247 BGB*

> **§ 2270 BGB** (1) Haben die Ehegatten in einem gemeinschaftlichen Testament Verfügungen getroffen, von denen anzunehmen ist, dass die Verfügung des einen nicht ohne die Verfügung des anderen getroffen sein würde, so hat die Nichtigkeit oder der Widerruf der einen Verfügung die Unwirksamkeit der anderen zur Folge.
>
> (2) Ein solches Verhältnis der Verfügungen zueinander ist im Zweifel[2] anzunehmen, wenn sich die Ehegatten gegenseitig bedenken oder wenn dem einen Ehegatten von dem anderen eine Zuwendung gemacht und für den Fall des Überlebens des Bedachten eine Verfügung zugunsten einer Person getroffen wird, die mit dem anderen Ehegatten verwandt ist oder ihm sonst nahe steht.
>
> (3) Auf andere Verfügungen als Erbeinsetzungen, Vermächtnisse, Auflagen und die Wahl des anzuwendenden Erbrechts findet Absatz 1 keine Anwendung.

Von der Bindungswirkung wechselbezüglicher Verfügungen kann sich der Erblasser, soweit nichts anderes im Testament geregelt ist, einseitig nur durch Widerruf zu Lebzeiten des Ehepartners befreien. Er hat durch notariell beurkundete Erklärung zu erfolgen, nach den Regeln über den Rücktritt von einem Erbvertrag *(§§ 2271, 2296 BGB)*. So ist regelmäßig gewährleistet, dass der andere Ehegatte seinerseits umdisponieren kann. Dies ist ihm faktisch jedoch nur möglich, wenn er im Zeitpunkt des Zuganges der Erklärung (den der Widerrufende zu beweisen hat, weshalb sich Zustellung per Gerichtsvollzieher empfiehlt) noch testierfähig ist. Nach dessen Tode gelingt die Befreiung sonst nur, indem der Überlebende das ihm zugewandte ausschlägt – oder bei schweren Verfehlungen des anderen Ehegatten *(§§ 2294, 2336 BGB)*.

---

[1] Vgl. www.westfaelische-notarkammer.de/seiten/download/verguetung-testamentsvollstrecker.PDF
[2] Hier handelt es sich um eine gesetzliche Auslegungsregel, wie sie gerade im Erbrecht häufig anzutreffen ist. Der Notar wird in der Urkunde „Zweifel" vermeiden, indem er ausdrücklich die Wechselbezüglichkeit von Verfügungen feststellen oder ebenso deren Fehlen angeben wird.

Typische Formulierungen eines gemeinschaftlichen Testamentes finden sich im sogenannten Berliner Testament, das wie folgt formuliert sein kann, wobei hier verschiedene Alternativen aufgeführt werden, unter denen auszuwählen ist, bzw. die angepasst werden müssen:

„Rubrum für zwei verheiratete Erblasser, sodann:

An ihrer erforderlichen Geschäfts- und Testierfähigkeit besteht nach meiner Überzeugung kein Zweifel. Zeugen oder einen zweiten Notar wollten sie nicht hinzuziehen.

Die Vorbefassungsfrage verneinend ersuchten sie um Beurkundung nachfolgenden

Gemeinschaftlichen Testamentes.

I. Vorbemerkungen

Wir haben am ... vor dem Standesbeamten in ... die Ehe geschlossen und leben im gesetzlichen Güterstand der Zugewinngemeinschaft. Wir haben keinen Ehevertrag. *Es ist für 1) die zweite Ehe. Aus ihr sind ... Kinder hervorgegangen.* Wir sind und waren nur deutsche Staatsangehörige und hatten und haben unseren gewöhnlichen Aufenthalt im Inland. Unsere gemeinsamen Abkömmlinge sind bis dato ..., geboren am ... und ..., geboren am ... . *Andere Kinder haben und hatten wir nicht. 1) ist Alleingesellschafterin einer GmbH. Deren Gesellschaftsvertrag beschränkt den Erwerb der Anteile im Erbgang und die anschließende Innehabung in keiner Weise.* Uns gehört je zur ideellen Hälfte unser Einfamilienhaus. Auslandsvermögen oder Personen- oder sonstige Handelsgesellschaftsbeteiligungen haben wir nicht.

II. Letztwillige Verfügungen

Durch anderweitige letztwillige Verfügungen sind wir nicht gebunden. Wir widerrufen rein vorsorglich alle unsere vorherigen letztwilligen Verfügungen, *bis auf die Vormundbenennung zu notarieller Urkunde des amtierenden Notars UR-Nr. ... respektive UR-Nr. ... .*

§ 1
Erbeinsetzung

1. Wir setzen uns gegenseitig zu Vollerben ein.

2. Der Längstlebende bestimmt unsere gemeinsamen Abkömmlinge, Schlusserben, bei deren Wegfall ihre jeweiligen Stämme, zu seinen Erben zu je gleichen Teilen. Er darf Vor- und Nacherbschaft unter den Mitgliedern der jeweiligen Stämme anordnen, wobei dies auf einzelne Stämme beschränkt sein kann.

3. Fällt eines unserer Kinder ohne Hinterlassung von Abkömmlingen, auch adoptierte und nichteheliche, weg, wächst dessen Stammanteil den anderen Kinderstämmen gem. *§ 2094 BGB* an.

4. Verlangt ein Schlusserbe seinen Pflichtteil nach dem Erstversterbenden, so kann der Überlebende ihn selbst oder ihn und seine Abkömmlinge mit einem Ergänzungstestament von der Erbfolge nach dem Überlebenden ausschließen.

§ 2
Vermächtnis, Auflagen

1. ...

2. Ersatzvermächtnisnehmer

§ 3
Gleichzeitiges Versterben

1. Sofern wir beide gleichzeitig versterben, oder einer gemeinsamen Gefahr erliegen, oder wenn ein Vorversterben eines Ehegatten vor dem anderen nicht mehr festgestellt werden kann, trifft jeder von uns die Verfügung von Todes wegen für seinen Nachlass zugunsten der Schlusserben. Sie haben etwaige, dem Längstlebenden auferlegte Vermächtnisse zu erfüllen.

2. Sofern beim Ableben des Längstlebenden gar keine gemeinsamen Abkömmlinge mehr vorhanden sind, bestimmt dieser zum *Ersatzschlusserben .../tritt gesetzliche Erbfolge ein.*

§ 4
Testamentsvollstreckung

§ 5
Schiedsklausel

III. Widerruflichkeit, Anfechtung und Unwirksamkeit

§ 1
Abänderungsmöglichkeit

Nach dem Tod des Erstversterbenden ist der Längstlebende berechtigt, auch seine eigenen wechselseitig getroffenen Bestimmungen für den zweiten Todesfall durch Testament, das nicht beurkundet zu werden braucht, aufzuheben oder abzuändern. Die Verfügungen des Erstversterbenden bleiben, entgegen § 2270 Abs. 1 BGB, bestehen, auch wenn er von diesem Recht Gebrauch macht.

ODER

Die hier getroffenen Bestimmungen sollen sämtlich wechselbezüglich sein, soweit sie der Wechselbezüglichkeit zugänglich sind. Eine Befugnis zur Aufhebung oder Abänderung nach dem Ableben des Erstversterbenden besteht für den Längstlebenden *nicht* ODER *... besteht nur wie folgt: ...* ODER *... besteht nur bei Vorliegen folgender Bedingungen (die vom Nachlassgericht zu überprüfen sind/nicht zu überprüfen sind): ... .*

§ 2
Anfechtung

Unsere hier wechselbezüglich getroffenen Verfügungen sollen Bestand haben, unabhängig davon, ob wir Pflichtteilsberechtigte hinterlassen oder nicht, oder welche das wären. Wir verzichten jeweils auf ein eventuelles künftiges Anfechtungsrecht wegen Irrtums und wegen Übergehens eines beim ersten oder zweiten Erbfall vorhandenen Pflichtteilsberechtigten. Dieser Verzicht wirkt auch zulasten Dritter.

§ 3
Unwirksamkeit

Bei Auflösung oder Nichtigkeit unserer Ehe sollen unsere hiesigen Verfügungen von Todes wegen in vollem Umfang unwirksam sein. Dies gilt auch, wenn beim Tode eines Ehegatten ein Scheidungs- oder Aufhebungsantrag anhängig ist.

§ 4
Wiederverheiratung

Für den Fall, dass der Längstlebende sich wieder verheiratet, ist er verpflichtet, vermächtnis- bzw. verschaffungsvermächtnisweise das Grundstück ... in ..., eingetragen im Grundbuch des Amtsgerichts ..., Band ..., Blatt ..., Fl.-Nr. ..., mit allen Rechten und Bestandteilen gegen Übernahme der beim Tod des erstversterbenden Ehegatten bestehenden Belastungen samt zugrunde liegenden Schuldverpflichtungen zur Zeit des ersten Erbfalls unter Vorbehalt eines unentgeltlichen Nießbrauchsrechts auf Lebenszeit an unsere gemeinschaftlichen Abkömmlinge nach Stämmen zu gleichen Teilen herauszugeben.

Die Vermächtnisnehmer sind nicht berechtigt, dingliche Sicherung des aufschiebend bedingten Anspruchs zu verlangen.

IV. Kosten, Hinweise, Sonstiges

§ 1
Kosten

Die Kosten dieser Urkunde trägt jeder der Beteiligten je zur Hälfte, Wert ... €.

§ 2
Hinweise, Belehrungen

Der Notar wies unter anderem darauf hin, dass(,)

1. die Beteiligten über die Wirkungen der in diesem Testament getroffenen letztwilligen Verfügungen und über das gesetzliche Erb- und Pflichtteilsrecht informiert wurden;

2. nur Erbeinsetzungen, Vermächtnisse und Auflagen wechselbezüglich sein können. Wechselbezüglichkeit liegt vor, wenn sie miteinander stehen und fallen sollen. Sie sind dann in ihrem Bestand voneinander abhängig, ihr Widerruf ist erschwert (zu Lebzeiten durch notariell beurkundete Erklärung gegenüber dem Partner) oder ausgeschlossen (nach dem Ableben des Partners, wenn der Längstlebende nicht erfolgreich anficht, etwa bei erneuter Heirat – wegen des dann ja jetzt „übergangenen neuen" Pflichtteilsberechtigten –, wenn diese Anfechtungsmöglichkeit nicht ausgeschlossen wurde) und der Schlussbedachte ist vor lebzeitigen Verfügungen ebenso (schwach) geschützt, wie der Begünstigte eines Erbvertrages;

3. der Längstlebende sich für bindende wechselbezügliche Verfügungen auch nach dem Tod des Erstversterbenden die Testierfreiheit wieder verschaffen kann, wenn er die Erbschaft ausschlägt oder erfolgreich entsprechend §§ 2281 ff. BGB angefochten hat (Drohung, Irrtum);

4. Zahlungen aus Verträgen zugunsten Dritter auf den Todesfall (z.B. Lebensversicherungen, Sparkonten) unmittelbar dem etwaigen eingesetzten Bezugsberechtigten zustehen und deshalb nicht in den Nachlass fallen;

5. es sinnvoll ist, ein Testament in regelmäßigen Abständen oder zu bestimmten Anlässen (z.B. Erwerb von Auslandsvermögen, Volljährigkeit) zu überprüfen, und aus Sicht des Erben, unmittelbar nach Erbanfall steuerlichen Rat einzuholen;

6. sollte dieses Testament unwirksam sein oder werden (etwa durch erfolgreiche Anfechtung), vorherige Verfügungen wieder wirksam werden, wenn sie noch existieren, was dazu veranlassen kann, sie vorsorglich zu vernichten;

7. wenn ein Partner noch während der Lebenszeit des anderen widerruft oder einen Scheidungsantrag anhängig macht, der andere Partner jedoch aufgrund Krankheit nicht mehr in der Lage ist, erneut zu verfügen, es sinnvoll sein könnte, je ein weiteres Einzeltestament vorsorglich für diesen Fall zu errichten, oder die dann geltenden Regelungen hier aufzunehmen und von der Unwirksamkeitswirkung auszuschließen;

8. er dieses Testament beim Nachlassgericht an seinem Amtssitz in die öffentliche Verwahrung geben wird, weil die Partner kein anderes Nachlassgericht ausgewählt haben;

9. die Rücknahme durch die Partner höchstpersönlich bei dem Hinterlegungsgericht erfolgen muss und dass dies zugleich den Widerruf des Testamentes bedeutet, weshalb sie nur bei noch bestehender Testierfähigkeit möglich sein wird.

§ 3
Abschriften

Wir ersuchen um Erteilung einer beglaubigten Abschrift für jeden von uns. Der Notar wird ermächtigt, eine beglaubigte Abschrift offen in seiner Urkundensammlung zu verwahren.

Schlussvermerk"

3.8 ZTR (Zentrales Testamentsregister)

Online abrufbar sind bei der Bundesnotarkammer im Zentralen Testamentsregister letztwillige Verfügungen verzeichnet, die die gesetzliche Erbfolge ändern, also Testamente, wenn sie amtlich verwahrt sind, Erbverträge, Eheverträge, die die Erbfolge ändern, Erbverzichtserklärungen, Rücktrittserklärungen und Anfechtungen. Der Notar hat alle Testamente unverzüglich nach Errichtung oder Übergabe (von handschriftlichen Testamenten) in die amtliche Verwahrung zu geben. In diesem Zuge meldet er beim ZTR online die Urkunden mit Basisdaten an. Nachfolgende Abbildung zeigt die Eingabemaske des ZTR.

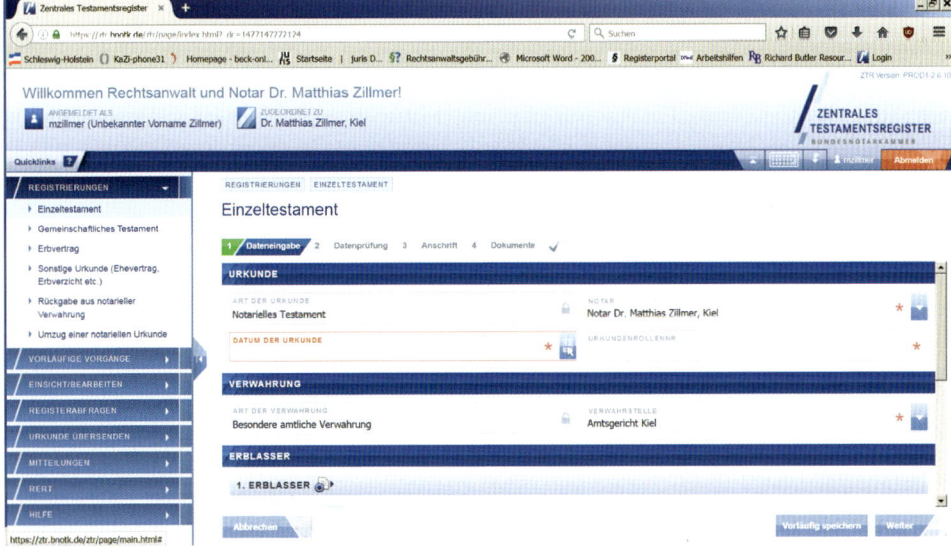

Eingabemaske ZTR

Wenn man weiter herunterscrollt, dann kommt auch der Teil, bei dem man die Geburtsbuchnummer der Erblasser eintragen muss. Diese sollte daher bei der Vorbereitung von Urkunden im Erbrecht ebenso erfragt werden wie der Geburtsort, das Geburtsstandesamt und der Güterstand, zudem, ob bereits letztwillige Verfügungen vorliegen. Die Geburtsbuchnummer findet sich auf der Geburtsurkunde meist ganz oben, z. B. „135/1954". Weil die Urkundsersuchenden das Vorliegen von Testamenten auch einmal vergessen, sollte vorsorglich im ZTR nachgesehen werden, ob dort welche verzeichnet sind. Aus demselben Grund ist es üblich, dass eine Widerrufsverfügung am Beginn einer letztwilligen Verfügung steht, mit der bisherige etwaige Verfügungen widerrufen werden *(§§ 2253 f. BGB)*.

Bei Erbverträgen können die Beteiligten wählen, ob diese beim Registergericht oder beim Notar verwahrt werden sollen.

Erblasser können handschriftliche Testamente auch selbst beim Nachlassgericht in die besondere amtliche Verwahrung geben. Das hat den großen Vorteil, dass sie auch auf jeden Fall schnell zur Verfügung stehen, wenn der Erbfall eintritt. Es besteht auch nicht die Gefahr, dass die Verfügung von Personen vernichtet wird, die sie im häuslichen Umfeld finden und von ihr benachteiligt werden – im Vergleich zur gesetzlichen Erbfolge.

Wenn keine Bindungswirkung besteht, dann kann der Erblasser jederzeit durch Errichtung einer neuen, abweichenden letztwilligen Verfügung anders testieren. Er kann durch Vernichtung des handschriftlichen Testamentes auch die gesetzliche Erbfolge wieder herbeiführen. Ist ein Testament verwahrt, dann stellt die Rücknahme aus der besonderen amtlichen Verwahrung zugleich dessen Widerruf dar. Aus diesem Grund prüft das Nachlassgericht bei der Rücknahme, ob Testierfähigkeit gegeben ist *(§§ 2255 f. BGB)*.

3.9 Kosten

Die amtliche Verwahrung eines Testaments kostet 75,00 € *(Nr. 12100 KV GNotKG)*, die Eröffnung 100,00 € *(Nr. 12101 KV GNotKG)*.

Die Registrierung im ZTR kostet pro Testator 15,00 €, wenn die Rechnung vom Notar für die Kammer eingezogen wird, 18,00 € bei Direktzahlung gegenüber der Kammer. Für den Notar handelt es sich um einen durchlaufenden Posten, der nicht mit USt. beaufschlagt wird.

Geschäftswert letztwilliger Verfügungen ist der Reinwert des Nachlasses, wobei die Verbindlichkeiten höchstens bis zur Hälfte des Aktivwertes des Vermögens abgezogen werden dürfen *(§ 102 GNotKG)*. Wenn nur über einen Bruchteil verfügt wird („Ich setze meine Ehefrau zu meiner Erbin zu einer Hälfte ein, im Übrigen bleibt es bei der gesetzlichen Erbfolge."), ist der Wert entsprechend zu kürzen. Bei bloßen Vermächtnissen ist der Wert des Vermächtnisgegenstandes maßgeblich. Erfolgt das Vermächtnis neben Verfügungen über den ganzen Nachlass, wie meist, dann erhöhen sie den dortigen Wert nicht.

Beim Einzeltestament wird auf diesen Wert eine 1,0-Beurkundungsgebühr nach *Nr. 21200 KV GNotKG* fällig, mindestens 60,00 €, bei gemeinschaftlichen Testamenten und Erbverträgen eine 2,0-Gebühr nach *Nr. 21100 KV GNotKG*, mindestens 120,00 €. Bei gemeinschaftlichen Testamenten wird das jeweils sich aus der Berechnung des modifizierten Reinwertes ergebende Vermögen der beiden Ehegatten zusammengerechnet.

Für die Beurkundung des Widerrufs oder der Anfechtung einer letztwilligen Verfügung entsteht eine 0,5-Beurkundungsgebühr nach *Nr. 21201 KV GNotKG*, mindestens 30,00 €.

Die Rücknahme eines Erbvertrages oder Testamentes aus der besonderen amtlichen Verwahrung ist gebührenfrei, die Rücknahme eines Erbvertrages aus notarieller Verwahrung verursacht hingegen eine 0,3-Gebühr nach *Nr. 23100 KV GNotKG*, die allerdings auf eine demnächst erfolgende neue letztwillige Verfügung angerechnet wird.

Enthält die letztwillige Verfügung eine Rechtswahl, so erhöht dies den Geschäftswert um 30 % *(§ 104 Abs. 2 GNotKG)*.

Übungsaufgaben

1. Ein Urkundsuchender bringt ein privatschriftliches Testament mit in die Kanzlei und fragt nach, ob er einen Erbscheinantrag beurkunden lassen kann. Worauf wird ihn Nicole Otte u. a. aufmerksam machen?

2. Welche Vorteile eines notariellen Testamentes gegenüber einem privatschriftlichen kennen Sie?

3. Die 15-jährige Marlene Krüger entwickelt und vermarktet sehr erfolgreich Nachhilfe-Apps. Sie errichtet ein eigenhändiges Testament, mit dem sie ihren Erben die Auflage erteilt, die Lizenzerträge aus ihrer Software zur lebenslangen Unterhaltung ihres Reitpferdes im bisherigen Umfange zu verwenden. Mit 20 Jahren stirbt Marlene Krüger kinderlos, ihre beiden Eltern leben noch, auch ihr Pferd. Wer ist ihr Erbe? Ist der Erbe zur Befolgung der Auflage verpflichtet?

4. Der Testator Michael Menge möchte den sein Testament beurkundenden Notar als Testamentsvollstrecker einsetzen. Ist das möglich?

4 Erbvertrag

Ein besonders flexibles Instrument der Nachfolgeplanung ist der Erbvertrag *(§ 1941 BGB)*. Mit ihm können Erbeinsetzungen, Vermächtnisse und Auflagen sowie das auf den Erbfall anwendbare Sachrecht[1] verbindlich vereinbart werden. Sein Abschluss ermöglicht es, den potenziellen Erben und Vermächtnisnehmern bzw. den von Auflagen begünstigten Personen eine vertragliche Rechtsposition einzuräumen, die ihnen ohne ihr Zutun grundsätzlich nicht mehr entzogen werden kann, was ihnen Planungssicherheit verschafft. Im Gegensatz zur sonst nur gegebenen bloßen, nicht geschützten Erberwartung besteht hier eine Rechtsposition des Vertragserben. Tatsächliche Beeinträchtigungen durch Verbrauch von Vermögensgegenständen oder vertragswidrig die Begünstigten beeinträchtigende Vermögensverschiebungen bleiben als wirtschaftliches Risiko zwar erhalten, lassen sich aber zum Teil durch Sicherungsmaßnahmen verringern, etwa durch die Eintragung von Vormerkungen im Grundbuch *(§§ 2286 f. BGB)*.

Bindungswirkung

Während Ehepartner oder eingetragene Lebensgefährten *(§ 10 Abs. 4 LPartG)* wechselbezügliche Verfügungen bindend in einem gemeinschaftlichen Testament vereinbaren können, haben andere Paare diese Möglichkeit nur im Rahmen eines Erbvertrages. Solche werden jedoch bei Ehepaaren unter Einbeziehung von Kindern geschlossen, um z. B. auch zu vermeiden, dass diese später durch Geltendmachung ihres Pflichtteils den überlebenden Ehegatten in Liquiditätsschwierigkeiten bringen. Für einen im Vertrag enthaltenen Pflichtteilsverzicht können sie im Gegenzug verbindlich zu Erben des Überlebenden eingesetzt werden oder z. B. gewisse Vermächtnisse erhalten.

Ein Erbvertrag kann auch nur einseitig bindend formuliert werden. Die Bindungswirkung besteht nicht, wenn sich der Verpflichtete den Rücktritt vorbehalten hat *(§ 2293 BGB)*. Wenn der Erbvertrag nur Verfügungen von Todes wegen enthält, dann kann er mit Widerrufswirkung an alle Vertragspartner aus der amtlichen Verwahrung zurückgegeben werden *(§ 2300 BGB)*.

> **Übungsaufgaben**
>
> 1. Welche Unterschiede gibt es zwischen gemeinschaftlichem Testament und Erbvertrag für Eheleute?
> 2. Ein Urkundersuchender fragt im Notariat an, ob er aus Gründen der Kostenersparnis einen Ehevertrag mit einem Erbvertrag kombinieren sollte. Wie würden Sie antworten?

---

[1] *Sachrecht ist das materielle Recht einer Rechtsordnung. Es ist zu unterscheiden vom Kollisionsrecht einer Rechtsordnung. Sachrecht gewährt Ansprüche und Einwendungen, Kollisionsrecht gibt in einer vorherigen Prüfungsstufe nur darüber Auskunft, welchen Landes Sachrecht Anwendung findet. Diese Entscheidung ist nötig, wenn nach dem Sachverhalt mehrere Länder berührt sind, also deren jeweiliges Recht Geltung beanspruchen könnte („Kollision der Rechtsordnungen", etwa wenn ein Spanier in Deutschland verstirbt). Das deutsche Kollisionsrecht, auch Internationales Privatrecht genannt, findet sich vor allem in den EU-Verordnungen Rom I und II, vgl. eur-lex.europa.eu/legal-content/DE/TXT/?uri=URISERV:jl0006.*
Im Erbrecht ist vorrangig die EU-Erbrechtsverordnung heranzuziehen, vgl. www.bmjv.de/SharedDocs/Publikationen/DE/Europaeische_Erbrechtsverordnung.pdf?__blob=publicationFile&v=19. Sie knüpft vor allem an den letzten gewöhnlichen Aufenthalt des Erblassers an.

5 Erb- und Pflichtteilsverzicht

Durch notariell beurkundete Vereinbarung mit dem Erblasser können gesetzliche Erben auf ihr Erbrecht verzichten. Sie werden dann so behandelt, als seien sie beim Erbfall schon verstorben. Eine weniger einschneidende Vereinbarung ist die des Pflichtteilsverzichts. Der Pflichtteilsberechtigte verzichtet darin auf sein Recht, einen Pflichtteil geltend machen zu können.

Der Kreis der Pflichtteilsberechtigten ist überschaubar: Eltern, Ehegatten und Abkömmlinge des Erblassers haben ein solches Recht, die Eltern jedoch nur, wenn keine Abkömmlinge vorhanden sind *(§ 2303 BGB)*. Abkömmlinge sind auch Enkel, wenn deren Eltern schon verstorben sind. Ein Pflichtteilsanspruch setzt immer voraus, dass der Berechtigte gesetzlicher Erbe geworden wäre (also z.B. nicht wirksam enterbt wurde, wegen schwerer Verfehlungen gegen den Erblasser etwa), durch letztwillige Verfügung aber von der Erbfolge ausgeschlossen wurde. Dem Ausschluss stehen nach *§ 2306 BGB* Beschwerungen gleich, z.B. Vermächtnisse, mit denen der Erbe belastet ist.

Der Pflichtteil beträgt von der Höhe her immer die Hälfte des gesetzlichen Erbteils. Er besteht jedoch nur in einem Anspruch auf Zahlung von Geld, der Pflichtteilsberechtigte wird nicht Gesamtrechtsnachfolger, ist nicht Teil der Erbengemeinschaft. Er hat jedoch Auskunftsansprüche gegen den Erben *(§ 2314 BGB)*. Hat der Erblasser sich in den zehn Jahren vor dem Erbfall durch Schenkung entreichert, so kann der Pflichtteilsberechtigte einen Ergänzungspflichtteil fordern: Dem Nachlass ist dasjenige wertmäßig fiktiv hinzuzusetzen, was insoweit abgeflossen ist. Allerdings wird die Hinzurechnung mit jedem Jahr, das die Zuwendung vor dem Erbfall erfolgt war, geringer *(§ 2325 BGB)*. Bei Schenkungen unter Ehegatten fängt die 10-Jahresfrist während der Ehezeit nicht zu laufen an. Auf seinen Pflichtteil hat sich der Berechtigte dasjenige anrechnen zu lassen, was er zu Lebzeiten vom Erblasser mit der Bestimmung geschenkt bekommen hat, dass er es sich auf den Pflichtteil hat anrechnen zu lassen.

Ein Erbverzicht ist die Ausnahme, meist ist nur der Pflichtteilsverzicht gewollt. Er kann wie folgt formuliert sein, es folgen einschlägige Belehrungen:

„1) und 2) verzichten hiermit mit Wirkung für sich und ihre jeweiligen Abkömmlinge gegenüber 3), ihrem Vater, auf ihr jeweiliges gesetzliches Pflichtteilsrecht einschließlich insbesondere etwaiger Pflichtteilsergänzungsansprüche und eines etwaigen Ausgleichspflichtteils bei Ableben des 3), gleichviel, wem der Wegfall der Pflichtteilslast zugutekommt und gleichviel auf welchen Betrag sich ein etwaiger Pflichtteilsanspruch belaufen würde. Ihr gesetzliches Erbrecht bleibt bestehen. Durch Verfügung von Todes wegen bereits erfolgte Zuwendungen des 3) an 1) und 2) bleiben von diesem Verzicht unberührt.

3) nimmt diesen Verzicht hiermit jeweils an.

Der Notar wies unter anderem darauf hin, dass

1. der Pflichtteil vom Wert her der Hälfte des gesetzlichen Erbteils entspricht und ein Zahlungsanspruch gegen den Erben ist, der sofort zur Zahlung fällig ist. Er hat auch über den gesetzlichen Erbteil im konkreten Fall belehrt;

2. ein Pflichtteilsverzicht gegen Abfindungsleistung seitens des Erblassers Schenkungsteuer auf die Abfindungsleistung auslösen kann und dass eine freigebige Zuwendung seitens des zukünftigen gesetzlichen Erben vorliegt, wenn dieser selbst die Abfindung zahlt, was eine schlechtere Steuerklasse und geringere Freibeträge zur Folge haben kann;

Erb- und Pflichtteilsverzicht

3. das gesetzliche Erbrecht des Verzichtenden und seiner Abkömmlinge bestehen bleibt. Es bedarf daher einer gesonderten Verfügung von Todes wegen, um den Verzichtenden und seine Abkömmlinge von der gesetzlichen Erbfolge auszuschließen. Der Verzichtende und seine Abkömmlinge haben jedoch keine Pflichtteilsrechte am Nachlass des Erblassers."

Bei einer Gegenleistung (regelmäßig die Zahlung einer bestimmten Geldsumme) für den Verzicht könnte stattdessen wie folgt formuliert werden:

„Der Verzicht der 1) und 2) auf ihr jeweiliges Pflichtteilsrecht ist auflösend bedingt. Er entfällt, wenn die unter nachstehender Ziff. ... vereinbarte Gegenleistung nicht vollständig fristgerecht erbracht wird. 3) nimmt diesen auflösend bedingten Verzicht hiermit an."

5.1 Kosten

Es fällt für einen Erb- oder Pflichtteilsverzicht eine 2,0-Beurkundungsgebühr nach *Nr. 2110 KV GNotKG* an, mindestens 60,00 €. Es ist als Geschäftswert der jeweilige modifizierte Reinvermögenswert maßgeblich, auf den die Pflichtteilsquote zu ermitteln ist (Hälfte des gesetzlichen Erbteils). Wenn eine Gegenleistung erbracht wird, dann ist deren Wert maßgeblich, wenn sie höher ist *(§§ 102 Abs. 4, 97 Abs. 3 GNotGK)*.

Übungsaufgaben

1. Was wird der Notar bei der Beurkundung von Schenkungsverträgen mit Ehepartnern oder Abkömmlingen des Schenkers immer mit den Schenkern erörtern?

2. Ein Urkundsersuchender möchte einem seiner Kinder ein Grundstück unter Vorbehaltsnießbrauch schenken, auch um den späteren Pflichtteilsanspruch eines (aus seiner Sicht) missratenen anderen Kindes zu verringern, weil das Grundstück dann ja nicht mehr in seinen Nachlass fällt. Der Schenker hofft, noch mindestens zehn Jahre zu leben, damit die Frist für den Ergänzungspflichtteilsanspruch abgelaufen ist. Welche Bedenken wird der Notar mit dem Schenker erörtern?

3. Ein Urkundsersuchender fragt bei der Vorbereitung seines Testaments nach, ob auch eine schon 20 Jahre zurückliegende Schenkung an eines seiner Kinder – dieses hatte seinerzeit eine Wohnung als Eheheim zur Hochzeit von ihm erhalten – bei einem späteren Erbfall berücksichtigt wird. Was würden Sie antworten?

6 Vorsorgevollmacht

Im Rahmen von Beurkundungen und Beratungen zum Erbrecht werden häufig Vorsorgevollmachten nachgefragt und beurkundet. Durch sie erteilt der Urkundsersuchende einer Person seines Vertrauens eine Generalvollmacht, ihn in allen seinen persönlichen und wirtschaftlichen Angelegenheiten vertreten zu können. Liegt eine solche vor, so braucht im Falle der Geschäftsunfähigkeit des Vollmachtgebers (z.B. Koma nach Tauchunfall) durch das Gericht kein amtlicher Betreuer für ihn bestellt zu werden, denn er ist immer noch handlungsfähig – durch die bevollmächtigte Person. Im Innenverhältnis ist der Bevollmächtigte angewiesen, von der Vollmacht nur Gebrauch zu machen, wenn der Vollmachtgeber selbst nicht dazu in der Lage ist, seine Angelegenheiten zu regeln. Im Außenverhältnis enthalten solche Vollmachten regelmäßig diese Einschränkung nicht. Das Vorliegen der Voraussetzungen wäre für den Rechtsverkehr zu schwer nachzuweisen.

Von der Vorsorgevollmacht ist die Patientenverfügung zu unterscheiden. Mit ihr gibt man seinen Ärzten Verhaltensanweisungen für in der Zukunft eintretende medizinische Fallkonstellationen (z.B. Wachkoma ohne Schluckreflex, das länger als sechs Monate andauert und nach Ansicht zweier unabhängiger Ärzte irreversibel ist), weil man in diesen Situationen selbst nicht mehr in der Lage ist, Entscheidungen über die weitere Behandlung zu treffen und Anweisungen zu erteilen. Muster hierfür und Hinweise zur Rechtslage finden Sie z.B. unter www.bmjv.de/SharedDocs/Publikationen/DE/Patientenverfuegung.html

6.1 Urkunde

Eine (sehr ausführliche) Vorsorgevollmacht könnte wie folgt aussehen, nach dem Rubrum, die kursiven Abschnitte sind alternativ bzw. ergänzend zu verwenden:

„erschien heute in meinen Amtsräumen:
erschien heute in ihrer nachgenannten Wohnung, wohin ich mich auf ihr Ersuchen begeben habe:

                       Frau …, geborene …,

                             geboren …,

                                …, …,

                                                              – Vollmachtgeberin –

ausgewiesen durch gültigen amtlichen deutschen Lichtbildausweis.

An der Geschäftsfähigkeit der Vollmachtgeberin besteht nach meiner, aus der Verhandlung gewonnenen, Überzeugung kein Zweifel. (Muss enthalten sein bei Aufnahme der Sorgerechtserklärung, weil diese eine letztwillige Verfügung ist!)

Von der erforderlichen Geschäftsfähigkeit der Vollmachtgeberin, die er über die Folgen belehrte, konnte sich der Notar nicht abschließend überzeugen.

An der Geschäftsfähigkeit der Vollmachtgeberin besteht nach meiner, aus der Verhandlung gewonnen Überzeugung, trotz ihrer schweren Erkrankung kein Zweifel.

Die Vorbefassungsfrage verneinend ersuchte sie um Beurkundung nachfolgender

Vorsorgevollmacht
nebst Betreuungsverfügung und Vormundbenennung.

I. Bevollmächtigte Person

Ich erteile hiermit Vollmacht an

meinen ..., Herrn ...,
geboren ...,
..., ...,

– **Bevollmächtigte Person** –

Es handelt sich bei ihr um eine Vertrauensperson. Sie wird hiermit bevollmächtigt, mich in allen Angelegenheiten zu vertreten, die ich im Folgenden angegeben habe. Durch diese Vollmachtserteilung gem. §§ 1896 Abs. 2 S. 2, 164 ff. BGB soll eine vom Gericht angeordnete Betreuung vermieden werden. Die Vollmacht bleibt daher in Kraft, wenn ich nach ihrer Errichtung geschäftsunfähig geworden sein sollte.

Mir ist bekannt, dass trotz erteilter Vollmacht die Genehmigung des Vormundschaftsgerichts erforderlich werden kann, insbesondere bei Maßnahmen im Bereich der Gesundheitsfürsorge und der Unterbringung sowie bei ähnlichen Maßnahmen.

Die Vollmacht wird erst wirksam, wenn die bevollmächtigte Person in den Besitz einer auf ihren Namen lautenden Ausfertigung gelangt.

Von den Beschränkungen des § 181 BGB (Eigengeschäft und Mehrfachvertretung) soll sie befreit sein/nicht befreit sein/nur für ... befreit sein.

Alle anderen Vollmachten widerrufe ich hiermit.

Sollte die bevollmächtigte Person nicht gewillt oder nicht in der Lage sein, die Bevollmächtigung wahrzunehmen, so bevollmächtige ich

...,
   geboren ...,
..., ... (WICHTIG FÜR DIE REGISTRIERUNG ZVR: VOLLSTÄNDIGE ANSCHRIFT!)

die „weitere bevollmächtigte Person", entsprechend. Im Außenverhältnis sind die beiden Vollmachtserteilungen voneinander unabhängig. Sie berechtigen jedoch nicht dazu, die Vollmacht des jeweils anderen zu widerrufen.

Ich behalte mir ausdrücklich vor, diese Vollmachten jederzeit zu widerrufen.

II. Gesundheitssorge/Pflegebedürftigkeit

Sie darf in allen Angelegenheiten der Gesundheitssorge entscheiden, ebenso über alle Einzelheiten einer ambulanten oder (teil-)stationären Pflege. Sie ist befugt, meinen in einer **Patientenverfügung** festgelegten Willen durchzusetzen.

Sie darf insbesondere in sämtliche Maßnahmen zur Untersuchung des Gesundheitszustandes und zur Durchführung einer Heilbehandlung einwilligen, diese ablehnen oder die Einwilligung in diese Maßnahmen widerrufen, auch wenn mit der Vornahme, dem Unterlassen oder dem Abbruch dieser Maßnahmen die Gefahr besteht, dass ich sterbe oder einen schweren oder länger dauernden gesundheitlichen Schaden erleide (§ 1904 Abs. 1 und 2 BGB).

Sie darf Krankenunterlagen einsehen und deren Herausgabe an Dritte bewilligen. Ich entbinde alle mich behandelnden Ärzte und nichtärztliches Personal ihr gegenüber von der Schweigepflicht.

Sie darf über meine Unterbringung mit freiheitsentziehender Wirkung (§ 1906 Abs. 1 BGB), über ärztliche Zwangsmaßnahmen im Rahmen der Unterbringung (§ 1906a Abs. 5 BGB) und über freiheitsentziehende Maßnahmen (z. B. Bettgitter, Medikamente u. Ä.) in einem Heim oder in einer sonstigen Einrichtung (§ 1906 Abs. 4 BGB) entscheiden, ebenfalls die Verbringung in ein Krankenhaus für einen stationären Aufenthalt, solange dergleichen zu meinem Wohle erforderlich ist.

III. Aufenthalt und Wohnungsangelegenheiten

Sie darf meinen Aufenthalt bestimmen, Rechte und Pflichten aus dem Mietvertrag über meine Wohnung einschließlich einer Kündigung wahrnehmen sowie meinen Haushalt auflösen. Dies gilt entsprechend, wenn ich in meiner eigenen Immobilie lebe.

Sie darf einen Vertrag nach dem Wohn- und Betreuungsvertragsgesetz (Vertrag über die Überlassung von Wohnraum mit Pflege- oder Betreuungsleistungen, ehemals Heimvertrag) abschließen und kündigen.

IV. Behörden

Sie darf mich bei Behörden und gegenüber staatlichen Stellen aller Art, Versicherungen, Renten- und Sozialleistungsträgern vertreten.

V. Vermögenssorge

Sie ist befugt, mich in allen vermögensrechtlichen Angelegenheiten in jeder rechtlich zulässigen Weise gerichtlich und außergerichtlich zu vertreten, sie darf mein Vermögen verwalten und hierbei alle Rechtshandlungen und Rechtsgeschäfte im In- und Ausland vornehmen, Erklärungen aller Art abgeben und entgegennehmen, sowie Anträge stellen, abändern und zurücknehmen, namentlich, ohne dass diese Aufzählung abschließend wäre,

- über Vermögensgegenstände jeder Art verfügen,
- Zahlungen und Wertgegenstände annehmen,
- Verbindlichkeiten eingehen,
- Willenserklärungen bezüglich meiner Konten, Depots und Safes abgeben und
- mich im Geschäftsverkehr mit Kreditinstituten vertreten.

Die bevollmächtigte Person ist *befugt/nicht befugt*, Schenkungen vorzunehmen. Diese müssen jedoch einer sittlichen Pflicht oder einer auf den Anstand zu nehmenden Rücksicht entsprechen.

Geschäfte, die sie nicht wahrnehmen soll, lege ich nicht fest. Die bevollmächtigte Person ist insbesondere berechtigt, meine Immobilien zu belasten oder zu veräußern.

Sollte ich der bevollmächtigten Person eine separate Bankvollmacht auf den dortigen Formularen in Zukunft erteilen oder ihr eine solche in der Vergangenheit erteilt haben, so soll hiervon der Umfang dieser Vollmacht nicht berührt werden.

VI. Post und Fernmeldeverkehr

Sie darf die für mich bestimmte Post entgegennehmen und öffnen sowie über den Fernmeldeverkehr entscheiden. Sie darf alle hiermit zusammenhängenden Willenserklärungen (z.B. Vertragsabschlüsse, Kündigungen) abgeben. Sie darf meine E-Mail- **und Social-Media-Accounts und ähnliche Kommunikationsplattformen** einsehen und ändern. Die Zugangsdaten (Passwörter, Anmeldeinformationen usw.) finden sich jeweils aktualisiert an einem Ort, den ich der bevollmächtigten Person bekannt gebe.

VII. Vertretung vor Gericht

Sie darf mich gegenüber Gerichten und in rechtsförmigen Verfahren vertreten sowie Prozesshandlungen aller Art vornehmen und Prozessvertreter bevollmächtigen.

VIII. Untervollmacht

Sie darf Untervollmacht erteilen. Diese kann sich auch auf nichtvermögensrechtliche Angelegenheiten beziehen. Untervollmachten erlöschen mit dem Erlöschen der Hauptvollmacht desjenigen, der sie erteilt hat.

IX. Betreuungsverfügung

Falls trotz dieser Vollmacht eine gesetzliche Vertretung („rechtliche Betreuung") erforderlich sein sollte, bitte ich, die bevollmächtigte Person als Betreuer/-in zu bestellen, sonst die weitere bevollmächtigte Person. Diese Vollmacht bleibt auch im Falle einer Betreuung bestehen, soweit das Gericht eine nicht bevollmächtigte Person als Betreuer einsetzt, ihr die Befugnis zum Widerruf der Vollmacht einräumt und diese davon keinen Gebrauch macht.

X. Geltung über den Tod hinaus

Die Vollmacht gilt über den Tod hinaus.

XI. Innenverhältnis zur bevollmächtigten Person

Hierzu möchte ich aufgrund des engen persönlichen Verhältnisses nichts weiter regeln. Der Verkauf von Immobilien oder deren Beleihung soll jedoch nur erfolgen, wenn dies für die Finanzierung meiner Versorgung/Pflege oder eines Heimplatzes erforderlich ist.

Das Recht zur Erteilung von Untervollmachten soll auf folgende Angelegenheiten beschränkt sein: …

Im Innenverhältnis wird die weitere bevollmächtigte Person jedoch angewiesen, von der Vollmacht erst Gebrauch zu machen, *wenn die Voraussetzungen für das Gebrauchmachen von der Vollmacht durch die bevollmächtigte Person vorliegen, diese* – die bevollmächtigte Person – aber nicht mehr für mich handeln kann, z.B. wegen Todes oder Geschäftsunfähigkeit, oder will, z.B. wegen altersbedingter Gebrechlichkeit.

Die Regelungen in diesem Abschnitt haben keine Auswirkungen auf das Außenverhältnis. Im Außenverhältnis gilt die Vollmacht daher uneingeschränkt.

ODER AUCH

Im Innenverhältnis wird die weitere bevollmächtigte Person jedoch angewiesen,

- von der Vollmacht erst Gebrauch zu machen, wenn die Voraussetzungen für das Gebrauchmachen von der Vollmacht durch die bevollmächtigte Person vorliegen, diese aber nicht mehr für mich handeln kann, z.B. wegen Todes oder Geschäftsunfähigkeit, oder will, z.B. wegen altersbedingter Gebrechlichkeit;
- vor der Veräußerung oder Beleihung von Immobilien das Gutachten eines gerichtlich anerkannten Sachverständigen für Finanzplanung einzuholen, ob diese Maßnahme erforderlich und geeignet ist, um meine Versorgung zu gewährleisten;
- Immobilienveräußerungen nicht unter dem Verkehrswert vorzunehmen, es sei denn, dies wäre unvermeidlich;
- von der Vollmacht nach dem Ableben des Vollmachtgebers keinen Gebrauch zu machen.

XII. Vormundbenennung

Hiermit benenne ich für meine Kinder zum Vormund

…,

ersatzweise …

für den Fall, dass mein Ehepartner im Zeitpunkt meines Ablebens nicht mehr am Leben sein sollte.

Der Vormund ist nach den §§ 1852–1856 BGB von den dort genannten Verpflichtungen befreit (kein Gegenvormund, mündelsichere Geldanlegung und -abhebung ohne FamG-Genehmigung – Sperrvermerk –, keine Hinterlegung von Orderpapieren, keine Schuldbucheintragung, Rechnungslegung an FamG nur alle zwei Jahre statt laufend usw.).

Die uneingeschränkte elterliche Sorge für diese Kinder steht mir zusammen mit meinem Ehepartner zu. Wir wissen, dass jeder von uns die Benennung jederzeit durch einseitige letztwillige Verfügung widerrufen oder ändern kann und dass diejenige des zuletzt verstorbenen Elternteils gilt, wenn die Bestimmung abweicht.

Die Kosten der Verhandlung trägt die Vollmachtgeberin.

Ihr Wert wird mit   € angegeben.

XIII. Hinweise

Ich bin von dem beurkundenden Notar u. a. über die Tragweite dieser Vollmacht belehrt worden, insbesondere darüber, dass die Erteilung von Vollmachten Vertrauenssache ist und dass bei Widerruf darauf zu achten ist, dass sämtliche Ausfertigungen der Vollmacht vom Bevollmächtigten herausgegeben werden.

> XIV. Abschriften, Registrierung
>
> **Einfache Abschrift**:
>
> Vollmachtgeberin
>
> **Ausfertigungen**:
>
> - bevollmächtigte Person einmal, *jedoch zu übersenden an die Vollmachtgeberin*
> - weitere bevollmächtigte Person einmal, jedoch wie vorstehend
> - Bevollmächtigte und weitere bevollmächtige Person auf deren Ersuchen hin im Falle des § 1901c BGB, wobei der Notar sie direkt an das Betreuungsgericht übermittelt ODER
> - Der bevollmächtigten Person und der weiteren bevollmächtigten Person steht das uneingeschränkte Recht zu, sich auf einseitiges Verlangen weitere Ausfertigungen erteilen zu lassen, wobei der Notar angewiesen wird, an die im Urkundseingang genannte Adresse der Vollmachtgeberin in diesen Fällen schriftlich hiervon Mitteilung zu machen. Eine Nachforschungspflicht trifft ihn bei Unzustellbarkeit nicht.
>
> **Registrierung**:
>
> Der Notar wird ermächtigt und beauftragt, die Registrierung dieser Urkunde beim Zentralen Vorsorgeregister zu veranlassen. Es dient der Information der mit Betreuungsverfahren befassten Gerichte. Mit ihrer Unterschrift unter diese Verhandlung erteilt auch die bevollmächtige Person/und die weitere bevollmächtige Person ihre datenschutzrechtliche Zustimmung zur Übermittlung auch ihrer Daten. Weitere Erklärungen gibt sie nicht ab.
>
> Schlussformel"

6.2 Betreuungsverfügung

Das Gericht wir den vom Urkundsersuchenden Bestimmten zum Betreuer ernennen, wenn keine Erkenntnisse vorliegen, die diesen als ungeeignet erscheinen lassen.

6.3 Sorgeerklärung

Sie wird nur für Personen mit noch minderjährigen Kindern von Interesse sein, wobei hier auch bestimmt werden könnte, wer gerade nicht als Vormund ausgewählt werden soll (was entsprechend auch bei einer Betreuungsverfügung in Betracht kommt).

6.4 ZVR (Zentrales Vorsorgeregister)

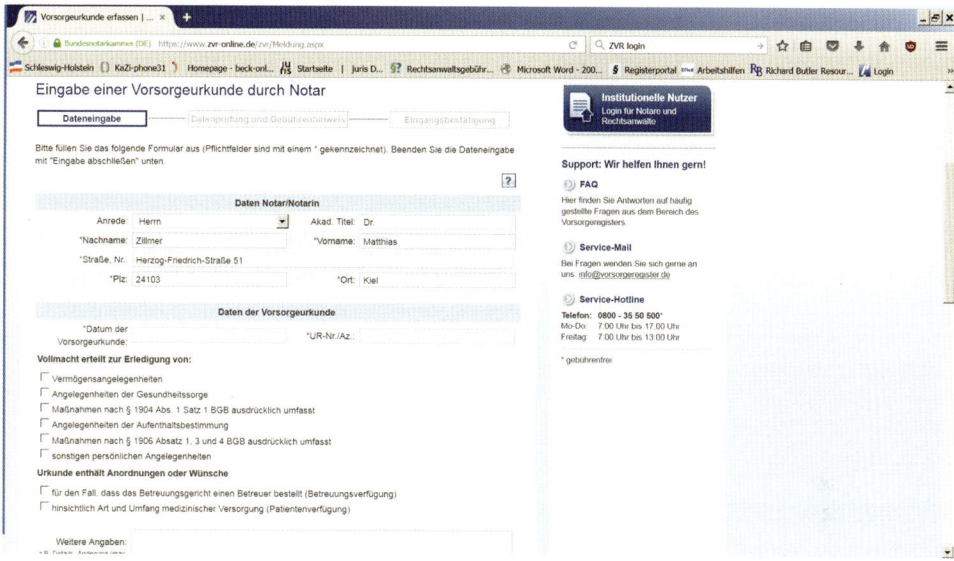

Eingabemaske ZVR

Obige Abbildung zeigt die Eingabemaske der von der Bundesnotarkammer unterhaltenen Datenbank. Sie ermöglicht es den Gerichten, im Zuge von Betreuungsverfahren festzustellen, ob eine solche wegen der bestehenden Bevollmächtigung entbehrlich ist. Die Registrierung erfolgt nur bei Einverständnis der Vollmachtgeber. Sofern der Notar das Vorliegen einer schriftlichen Einwilligung zur Speicherung nicht bestätigt, wird der Bevollmächtigte vom Register aufgefordert, sein Einverständnis zur Speicherung seiner Daten zu erklären.

Es ist für den Ablauf im Notariat hilfreich, wenn sogleich die später abgefragten Daten erhoben werden. Im Register wird nur abstrakt der Umfang der Vollmacht angegeben, nicht deren Einzelheiten. Diese Information ist für manchen Vollmachtgeber beruhigend. Nach der Registrierung wird man den Vollmachtgebern das Infoblatt zum ZVR übersenden, das dort kostenfrei erhältlich ist und bevorratet werden sollte, ebenso wie die ZVR-Card, eine scheckkartengroße Plastik-Karte, die der Vollmachtgeber mit den Kontaktdaten seiner Bevollmächtigten ausfüllen kann, damit diese im Falle eines Falles auch von Dritten, z. B. dem Krankenhaus, in dem der Vollmachtgeber behandelt wird, kontaktiert werden können.

6.5 Kosten

Die Registrierung beim ZVR kostet 8,50 €, wenn sie durch einen Notar erfolgt, der eine Lastschriftermächtigung erteilt hat, und bis zu 18,50 € für Privatpersonen. Details finden Sie unter www.vorsorgeregister.de/ZVR-Zentrales-Vorsorgeregister/Kosten/index.php, bei mehreren Bevollmächtigten erhöht sich die Gebühr.

Der Geschäftswert einer nicht auf bestimmte Geschäfte beschränkten Vollmacht ist nach billigem Ermessen zu bestimmen, darf aber die Hälfte des Aktivvermögens nicht überschreiten. Regelmäßig wird bei einer umfassenden Generalvollmacht die Hälfte des Vermögens angenommen, maximal eine Million Euro *(§ 98 Abs. 3, 4 GNotKG)*. Ein Schuldenabzug wird nicht vorgenommen *(§ 38 GNotKG)*. Weil von einer Vorsorgevollmacht, die ja eine besondere Form der Generalvollmacht ist, erst im Falle der Geschäftsunfähigkeit Gebrauch gemacht werden soll, wird zum Teil auch ein Ansatz von nur 30 % des Aktivvermögens für angemessen erachtet.

Betreuungsverfügung und eine gegebenenfalls mitbeurkundete Patientenverfügung sind untereinander gegenstandsgleich *(§ 109 Abs. 2 Nr. 1 GNotKG)*, aber gegenstandsverschieden zu einer Vorsorgevollmacht *(§ 110 Nr. 3 GNotKG)*, ebenso wie die Vormundbenennung. Diese Nebenerklärungen können regelmäßig mit je 5 000,00 € bewertet werden *(§ 36 Abs. 3, 4 GNotKG)*.

Es fällt eine 1,0-Beurkundungsgebühr nach *Nr. 21200 KV GNotKG* an, mindestens 60,00 €.

Weil die Betroffenen häufig nicht mehr sehr mobil sind, gleichzeitig aber ein großes gesellschaftliches Interesse an einer individuellen Vertretung anstelle einer aufwendigen Betreuerbestellung besteht, ist die Errichtung von Vorsorgevollmachten gebührenrechtlich privilegiert, ebenso Verfügungen von Todes wegen sowie Betreuungs- und Patientenverfügungen, denn die Zusatzgebühr für „Hausbesuche" ist bei ihnen auf 50,00 € begrenzt *(Nr. 26003 KV GNotKG)*.

Übungsaufgaben

1. Peter Unger ruft im Büro an. Seine Gattin und er wollen eine ihrer Eigentumswohnungen verkaufen. Zum Beurkundungstermin wird seine Gattin aber schon nach Florida abgereist sein, um dort, wie jedes Jahr, den Winter zu verbringen. Er werde nach dem Termin ebenfalls abreisen und fragt, ob seine Gattin vorher noch eine Vollmacht für den Verkauf beurkunden soll. Was würden Sie Herrn Unger fragen?

2. Eine Dame wünscht einen Termin zur Beratung über eine Patientenverfügung. Was wird der Mitarbeiter ihr raten?

3. Ein Besucher legt eine handschriftliche Patientenverfügung vor, deren wesentlicher Inhalt ist, dass lebensverlängernde Maßnahmen nicht gewünscht sind, wenn er nur noch an Maschinen angeschlossen ist. Was ist von Formulierungen solcher Art zu halten?

Lernfeld 15:
Liegenschaftliche Angelegenheiten vorbereiten und abwickeln

Situation

Nicole Otte ist diese Woche als Urlaubsvertreterin für Silvia Wittstock, die für die Notare zuständige ReNo, eingeteilt. Fabian Berger, ein Makler aus dem Maklerbüro Teufel & Fockers, sendet am Montag, dem 12.10., gegen 10:00 Uhr eine E-Mail an den Kanzlei-Account mit folgendem Inhalt:

„Sehr geehrter Herr Notar,

anliegenden Datenbogen übersenden wir Ihnen im Auftrag des Käufers mit der Bitte um schnellstmögliche Erstellung eines Kaufvertragsentwurfes und dessen umgehende Übersendung zunächst an uns, zur Weiterleitung an die Parteien. Kosten übernehmen wir keine.

Maklerklausel:
Der Käufer bestätigt, dass dieser Vertrag durch die Firma Teufel & Fockers GmbH, Frankfurt am Main, Niederlassung Fliederstadt, vermittelt wurde. Er verpflichtet sich, eine Maklercourtage in Höhe von 3,85 % zzgl. 19 % Mehrwertsteuer an die Teufel & Fockers GmbH zu zahlen, die mit Abschluss dieses Vertrages fällig und zahlbar ist. Die GmbH erwirbt einen eigenen Anspruch gegen den Käufer im Sinne eines echten Vertrages zugunsten Dritter. Der Käufer verzichtet auf etwaige Ansprüche aus der Prospekthaftung.

Mit freundlichen Grüßen

Fabian Berger"

Aus der Anlage sind folgende Daten ersichtlich:

- Käufer: Brau- und Bau GmbH, Karl Zwenger, Hollenstraße 4, Metzingen
- Verkäufer: Margitta Dunkel, geborene Kluge, Franzweg 15, Bergen
- Objekt: Blumenpfad 10, Klein-Bergerow
- Kaufpreis: 180 000,00 €
- Zahlung und Übergabe: 01.11.

> Nicole Otte bereitet zunächst eine Ehevertragsbeurkundung vor, die um 10:15 Uhr beginnt, kümmert sich dann um das Telefon und die Eingangspost, und besorgt nach Ende ihrer Mittagspause Blumen für eine erkrankte Kollegin und Kekse für zwei Beurkundungen am Nachmittag. Um 13:00 Uhr ruft Fabian Berger an und fragt nach, „wann denn der Entwurf kommt" und ob die Beurkundung „D./BB" an diesem Freitag, dem 16.10., um 17:00 Uhr stattfinden könnte, die Verkäuferin wolle am Sonnabend für zwei Wochen in den Urlaub fahren ... Der Käufer brauche den Entwurf auch dringend für seine Bank ..."

1 Bedeutung der Liegenschaften

Grundlage jeder menschlichen Existenz ist die Möglichkeit, sich auf einem Teil der Erdoberfläche aufhalten zu können und sich dort die materielle Grundlage seines Lebens zu schaffen, Nahrungsmittel anzubauen, zu lagern, zu verarbeiten, zuzubereiten und sich eine Unterkunft einzurichten, die Schutz vor der Witterung und dem Zugriff Dritter bietet. Ohne ein auch langfristig gesichertes Nutzungsrecht ist dies nicht möglich. Es gibt keine bedeutendere physische Ressource auf der Welt als Grund und Boden. Entsprechend erbittert werden Konflikte um die Herrschaft darüber auch ausgetragen, sei es zwischen Staaten im Wege des Krieges, sei es zwischen Nachbarn im Rahmen von Nachbarschaftsstreitigkeiten. Daher stellt das Sachenrecht der unbeweglichen Sachen – der Immobilien – die Grundlage der gesamten Wirtschaftsordnung dar. Dieser hohen sozialen und wirtschaftlichen Bedeutung entsprechend ist das Grundstücksrecht auf dauerhafte, klare und für den gesamten Rechtsverkehr verlässliche Gestaltung der Rechtsverhältnisse an Grundstücken ausgerichtet.

Regelmäßig sind zahlreiche Personen und Institutionen von Grundstücksgeschäften betroffen. Naturgemäß steht der Eigentümer des Grundstücks im Mittelpunkt. Der Nutzer des Grundstück, z. B. ein Mieter oder Pächter, ist ebenfalls auf berechenbare Verhältnisse angewiesen, weil er dort seinen Lebensmittelpunkt hat, Investitionen in das Objekt oder den Standort (Werbung etwa) tätigt. Entsprechend schützt das BGB grundsätzlich seine Rechtsposition, der Erwerber muss den bestehenden Mietvertrag übernehmen *(§ 566 BGB)*. Die öffentliche Hand möchte Zugriff auf Grundstücke und deren Eigentümer haben, um Steuern und Abgaben zu erheben. Für Kreditgeber sind Grundstücke die verlässlichste Sicherheit. Sie können auf den Versteigerungserlös über Hypotheken und Grundschulden zugreifen. Solcherart gesicherte Darlehen dienen nicht nur Investitionen in Gebäude, sondern auch solchen in zahlreiche weitere Wirtschaftsgüter, Maschinen, Vorräte, Liquiditätsreserven usw. Für den Übergeber bei der vorweggenommenen Erbfolge im Familienverband ist das Grundstück selbst die beste Sicherheit für die Erfüllung der ihm versprochenen Gegenleistungen.

Zu den öffentlichen Abgaben zählt die laufende Grundsteuer, die jeder Eigentümer jährlich zu entrichten hat (Grundsteuergesetz – GrStG). Ihre Höhe wird von der jeweiligen Gemeinde über den Hebesatz festgelegt. Hierzu zählt aber auch die Grunderwerbsteuer. Sie wird bei einem Kauf von Grundstücken fällig oder bei einer Auflassung oder sonstigen Übertragung. Wohnungs- und Teileigentum, Erbbaurechte, Gebäude auf fremden Grundstücken und Miteigentumsanteile an Grundstücken stehen dabei Grundstücken gleich. Die Voraussetzungen für die Entstehung der Grunderwerbsteuer legt das Grunderwerbsteuergesetz (GrEStG) fest. Die Höhe der Grunderwerbsteuer legen die Bundesländer jeweils für ihr Gebiet fest.

Übungsaufgaben

1. Was ist der Unterschied zwischen Besitz und Eigentum?
2. Warum ist der Begriff „Grundbesitz" irreführend?
3. Was ist der Unterschied zwischen Miete und Pacht?
4. Was besagen das Trennungs- und das Abstraktionsprinzip?
5. Warum ist die amtliche Überschrift des § 566 BGB („Kauf bricht nicht Miete") irreführend?
6. Wie hoch ist die Grunderwerbsteuer in Ihrem Bundesland?
7. In welchem Gesetz ist die Grunderwerbsteuer geregelt?
8. Wie hoch ist die Grundsteuer in Ihrer Wohnortgemeinde?
9. Was unterscheidet Grundsteuer A und Grundsteuer B?

2 Grundbuch und Grundbuchordnung

Wegen der großen Bedeutung von Grundstücken und den Rechten daran (Grundpfandrechten, Dienstbarkeiten) werden sie dauerhaft im Grundbuch verzeichnet.

2.1 Auswertung des Grundbuches

Bei allen liegenschaftlichen Angelegenheiten ist die Kenntnis des aktuellen Grundbuchinhaltes für den Notar wesentliche Voraussetzungen für die sachgerechte Gestaltung der erforderlichen Urkunden. Er kann sich die Kenntnis durch zuverlässige, ausgebildete Mitarbeiter verschaffen, die die Einsicht für ihn vornehmen und bei der Vorbereitung der Entwürfe den Inhalt des Grundbuches auswerten. Sie müssen sich daher mit dem Aufbau und Inhalt des Grundbuches vertraut machen.

Tipp: Legen Sie sich ein Lineal unter die Zeile des Grundbuchblattes, das Sie gerade auswerten, und übertragen Sie den Inhalt ganz genau in die vorzubereitenden Unterlagen oder Ihre Software. Halten Sie dabei möglichst die Reihenfolge ein, die das Grundbuch für die einzelnen Daten vorgibt. Soweit Sie Abkürzungen verwenden oder Details weglassen, halten Sie sich dabei an die in Ihrem Notariat praktizierten Regeln.

2.2 Grundbuch, Datenschutz und DSGVO

Anders als für eine Einsicht in das Handelsregister, das allgemein zugänglich ist, ist Voraussetzung für die Einsicht in das Grundbuch das Vorliegen eines berechtigten Interesses. Die Daten der Rechteinhaber im Grundbuch sollen geschützt werden. Das berechtigte Interesse ist der Stelle gegenüber darzulegen, die die Einsicht gewähren soll *(§ 12 GBO)*, Glaubhaftmachung ist nicht nötig. Diese ist entweder das Grundbuchamt oder der Notar. Letzterer ist insbesondere befugt zur Erteilung einfacher oder beglaubigter Grundbuchblattabschriften *(§ 133a GBO)*.

Die Einsicht darf nur in dem Umfange gewährt werden, wie das berechtigte Interesse reicht. Während der Eigentümer unbeschränkte Möglichkeit zur Einsicht in sein Grundbuch und seine Grundakte hat, darf z. B. ein Nachbar, der nachbarrechtliche Ansprüche geltend machen will, etwa solche aus *§ 910 BGB*, nur erfahren, wer der Eigentümer des Nachbargrundstücks ist. Weitere Einzelheiten, etwa die eingetragenen Grundpfandrechte, dürfen ihm nicht mitgeteilt werden. Ob die anfragende Person tatsächlich der Nachbar ist, lässt sich regelmäßig aus dessen eigenem Grundbuch entnehmen.

Beispiele für die Prüfung des berechtigten Interesses zur Grundbucheinsicht:

- Ein Kaufinteressent, selbst wenn er nachweislich schon in Verhandlungen mit dem Eigentümer steht, hat keinen Anspruch auf Auskunft.
- Gleiches gilt für einen Makler, der den Eigentümer ansprechen möchte, weil er einen Interessenten für das Objekt hat.
- Wer herausfinden möchte, ob der Schuldner, gegen den er vorgehen will, Eigentümer eines Grundstückes ist, der hat nur dann Anspruch auf Einsicht, wenn er einen rechtskräftigen Vollstreckungstitel gegen den Schuldner vorlegen kann – und wenn der im Grundbuch ausgewiesene Eigentümer auch der Titelschuldner ist.

Entsprechend den vorbeschriebenen Grundsätzen ist im eingangs geschilderten Fall (**Ausgangssituation**) vorzugehen. Zunächst ist die Einholung eines aktuellen Grundbuchauszuges erforderlich, um den Vertragsentwurf vorzubereiten. Nicole Otte wird das Maklerbüro anrufen und um Übersendung des Maklerauftrages oder der Vollmacht der Eigentümerin zur Grundbucheinsicht per Fax oder als Mailanhang bitten. Vorsorglich lässt sie sich auch die Telefonnummer der Verkäuferin mitteilen.

Tipp: Die Vollmacht des Eigentümers an den Makler zur Grundbucheinsicht findet sich in Maklerverträgen häufig etwas versteckt, etwa im Rahmen des Auftrages „den erforderlichen Kontakt mit Behörden und Notaren zur Vorbereitung des Verkaufes aufzunehmen" oder ähnlichen Formulierungen.

Die Datenschutz-Grundverordnung (DSGVO) ist mit dem Auslaufen der Übergangsfrist am 25.05.2018 als unmittelbar geltendes EU-Recht ohne Einschränkungen anwendbar geworden. Sie gilt auch für Notare. Angefangen von der Bestellung von Datenschutzbeauftragten für jedes Notariat, weil dieses insoweit als Behörde gilt und jede Behörde einen solchen braucht, unabhängig von der Anzahl der Personen, die sich dort mit personenbezogenen Daten befassen, bis hin zur Information der Urkundsersuchenden über ihre Rechte nach der DSGVO, hat sie zu einer Anpassung von Abläufen im Notariat geführt. Dies ist besonders im Bereich der Grundstücksangelegenheiten spürbar. Es sind hier sensible Daten zu verarbeiten, ebenso ist mit vielen Beteiligten zu kommunizieren. Aufgrund des schon bestehenden dienstrechtlich bedingten hohen Standards des Datenschutzes bringt die Umsetzung indes keine gravierenden Änderungen mit sich. Sie müssen sich laufend vom Datenschutzbeauftragten Ihrer Kanzlei entsprechend schulen lassen und dem Notar jederzeit etwaige Bedenken zu diesem Thema mitteilen bzw. sich bezüglich der optimalen Beachtung der Regeln rückversichern. Datenvorfälle (wenn Sie z. B. Ihr Mobiltelefon mit Bildern von Grundbuchseiten verloren hätten) müssen Sie umgehend dem Notar mitteilen.

2.3 Grundbuchrecherche

Nach Vorliegen der Vollmacht holt Nicole Otte eine Grundbuchblattabschrift ein, entweder, indem sie das örtliche Grundbuchamt aufsucht, oder durch Abruf des Online-Grundbuchs. Das EDV-Grundbuch ersetzt die Papiergrundbücher *(§ 133 GBO, § 62 GBV)* und ist ein maschinell geführtes Grundbuch. Wenn das Grundstück nicht im Amtsgerichtsbezirk des Notariates belegen ist, und auch nicht die Möglichkeit des Onlineabrufes besteht, dann bereitet Nicole Otte zur Übersendung per Fax nach Unterschrift durch den Notar ein Anschreiben an das zuständige Amtsgericht vor. Alternativ dazu kommt, besonders in eiligen Fällen, die Anfrage bei einem Notarbüro vor Ort in Betracht, mit der Bitte um kollegiale Übersendung eines Grundbuchblattes, das dort online abgerufen wurde.

Die praktische Schwierigkeit in dieser Phase der Vorbereitung ist zuweilen die Ermittlung des korrekten Grundbuchblattes. Die Grundbücher sind bei jedem Grundbuchamt in verschiedene Grundbuchbezirke aufgeteilt. Innerhalb dieser Grundbuchbezirke ist jedem Grundbuch eine bestimmte Nummer zugeordnet, die Grundbuchblattnummer. Nur mit der Kombination aus der Bezeichnung des Grundbuchamtes, des Grundbuchbezirkes und der Blattnummer lässt sich das konkrete Grundbuch individualisieren. Häufig ist den Beteiligten diese Bezeichnung nicht bekannt. Angaben, die sie hierzu machen, können unzutreffend sein, weil Übertragungsfehler gemacht wurden oder eine früher vergebene Blattnummer zitiert wird, die sich zwischenzeitlich geändert hat. In einem solchen Fall ist zunächst eine Grundbuchrecherche durchzuführen. Sie kann anhand der Namensbestandteile des Eigentümers, der postalischen Adresse, der Flurstückbezeichnung oder einer Kombination daraus erfolgen. In „schweren" Fällen kann auch die Hilfestellung der Mitarbeiter des Grundbuchamtes erbeten werden.

Nicole Otte ruft online den Grundbuchauszug des Grundstücks ab, das an der angegebenen Adresse liegt, nachdem sie zum Namen der Verkäuferin nur ein Grundstück an einer anderen Adresse gefunden hat, nämlich an der, die als Anschrift der Verkäuferin angeben ist (Franzweg 15). Dort ist die Verkäuferin als hälftige Miteigentümerin neben „Dieter Dunkel" eingetragen. Das Grundstück „Blumenpfad 10, Klein-Bergerow" weist hingegen als Eigentümerin „Hannelore Tauch, geborene Kluge, geboren am 15.03.1930" aus.

Hannelore Tauch ist eine geborene Kluge. Sie ist die Mutter von Frau Dunkel, geb. Kluge. Frau Tauch sel. hatte später geheiratet und den Namen ihres Ehemannes angenommen, den des Herrn Tauch. Genau, das ist verwirrend – und das soll es auch sein, weil die Grundbuchrecherche oft erst um zwei Ecken die Zusammenhänge erkennen läßt. Es soll dem Bearbeiter vor Augen geführt werden, daß man dabei dektektivisch vorgehen muß – und Glück hat, wenn überhaupt eine Namensteilgleichheit vorliegt. Evtl. ist auch eine Tante eingetragen, deren Namen keinerlei Rückschlüsse mehr auf eine familiäre Beziehung zur (angeblichen) Eigentümerin aufweist...

2.4 Rechtsnachfolge im Grundbuch

Daraufhin ruft Nicole Otte die Verkäuferin an und schildert ihr, dass ihr Makler sich für die Vorbereitung des Verkaufes gemeldet hat und sie für Notar Dr. Gerd Hollitzer den Kaufvertragsentwurf vorbereitet. Nicole Otte sagt der Verkäuferin auch, dass sie nicht als Eigentümerin für den „Blumenpfad 10" eingetragen ist, allerdings ohne den Namen der eingetragenen Eigentümerin offenzulegen. Darauf teilt die Verkäuferin ihr mit, das habe schon alles seine Richtigkeit, „... sie sei Eigentümerin, das Grundstück habe sie vor einiger Zeit von ihrer Mutter geerbt ...".

Nicole Otte weiß aufgrund des Anrufes des Maklers, dass der Käufer den Kaufpreis über ein Bankdarlehen finanziert und dass die Bank auch den Vertragsentwurf sehen will, also aller Wahrscheinlichkeit nach auf dem zu erwerbenden Grundstück ein Grundpfandrecht eingetragen wissen möchte. Während die Eigentumsumschreibung direkt vom noch eingetragenen Erblasser auf den Käufer des Erben – ohne Zwischeneintragung des Erben als Eigentümer – möglich ist[1], setzt die Eintragung einer Finanzierungsgrundschuld immer voraus, dass der Erbe selbst im Grundbuch eingetragen ist. Nicole Otte ist sich daher schon im Moment des Telefonates darüber im Klaren, dass eine Zwischeneintragung der Verkäuferin eine der Zahlungsvoraussetzungen des Kaufpreises sein muss, weil der Käufer erst nach dieser Zwischeneintragung und der anschließend möglichen Eintragung seiner Finanzierungsgrundschuld zahlungsfähig sein wird. Denn die Bank wird nicht auszahlen, bevor nicht ihre Grundschuld eingetragen ist.

vgl. LF 14, Kap. 1

Darüber hinaus weiß Nicole Otte, dass für den Eigentumsnachweis des Erben gegenüber dem Grundbuchamt ein Erbschein erforderlich ist, oder aber ein notarielles Testament mit Eröffnungsprotokoll. Sie befragt daher die Verkäuferin nach dem Vorliegen solcher Nachweise. „Ja, ein Testament ist eröffnet worden", teilt ihr die Verkäuferin mit. Nicole Otte fasst nach, weil es häufig vorkommt, dass den Urkundsuchenden der Unterschied zwischen einem handschriftlichen in die Verwahrung gegebenen und einem notariellen Testament nicht geläufig ist. Für den Fall, dass es sich nicht um ein notarielles Testament handelt, würde Nicole Otte die nötigen Daten erfragen, die für die Beantragung eines Erbscheins erforderlich sind, und der Verkäuferin die Notargebühren hierfür erläutern, zudem den optimalen zeitlichen Ablauf der Beurkundung des Antrages.

Den Grundbuchbeschrieb in der Vertragsurkunde würde Nicole Otte entsprechend der Angaben der Verkäuferin anpassen, z.B.:

> „Im Grundbuch von ... beim AG ... ist als Eigentümer für Bl. ... Frau ... eingetragen. Die Verkäuferin gibt an, deren unbeschränkte Alleinerbin aufgrund notariellen Testaments

[1] *Ausnahme vom Grundsatz der Voreintragung.*

vom ... des Notars ..., UR-Nr. ..., zu sein, das am ... zum Az. ... eröffnet wurde. Eröffnungsprotokoll nebst Anlage sind dem Vertrag in Ausfertigung beigefügt zur Einreichung beim Grundbuchamt mit dem Ersuchen um Berichtigung von Amts wegen."

Auf diesem Wege wird den weiteren Beteiligten deutlich, warum die Verkäuferin nicht im Grundbuch eingetragen ist und welche Schritte erforderlich sind, um dies zu ändern.

In jedem Fall wird Nicole Otte auch die weiteren noch fehlenden Angaben der Verkäuferin erfassen, vgl. Liste der Daten für einen Kaufvertrag (LF 15, Kap. 3.2).

Wenn die Verkäuferin sich auf einen vorliegenden Erbschein beruft, dann wird Nicole Otte sie bitten, diesen in Ausfertigung mit zum Termin zu bringen.

Tipp: Urkundersuchende können den Unterschied zwischen den verschiedenen Formen, die Urkunden haben können, nicht kennen. Sie sollten daher bei der Vorbereitung sehr genau mit ihnen besprechen, welche Form benötigt wird, und sich auch die entsprechenden Bezeichnungen oder Vermerke auf den vorhandenen Urkunden z. B. am Telefon vorlesen lassen, um die erforderliche Form zu ermitteln, wenn die vorzugswürdige Vorabübersendung nicht möglich ist. Vielfach werden beglaubigte Abschriften mit Ausfertigungen verwechselt.

Die Ausfertigung selbst wird mit dem Vertrag eingereicht.

Wenn das Nachlassgericht und das Grundbuchamt zum selben Amtsgericht gehören, dann ist es im Gegensatz dazu zulässig, das Grundbuchamt zu ersuchen, die Nachlassakte einzusehen, um sich Gewissheit über die Rechtsnachfolge zu verschaffen.

In jedem Fall ist es sinnvoll, dass Nicole Otte sich von der Verkäuferin den Text der Eigentumsnachweisurkunden im Vorwege, z. B. als Fax oder Scan als Mailanhang, zusenden lässt. Auf diese Weise können die Daten für den erweiterten Grundbuchbeschrieb sicher und schnell erfasst werden. Außerdem kann geprüft werden, ob sich aus den Urkunden Hindernisse für die Vertragsabwicklung ergeben und ob ein berechtigtes Interesse für die Einsicht vorliegt. Die Vorstellung der Urkundersuchenden vom Inhalt der ihnen vorliegenden Dokumente stimmt nicht immer mit deren tatsächlicher Form oder deren tatsächlichen Aussagen überein. So kann z. B. eine Vor- und Nacherbschaft vorliegen, die den Beteiligten nicht bewusst ist.

2.5 Aufbau des Grundbuches

Die Grundbücher für den Amtsgerichtsbezirk werden bei den Amtsgerichten geführt, die insoweit als Grundbuchamt tätig werden. Rechtliche Grundlage sind die Regelungen im BGB zum Grundbuch (z. B. *§ 873 BGB*[1]), die Verfahrensregeln für seinen Aufbau und seine Führung[2] in der Grundbuchordnung (GBO) und die detaillierten internen Anwendungsvorschriften für die Verwaltung in der Grundbuchverfügung (GBV) und der Wohnungsgrundbuchverfügung (WGV).

Der Begriff „Grundbuch" bezeichnet das Grundbuchblatt, das für die einzelnen Grundstücke gebildet wird. Ein Beispiel finden Sie in **BuchPlusWeb**.

Grundstück im Rechtssinne ist ein Teil der Erdoberfläche, der katasteramtlich erfasst ist und unter einer eigenen Nummer im Bestandsverzeichnis des Grundbuches gebucht ist. Dieser Grundstücksbegriff des BGB und der GBO baut auf dem katastermäßigen Grundstücksbegriff auf. Letzterer meint einen in seinen Außengrenzen vermessenen Teil der

---

[1] *Materielles Grundbuchrecht.*
[2] *Formelles Grundbuchrecht.*

Erdoberfläche, der im Liegenschaftskataster nach Flurstück (auch „Parzelle") und Flurstück-Nr. (auch „Plan-Nr.") registriert ist.

Auf einem Grundbuchblatt, also in einem Grundbuch, können mehrere Grundstücke verzeichnet sein! Es finden sich dann mehrere laufende Nummern im Bestandsverzeichnis. Unter einer laufenden Nummer wiederum kann ein einzelnes Flurstück gebucht sein oder auch mehrere Flurstücke. Dann besteht das betreffende Grundstück aus mehreren Flurstücken. Diese Situation findet sich häufig bei landwirtschaftlich genutzten Flächen und bei „real geteilten" Reihenhäusern[1], die neben dem eigentlichen Hausgrundstück noch eine Fläche für einen Stellplatz oder eine Fläche mit einer Garage aufweisen, für die jeweils ein eigenes kleines Flurstück abgemessen wurde.

Tipp: Bei unübersichtlichen Grenzverläufen und mehreren Flurstücken in einem Grundbuch kann es nützlich sein, einen Auszug aus dem Liegenschaftskataster zu beschaffen. Diese maßstabsgerechte Karte weist dann die einzelnen Grundstücke mit ihren Flurstücks-Bezeichnungen aus. Achten Sie dabei immer darauf, dass die Karte aktuell ist! Fehlen in der Karte Gebäude, die in der Realität schon errichtet sind, dann ist gegebenenfalls die amtliche Einmessung noch nicht erfolgt. Dies sollte Sie dazu veranlassen, eine Regelung zur Tragung der Kosten hierfür in den Vertrag aufzunehmen!

Das Grundbuchblatt wird ergänzt von der Grundakte, d. h. der Blattsammlung, die zu dem jeweiligen Grundbuch vom Grundbuchamt im Laufe der Zeit angelegt wurde. In ihr finden sich die Anträge, die zu diesem Grundbuch gestellt wurden, die Veräußerungsverträge, Grundschuldbestellungen und die Verfügungen der Rechtspfleger, sowie Kostenrechnungen usw. Das Grundbuchblatt enthält nur eine zusammenfassende Übersicht über die an dem Grundstück bestehenden Rechte. Wenn es erforderlich ist, den Inhalt dieser Rechtspositionen im Detail zu ermitteln, dann muss Einsicht in die Grundakte selbst genommen werden. Hier ist der komplette Text der Eintragungsbewilligung zu finden, der im Grundbuchblatt nur stichpunktartig in Bezug genommen wird. Das dient der Übersichtlichkeit des Grundbuches.

Tipp: Es ist sinnvoll, bei den Mitarbeitern der zuständigen Geschäftsstelle im Grundbuchamt telefonisch einen Termin für die Einsicht in die Grundakte zu vereinbaren. Auf diese Weise ersparen Sie sich Wartezeiten, die sonst beim Heraussuchen der Akte anfallen können. Außerdem erleichtern Sie dem Grundbuchamt die Abarbeitung und erhöhen die Wahrscheinlichkeit, dass Sie die vollständigen Grundakten vorgelegt erhalten, denn zuweilen ist der Rückgriff auf bereits archivierte Bände der Akten erforderlich, in denen sich die entsprechenden Bewilligungen befinden. Dies gilt besonders für Grundstücke, die im Laufe der Jahrzehnte aufgeteilt wurden. Hierfür ist es förderlich, wenn Sie bei der Terminvereinbarung mitteilen können, welche Bewilligung, mit welchem Datum, zu welcher Eintragung im Grundbuchblatt Sie genau suchen. Außerdem markieren die Mitarbeiter des Grundbuchamtes bei diesem Vorgehen für Sie zuweilen die einschlägigen Abschnitte der Akte bereits mit Einlegepappen o. Ä., sodass Sie selbst weniger Zeit für die Suche in der Grundakte aufwenden müssen.

Weil die Grundakten das Grundbuchamt nicht verlassen, müssen Sie von den in Betracht kommenden Blättern aus der Grundakte kostenpflichtig Ablichtungen fertigen (gegebenenfalls also Münzgeld mitnehmen) oder mit Ihrem Smartphone Fotos davon machen (was kostenfrei möglich ist, aber voraussetzt, dass die Anforderungen des Datenschutzes erfüllt werden, ein Zugriff Dritter auf das Telefon also ausgeschlossen und die sichere umgehende Löschung der Dateien gewährleistet ist).

---

[1] *Die also nicht in Eigentumswohnungen aufgeteilt sind.*

Im Zweifel gilt es, lieber zu viel als zu wenig zu kopieren. Das früher übliche Abschreiben von Grundakteninhalt dürfte heute, weil es fehleranfällig und zeitaufwendig ist, die Ausnahme darstellen.

Die Grundbuchämter übernehmen bei der Erstellung der Grundbuchblätter die amtlichen Daten, die die örtlich zuständigen Katasterämter gesammelt haben und die auf amtlichen Vermessungen beruhen. Sie werden oft von freiberuflichen Vermessungsingenieuren im Auftrag und auf Kosten der Grundstückseigentümer durchgeführt, wobei sie dann insoweit aber als amtlich bestellte Vermesser hoheitlich tätig werden. Sie sind insoweit wie die Notare beliehene Personen.

Die folgende Tabelle verschafft einen Überblick über den Aufbau des Grundbuchblattes. Bitte beachten Sie, dass es hierbei leichte regionale Unterschiede bei der Darstellung gibt, die auf den jeweiligen Traditionen beruhen, inhaltlich aber nicht zu Differenzen führen. Die dritte Spalte enthält kurze Hinweise:

Aufschrift	Bezeichnung des Amtsgerichts, des Grundbuchbezirkes und der Blattnummer	hier auch Hinweise, ob es sich um ein Wohnungs-, Teileigentums-, Erbbaurechts- oder Wohnungserbbaurechtsgrundbuch handelt
Bestandsverzeichnis (BV)	Verzeichnis der Grundstücke und der Flurstücke, Miteigentumsanteile und Aktivvermerke, auch Herrschvermerke genannt	hier sind auch unselbstständige Grundstücksbestandteile verzeichnet, etwa: 7/zu 6 Miteigentumsanteile am Grundstück FlSt. 110, sonstige mit dem Grundstück verbundene Rechte
Abteilung I	Eigentümer und Art des Erwerbs	durch Rechtsnachfolge, durch Auflassung, Zuschlag in der Versteigerung usw.
Abteilung II	Belastungen, die keine Grundpfandrechte sind	Wegerechte, Wohnungsrecht, Leibrenten, Vorkaufsrecht, Vormerkung usw.
Abteilung III	Grundpfandrechte	Hypothek, Grundschuld, Rentenschuld

Zu den jeweiligen Eintragungen einer Abteilung werden dort auch die Veränderungen und Löschungen vermerkt. (vgl. S. 13, Eintragung einer Pfändung, lfd. Nr. 3 in LF_15_2.5_GBV.pdf in BuchPlusWeb) Damit die Eintragungen in den Grundbüchern nachvollziehbar bleiben, werden im Falle von Löschungen die unwirksamen Eintragungen nicht unkenntlich gemacht, sondern nur „gerötet". Was gerötet (bzw. im schwarz-weiß Ausdruck noch an der Unterstreichung zu erkennen)(vgl. S. 12, lfd. Nr. 1, Ende der Gesamthaft in LF_15_2.5_GBV.pdf in BuchPlusWeb) ist, ist nicht mehr wirksam. Rechtlich maßgeblich ist jedoch nur der Löschungsvermerk selbst (aufgrund dessen die Rötung dann zur besseren Kenntlichmachung erfolgt)!

2.6 Grundbuchordnung

Das Grundbuch soll Rechtsklarheit schaffen. Dazu dienen die folgenden Grundsätze:

- **Buchungsgrundsatz**
  Die Eintragung im Grundbuch, also die Buchung von Rechten, ist eine der Voraussetzungen für den Rechtserwerb *(§§ 873, 877, 880 BGB)*.

- **Richtigkeitsvermutung**
  Es wird vermutet, dass das, was im Grundbuch eingetragen ist, richtig ist. Der Beweis des Gegenteils bleibt möglich.

- **Gutgläubiger Erwerb**

  Zugunsten des Erwerbers[1] des Eigentums vom eingetragenen Eigentümer gilt der Inhalt des Grundbuches als richtig, auch nicht eingetragene Verfügungsbeschränkungen muss er nicht gegen sich gelten lassen *(§ 892 BGB)*. Der gute Glaube muss bis zur Eintragung der Vormerkung oder der Umschreibung bestehen bleiben.

Tipp: Die Urkundsersuchenden denken oft, dass die Angaben über die tatsächlichen (also nicht die rechtlichen) Eigenschaften des Grundstücks, z. B. die Größe, Bebaubarkeit o. Ä., im Grundbuch auch vom Gutglaubensschutz erfasst sind. Das ist jedoch nicht der Fall. Hier müssen sich die Parteien in Zweifelsfällen zusammen mit dem Katasteramt oder einem Vermesser Gewissheit verschaffen.

Im formellen Grundbuchrecht[2] gelten folgende Grundsätze:

- **Antragsgrundsatz**

  Eintragungen werden regelmäßig nicht von Amts wegen vorgenommen, sondern auf einen Antrag hin *(§ 13 GBO)*. Antragsberechtigt ist, wer durch den Antrag etwas verliert oder durch ihn etwas gewinnt – oder wem als Behörde gesetzlich das Recht dazu eingeräumt wurde, etwa für einen Versteigerungsvermerk. Der Notar gilt als ermächtigt, die Anträge in Vollmacht für diese Beteiligten zu stellen, wenn er ihre Erklärungen beurkundet oder beglaubigt hat *(§ 15 GBO)*. Will er solcherart gestellte Anträge zurücknehmen, hat dies in gesiegelter Form zu erfolgen, als **Eigenurkunde** *(§ 24 GBO)*. Der Eintragungsantrag selbst bedarf keiner Form, anders als die verfahrensrechtlich erforderlichen Bewilligungen oder Aufgabeerklärungen *(§ 30 GBO)*. Anträge dürfen weder befristet sein, noch unter Bedingungen stehen. Nur in engen Grenzen kann ihr Vollzug jedoch verknüpft werden. Daher gilt im Zweifel, dass mehrere gemeinsam gestellte Anträge nur gemeinsam erledigt werden sollen. Möchte man diese Verknüpfung nicht, so muss man dies ausdrücklich erwähnen („Die Anträge sind unabhängig voneinander gestellt."). Zentral ist die Regelung in den *§§ 17, 45 GBO*, wonach der Zeitpunkt des Antragseinganges beim Rechtspfleger die Reihenfolge der Eintragung und damit den Rang im Grundbuch bestimmt. Bei gemeinsamer Stellung mehrerer Anträge kann die Reihenfolge der Eintragung auch abweichend bestimmt werden. Weil der Rang eines Rechts im Grundbuch entscheidend für seine Durchsetzung ist, wird der Eingang der Anträge im Grundbuchamt auch minutengenau erfasst. Wessen Antrag früher eingeht, der wird der neue Eigentümer – der spätere Antragsteller geht leer aus/dessen Grundschuld wird aus dem Versteigerungserlös befriedigt, für die nachrangige Grundschuld bleibt kein Versteigerungserlös mehr übrig bzw. sie wird nur noch zum Teil befriedigt. Die davon belasteten Berechtigten können indes durch **Rangrücktritt** einem anderen Recht den Vortritt gewähren.

  (vgl. § 16 GBO)

  Wenn das Grundbuchamt meint, einem Antrag nicht stattgeben zu können, dann wird es eine Aufklärung beim Notar im Wege eines Hinweises erbitten oder eine förmliche Zwischenverfügung erlassen. Die regelmäßig für die Antwort gesetzte Frist ist im Frist-

---

[1] *Nur Verkehrsgeschäfte sind geschützt, nicht also ein Erwerb durch Erbgang oder vorweggenommene Erbfolge.*

[2] *Dort sind auch die Beweismittel eingeschränkt, regelmäßig sind öffentliche Urkunden oder öffentlich beglaubigte Urkunden beizubringen (§ 29 GBO). Nur für weniger wichtige Umstände sind auch die sonstigen Beweismittel des Zivilprozesses bzw. der freiwilligen Gerichtsbarkeit zugelassen, also eidesstattliche Versicherung, Zeugen usw. Die eidesstattliche Versicherung dient der Glaubhaftmachung. Glaubhaftmachung bedeutet, dass es überwiegend wahrscheinlich ist, dass die vorgetragenen Tatsachen zutreffend sind. In erster Linie werden Urkunden zur Prüfung herangezogen. Wenn sie nicht vorhanden sind, kann auch eine eidesstattliche Versicherung ausreichen.*

enkalender zu notieren. Bei Bedarf sollte ein begründeter Verlängerungsantrag gestellt werden. Im Gegensatz zur Zurückweisung hat die **Zwischenverfügung** den Vorteil, dass der Zeitrang des Antrages gewahrt bleibt und der Antragsteller bzw. die Beteiligten den Vorteil haben, dass die Eintragung nach Behebung der Eintragungshindernisse mit dem Rang erfolgt, den das Recht gehabt hätte, wäre sogleich die Eintragung möglich gewesen. Zur besseren Aufklärung der Rechtsauffassung des Grundbuchamtes ist es zuweilen sinnvoll, das persönliche oder telefonische Gespräch mit der Rechtspflegerin/dem Rechtspfleger zu suchen. Diese Mitarbeiter des Grundbuchamtes kennen insbesondere die Antragspraxis zahlreicher Notare und sind allein deswegen eine Fundgrube für rechtliche und praktische Fingerzeige von unschätzbarem Wert. Dies ist umso wichtiger für solche Notare, die im Zuge ihres jeweiligen Ausbildungsganges keine Tätigkeit im Grundbuchamt absolvieren, wie sie in einigen Bundesländern bzw. Gerichtsbezirken üblich ist.

Beschwerden gegen Entscheidungen des Grundbuchamtes sind grundsätzlich unbefristet, aber nur nach *§ 71 GBO* möglich, eingeschränkt bei Eintragungen, unbeschränkt bei Antragszurückweisungen. Hilft ihr das Amt nicht ab, entscheidet das OLG seines Bezirkes *(§ 75 GBO)*, gegen dessen Entscheidung innerhalb Monatsfrist die Rechtsbeschwerde zum BGH eröffnet sein kann.

- **Einigungsgrundsatz**

Der Erwerb aller Rechte an Grundstücken setzt immer eine materielle Einigung voraus *(§ 873 BGB)* und eine formelle Eintragung im Grundbuch. Der dingliche Vertrag im Falle der Auflassung und die Übertragung von Wohnungseigentum bedürfen der notariellen Beurkundung, sonst ist die Einigung formfrei möglich. Die Rechtsaufgabe erfordert nur eine einseitige Aufgabeerklärung *(§ 875 BGB)*. Auch ihr wird regelmäßig ein schuldrechtliches Geschäft zugrunde liegen.

Tipp: Hierbei sind zwei für den Vollzug wichtige Besonderheiten zu beachten:

1. Weil der Eigentümer Inhaber einer Grundschuld wird[1], auf die der Gläubiger verzichtet, muss der Eigentümer ihrer Aufhebung zustimmen.[2]

2. Ebenso müssen die an einem herrschenden Grundstück Berechtigten (z.B. Grundpfandgläubiger) zusätzlich zum Eigentümer zustimmen, wenn an dem dienenden Grundstück die Grunddienstbarkeit gelöscht werden soll (etwa ein Wegerecht). Das Grundbuchamt wird das Vorliegen dieser materiell-rechtlichen Zustimmung indes nur prüfen, wenn am berechtigten Grundstück ein Aktivvermerk *(§ 9 GBO)*, auch **Herrschvermerk**, in dessen Bestandsverzeichnis eingetragen ist *(§ 21 GBO)*.

vgl. §§ 876, 877 BGB

- **Bewilligungsgrundsatz**

Der Nachweis, dass die Betroffenen sich materiell über die beantragte Änderung geeinigt haben, muss dem Grundbuchamt nur bei den wirtschaftlich ganz wichtigen Grundstücksrechten erbracht werden: Veräußerung von Grundstücken und Änderung und Übertragung von Erbbaurechten. Immer aber muss die Bewilligung der Änderung aller davon nachteilig Betroffener nachgewiesen werden, den **Bewilligungsberechtigten** *(§ 19 GBO)*. Die Nachteiligkeit beurteilt sich nur formell nach der betroffenen bzw. ent-

---

[1] *Eigentümergrundschuld.*

[2] *Vgl. §§ 1183, 1192 BGB. Der Rang der Grundschuld ist als solcher schon wertvoll, er soll dem Eigentümer erhalten bleiben, denn wird eine Grundschuld gelöscht, „rutschen" die dahinter eingetragenen automatisch nach vorn. Viele Löschungsbewilligungen von Banken erhalten schon eine vorformulierte Zustimmung für den Eigentümer. Der Notar braucht dessen Erklärung hier nur zu beglaubigen, ein Entwurf erübrigt sich, sodass dann auch keine Entwurfsgebühr anfällt (Nrn. 24102, 21201 KV GNotKG: 0,5-Gebühr. Gegenstandswert ist der Betrag der Grundschuld (§§ 119, 97, 53, 35 GNotKG).*

stehenden Buchposition. Die Bewilligung muss immer öffentlich beglaubigt oder beurkundet sein *(§ 20 GBO)*. Sie muss dem Antrag entsprechen und Beteiligte und Gegenstand genau bezeichnen. Bei ihr handelt es sich um eine reine Verfahrenshandlung. Sie kennen aus dem Zivilprozess solche Erklärungen, für die Besonderheiten gelten, z. B. dass sie nicht anfechtbar sind. Eine Bewilligung ist nur dann unwiderruflich, wenn sie bestimmungsgemäß dem Grundbuchamt in Urschrift oder Ausfertigung vorgelegt wurde, wenn sie so dem Begünstigten (oder seinem Vertreter) ausgehändigt wurde oder der Begünstigte (oder sein Vertreter) an der Beurkundung der Bewilligung beteiligt war, und ihm deswegen ein Anspruch auf ihre Aushändigung zusteht *(§§ 45 Abs. 1, 51 Abs. 1 BeurkG)*. Die Unschädlichkeit des Wegfalls der Verfügungsbefugnis des Bewilligenden vor Eintragung nach *§ 878 BGB* setzt insbesondere diese Bindungswirkung und die Stellung des Eintragungsantrages voraus. Aus dieser Beschreibung wird ersichtlich, dass jeder Immobilienvertrag und dessen Vollzug den Berechtigten vor den Gefahren schützen muss, die während des Schwebezustandes zwischen Erklärung und Eintragung bestehen, insbesondere durch Insolvenzen, Tod und Zwischeneintragungen. Er muss insbesondere davor geschützt werden, dass er seine Gegenleistung erbringt, ohne dass sein Rechtserwerb gesichert ist. Regelmäßig wird eine Kombination von Maßnahmen erfolgen: Mitbeurkundung der materiell-rechtlichen Einigung, Eintragung einer Vormerkung, unverzügliche Antragstellung, Antragstellung im Namen auch der Begünstigten, Entgegennahmevollmacht für den Notar und Gebrauchmachen von dieser.

Tipp: Sinn und Zweck vieler Klauseln im Immobilienvertrag erschließen sich nur richtig, wenn Sie die verschiedenen Rechtsebenen kennen, die angesprochen werden (schuldrechtlicher Vertrag, dinglicher Vertrag, grundbuchrechtliche formelle Erklärungen, öffentlich-rechtliche Voraussetzungen), und Sie sich die rechtlichen Auswirkungen ungewollter Sachverhaltsentwicklungen auf die wirtschaftliche Situation der Beteiligten vor Augen führen.

- **Bestimmtheitsgrundsatz**
  Wegen der großen wirtschaftlichen Bedeutungen der Liegenschaften darf das Grundbuchamt nur klare und eindeutige Eintragungsunterlagen verwenden. Der Genauigkeitsgrad variiert jedoch. Während etwa bei Grundpfandrechten deren Umfang bestimmt sein muss, reicht z. B. bei Reallasten, Vormerkungen, Wegerechten u. Ä. Bestimmbarkeit aus. Weil das häufig ein schmaler Grat ist, sollte man dort auf möglichst genaue und für das Grundbuchamt nachvollziehbare Regelungen achten. Es gibt auch Regelungsbereiche, die die Beteiligten bewusst nur schuldrechtlich vereinbaren, weil sie nicht konkret genug gemacht werden können oder der sachenrechtliche Typenzwang eine dingliche Fassung gar nicht gestattet.

- **Vorrangsgrundsatz**
  Es ist bei der Zwangsvollstreckung immer das eingetragene Recht zuerst zu berücksichtigen, das vor einem anderen vorrangig eingetragen ist *(§§ 109, 10 ZVG)*. Dabei kommt es innerhalb einer Abteilung auf die dortige Reihenfolge an (weswegen die laufenden Nummern dort so wichtig sind und im Grundbuchbeschrieb in der Urkunde erfasst werden) und bei der Eintragung in verschiedenen Abteilungen auf das Datum der Eintragung. Vermerke in der Veränderungsspalte teilen den Rang der Eintragung in der Hauptspalte, auf den sie sich beziehen *(§ 879 BGB)*. Von dem tatsächlichen Rang, der sich durch die Eintragung ergibt (nicht durch die Antragstellung), kann durch Rangvermerke abgewichen werden. Sie können natürlich nur nach den Prinzipien der GBO erfolgen, setzen daher u. a. die Bewilligungen der Berechtigten voraus. Typisch ist der **Rangrücktritt** der Vormerkung hinter die später eingetragene Finanzierungsgrund-

schuld. Auch möglich ist es, bei der Eintragung eines Rechts sogleich einen **Rangvorbehalt** mit aufzunehmen, der die spätere gezielte Beantragung eines Rechts ermöglicht, im Verhältnis zu welchem die erste Eintragung nachrangig wirkt. Dies vermeidet das Bedürfnis der Einholung der Zustimmungserklärungen der später erst hinzugekommenen weiteren Berechtigten.

Beispiel
Bei der Übertragung einer Immobilie kann sich der Schenker ein Rückforderungsrecht durch Eintragung einer entsprechenden Vormerkung dinglich sichern, er kann aber dem Übernehmer gestatten, eine Hypothek für die Finanzierung von Baumaßnahmen bis zu einer bestimmten Höhe mit dem Rang vor der Vormerkung einzutragen. Diesem Recht bleibt der Rang vor der Vormerkung vorbehalten. Dritte, etwa andere Gläubiger des Übernehmers, werden im Gegensatz dazu immer nur den Rang nach der Vormerkung des Übergebers erhalten können.

- Grundsatz der Voreintragung
  Er besagt, dass der Bewilligungsberechtigte auch vor der Eintragung der Änderung, die auf seiner Bewilligung beruht, schon im Grundbuch als Berechtigter eingetragen gewesen sein muss. Nur auf diese Weise ist gewährleistet, dass auch für Dritte die Entwicklung der Rechte am Grundstück immer klar zutage tritt und nachvollziehbar ist. Eine Ausnahme hiervon ist die Eigentumsübertragung seitens des Erben. Auf seine Zwischeneintragung kann verzichtet werden.[1]

- Öffentlichkeitsgrundsatz
  Wer ein berechtigtes Interesse daran darlegen kann, darf das Grundbuch einsehen. Es ist für diese Personen daher jederzeit zugänglich. Für den gutgläubigen Erwerb eingetragener Rechte bzw. das Fehlen nicht eingetragener Rechte und Verfügungsbeschränkungen kann also deren Kenntnis vom Inhalt des Grundbuches fingiert werden. Insoweit wirkt auch die Vermutung, dass sein Inhalt richtig ist. Diese Wirkungen bezeichnet man als Publizität des Grundbuches, sie erleichtert den Rechtsverkehr mit Liegenschaften erheblich. Dass die Eintragungen im Grundbuch öffentlichen Glauben genießen, macht es um so wichtiger, dass sie richtig sind. Um dies zu gewährleisten, stellt § 29 GBO als Ordnungsvorschrift die Forderung auf, dass eine Eintragung nur vorgenommen werden darf, wenn die Eintragungsbewilligung oder die sonstigen zur Eintragung erforderlichen Erklärungen durch öffentliche oder öffentlich beglaubigte Urkunden nachgewiesen wurden. Um die Richtigkeit noch weiter zu fördern, ist nunmehr gemäß § 15 Abs. 3 GBO der Notar verpflichtet, bei solchen Erklärungen vor der Einreichung zu prüfen, ob sie inhaltlich eintragungsfähig sind. Das Ergebnis seiner Prüfung hat der Notar im Beglaubigungsvermerk mitzuteilen bzw. sonst seine Zweifel. Diese Ergänzung des Beglaubigungsvermerks ist indes nur erforderlich, wenn sonst aus der Urkunde nicht erkenntlich ist, dass der Notar durch ihren Entwurf die Richtigkeit gewährleisten will. Letzteres ist bei Beurkundungen immer der Fall, bei Beglaubigungen dann, wenn der Notar sie entworfen hat, was dem Grundbuchamt durch einen entsprechenden Hinweis vorsorglich deutlich gemacht werden sollte.

- Sachprüfungsgrundsatz
  Das Grundbuchamt hat von Amts wegen darauf zu achten, dass das Grundbuch durch die Anträge nicht unrichtig wird. Außerhalb der von der GBO und vom materiellen

---

[1] *Warum dies aber regelmäßig zum Schutz des Käufers zu vermeiden ist und auch der Erbe eingetragen werden sollte, wird auf S. 176 erläutert.*

Grundbuch und Grundbuchordnung

Grundbuchrecht festgelegten Voraussetzungen wird es insoweit jedoch nur tätig, wenn es amtliche Kenntnis von der Nichteinhaltung gesetzlicher Vorschriften bekommt. Dies kann auch durch Eingaben Dritter erfolgen oder aufgrund entsprechender Inhalte von Urkunden.

2.7 Elektronischer Grundbuchverkehr

Ähnlich wie schon länger bei den Handelsregistern, wird auf lange Sicht auch der Verkehr mit allen Grundbuchämtern auf elektronischem Wege über das EGVP mithilfe von XNotar stattfinden. Den aktuellen Umsetzungsstand können Sie aus der Tabelle entnehmen, die Sie unter www.elrv.info/de/elektronischer-rechtsverkehr/rechtsgrundlagen/ElRv_Uebersicht_BL.html finden.

Nachstehend finden Sie fortlaufende **Screenshots aus XNotar**, die Ihnen die Benutzung dieser Oberfläche näherbringen. An sich ist das Verfahren sehr einfach.

1. Achten Sie darauf, dass Sie den Mitarbeiter-Modus ausgewählt haben, unten links auf dem Bildschirm. Unter den Tabs wählen Sie dann „Grundbuch" aus. Im Beispiel finden Sie schon einen „in Vorbereitung" befindlichen Antrag „Müller-Meier", diese Liste könnte jedoch auch leer sein. Sie wollen einen neuen Antrag vorbereiten, daher klicken Sie unten rechts die Schaltfläche „Neuer Antrag".

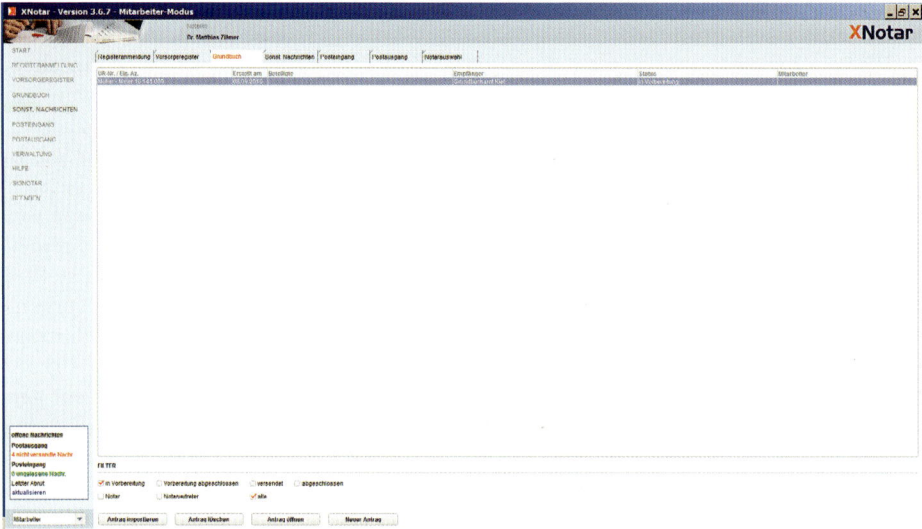

2. Zunächst tragen Sie in der ersten Zeile die UR-Nr. oder das Aktenzeichen ein. Zwischen beiden wählen Sie mit dem Dreieckssymbol in der ersten Spalte aus. Geben Sie dann Ihr Mitarbeiterkürzel ein. Wählen Sie unten das Amtsgericht aus, indem Sie einfach die Anfangsbuchstaben eingeben. Wenn es dadurch nicht sogleich automatisch ergänzt wird, können Sie mit dem ersten Buchstaben zumindest schon einmal an der richtigen Stelle in der Liste suchen. Als nächstes geben Sie die Grundbuchbezeichnung auf dieselbe Weise ein, dann die Gemeinde, schließlich das Blatt. Am Ende klicken Sie auf „Übernehmen".

Elektronischer Grundbuchverkehr

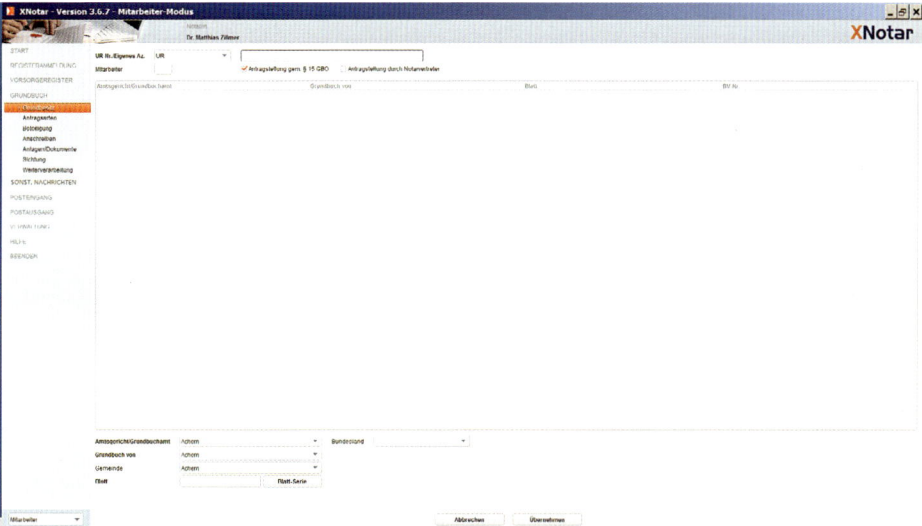

3. Schön ist die Funktion „Hinzufügen", wenn Sie im selben Grundbuch ein weiteres Blatt haben. Dieses können Sie dann einfach ergänzen bzw. die Gemarkung ändern, die anderen Daten sind schon vorausgefüllt. Wenn es aus einem anderen Grundbuch stammt, müssen Sie dieses natürlich auch ändern. Sie schließen diesen Schritt dann mit „Hinzufügen" ab. Wenn Sie Anträge für nur ein Grundbuchblatt haben, dann klicken Sie sogleich auf „Weiter" (unten rechts). Auf der linken Seite sehen Sie die verschiedenen Arbeitsschritte aufgelistet unter „Grundbuch".

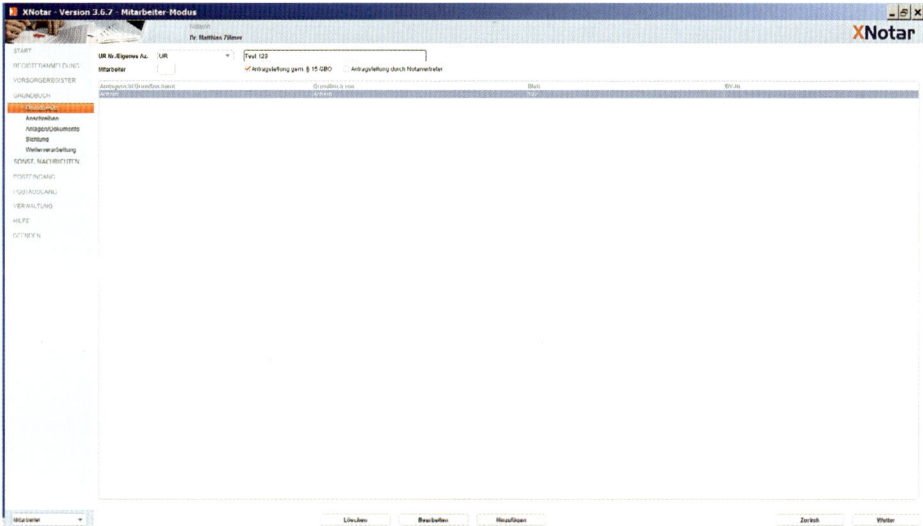

4. Nun bietet Ihnen XNotar die Möglichkeit, ein Anschreiben an das Grundbuchamt zu formulieren. Ein Beispiel ist in der Abbildung eingetragen. Wenn der Text länger ist oder der Antrag sogar die Verwendung eines Siegels erfordert (z. B. Eigenurkunde beim Antrag auf Eigentumsumschreibung im Falle der Bewilligungssperre), dann wählen Sie im Zweifel den Weg über die Erstellung des Anschreibens mithilfe Ihrer Software – und

behandeln es als ganz normale Anlage bzw. als Dokument. Für diesen Fall klicken Sie an dieser Stelle gleich auf „Weiter" (unten rechts). Wenn Sie jedoch ein internes Anschreiben benutzen, dann können Sie im Feld darunter auswählen, welchen Text Sie ergänzen lassen möchten. Das Programm wird Sie schließlich über ein Pop-up-Fenster auffordern, das Anschreiben als .tiff-Datei abzuspeichern. Dieser Aufforderung können Sie nachkommen. Erst dann gehen Sie auf „Weiter".

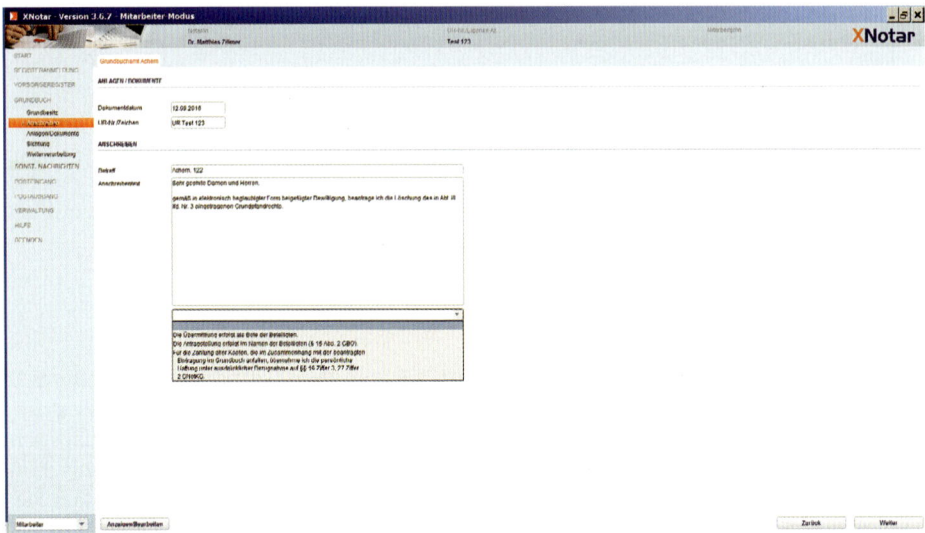

5. Vielleicht der wichtigste Teil des Formulars. Hier geben Sie vor, welche Anlagen Sie übermitteln wollen, entweder zum Antragstext im Schreiben auf der 4. Seite, oder zusätzlich zum extern von Ihnen erstellten Schreiben mit dem Antrag. Jede Unterlage wird dabei für sich beigefügt. Hierzu wählen Sie zunächst „Hinzufügen". Sie gelangen dann auf ein weiteres Formular.

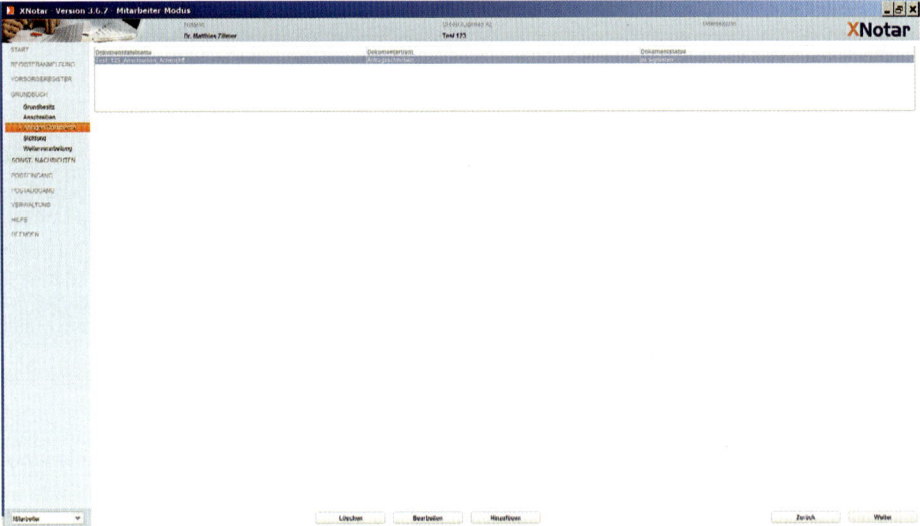

6. Dort ergänzen Sie die Angaben zu der anzufügenden Datei als Freitext oder mit den vorgegebenen Kategorien, die Sie über die Dreiecksflächen als Pull-down-Alternativen präsentiert bekommen. Sodann wählen Sie aus den auf Ihrem EDV-System gespeicherten Dateien die erforderlichen Dateien aus, indem Sie bei „Dokumentendatei" auf die ganz rechts befindliche „..."-Fläche klicken. Dann sehen Sie Ihre eigenen Verzeichnisse. Dort wählen Sie die passende Datei aus. Anschließend klicken Sie auf „Anzeigen/Bearbeiten" und versehen sie mit einem Beglaubigungsvermerk im Rahmen des SigNotar-Dialogs. Sie schließen diese Anlage mit „Übernehmen" ab. Mit „Hinzufügen" bearbeiten Sie gegebenenfalls die nächsten Anlagen entsprechend und kommen über „Weiter" rechts unten dann bis zum Abschluss, wo Sie Ihre Vorbereitungen an den Notar übergeben können. Dieser kann durch Auswählen des Notar-Modus auf alle vorbereiteten Anträge im Wege der Stapelverarbeitung zugreifen, sich die Inhalte anzeigen lassen und sie signieren – durch Verwendung seiner Signaturkarte und der nur ihm bekannten PIN –, oder er öffnet die Anträge, um sie anzupassen, oder er gibt sie an den Mitarbeiter zurück, damit sie geändert werden können.

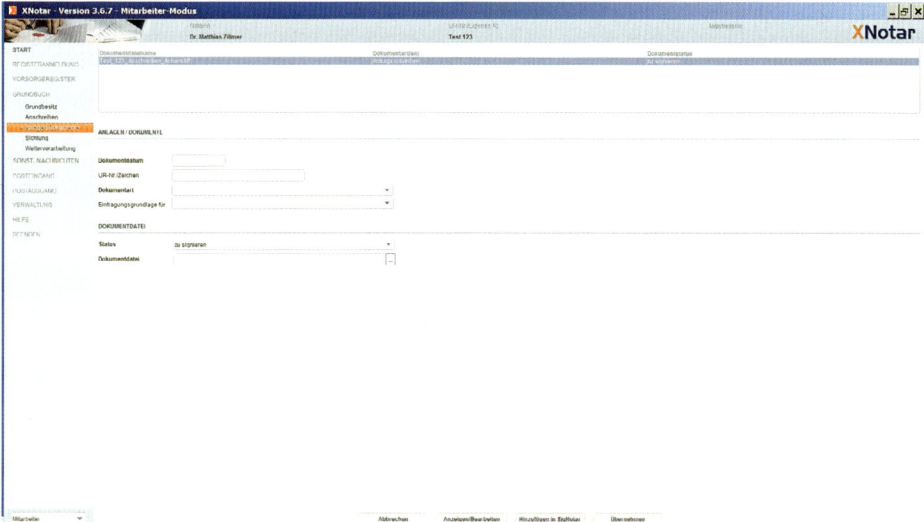

Nach dem Versenden können Sie sich im Postausgang die einzelnen Anträge ansehen und das Versandprotokoll ausdrucken und zur Akte nehmen. Daraus ist auf die Sekunde genau ersichtlich, wann sie beim Grundbuchamt eingegangen sind. Dieser Zeitpunkt ist für den Rang maßgeblich.

Bei Formular 5 und 6 müssen Sie auf folgende Dinge achten:

- Die Anlagen müssen vollständig sein.
- Die Anlagen müssen ein Format haben, das die Gewähr für die Unveränderbarkeit bietet, damit der Nachweisfunktion des Grundbuches Genüge getan wird. Es muss also in Form eines pdfA (A für „Archiv") oder als .tiff-Datei vorliegen.
- Wenn Sie Anlagen durch Einscannen erstellen, achten Sie darauf, dass das Scannergebnis gut lesbar ist, insbesondere alle Blätter lesbar sind, ohne dass sie gedreht werden müssen.

- Sie müssen diese Dateien an den Speicherorten belassen, wo sie bei der Auswahl gespeichert waren, bis der Antrag erfolgreich versandt wurde, weil XNotar auf diesen von Ihnen angegebenen Speicherort zugreift. Es empfiehlt sich, hier jeweils entsprechende Sammel-Verzeichnisse anzulegen, die Sie nur für die XNotar-Übermittlung verwenden – und aus denen Sie dann später die Dateien löschen.
- Alle Dateien werden über den SigNotar-Dialog beglaubigt, durch Anfügen eines Beglaubigungstextes. Ähnlich wie bei dem internen Anschreiben, gibt SigNotar hier Beglaubigungstexte vor, die Sie aber über das Schaltfeld „Editieren" anpassen können.

Übungsaufgaben

1. Margitta Dunkel fragt Nicole Otte bei ihrem ersten Anruf, bevor sie die Fragen von Nicole Otte beantwortet, „ob denn dadurch für sie Kosten entstehen …". Was wird Nicole Otte antworten?

2. Sie finden in Anlage 1 (siehe folgende Seiten) in Abt. III bei lfd. Nr. 1 eine Rötung. Wo findet sich im Grundbuchblatt die zugehörige Veränderung?

3. Nach welcher Vorschrift wird die Angabe des Verhältnisses der Eigentümer untereinander verlangt? Welches Verhältnis haben die Eigentümer in **Anlage 1**? Wie haben sie das Eigentum erworben?

Anlage 1: Auszug aus einem Eigentumsgrundbuch

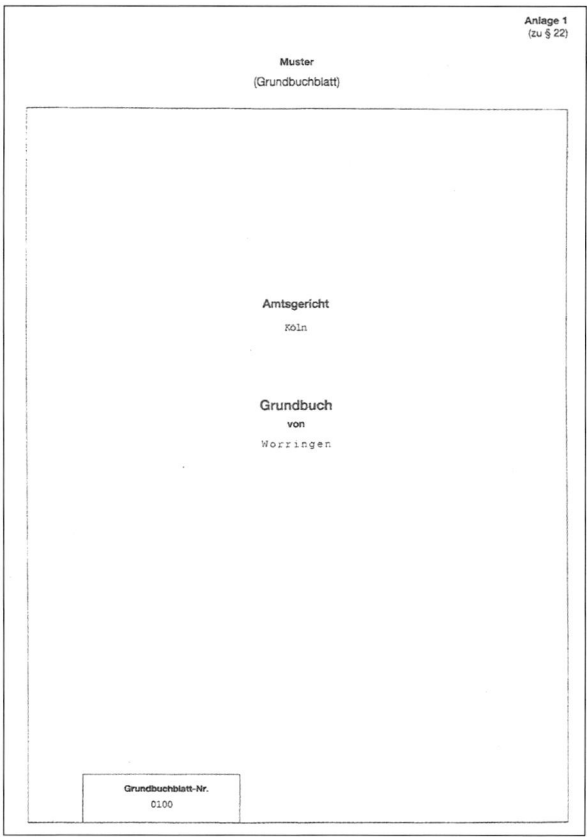

Erste Abteilung

Amtsgericht Köln **Grundbuch von** Worringen **Blatt** 0100

Laufende Nummer der Eintragungen	Eigentümer	Laufende Nummer der Grundstücke im Bestandsverzeichnis	Grundlage der Eintragung
1	2	3	4
1	M ü l l e r, Friedrich, geb. am 5. Juli 1944, Alte Neußer Landstraße 100, 5000 Köln 71	1	Aufgelassen am 14. Oktober 1992, eingetragen am 5. Januar 1993. Neumann Götz
		4,5	Aufgelassen am 11. November 1992, eingetragen am 10. Mai 1993. Neumann Götz
		7/zu 6	Das bisher in Blatt 0300 eingetragene Eigentum aufgrund Auflassung vom 15. April 1993 und Buchung gemäß § 3 Abs. 3 GBO hier eingetragen am 12. Juli 1993. Neumann Götz
2a)	S c h u m a c h e r, Ute geb. Müller, geb. am 12. Mai 1966, Grundermühle 7, 51515 Kürten	4,6,7	Erbfolge (33 VI 250/94 AG Köln), eingetragen am 7. Dezember 1994. Neumann Götz
b)	M ü l l e r, Georg, geb. am 6. März 1968, Kemperbachstraße 48, 51069 Köln – in Erbengemeinschaft –		

Zweite Abteilung

Amtsgericht Köln **Grundbuch von** Worringen **Blatt** 0100

Laufende Nummer der Eintragungen	Laufende Nummer der betroffenen Grundstücke im Bestandsverzeichnis	Lasten und Beschränkungen
1	2	3
1	4,6,7	Nießbrauch für Müller, Gerhard, geb. am 23. April 1918, Alte Neußer Landstraße 100, 50769 Köln, befristet, löschbar bei Todesnachweis. Unter Bezugnahme auf die Bewilligung vom 15. April 1993 – URNr. 400/93 Notar Dr. Schmitz in Köln – eingetragen am 12. Juli 1993. Neumann Götz
2	4,6	Widerspruch gegen die Eintragung des Eigentümers des Friedrich Müller zugunsten des Josef Schmitz, geb. am 26. Juli 1940, Rochusstraße 300, 50827 Köln. Unter Bezugnahme auf die einstweilige Verfügung des Landgerichts Köln vom 30. Juli 1993 – 10 O 374/93 – eingetragen am 3. August 1993. Neumann Götz
3	4	Dienstbarkeit (Wegerecht) für den jeweiligen Eigentümer des Grundstücks Flur 1 Nr. 201 (derzeit Blatt 0250). Unter Bezugnahme auf die Bewilligung vom 11. November 1992 – URNr. 2231/92 Notar Dr. Schneider in Köln – eingetragen am 4. August 1993. Neumann Götz

Amtsgericht Köln		Grundbuch von Worringen	Blatt 0100	Dritte Abteilung	1
Laufende Nummer der Eintragungen	Laufende Nummer der belasteten Grundstücke im Bestandsverzeichnis	Betrag	Hypotheken, Grundschulden, Rentenschulden		
1	2	3	4		
1	3,4,5,6	10.000,00 DM 5.000,00 DM	Grundschuld - ohne Brief - zu zehntausend Deutsche Mark für die Stadtsparkasse Köln in Köln; 18% Zinsen jährlich; vollstreckbar nach § 800 ZPO. Unter Bezugnahme auf die Bewilligung vom 19. April 1993 - URNr. 420/93 Notar Dr. Schmitz in Köln - eingetragen am 9. Juni 1993. Gesamthaft: Blätter 0100 und 0550. Neumann Götz		
2	4,6	20.000,00 DM - 5.000,00 DM 15.000,00 DM	Hypothek zu zwanzigtausend Deutsche Mark für Bundesrepublik Deutschland (Wohnungsfürsorge); 12% Zinsen jährlich, 2% bedingte Nebenleistung einmalig. Unter Bezugnahme auf die Bewilligung vom 6. Oktober 1993 - URNr. 1300/93 Notar Dr. Schmitz in Köln -. Vorrangsvorbehalt für Grundpfandrechte bis zu DM 100.000,00; bis 20% Zinsen jährlich; bis 10% Nebenleistungen einmalig; inhaltlich beschränkt. Eingetragen am 15. November 1993. Neumann Götz		
3	4,6,7	100.000,00 DM	Grundschuld zu einhunderttausend Deutsche Mark für Inge Müller geb. Schmidt, geb. am 12. Mai 1952, Alte Neußer Landstraße 100, 50769 Köln, 18% Zinsen jährlich. Unter Bezugnahme auf die Bewilligung vom 3. Januar 1994 - URNr. 2/94 Notar Dr. Klug in Köln -; unter Ausnutzung des Rangvorbehalts mit Rang vor III/2. Eingetragen am 17. Januar 1994. Neumann Götz		

Veränderungen			Löschungen		
Laufende Nummer der Spalte 1	Betrag		Laufende Nummer der Spalte 1	Betrag	
5	6	7	8	9	10
2	20.000,00 DM	Dem Recht Abt. III Nr. 3 ist der vorbehaltene Vorrang eingeräumt. Eingetragen am 17. Januar 1994. Neumann Götz	2	5.000,00 DM	Fünftausend Deutsche Mark gelöscht am 4. Oktober 1994. Neumann Götz
3	100.000,00 DM	Gepfändet mit den Zinsen seit dem 30. Juni 1994 für die Haftpflicht-Versicherungs-Aktiengesellschaft in Köln wegen einer Forderung von DM 65.800,00 mit 9% Zinsen aus DM 59.600,00 seit dem 18. Juni 1992. Gemäß Pfändungs- und Überweisungsbeschluß des Amtsgerichts Köln vom 15. Juni 1994 - 183 M 750/94 - eingetragen am 20. Juni 1994. Neumann Götz	3 3a 3b	20.000,00 DM 60.000,00 DM 20.000,00 DM	Pfändungsvermerk vom 26. Juli 1994 gelöscht am 4. Oktober 1994. Neumann Götz
1	5.000,00 DM	Das Recht ist gemäß § 1132 Abs. 2 BGB derart verteilt, daß die hier eingetragenen Grundstücke nur noch haften für fünftausend Deutsche Mark. Die Mithaft in Blatt 0550 ist erloschen. Eingetragen am 1. Juli 1994. Neumann Götz			

Grundbuch und Grundbuchordnung

Amtsgericht Köln		Grundbuch von Worringen	Blatt 0100	Dritte Abteilung	1 R

Laufende Nummer der Eintragungen	Laufende Nummer der belasteten Grundstücke im Bestandsverzeichnis	Betrag	Hypotheken, Grundschulden, Rentenschulden
1	2	3	4
4	4	8.200,00 DM	Zwangssicherungshypothek zu achttausendzweihundert Deutsche Mark für die Schmidt & Müller oHG, Köln, Wienerplatz 2, 51065 Köln, mit 8% Zinsen jährlich aus DM 7.180,00 seit dem 20. Oktober 1994. Gemäß Urteil des Amtsgerichts Köln vom 2. November 1994 - 115 C 1500/94 - eingetragen am 1. Dezember 1994. Neumann Götz
5	4,6,7	30.000,00 DM	Sicherungshypothek zum Höchstbetrag von dreißigtausend Deutsche Mark für die Stadt Köln - Amt für Wohnungswesen. Unter Bezugnahme auf die Bewilligung vom 3. November 1994 - URNr. 1400/94 Notar Dr. Schmitz in Köln - eingetragen am 5. Dezember 1994. Neumann Götz

Veränderungen			Löschungen		
Laufende Nummer der Spalte 1	Betrag		Laufende Nummer der Spalte 1	Betrag	
5	6	7	8	9	10
3 3 3a 3b	100.000,00 DM 20.000,00 DM 60.000,00 DM 20.000,00 DM	Das Recht ist geteilt in zwanzigtausend Deutsche Mark erstrangig -, sechzigtausend Deutsche Mark zweitrangig -, zwanzigtausend Deutsche Mark drittrangig -. Eingetragen am 1. August 1994. Neumann Götz			
3a	60.000,00 DM	Abgetreten mit den Zinsen seit dem 17. Januar 1994 an die Kölner Bausparkasse Aktiengesellschaft in Köln. Eingetragen am 1. August 1994. Neumann Götz			

Fortsetzung auf Einlegebogen

Abdruck mit freundlicher Genehmigung von makrolog Recht für Deutschland, www.recht.makrolog.de

3 Grundstückskauf

3.1 Grundsätzliche Überlegungen

Der Regelfall wird der Verkauf bebauter Grundstücke sein. Werden unbebaute Grundstücke verkauft, so ist der üblicherweise für bebaute Grundstücke verwendete Vertragsentwurf von den Bestandteilen zu befreien, die sich auf die aufstehenden Gebäude beziehen. Häufig ist für den Kaufpreis bei unbebauten Grundstücken die geplante Verwendung durch den Käufer entscheidend, etwa wenn er das Grundstück bebauen möchte. Gartenland erzielt im Gegensatz zu Bauland weit geringere Preise. Der Vertrag sollte daher Aussagen darüber treffen, inwieweit der Verkäufer Verantwortung für die Verwendbarkeit des Grundstückes haben soll.

Tipp: Die Vorbereitung jeder Beurkundung sollte das Ziel haben, dass für die Beurkundungsverhandlungen selbst keine Fragen mehr ersichtlich offen geblieben sind. Die Beteiligten können sich dann ganz auf die spontan auftretenden Themen konzentrieren, falls es solche gibt, was nicht selten der Fall ist, weil die Beteiligen selbst sich mit allen Konsequenzen des Geschäfts oftmals erstmalig ernsthaft beschäftigen, wenn der Notar ihnen den Text vorliest, den sie in wenigen Minuten rechtsverbindlich unterschreiben sollen.

Wenn Sie bei der Vorbereitung einer Urkunde von den Beteiligten hören, dass „man das ja auch noch bei der Beurkundung besprechen könne" oder diese sich schlicht zu von Ihnen gestellten Fragen („Wie hoch werden die Darlehen insgesamt wohl etwa werden, die Sie im Zusammenhang mit dem Kauf am Grundstück besichern möchten?") nicht äußern, dann sollten Sie den Notar frühzeitig darauf hinweisen. Hinter dieser Zurückhaltung können sich für die Vertragsgestaltung entscheidende Herausforderungen verbergen. Hinter der Weigerung der Verkäufer, frühzeitig ein Konto für die Zahlung des Kaufpreises anzugeben, kann z. B. der ungelöste Ehestreit der Eigentümer stecken, die sich noch gar nicht darüber einig sind, wer von ihnen welchen Teil des nicht zur Ablösung der Belastungen erforderlichen Kaufpreises erhalten soll. Bei weiterer Nachforschung stellt sich dann vielleicht auch noch heraus, dass die beiden auch nicht gemeinsam zum Termin erscheinen wollen und sich keinesfalls gegenseitig Vollmachten für die Abwicklung des Vertrages erteilen möchten. Schlussendlich hat dies zur Folge, dass für den überschießenden Teil des Kaufpreises ein Notaranderkonto einzurichten ist, weil die Verteilung des Kaufpreises erst ca. ein Jahr nach Vertragsschluss im Rahmen eines Scheidungsverfahrens geregelt sein wird und dass einer der Verkäufer von den Käufern vollmachtlos vertreten wird und erst am Tag nach der Beurkundung nachgenehmigt, allerdings im Innenverhältnis auch die Mehrkosten hierfür allein zu tragen sich verpflichtet hat o. Ä.

Die sich unter solchen Voraussetzungen ergebenden Anpassungen des Vertrages können nur dann mit Bedacht und nach Rücksprache mit den Käufern und deren Finanzierern durchgeführt werden, wenn sie **rechtzeitig** vor dem Termin aufgedeckt werden! Hierzu ist es erforderlich, dass Sie ein entsprechendes Gespür für die denkbaren Konstellationen, aber auch für die Empfindlichkeiten der Beteiligten entwickeln, und die Zeichen erkennen, die man Ihnen während der Sachverhaltsermittlung, zuweilen unbewusst, gibt. Fingerspitzengefühl und Lebenserfahrung sind hier wichtig, auch die Bereitschaft, sich in die Beteiligten hineinzuversetzen und weit vorauszudenken. Diese Eigenschaften müssen mit fundierten Fachkenntnissen kombiniert werden.

Bitte beachten Sie, dass es Urkundsersuchende gibt, die intelligent und wirtschaftlich erfolgreich sind, aber nicht Ihre geschulte Fähigkeit haben bzw. sich auch nicht die Zeit nehmen möchten, lange und zum Teil abstrakte Rechtstexte zu lesen und sich deren Bedeutung zu vergegenwärtigen. Es ist Ihre vornehmste Aufgabe, dennoch auch diesen Beteiligten zu ermöglich, informiert und aufgeklärt die entsprechenden Vereinbarungen in ihrem Sinne zu treffen. Die Art und Weise, wie Sie Fragen zur Sachverhaltsaufklärung stellen und die Hintergründe erläutern, trägt erheblich zur Erreichung dieses Zieles bei. Bitte bedenken Sie, dass den Beteiligten Fachbegriffe oft völlig fremd sind und Sie daher Ihre Fragen so formulieren müssen, dass Laien die Chance haben, korrekt zu antworten bzw. zu verstehen, welche weiteren Angaben sie von sich aus machen müssen, damit ein guter Vertrag zustande kommt.

3.2 Sachverhaltsaufklärung

Gerade bei der Vorbereitung von Grundstücksveräußerungen ist es für die Mitarbeiter des Notars, aber auch für die weiteren Beteiligten hilfreich, wenn ihnen eine Liste mit Fragen vorliegt, deren Beantwortung für die Erstellung des Entwurfes und die Beratung der Beteiligten nützlich sind. Nicht alle aufgeworfenen Fragen werden sich schon bei der Erstellung des ersten Entwurfes beantworten lassen. Einige Tage vor der geplanten Beurkundung kann es sinnvoll sein, sich anhand des Entwurfsstandes zu vergegenwärtigen, ob alle wesentlichen Elemente geklärt und im Entwurf beachtet wurden. So bleibt Zeit, etwa noch fehlende Fragen mithilfe der Beteiligen abschließend zu klären.

Tipp: Der Notar hat die Pflicht zur Klärung des Sachverhaltes *(§ 17 BeurkG)*. Sie beschränkt sich allerdings auf die Entgegennahme der von den Beteiligten vorgetragenen Fakten. Sind daraus keine Anhaltspunkte offenkundig, so muss der Notar keine eigenen Nachforschungen anstellen. Ihre Aufgabe bei der Abarbeitung der Datenliste ist es, den Beteiligten die richtigen Fragen zu stellen, damit diese Ihnen alle bedeutsamen Sachverhaltselemente offenbaren, die bei einem ausgewogenen Vertrag berücksichtigt werden sollten.

Die nachstehende Liste enthält wichtige Punkte zur Vorbereitung der Entwurfserstellung. Die Erläuterungen zu den einzelnen Themenbereichen schließen sich an.

1. **Für jeden Käufer**
    a) Name, Vornamen, abweichender Geburtsname
    b) Adresse
    c) Nationalität, auch eines Ehepartners, Besonderheiten
    d) Legitimationsdokument
    e) Güterstand
    f) Verbrauchereigenschaft
    g) Kaufpreisfinanzierung
        (1) Höhe
        (2) Kontaktdaten der Kreditgeber
        (3) Umfang der erforderlichen Absicherung am Grundbuch des Vertragsobjektes
    h) Kontaktdaten des Käufers
    i) In der Verhandlung anwesend?
    j) Sonst: Vertreter, Form der Vollmacht?
    k) Bei mehreren Käufern: das Verhältnis zueinander
    l) Steuer-ID
    m) Makler

2. **Vertragsobjekt**
    a) Objektadresse
    b) Grundbuchblattbezeichnung

c) Belastungen Abt. II und Abt. III
   d) Umfang der Übernahme von Belastungen durch den Käufer
   e) Kontaktdaten der am Grundstück Drittberechtigten
   f) Objektart
   g) Gegenwärtige Nutzungsweise: geräumt, unbewohnt, bewohnt, vermietet
   h) geplante Nutzungsweise
   i) mitverkaufte bewegliche Sachen, gesonderter Ausweis im Kaufpreis
   j) Besonderheiten des Vertragsobjektes
   k) bekannte Mängel oder Nutzungseinschränkungen
   l) Erschließungsstand und Kosten hierfür
   m) Energieausweis
   n) gewünschter Zahlungs- und Übergabezeitpunkt

3. **Für jeden Verkäufer**
   a) Name, Vornamen, abweichender Geburtsname
   b) Adresse
   c) Nationalität
   d) Legitimationsdokument
   e) Güterstand
   f) Verbrauchereigenschaft
   g) abzulösende Belastungen
      (1) voraussichtliche Höhe
      (2) Anzahl und Kontaktdaten der Kreditgeber
      (3) Löschungsunterlagen vorhanden?
   h) Kontaktdaten des Verkäufers
   i) In der Verhandlung anwesend?
   j) Sonst: Vertreter, Form der Vollmacht?
   k) Bei mehreren Verkäufern: das Verhältnis zueinander
   l) Im Grundbuch eingetragen?
      Sonst: Nachweis der Verfügungsbefugnis
   m) Steuer-ID

Erläuterungen zur Sachverhaltsermittlung

1. **Käufer**
   a) Aus Sicht des BeurkG ist es nur dann erforderlich, mehrere Vornamen aufzuführen, wenn sonst eine eindeutige Identifizierung des Urkundsersuchenden durch die weiteren Angaben (Geburtsdatum, Adresse) nicht möglich wäre. Der abweichende Geburtsname ist regelmäßig der „Mädchenname" einer verheirateten Frau (*§ 10 BeurkG* i. V. m. *§ 26 DONot*).

   b) Die hier aufgeführte Adresse sollte jene sein, die im Ausweispapier angegeben ist, gegebenenfalls ist diejenige hinzuzusetzen („postalisch:"), unter der der Urkundsersuchende für Zwecke der Vertragsabwicklung erreichbar ist. Von der Zustellung entsprechender Aufforderungen hängt u. a. die Fälligkeit des Kaufpreises ab. Häufig ist der Immobilienerwerb mit einem Umzug auf beiden Seiten des Vertrages verbunden. Hierauf ist bei der Pflege des Datenbestandes im Notariat zu achten. Die Beteiligten haben regelmäßig in dieser Zeit „viel um die Ohren", sodass Sie von sich aus „am Ball bleiben" und bei den späteren Kontakten mit den Beteiligten die Aktualität der Adressdaten kontrollieren sollten. Bei Organen, die für juristische Personen auftreten, kann die Anschrift der juristischen Person angegeben werden („geschäftsansässig ..."). Macht ein Urkundsersuchender glaubhaft, dass die Nennung seiner Adresse ihn oder seine Angehörigen einer Gefahr aussetzen würde, reicht die Angabe „Anschrift dem Notar bekannt" *(§ 26 DONot).*

c) Die Nationalität wird regelmäßig nicht im Rubrum erwähnt. Sie zu ermitteln ist aber aus zwei Gründen von Interesse. Einerseits kann sie Anlass geben, weitere Erkundigungen einzuziehen, ob die Urkundsersuchenden der deutschen Sprache ausreichend mächtig sind oder ob eine schriftliche Übersetzung des Vertrages erforderlich ist und/oder ein Dolmetscher in der Urkundsverhandlung hinzugezogen werden muss. Letzterer muss nicht gerichtlich bestellt sein, wenn der Notar sich davon überzeugt hat, dass er in beiden Sprachen hinreichend bewandert ist. Entscheidend ist jedoch, dass der Dolmetscher allen Beteiligten gegenüber neutral ist und mithin die auch für den Notar selbst geltenden Mitwirkungseinschränkungen nicht für ihn im konkreten Fall vorliegen. Dieses Erfordernis führt dazu, dass die häufig von den Urkundsersuchenden für die Dolmetschertätigkeit vorgeschlagenen Verwandten nicht hierfür geeignet sind. Diese Problematik gilt es frühzeitig zu entschärfen.

Der zweite Grund liegt in der Wirkung ausländischen Güterrechts. Es gibt Rechtsordnungen, in denen auch ein nicht an der Urkunde beteiligter Ehepartner einen Anspruch auf Eigentumserwerb aufgrund des dortigen Güterrechts erwirbt oder aus dortiger Sicht der Vertrag ohne seine Zustimmung unwirksam ist. Entsprechend erfasste Daten werden den Notar veranlassen, die nötigen Vorsorgemaßnahmen zu ergreifen, etwa den Ehegatten mitwirken zu lassen, dessen Zustimmung über ein deutsches Konsulat im Ausland einholen zu lassen o. Ä. Bei Gütergemeinschaft, ausländischen Güterständen[1] oder dem deutschen (!) Güterstand der Wahl-Zugewinngemeinschaft für deutsch-französische Ehepaare, wird Nicole Otte daher schon bei der Vorbereitung den Notar einschalten.

Besonderheiten liegen weiter vor, wenn ein Käufer gehörlos, blind oder schreibunfähig ist.

d) Es ist ein gültiger amtlicher Lichtbildausweis erforderlich, der im Inland zur amtlichen Identitätsfeststellung geeignet ist. Aufgrund der Einschlägigkeit des GwG bei Immobiliengeschäften ist darauf zu achten, dass die nach GwG erforderlichen Angaben zu diesem Dokument bei der Akte verzeichnet sind, praktischerweise durch eine Kopie oder einen Scan des Personalausweises, (ausländischen) Reisepasses oder deutschen Aufenthaltstitels. Dies gilt gerade für Personen, die dem Notar bereits „von Person bekannt" sind, weil diese Aussage sich nur auf die Sicherheit der Personenfeststellung aus Sicht des BeurkG bezieht! Das GwG stellt höhere Anforderungen. Dies gilt auch für die Gültigkeit des Ausweispapiers. Dies sollte Nicole Otte schon im Vorfeld abklären. Inhaber abgelaufener Papiere sollten in der Urkunde ausdrücklich verpflichtet werden, unverzüglich gültige Papiere nachzureichen.

e) Die Verpflichtung des Käufers aus dem Kaufvertrag ist aus güterrechtlicher Sicht unproblematisch, soweit es um die Wirkung des *§ 1365 BGB* geht, weil eine Zustimmung zur Verpflichtung nicht erforderlich ist. Das Bedürfnis der Berücksichtigung ausländischer Güterstände ist bei der Nationalität bereits angesprochen worden. Hier ist der Notar selbst im Einzelfall zu befragen.

---

[1] *So gibt es die (gerade in Europa weit verbreitete) Errungenschaftsgemeinschaft. Beide Ehepartner haben Anspruch darauf, gemeinsam Eigentümer einer erworbenen Immobilie zu werden, z. B. in Portugal, Frankreich, Albanien, Italien, Polen, Luxemburg, aber auch in China. Die Eintragung kann dann beantragt werden „als Eigentümer in Errungenschaftsgemeinschaft nach ..." dem jeweiligen Recht, das regelmäßig eine Gesamthandsberechtigung darstellt.*

Tipp: Die sorgfältige Abarbeitung dieser Datenliste dient der effizienten Verwendung der notariellen Arbeitszeit, aber auch der frühzeitigen Ermittlung von Problempunkten, die der Notar selbst im Rahmen der Vorbereitung bearbeiten wird. So wird verhindert, dass erst im Zeitpunkt der Beurkundung Fragestellungen aufgedeckt werden, die dann einer zügigen Lösung nicht zugänglich sind.

f) Für **Verbraucherverträge** gelten besondere Vorschriften des BeurkG bei der Gestaltung des Beurkundungsverfahrens *(§ 17 BeurkG)*. Der Notar soll darauf hinwirken, dass der Verbraucher seine Erklärungen selbst abgibt. Wenn er das tut, dann kann er dabei auch die Erläuterungen des Notars anhören und Fragen stellen, seine Interessen also besser zur Geltung bringen. Wenn der Verbraucher sich vertreten lässt, dann soll dies durch eine Person seines Vertrauens erfolgen, weil sie für ihn diese Gelegenheit wahrnehmen kann. Mitarbeiter des Notars sind **keine** Vertrauenspersonen des Verbrauchers in diesem Sinne. Weiterhin soll der Notar darauf hinwirken, dass der Verbraucher ausreichend Gelegenheit hatte, sich über den Gegenstand der Beurkundung zu informieren, insbesondere sich auch von sachkundigen Personen hierzu beraten zu lassen und sich die Angelegenheit in Ruhe zu überlegen. Bei nach *§ 311b Abs. 1 S. 1, Abs. 3 BGB* beurkundungsbedürftigen Verträgen, insbesondere also bei Immobilienkäufen, soll der Vertragsentwurf dem Verbraucher vom Notar[1] regelmäßig **zwei Wochen** vor dem Beurkundungstermin zur Verfügung gestellt werden. Dies dient gerade auch zur Ermöglichung der Einholung von Beratungsleistungen, die der Notar nicht erbringt, etwa eines Bausachverständigen.

g) Bei der Bestellung von Grundpfandrechten handelt es sich um ein von dem Immobilienkaufvertrag getrenntes beurkundungsrechtliches Verfahren. Nichtsdestoweniger ist es Ihre Aufgabe, beide bestmöglich aufeinander abzustimmen, weil die Zahlungsfähigkeit des Käufers davon abhängt, also ein sehr wichtiges Element der erfolgreichen Abwicklung eines jeden Kaufvertrages ist, aber die Kenntnisse der Beteiligten über das Zusammenwirken der verschiedenen Beurkundungsvorgänge – im Gegensatz zu deren großer praktischer Bedeutung – üblicherweise sehr gering sind. Hier ist daher ein hoher Koordinierungsaufwand Ihrerseits erforderlich. Um die entsprechende Vorbelastungsvollmacht passend formulieren und die Gläubiger des Käufers ordnungsgemäß auf die Beschränkungen der Sicherheit bis zum Eigentumsübergang auf ihre Kunden hinweisen zu können, ist die Erfassung der Daten erforderlich. Letzteres ist auch sinnvoll, um die Einzelheiten der Abwicklung direkt mit den Finanzierern besprechen zu können.

h) Ihrer habhaft zu werden – und im Laufe der Abwicklung die jeweils aktuellen Daten nachzuhalten –, ist unabdingbar, um die vom BeurkG geforderte direkte Information und Belehrung der Käufer zu gewährleisten. Bei der Verwendung von E-Mail-Adressen sollte der Käufer darauf hingewiesen werden, dass eine Vertraulichkeit auf diesem Wege nicht gewährleistet ist, soweit nicht die Möglichkeit besteht, verschlüsselt mit dem Urkundsersuchenden zu kommunizieren.

i) Wenn der Käufer nicht persönlich anwesend sein kann oder will, dann ist zusammen mit dem Notar zu erörtern, ob seine Vertretung in Betracht kommt. Beschränkungen ergeben sich aus den Anforderungen des BeurkG *(§ 17 BeurkG)*. Alternativ hierzu ist die Aufspaltung der Beurkundung in Angebot und Annahme[2] zu erwä-

---

[1] *Oder dessen Notar-Sozius, also nicht vom Makler.*

[2] *Damit auch bei der Aufspaltung in Angebot und Annahme die Auflassung bei gleichzeitiger Anwesenheit erfolgt, bevollmächtigt der Anbietende den Annehmenden, diese auch in seinem Namen zu erklären und für ihn dessen Erklärung auch entgegenzunehmen, unter Befreiung von den Beschränkungen des § 181 BGB. Dies erfolgt natürlich mit den üblichen Vorsorgemaßnahmen gegen eine ungesicherte Vorleistung des Verkäufers.*

gen, bei der eine der Seiten das Vertragsangebot der anderen annimmt, wobei die umfänglichere Belehrung dem anbietenden Vertragsteil gegenüber erfolgt, sodass dies die jeweils „belehrungsbedürftige" Seite sein wird.

j) Wenn eine Vertretung erfolgt, dann kann dies auf der Grundlage einer vorhandenen Vollmacht geschehen oder durch einen „vollmachtlosen Vertreter", dessen Erklärung zunächst zu einem schwebend unwirksamen Vertrag führt, der durch nachträgliche Zustimmung/Genehmigung des eigentlichen Vertragspartners wirksam wird *(§ 177 BGB)*. Wenn eine Vollmacht vorhanden ist, dann muss sie der erforderlichen Form genügen und inhaltlich das angestrebte Rechtsgeschäft umfassen. Um den Inhalt im Vorwege überprüfen zu können, ist es wichtig, dass der Text möglichst frühzeitig an das Notariat übermittelt wird. Häufig fehlt es an einer Befreiung von den Beschränkungen des *§ 181 BGB*, auch kann die Erteilung von Untervollmachten eingeschränkt oder ganz ausgeschlossen sein. In diesen Fällen ist der Vertrag entsprechend anzupassen. Die Ausfertigung sollte auf den auftretenden Vertreter lauten.[1] Der Notar wird in der Urkunde amtlich bestätigen, dass ihm die Ausfertigung vorlag und von der Urkunde eine beglaubigte Ablichtung zum Vertrag nehmen *(§ 172 BGB, §§ 47, 49, 12 BeurkG)*.

k) Mehrere Käufer[2] müssen nach dem Bestimmtheitsgrundsatz im Sachenrecht festlegen, in welchem Verhältnis ihnen das Eigentum zustehen soll (vgl. *§ 47 GBO*). Häufig ist die Bruchteilsgemeinschaft *(§§ 741 ff., 1008 ff. BGB)* eingetragen als „ideelle Miteigentümer je zur Hälfte" bzw. zu den sonstige Quoten, die die Käufer vereinbart haben. Wenn sie in Gesamthandsgemeinschaft erwerben, dann wird die oHG oder KG eingetragen, bei den anderen Gesamthandsgemeinschaften (GbR, eheliche Gütergemeinschaft, Erbengemeinschaft usw.) müssen deren einzelne Gesellschafter mit einem auf die Art ihrer Verbundenheit hinweisenden Zusatz angemeldet und eingetragen werden. Die GbR wird dabei häufig im Erwerbsvertrag mitgegründet, wenn sie nicht vorher schon existierte. Aus Sicht des Verkäufers ist es sicherer, wenn die Anwesenden Käufer sich persönlich einzeln als Gesamtschuldner neben der GbR verpflichten, weil deren Existenz, Vertretung und weiteres Schicksal nicht immer leicht nachzuverfolgen sind, denn der GbR fehlt die Registerpublizität der Handelsgesellschaften.

l) Der Notar muss die Steuer- bzw. die Wirtschafts-IdNr.[3] bei der Meldung des Kaufvertrages dem zuständigen Finanzamt mitteilen. Vorher dürfen keine Urschriften, Ausfertigungen oder beglaubigte Abschriften an die Beteiligten ausgehändigt werden *(§ 21 GrEStG)*. Die steuerlichen Mitteilungspflichten der Notar können Sie in entsprechenden Merkblättern der Finanzministerien nachlesen. Sie betreffen Vorgänge, die Grunderwerbsteuer auslösen können, aber auch Schenkung- und Ertragsteuer, letztere bei Vorgängen im Kapitalgesellschaftsrecht, etwa Gründung oder Anteilsübertragung.

m) Der Makler wendet sich häufig als Dritter, also nicht unmittelbar am Vertrag beteiligter Urkundsersuchender, an den Notar, mit dem Ersuchen um Aufnahme einer auf sein Verhältnis zu den eigentlichen Vertragsbeteiligten bezogenen Vertragsklau-

---

[1] *Manche Grundbuchämter lassen auch auf andere Personen lautende Ausfertigungen zu.*
[2] *Dieses Bedürfnis besteht bei allen anderen Rechten an Grundstücken auch, etwa bei Rückforderungs- oder Wohnrechten, die mehreren Übergebern eingeräumt werden. Eine „Gesamtberechtigung nach § 428 BGB" ist bei Eigentum oder einem Vorkaufsrecht nicht möglich. Grundpfand- und Reallastbegünstigte können „als Mitberechtigte nach § 432 BGB" eingetragen werden.*
[3] *Wirtschaftlich tätige natürliche Personen, Personenvereinigungen und juristische Personen erhalten sie.*

sel. Sie sollten dies im Rahmen der Vorbereitung des Entwurfs gem. der in Ihrem Büro gepflegten Praxis berücksichtigen. Zu bedenken ist dabei die Wahrung der Neutralität des Notars, die kostensparende Vorgehensweise und der Umfang des Beurkundungszwanges, der sich aus *§ 311b BGB* ergibt. Wenn zur Gegenleistung des Käufers gehört, dass er dem Verkäufer eine von ihm vorher eingegangene Provisionspflicht von der Hand hält, dann **muss** diese Verpflichtung des Käufers gegenüber dem Verkäufer in den Vertrag mit aufgenommen werden. Dieser Umstand ist für den Verkäufer wichtig, daher ist er beurkundungsbedürftig. In anderen Fällen kann es für Klarheit sorgen, rein deklaratorisch aufzunehmen, wer welche Maklerprovision schuldet. Es sollte in der Urkunde dargelegt werden, welche Wirkung die Klausel hat und was der Grund ihrer Aufnahme war.

2. **Vertragsobjekt**

   a) In der Veräußerungsanzeige ist die vollständige Adresse anzugeben, Ort und PLZ fehlen im Grundbuchbeschrieb jedoch regelmäßig, daher ist die Erfassung nach Angaben der Beteiligten sinnvoll.

   b) Nach *§ 28 GBO* erfordert das Grundbuchverfahrensrecht die Bezeichnung des Grundstücks „übereinstimmend mit dem Grundbuch" oder „durch Hinweis auf das Grundbuchblatt". Letzteres ist die übersichtlichere Alternative: „AG Kiel, Altstadt, Bl. 245". Sind in einem Grundbuch mehrere Grundstücke gebucht, was durch mehrere laufende Nummern im Bestandsverzeichnis deutlich wird, dann wird vorsorglich „Gesamtbestand" hinzugesetzt, wenn alle erfasst werden sollen. Anderenfalls muss deren laufende Nummer aufgeführt werden. Im Zuge der Aufnahme in den Vertrag sollten die Umstände der stattgehabten Grundbucheinsicht (Datum, Art) erfasst werden *(§ 21 BeurkG)*.

   c) Es empfiehlt sich, die Lasten in Abt. II und III im Vertrag in abgekürzter Form aufzuführen. Die Beteiligten haben dann vor Augen, welche davon übernommen oder gelöscht werden sollen. Zugleich haben der Notar und seine Mitarbeiter das Vollzugsprogramm für den Vertrag bei der Hand. Wenn man die Höhe von Grundpfandrechten wegen eines genierlichen Verkäufers weglassen will oder dies sonst datenschutzrechtlich für geboten hält, dann muss man außerhalb der Urkunde Vorsorge für die Dokumentation und die notwendigen Maßnahmen treffen.

   d) Vorkaufsrechte gerade der öffentlichen Hand oder Wegerechte von Nachbarn bei Reihenhausgrundstücken, Leitungsrechte für Versorgungsunternehmen u. Ä. werden regelmäßig „… vom Käufer entschädigungslos übernommen, mit allen sich aus der Bewilligung ergebenden Verpflichtungen". Es wird empfohlen, sich die Bewilligungstexte vom Grundbuchamt aus der Grundakte übersenden zu lassen oder einzusehen, und dem Käufer zu erläutern. Wohnrechte, ein Nießbrauch oder Grundpfandrechte müssen im Gegensatz dazu regelmäßig vom Verkäufer zur Löschung gebracht werden.

   e) Am Grundstück Drittberechtigte sind spätestens beim Vollzug anzuschreiben, häufig auch schon im Vorfeld zur Sachverhaltsklärung zu kontaktieren.

   f) Ob es sich um ein Einfamilienhaus, ein Doppelhaus, eine Doppelhaushälfte oder ein Reihenhaus o. Ä. handelt, kann für vorsorgliche Regelungen, etwa über die Mitbenutzung von technischen Einrichtungen, von Bedeutung sein.

   g) Die Art und etwaige Risiken im Hinblick auf die Übergabe oder Abnutzung zwischen Vertragsschluss und Übergabe lassen sich hier besser einschätzen. Im Falle des vermieteten Objektes wird im Vertrag festgehalten, wie hoch die vom Mieter hinterlegte Sicherheit ist und ob der Käufer diese (mit Zustimmung des Mieters) übernimmt, oder ob der Mieter sie zurückerhält und an den Käufer neu zahlen muss.

h) Ob der Käufer selbst bewohnen, an Dritte vermieten oder einen vorhandenen Mieter langfristig übernehmen will, kann für die zeitliche Abwicklung des Vertrages und die Übergabe von Bedeutung sein, auch für die praktischen Bedürfnisse der Beteiligten, etwa die Kündigung der bisherigen Mietwohnung aufseiten des Käufers.

i) Während Bestandteile ohnehin das Schicksal des Grundstücks teilen, wird gesetzlich vermutet, dass Zubehör mitveräußert wird. Wollen die Parteien davon abweichen, muss dies in der Urkunde ausdrücklich geregelt werden.

j) Handelt es sich um ein Wochenendhaus, wird „auf Abbruch" verkauft, ist ein bloßes Grundstück nur als Gartenland verkauft oder als Bauerwartungsland oder Bauland u. Ä.?

k) Wegen der ihm bekannten Mängel kann der Käufer keine Gewährleistungsrechte geltend machen. Die erheblichen Mängel aufzulisten, kann den Beteiligten späteren Streit ersparen. Gleiches gilt für ein Verbot der Dauernutzung, Einheimischenvorbehalte o. Ä.

l) Eine Nachfrage kann zur Regelung und Verteilung der Kosten veranlassen.

m) Seine Vorlage ist, mit Ausnahmen etwa bei Ferienhäusern, mittlerweile verpflichtend. Dass sie bereits erfolgt ist, kann klarstellend vermerkt werden.

n) Die Ermittlung sollte zugleich mit dem Hinweis erfolgen, dass sich der Zeitpunkt der Fälligkeit des Kaufpreises und damit der regelmäßig später erfolgende Übergabezeitpunkt aus Umständen ergeben, die die Beteiligten und der Notar nicht vollständig steuern können, etwa die Übermittlung von Löschungsunterlagen der Banken des Verkäufers oder von Vorkaufsrechtsverzichtserklärungen der Gemeinde.

3. **Für jeden Verkäufer**

a) Unabhängig von den (beim Käufer dargestellten) Anforderungen des BeurkG kann es ratsam sein, den Verkäufer mit allen jenen Vornamen aufzuführen, mit denen er im Grundbuch eingetragen ist. Dies vermeidet Nachfragen des Grundbuchamtes, „ob es sich denn wirklich um den Berechtigten handelt". Selten sind Name oder Geburtsdatum des Eigentümers falsch im Grundbuch erfasst. In solchen Fällen empfiehlt es sich, um vergleichbare Nachfragen zu vermeiden, im Rubrum der Urkunde auf die Abweichung hinzuweisen, Berichtigung von Amts wegen anzuregen und dabei auf die beigefügte beglaubigte Ablichtung des amtlichen gültigen Lichtbildausweises zu verweisen. Ein gesonderter Beglaubigungsvermerk ist nicht erforderlich, vielmehr kann der Ausfertigungsvermerk insoweit auf die Anlage erstreckt werden.

Es gilt bei den nachfolgenden Punkten das für den Käufer erläuterte Vorgehen entsprechend. Es werden jedoch einige vertiefende Hinweise gegeben:

e) Die Frage nach dem Personen- und, bei Verheirateten oder Verpartnerten, dann auch nach dem Güterstand, stößt oft auf Unverständnis. Einerseits ist vielen Urkundsersuchenden gar nicht bekannt, in welchem Güterstand sie leben, andererseits ist ihnen die Auswirkung des *§ 1365 BGB* nicht bewusst. Danach bedarf eine Person, die im gesetzlichen Güterstand der Zugewinngemeinschaft lebt, der Zustimmung des Ehepartners zum Verkauf oder zur Belastung eines einzelnen Vermögensgegenstandes, wenn er ihr wesentliches Vermögen ausmacht. Das ist der Fall, wenn als Restvermögen nur 10% bis 15% übrig bleiben. Fehlt die Zustimmung, ist der Vertrag unwirksam. Der Käufer muss in einem solchen Fall beweisen, dass er diese wirtschaftlichen und familiären Verhältnisse des Verkäufers bis zum Abschluss des Vertrages nicht kannte. Dann hat er zumindest gutgläubig vom Nichtberechtigten erworben.

Im Eingangsfall geht Nicole Otte davon aus, dass die Verkäuferin verheiratet ist, aufgrund der Eintragung im Grundbuch ihrer Wohnanschrift. Über Wertverhältnisse und Belastungen der beiden Objekte und das sonstige Vermögen ist ihr nichts bekannt, auch nicht, welche Kenntnisse der Käufer dahin gehend hat.

Es gibt verschiedene Möglichkeiten für den Notar, auf diese Gefahr zu reagieren. Um den Käufer nicht „bösgläubig zu machen", kann er das Thema auf sich beruhen lassen, zumal er nicht verpflichtet ist, etwas über den Güterstand in Erfahrung zu bringen. Er kann den Verkäufer auf entsprechende Erläuterungen der Hintergründe und Befragen hin auch in der Urkunde versichern lassen, „dass das Vertragsobjekt nicht sein wesentliches Vermögen darstellt", was zwar nur hilft, wenn es zutreffend ist, jedoch dem Käufer im Hinblick auf den Nachweis seiner Gutgläubigkeit Vorteile verschafft, wenn er an die Angabe geglaubt hat. Alternativ hierzu oder ergänzend kann der Notar eine Äußerung des Käufers in der Urkunde aufnehmen, die dessen Gutgläubigkeit belegen soll, wie etwa: „Der Käufer kennt die Vermögensverhältnisse des Verkäufers nicht."

Zuweilen verlangen die den Käufer finanzierenden Banken, dass der Ehepartner des Verkäufers vorsorglich zustimmt. Hierauf sollte Nicole Otte die entsprechenden Unterlagen durchsehen, die der Käufer dem Notar zur Vorbereitung der Bestellung seiner Finanzierungsgrundschulden übermittelt. Allein wegen dieser Möglichkeit wird deutlich, dass die Berücksichtigung dieser Seite des Immobilienkaufes nicht früh genug erfolgen kann, denn dann ist gegebenenfalls die Anwesenheit des Ehegatten des Verkäufers zu organisieren. Gleiches sollte der Notar veranlassen, wenn Zweifel über die Gutgläubigkeit des Käufers (im Sinne seiner Unwissenheit über die Vermögensverhältnisse des Verkäufers) bestehen und es offensichtlich ist, dass das Vertragsobjekt das wesentliche Vermögen des Verkäufers ausmacht. Häufig wird der Ehepartner ohnehin bei der Beurkundung anwesend sein können, sodass der Mehraufwand gering ist.

Es kommt hier also immer auf den Einzelfall an, auch ist die Handhabung bei den Notaren unterschiedlich. Bei Gütertrennung wird Nicole Otte in der Beschreibung des Sach- und Grundbuchstandes in der Urkunde den Hinweis aufnehmen, dass die Verkäuferin „nach eigener Angabe in Gütertrennung" lebt.

f) Ein Verbrauchervertrag liegt auch dann vor, wenn der beteiligte Verbraucher, dem ein Unternehmer auf der anderen Seite gegenübersteht, der Verkäufer ist. In der **Ausgangssituation** ist der Käufer eine GmbH, also ein Kaufmann kraft Rechtsform, mithin auf jeden Fall ein Unternehmer. Dass Margitta Dunkel keine Immobilienhändlerin ist, ist Nicole Otte schon bei ihrem ersten Telefonat mit ihr klar geworden. Aus diesem Grund ist die Zweiwochenfrist des *§ 17 Abs. 2a Nr. 2 S. 1 BeurkG* einzuhalten. Nach Rücksprache mit dem Notar teilt Nicole Otte in dessen Auftrag dem Makler per Mail mit, dass wegen des Vorliegens eines Verbrauchervertrages eine Beurkundung bereits am kommenden Freitag nicht in Betracht kommt. Außerdem sei die Verkäuferin noch nicht im Grundbuch eingetragen, es werde aber noch diese Woche der Erbscheinantrag beurkundet.[1] Der Entwurf werde indes morgen versandt werden. Die Rücksprache Margitta Dunkels ist auch deswegen erforderlich, weil die Verkürzung der Zweiwochenfrist in Ausnahmefällen in Betracht kommt, wenn ein sachlicher Grund hierfür vorliegt und der Übereilungsschutz anderweitig gewährleistet ist. Ob eine solche Ausnahme vorliegt, kann nur der Notar entscheiden. Einige Stimmen in der Literatur halten auch einen bevorstehenden Urlaub des Verbrauchers für solch einen sachlichen Grund. Weil es in jedem Fall erforderlich ist, dass der Verbraucher den Entwurf vom Notar (oder einem Notar aus dessen Kanzlei) erhält, wird Nicole Otte ihn auch direkt an die Verkäuferin übersenden.

g) Wenn Briefrechte eingetragen sind, ist es sinnvoll, frühzeitig den Verbleib des Briefs zu klären. Ist er beim Eigentümer oder der Bank verloren gegangen, so muss ein Aufgebotsverfahren eingeleitet werden, das einige Monate dauert, und an dessen Ende der Rechtskraftvermerk der gerichtlichen Kraftloserklärung steht, die das Grundbuchamt zur Löschung des eingetragenen Rechts braucht, wenn ihm der Brief nicht vorgelegt wird, der den Besitzer legitimiert.

Soweit im eingangs geschilderten Fall (**Ausgangssituation**) die Beantragung eines Erbscheins erforderlich ist, würde Nicole Otte wegen der zweiwöchigen Wartepflicht im Hinblick auf den eigentlichen Veräußerungsvertrag der Verkäuferin vorschlagen, den Erbscheinantrag umgehend beurkunden und einreichen zu lassen. So kann die Wartezeit bereits genutzt und der Zeitpunkt der Zahlungsfälligkeit des Kaufpreises um diese Zeit vorgelegt werden. Selbst wenn der konkrete Verkauf nicht zustande kommen sollte, diese Vorbereitung wäre auch für den Alternativverkauf erforderlich.

3.3 Inhalt eines Grundstückskaufvertrages

Inhalt und Aufbau dieser Verträge unterscheiden sich von Notar zu Notar. Dennoch werden gewisse Inhalte immer abgehandelt werden. Häufig wird beim Aufbau des Vertrages auch berücksichtigt werden, dass dem Grundbuchamt nur die Abschnitte des Vertrages zu übermitteln sind, die für die dortigen Maßnahmen unbedingt erforderlich sind. Die weiteren Regelungen des Vertrages sollen nicht übermittelt werden, um den Umfang der Grundakten nicht unnötig zu vergrößern (weswegen auch möglichst doppelseitig bedruckt werden soll) und aus Datenschutzgründen. Dementsprechend gibt es Notare, die die dinglichen Erklärungen in einem Abschnitt des Vertrages zusammenfassen, damit die Erstellung der abgekürzten Ausfertigung oder abgekürzten elektronisch beglaubigten Abschrift sich auf diesen Teil beschränken kann. Dass das Rubrum, der Grundbuchbeschrieb, der Kaufpreis, die Kostentragungsregelung sowie die erforderlichen Anlagen ebenfalls mit ausgefertigt werden müssen, versteht sich.

Eine Übersicht der Inhalte des Grundstückskaufvertrages könnte wie folgt aussehen:

- Rubrum mit Notar und Beteiligtendaten, Vorbefassungsfrage
- Vollmachten, Genehmigungen, Zustimmungen, Dolmetscher
- Sach- und Grundbuchstand
- Vertragsgegenstand
- Kaufpreis bzw. Gegenleistung
- Fälligkeitsvoraussetzungen
- gegebenenfalls Notaranderkonto-Regelungen

---

[1] *Wenn die Urkundsersuchende durch ein eröffnetes notarielles Testament ihre Eigentümerstellung nachweisen kann, dann bedarf es dieses Hinweises nicht.*

- gegebenenfalls Kaufpreiskonto-Angabe
- Verzugsregeln
- Räumung und Übergabe
- Zwangsvollstreckungsunterwerfung
- Zusicherungen und Beschreibung von Mängeln
- Gewährleistung
- gegebenenfalls Rücktrittsrecht bei Vorkaufsrechten
- Vormerkung
- Auflassung
- Vorlage- oder Bewilligungssperre
- gegebenenfalls Löschungsvoraussetzungen für die Vormerkung
- Vorbelastungsvollmacht für den Käufer
- gegebenenfalls Vollmacht für Angestellte des Notars
- Vollzugsvollmacht für den Notar
- Kosten
- gegebenenfalls Maklerklausel
- Belehrungen
- Salvatorische Klausel
- gegebenenfalls Liste der Anlagen
- Liste der Ausfertigungen, Ablichtungen
- Schlussvermerk
- Unterschriften
- Siegel

Tipp: Lesen Sie den „Musterkaufvertrag" Ihres Notars gründlich durch und erörtern Sie mit Ihren Kolleginnen und Kollegen dessen einzelne Elemente sowie deren Auswirkungen auf den Vollzugsablauf. Bevor Sie einen Vertrag vollziehen, vergegenwärtigen Sie sich, inwieweit der konkrete Vertrag von diesem Standard abweicht – und welche Auswirkungen diese Abweichungen gegebenenfalls auf den Vollzug haben.

Die Abwicklung eines Immobilienkaufes, die erst beginnen kann, nachdem der Kaufvertrag wirksam geworden ist, kann sich durchaus einige Monate hinziehen – oder auch in einigen Wochen abgeschlossen sein. Dies müssen die Parteien bei ihrer Planung (Finanzierung, Bereitstellungszinsen, Kündigung von Mietwohnungen, Umzug, Umbau usw.) einkalkulieren.

Tipp: Über den Ablauf eines Grundstückskaufes, die zu ermittelnden und zu beachtenden Umstände des Einzelfalles und den Zeitbedarf haben die Beteiligten oft keine zutreffenden Vorstellungen. Notare haben auch die Aufgabe, die entsprechenden Vorgänge für die Beteiligten nachvollziehbar zu machen und ihnen zu ermöglichen, sich auf die ihnen fremde Materie so gut wie möglich einzustellen. Den Mitarbeitern des Notars kommt hierbei eine ganz besonders bedeutsame Rolle als Vermittler zu, weil sie einerseits besonders früh und ausgiebig mit den Beteiligten kommunizieren und andersseits, weil die Urkundsuchenden sie als gleichzeitig kompetent und ansprechbar einschätzen. Ihnen gegenüber werden zuweilen eher als dem Notar Bedenken oder Unkenntnis offenbart.

Aus diesem Grund kann es sich sehr positiv auf die Wahrnehmung der Serviceleistung, die Zufriedenheit und das Sicherheitsgefühl der Urkundsuchenden auswirken, wenn Sie sich die Zeit nehmen, die Grundzüge des Beurkundungsverfahrens fernmündlich oder in Vorbesprechungen zu erläutern, statt nur einige Basisdaten „abzufragen", von denen die Beteiligten zum Teil gar nicht verstehen, warum sie sie überhaupt preisgeben sollen.

Der konkrete Zeitbedarf hängt ab von den Besonderheiten des Geschäfts (Teilflächen, Erbbaurecht, Vorkaufsrechte, Erbengemeinschaften, Testamentsvollstrecker, Insolvenzverwalter, Treuhänder, Zwangsverwalter, land- oder forstwirtschaftliche Flächen, Art der Belastungen auf dem Grundstück, Grundschuldbriefe usw.), der Jahreszeit (Jahreswechsel, Urlaubszeit, Häufung von Atemwegserkrankungen), dem zuständigen Grundbuchamt oder Sonderumständen (Umstellung der Grundbuchsoftware, Erhöhung des Grunderwerbsteuersatzes usw.). Seriöse Prognosen hierzu sind kaum möglich.

Nachfragen bei Behörden oder Banken nach dem Sachstand können im Einzelfall sinnvoll sein und Vollzugshemmnisse aufdecken. Konkrete Schäden, die durch Zeitablauf einzutreten drohen, können die Beteiligten insbesondere dazu veranlassen, sich mit dem Notar entsprechend in Verbindung zu setzen. Sie sollten diese Äußerungen ernst nehmen und können dann konkrete Gegenmaßnahmen auf Anweisung des Notars einleiten.

Wenn den Beteiligten Kostenrechnungen zugehen – direkt von den beteiligten Behörden oder über das Notariat –, dann sollte durch entsprechende Anschreiben oder Erläuterungen dafür Sorge getragen werden, dass diese Beträge von dem vertraglichen Kostenschuldner innerhalb einiger Tage ausgeglichen werden. Die Beteiligten sollten ermuntert werden, im Zweifel gerne bei Ihnen nachzufragen. Der Notar wird solche Kosten regelmäßig nicht für die Beteiligten verauslagen.

Es muss den Beteiligten klar sein, dass Nicht- oder Spätzahlung, neben Nachteilen im Verhältnis zu den Kostengläubigern, zu einer Verzögerung der Vertragsabwicklung und zu Schadensersatzansprüchen der Gegenseite führen können.

Bei der **Direktzahlung** des Kaufpreises, also wenn kein Bedürfnis für die Verwendung eines Notaranderkontos besteht, sieht der Kaufvertrag typischerweise folgenden Ablauf der Veräußerung im Anschluss an die Beurkundung vor:

- Dem Käufer wird gestattet, bei Bedarf für die Finanzierung/Renovierung Grundschulden am Objekt des Verkäufers zu bestellen, allerdings nur beim beurkundenden Notar. Der Notar beantragt beim Grundbuchamt, für den Käufer eine Vormerkung in das Grundbuch einzutragen, damit dessen Anspruch auf Eigentumserwerb gesichert wird. Der Notar fordert die Gemeinde, soweit nötig, auf, den Verzicht auf ihr gesetzliches Vorkaufsrecht zu erklären, gegebenenfalls Verwalter von Eigentumswohnungsanlagen, die Zustimmung zum Verkauf zu erteilen. Etwaige eingetragene Grundpfandrechtsgläubiger fordert der Notar auf, ihm Löschungsunterlagen hierfür zu geben.

- Wenn die Voraussetzungen für einen lastenfreien Eigentumserwerb des Käufers vorliegen und auch die Vormerkung eingetragen ist, versendet der Notar die Fälligkeitsmitteilung an ihn. Aus ihr geht hervor, an wen der Käufer welche Summen zu zahlen hat. Der Verkäufer erhält diese Mitteilung zur Kenntnisnahme, damit er weiß, wann der Verzug des Käufers mit der Kaufpreiszahlung eintritt und wann er sich auf die Räumung und die Übergabe des Objektes einstellen muss.

- Der Verkäufer räumt sodann fristgerecht das Vertragsobjekt.

- Die Zahlung erfolgt gem. Fälligkeitsmitteilung gegebenenfalls direkt an die abzulösenden Grundpfandrechtsgläubiger, der Restbetrag (oder auch der ganze Kaufpreis, wenn keine Belastungen abzulösen sind) an den Verkäufer selbst, gegebenenfalls auf ein schon im Vertrag angegebenes Kaufpreiskonto. Erst nach Eingang des vollständigen Kaufpreises bei den Empfängern übergibt der Verkäufer dem Käufer das Objekt (Schlüsselübergabe).

- Dadurch wird der Käufer „wirtschaftlicher Eigentümer", kann das Objekt also faktisch nutzen. Ab diesem Tag muss er allerdings auch dessen Kosten tragen (Versicherungsprämie, Grundsteuer, Entsorgungsgebühren, Schornsteinfeger usw.). Verkäufer und Käufer werden zu diesem Stichtag, gegebenenfalls einige Wochen später, nach Vorliegen der Bescheide und Rechnungen, über Vorauszahlungen des Verkäufers (laufende Grundsteuer, Kanal- und Müllgebühren), etwaige Rückzahlungsansprüche und noch offene Posten abrechnen. Bei Eigentumswohnungen wird hier häufig der Verwalter mit einbezogen.
- Die Parteien sollten beachten, dass zwischen Zahlungseingang und Übergabe regelmäßig einige Bankarbeitstage liegen, sodass der Verkäufer auch nachprüfen kann, ob bei seinen Gläubigern und auf seinem Konto der Kaufpreis vollständig eingegangen ist.
- Wenn ausschließlich auf das Konto des Verkäufers gezahlt wird, also keine Gläubiger abzulösen sind, dann kann der Zeitraum kürzer sein, weil der Verkäufer regelmäßig den Stand seines Kontos schnell nachprüfen kann.
- Wenn dem Notar gegenüber die vollständige Kaufpreiszahlung nachgewiesen ist, regelmäßig durch die schriftliche Bestätigung des Verkäufers (bei seinen abzulösenden Gläubigern muss er dann selbst nachfragen), dass der gesamte Kaufpreis eingegangen ist, beantragt der Notar die Eigentumsumschreibung auf den Käufer, die erfahrungsgemäß einige Wochen in Anspruch nimmt und auch voraussetzt, dass die Unbedenklichkeitsbescheinigung des Finanzamtes vorliegt.

Wenn die Beteiligten unbedingt zu einem festen Termin zahlen und sodann übergeben wollen, muss dies im Vorwege ermittelt werden und es muss geprüft werden, ob ihren Wünschen ein objektives Sicherungsinteresse zugrunde liegt, das die Verwendung eines Anderkontos rechtfertigt. Die Voraussetzungen hierfür werden im folgenden Abschnitt geschildert.

3.4 Zentrale Elemente des Grundstückskaufvertrages

Das Vertragsmuster das Dr. Gerd Hollitzer benutzt, sieht vor, dass das Grundstück „mit allen **Bestandteilen** und sämtlichem **Zubehör**" verkauft wird. Bestandteile sind:

- wesentliche Grundstücksbestandteile, also fest mit dem Boden verbundene Sachen (Fertiggarage auf Bodenplatte montiert, eingelassenes Fertigschwimmbecken)
- wesentliche Gebäudebestandteile, also zur Herstellung eines Gebäudes eingefügte Sachen (Sanitärinstallationen, passgenau zugeschnittene Auslegware [auf Estrich])
- einfache Bestandteile (Armaturen)
- Einbauküchen und -möbel sind Bestandteile, wenn es sich um spezielle Sonderanfertigungen handelt. Wenn sie aus serienmäßigen Bestandteilen bestehen, dann gehören sie entweder hierzu oder sind jedenfalls „Zubehör".

Als Zubehör gelten:

- bewegliche Sachen, die nach der Verkehrsanschauung, ohne Bestandteil zu sein, dem wirtschaftlichen Zweck des Grundstücks zu dienen bestimmt sind und mit ihm in einem entsprechenden räumlichen Verhältnis stehen (dies können sein: Markise, Alarmanlage bei Wohngebäude, Ölvorrat, Modul-Einbauküchen, Schaukel, Sauna usw.)

- Lampen, die beim Umzug typischerweise mitgenommen werden (anders als bauseits montierte einfache Lampen im Keller z. B.), Gartenmöbel, Rasenmäher; Gartengeräte zählen nicht zum Zubehör

Den Parteien ist zu raten, Zweifelsfragen durch eine detailliertere Auflistung zu vermeiden, die in den Vertrag aufgenommen wird. Es kann die Grunderwerbsteuer, die im Innenverhältnis der Käufer trägt, senken, wenn im Vertrag vereinbart wird, dass ein (realistischer) Teil des Kaufpreises für Mobiliar, Inventar, Modul-Einbauküche, bestimmtes Zubehör, Ölvorrat und/oder für die Beteiligung an der Instandhaltungsrücklage (bei Eigentumswohnungen, hier ist die Rechtsprechung gegenwärtig im Fluss) gezahlt wird (dieses Geldguthaben übernimmt der Käufer ja). Auf diese Beträge fällt dann gegebenenfalls keine Grunderwerbsteuer an. Andererseits sinkt damit evtl. der Wert des Objekts aus Sicht des Finanziers, was für dessen Beleihungsfähigkeit nachteilig ist, sodass sich der Käufer dort rückversichern sollte. Bei gewerblich genutzten Immobilien kann auf Inventar indes USt. anfallen.

Die Mängelhaftung ist ein wichtiger Punkt im Vertrag über den Erwerb einer Immobilie. Im Vertrag zwischen Verbrauchern über Gebrauchtimmobilien ist es üblich, dass die **gesetzlichen Rechte des Käufers wegen etwaiger Mängel weitgehend ausgeschlossen werden**. Wenn das Vertragsobjekt also bei Übergabe einen Mangel hat, dann hat der Käufer dennoch keine Rechte oder Ansprüche gegen den Verkäufer. Ein Mangel liegt vor, wenn das Vertragsobjekt nicht der vereinbarten oder der nach dem Vertrag vorausgesetzten oder der üblichen Beschaffenheit entspricht. Nach dem Gesetz kann der Käufer dann Nachbesserung vom Käufer verlangen, also Beseitigung des Mangels. Stattdessen kann er auch den Kaufpreis im angemessenen Verhältnis zum Mangel verringern (Minderung) bzw. bei erheblichen und nicht beseitigten Mängeln den Rücktritt vom Vertrag erklären. Dann ist dieser rückabzuwickeln, d. h., der Käufer hat dann einen Anspruch auf Rückzahlung des Kaufpreises, der Verkäufer auf Rückgabe und Rückübereignung der Immobilie. Hat der Verkäufer den Mangel zudem verschuldet, dann haftet er nach Gesetz auch auf Schadensersatz. Diese Rechte werden typischerweise ausgeschlossen. Der Käufer kann nur über die Verhandlung des Kaufpreises die sich daraus für ihn ergebenden Risiken aufzufangen versuchen.

Vor dem Hintergrund dieses **Ausschlusses der Mängelhaftung** sind natürlich die Bereiche besonders bedeutsam, die von dem Ausschluss ausgenommen sind, wo also doch Rechte des Käufers bestehen. Das ist für ausdrücklich vereinbarte Eigenschaften der Fall, z. B. die „Lastenfreiheit", also dass noch vorhandene Grundschulden des Verkäufers, Wohnungsrechte Dritter o. Ä. gelöscht werden. Auch wird die Freiheit von Mietverhältnissen häufig vom Verkäufer garantiert. Sollte dennoch ein Mieter vorhanden sein, hat der Käufer einen Anspruch gegen den Verkäufer, dass dieser ihm alle daraus erwachsenden Nachteile ersetzt, etwa auch Kosten, die die Beendigung des Mietverhältnisses mit sich bringt. Zudem sind die gesetzlichen Rechte des Käufers nicht ausgeschlossen, die er wegen vorsätzlich oder arglistig verschwiegener Mängel hat.

Anspruch auf Übersendung einer Ablichtung des Vertrages durch den Notar haben auch die **Gutachterausschüsse**. Sie wurden 1960 durch das Bundesbaugesetzbuch eingeführt, damit ein unabhängiges Gremium von Immobilienexperten für Transparenz auf dem Grundstücksmarkt sorgt. Die wertrelevanten Daten aus den Kaufverträgen werden von ihm anonymisiert in die Kaufpreissammlung eingepflegt. Diese ist Grundlage von Wertgutachten o. Ä. (vgl. de.wikipedia.org/wiki/Gutachterausschuss).

Baulasten sind Verpflichtungen eines Grundstückseigentümers zu einem sein Grundstück betreffendes Tun, Dulden oder Unterlassen zur Sicherung baurechtlicher Verpflichtungen, die sich nicht schon aus öffentlich-rechtlichen Vorschriften ergeben. In diesem Sinne kann der Eigentümer verpflichtet sein, einem Nachbarn eine Zufahrt zu dessen Grundstück auf dem eigenen Grundstück zu ermöglichen, oder er muss Versorgungsleitungen oder Stromverteilerhäuschen o. Ä. dulden, ebenso, dass ein Nachbar dichter als üblich an die Grenze bauen darf, er selbst hingegen nicht so dicht, wie eigentlich nach dem Gesetz vorgesehen (damit im Ergebnis der Abstand zwischen den Gebäuden gesetzmäßig bleibt), Ablösezahlungen für Stellplätze leisten usw.

Es kann für den Käufer auch sinnvoll sein, sich im Altlastenkataster bzw. im Altlasteninformationssystem zu informieren, wozu der Verkäufer sein schriftliches Einverständnis geben müsste.

Wenn Erwerber **unverheiratet** bzw. keine eingetragenen Lebenspartner sind, dann ist gesetzlich nicht geregelt, wie eine etwaige Rückabwicklung des gemeinsamen Investments in die Immobilie erfolgt. Jeder Miteigentümer kann seinen Anteil eigenständig veräußern oder belasten, er kann auch jederzeit die Aufhebung der Miteigentümergemeinschaft fordern. Sie erfolgt, wenn man sich nicht einig wird, wer den Anteil des anderen zu welchem Preis übernehmen darf, durch Teilungsversteigerung. Es kann also sinnvoll sein, vertragliche Vereinbarungen hierüber zu treffen, z. B. unterschiedliche Erwerbsquoten, gegenseitige Ankaufsrechte für den jeweils anderen Miteigentumsanteil, den Erwerb in Gesellschaft bürgerlichen Rechts u. Ä. Wenn die Beteiligten unterschiedlich hohe Beiträge zum Erwerb leisten, aber je hälftig als Eigentümer eingetragen werden, dann kann darin eine Schenkung zugunsten desjenigen liegen, der weniger beiträgt.

Vormerkung

Der Käufer soll den Kaufpreis zahlen, bevor das Eigentum auf ihn umgeschrieben wird und bevor er den Besitz des Grundstücks erhält. Regelmäßig erfolgt Letzteres durch die Übergabe aller Schlüssel. Indem der Verkäufer den Besitz bis zu diesem Zeitpunkt zurückhält, motiviert er den Käufer, seine Zahlungspflicht zu erfüllen. Allerdings braucht der Käufer eine Sicherheit, dass er auch wirklich Eigentümer wird, wenn er zahlt. Der Verkäufer könnte ja versuchen, das Eigentum am Grundstück an eine andere Person zu übertragen, seine Gläubiger könnten eine Zwangshypothek eintragen, die das Grundstück wirtschaftlich entwertet o. Ä. Regelmäßig wird der Verkäufer kein Interesse daran haben, dem Käufer eine Bankbürgschaft als Sicherheit zu stellen. Sie führt zu laufenden Kosten bei der Bank. Außerdem erfordert sie, dass der Verkäufer dort erheblichen Kredit hat. Zudem könnte solch eine Bürgschaft nur einen Sekundäranspruch des Käufers absichern, auf Schadensersatz im Falle seines Rücktritts etwa. Das Eigentum am Grundstück hätte er aber immer noch nicht.

Im Regelfall für beide Seiten vorzugswürdig ist daher die Bewilligung einer Vormerkung am Vertragsobjekt selbst *(§ 883 Abs. 1 BGB)*. Es handelt sich um einen Eintrag in Abteilung II des Grundbuches. Mit ihr lassen sich auch andere Ansprüche auf Aufhebung oder Einräumung eines Rechts an einem Grundstück, oder einem Recht an einem Grundstück oder sein Rang sichern.[1] Der Käufer, für den eine Eigentumsvormerkung eingetragen wurde, kann, wenn er seinerseits gezahlt hat, seinen Anspruch auf Eigentumserwerb gegen das Grundstück durchsetzen. Er kann aus der Vormerkung heraus auch die zeitlich nach ihr erfolgten Eintragungen im Grundbuch rückgängig machen, die seinen vertragsgemäßen[2] Eigentumserwerb beeinträchtigen würden, die Eintragung einer Hypothek etwa oder den

---

[1] *Bei Übergabeverträgen wird z. B. der Anspruch auf Rückübereignung gesichert, falls die Übergeber von ihrem Rückforderungsrecht Gebrauch machen.*
[2] *Regelmäßig hat er Anspruch auf lastenfreien Eigentumserwerb.*

Eigentumserwerb eines Dritten. Nur dem Vormerkungsberechtigten gegenüber gilt noch dessen Verkäufer als Eigentümer.

Die Vormerkung ist ein „akzessorisches" Sicherungsrecht. Ihr Bestand ist also abhängig davon, dass der gesicherte Anspruch besteht. Tritt etwa ein Käufer vom Kaufvertrag zurück, so ist sein Anspruch auf Eigentumserwerb damit in Wegfall geraten – und also auch die Vormerkung zu löschen. Sie ist zwar zunächst noch im Grundbuch eingetragen, aber das Grundbuch ist insoweit falsch geworden. Die Vormerkung ist eine bloße formale Buchposition geworden, die aber keine materielle Grundlage mehr hat. Sie muss gelöscht werden.

Die Abhängigkeit der Vormerkung von einer mit ihr gesicherten Forderung macht es auch so risikoreich, ein Grundstück von einem Käufer zu erwerben, der selbst noch nicht als Eigentümer eingetragen ist. Er kann dem zweiten Käufer natürlich seinen Anspruch auf Erwerb des Eigentums gegen den ursprünglichen Verkäufer abtreten. Dieser Anspruch ist auch mit der Vormerkung gem. Eintragung im Grundbuch „dinglich am Grundstück gesichert". Dennoch kann der zweite Käufer leer ausgehen, wenn es sich herausstellt, dass die Vormerkung im Nachhinein wegfällt, etwa weil der ursprüngliche Verkäufer wegen teilweiser Nichtzahlung des Kaufpreises vom ersten Vertrag zurückgetreten ist, also der durch sie gesicherte Übereignungsanspruch weggefallen ist. Auch kann der Käufer, der nun als Verkäufer auftritt, den Übertragungsanspruch zuvor schon an einen weiteren Käufer abgetreten haben oder er wurde von den Gläubigern des ersten Käufers gepfändet. Außerdem schützt den zweiten Abkäufer nicht mehr sein guter Glaube an die Richtigkeit des Grundbuches, weder daran, dass der erste Verkäufer der wahre Eigentümer ist, noch, dass die Vormerkung berechtigterweise eingetragen ist.

Das Sicherungsinstrument der Vormerkung hat in der Praxis viele Vorteile: Anders als die Eigentumsumschreibung führt sie noch nicht zum Verlust des Eigentums beim Verkäufer, also nicht zu einer gegebenenfalls ungesicherten Vorleistung des Verkäufers. Sie wird im Regelfall auch schneller eingetragen als andere Änderungen, sodass der Erwerber zügig eine dingliche Sicherheit für den Vertragsvollzug hat. Ihre Eintragung kostet beim Grundbuchamt auch nur eine 0,5-Gebühr, sodass sie preisgünstiger als die Eintragung des gesicherten Rechts ist (1,0-Gebühr). Das ist etwa dann von Vorteil, wenn ein Übergeber sich ein Wohnungsrecht im Vertragsobjekt hat einräumen lassen. Einerseits ist dessen dingliche Absicherung für seine Planungssicherheit sehr wichtig, denn sein Vertragspartner, der Übernehmer, der ihm die Überlassung der Räume schuldet, könnte ja sterben oder insolvent werden, sodass er anderenfalls keine Unterkunft mehr hätte. Andererseits sind solche Entwicklungen aber oft doch sehr unwahrscheinlich, sodass die Beteiligten die Kosten scheuen, die mit einer sofortigen Eintragung des Wohnungsrechts verbunden sind. In einer solchen Situation kann der Sicherungseffekt für den halben Gebührensatz mit einer Vormerkung erreicht werden, die den Anspruch auf Eintragung eines Wohnungsrechts sichert.

Für den Sicherungseffekt der Vormerkung ist natürlich der Grundsatz der GBO von entscheidender Bedeutung, wonach es bei der Berücksichtigung von Rechten am Grundstück immer auf den zeitlichen Rang ankommt, den diese im Grundbuch haben.

Für die Abwicklung von Verträgen, in denen Vormerkungen enthalten sind, bedeutet dieser Effekt zugleich Eilbedarf, weil der Eintragungsrang sich auf den Zeitpunkt des Eingangs des Antrages beim Grundbuchamt zurückbezieht. Je schneller der Antrag gestellt wird, umso geringer ist die Gefahr, dass schädliche weitere Anträge vor der Vormerkung berücksichtigt werden. Daher muss der Eintragungsantrag immer unverzüglich gestellt werden.

Im Zusammenhang mit der Bestellung von Finanzierungsgrundschulen führt die Wirkung von Vormerkungen gegenüber nachrangigen Eintragungen dazu, dass die Gläubiger des Käufers natürlich größten Wert darauf legen, dass ihre Grundschulden im Rang **vor** der Vormerkung eingetragen werden. Anderenfalls könnte der Käufer, oder einer seiner Gläubiger, die die gesicherten Ansprüche gepfändet haben, die Finanzierungsgrundschulden löschen lassen.

In solchen Fällen ist daher darauf zu achten, dass die Grundschulden möglichst zusammen mit dem Kaufvertrag beurkundet werden und die Bewilligung dahin geht, dass „die Grundschuld im Rang vor der Eigentumsvormerkung" eingetragen wird. Auf diese Rangbestimmung ist bei der Beantragung der Eintragung hinzuweisen. Wenn die Grundschulden erst einige Zeit nach dem Kaufvertrag bestellt werden können, dann ist derselbe Effekt dadurch zu erreichen, dass dabei zugleich ein Rangrücktritt der Vormerkung hinter die Grundschuld erklärt und dessen Eintragung bei Vormerkung und Grundschulden beantragt wird.[1]

Die Schutzwirkung der Vormerkung zugunsten des Käufers hat für den Verkäufer den Nachteil, dass ihre Eintragung die anderweitige Veräußerung unmöglich macht. Auf sie ist der Verkäufer angewiesen, wenn er vom ersten Kaufvertrag berechtigt zurückgetreten ist, wenn der erste Käufer den Kaufpreis nicht (vollständig) zahlt. In diesem Fall ist der Verkäufer darauf angewiesen, dass der Käufer die Löschung seiner Vormerkung bewilligt. Unter diesem Gesichtspunkt stellt die Bewilligung der Eintragung einer Vormerkung für den Käufer, ohne dass der Kaufpreis schon geflossen wäre, im Grunde eine ungesicherte Vorleistung des Verkäufers dar. Natürlich kann man damit argumentieren, dass eine solche auch vom Käufer erwartet wird, der den Kaufpreis zahlt, ohne den Besitz schon erhalten zu haben. Im Ergebnis mutet man dem Verkäufer jedoch dieses Risiko zu, das mit der Vormerkungseintragung verbunden ist.

Nicht wenige Notare sehen daher in ihren Vertragsentwürfen eine Möglichkeit vor, die Vormerkung durch den Notar löschen zu lassen, wenn der Sicherungszweck weggefallen ist. Das kann den Aufwand der Löschung verringern, wenn der Käufer „abtaucht" oder sonst in ungerechtfertigter Weise an der Löschung nicht mitwirken will.

Auflassung

Als Auflassung bezeichnet das Gesetz in *§ 873 BGB* den dinglichen Vertrag über die Übertragung des Eigentums auf den Käufer. Er dient der Erfüllung der Verpflichtung des Verkäufers zur Eigentumsverschaffung, die der Verkäufer mit dem Abschluss des Kaufvertrages eingegangen ist. Nach deutschem Recht handelt es sich um zwei verschiedene Verträge, die grundsätzlich in ihrer Wirkung auch unabhängig voneinander sind. Fehlt der Rechtsgrund für die Auflassung, etwa weil sich der Kaufvertrag als unwirksam herausstellt, muss der dingliche Vertrag rückabgewickelt werden, etwa nach den Regeln der ungerechtfertigten Bereicherung.

Die Auflassung muss bei beiderseitiger Anwesenheit des Verkäufers und des Käufer vor einem Notar erklärt werden *(§ 925 BGB)*. Es ist deshalb sinnvoll, die Tatsache, dass beide anwesend sind, bereits im Rubrum des Standardvertragsmusters zu erwähnen, um hierüber keine Zweifel aufkommen zu lassen.

---

[1] *Der früher in solchen Fällen oft erklärte Wirksamkeitsvorbehalt ist davon zu unterscheiden. Sein Vorteil, kostenfrei zu sein im Gegensatz zum kostenpflichtigen Rangrücktritt, hat er mit der Reform des Gerichts- und Notarkostenrechts eingebüßt. Er ist weniger vorteilhaft für den Grundschuldgläubiger und wird daher jetzt die Ausnahme darstellen.*

Grundstückskauf

Weil es sich jedoch nicht um höchstpersönliche Rechtsgeschäfte handelt (anders als z.B. die Eheschließung oder die Abgabe einer eidesstattlichen Versicherung), kann sich jede Partei auch vertreten lassen. Sie ist dann ja „durch den Vertreter anwesend". Dies ist auch der Grund dafür, dass bei ortsabwesenden Parteien häufig ein vollmachtloser Vertreter für diese auftritt.

Auflassung bedeutet, dass die Parteien sich über den Eigentumsübergang einig sind. Es handelt sich um zwei einander entsprechende Willenserklärungen, genauso wie die bei einem schuldrechtlichen Vertrag. Aufgrund des Bestimmtheitsgrundsatzes des Sachenrechts ist jedoch darauf zu achten, dass bei mehreren Käufern auch angegeben wird, in welchem Verhältnis sie Eigentümer werden sollen. Regelmäßig wird dies Miteigentum zu ideellen Bruchteilen sein. Häufig sind die Bruchteile gleich groß, sodass „als hälftige ideelle Miteigentümer" anzugeben ist. Wenn die Quoten sich unterscheiden, müssen die entsprechenden Bruchteile angegeben werden (z.B. „Hannelore Meier als Miteigentümerin zu zwei Dritteln, Hans Meier als Miteigentümer zu einem Drittel"). Es sind auch andere Formen des Erwerbs denkbar, z.B. in Gesellschaft bürgerlichen Rechts.

Weitere Voraussetzung für den Eigentumserwerb ist die Eintragung des Erwerbers als Eigentümer im Grundbuch. Sie erfolgt gem. den Verfahrensvorschriften der GBO nur auf Vorlage der formgerechten Auflassung und der entsprechenden Erklärung der Bewilligung des Berechtigten hin. Auflassung einerseits und Bewilligung der Eigentumsänderung andererseits sind zwei voneinander zu unterscheidende Erklärungen[1]. Das eine ist ein formbedürftiger dinglicher Vertrag[2], das andere eine formbedürftige verfahrensrechtliche Erklärung[3]. Wenn nichts weiter dazu geregelt ist, dann wird in der Erklärung der Auflassung zugleich die Bewilligung der Umschreibung gesehen.

Um die Interessen des Verkäufers zu wahren, darf die Eigentumsumschreibung erst stattfinden, wenn die Zahlung des gesamten Kaufpreises erfolgt ist.[4] Anderenfalls hätte er eine Vorleistung erbracht (Übertragung des Eigentums), ohne dass die Erbringung der Gegenleistung (Zahlung des Kaufpreises) gesichert wäre. Solche ungesicherten Leistungen einer Seite sind durch die Vertragsgestaltung möglichst zu vermeiden. Denn es kann ja sein, dass sich der Käufer nach Umschreibung weigert, den Kaufpreis zu zahlen, oder z.B. insolvent wird. Dann würde der Verkäufer höchstens die Insolvenzquote beanspruchen können, während sein Grundstück zugunsten aller Gläubiger des Käufers verwertet werden würde.

Tatsächlich hat nach den Regeln des BGB der Verkäufer Anspruch auf Zahlung des Kaufpreises Zug um Zug gegen Eigentumsumschreibung. Beides soll also gleichzeitig erfolgen und jeweils nur, wenn auch die jeweilige Gegenleistung erbracht wird. Praktisch wäre das nur möglich, wenn die Kaufvertragsparteien im Büro des Rechtspflegers sitzen würden, und in dem Moment, wo er die Umschreibung im Grundbuch einträgt, der Käufer dem Verkäufer das Geld aushändigt. Weil dieses Vorgehen nicht sinnvoll umsetzbar wäre, haben sich verschiedene Wege entwickelt, auf denen eine ungesicherte Vorleistung des Verkäufers vermieden wird.

---

[1] *Jedenfalls aber ist klar, dass die Eintragung nicht erfolgen darf, wenn die Bewilligung ausdrücklich nicht miterklärt wurde. Dies wird bei der Gestaltung der Bewilligungssperre wichtig.*
[2] *Notarielle Beurkundung bei beiderseitiger Anwesenheit.*
[3] *Zumindest Beglaubigung der Erklärung des Berechtigten (§ 29 GBO).*
[4] *Wegen der Schwierigkeit, deren Höhe festzustellen, wird regelmäßig auf den Nachweis der Zahlung etwaiger Verzugszinsen verzichtet.*

Eine früher in Norddeutschland häufig gewählte Alternative war die Einzahlung des gesamten Kaufpreises auf ein Notaranderkonto und die Auszahlung erst nach Eigentumsumschreibung. Nachdem das Erfordernis eines objektiven Sicherungsinteresses für die Verwendung von Anderkonten eingeführt worden ist, scheidet diese Alternative aus, weil es regelmäßig gleich sichere Wege gibt, die ohne ein solches Konto auskommen. Bei ihnen wird der Kaufpreis direkt vom Käufer (und/oder seinem Finanzierer) an den Verkäufer (und/oder dessen abzulösende Grundpfandgläubiger) gezahlt.

Eine Möglichkeit ist die folgende, bei der mit einer **Vorlagesperre** gearbeitet wird: Bei Verträgen, in denen der Verkäufer die Auflassung ohne weitere Einschränkungen erklärt, ist es erforderlich, dass Ausfertigungen und beglaubigte Abschriften des Vertrages bis zum Nachweis der Zahlung des Kaufpreises gegenüber dem Notar immer nur ohne den Abschnitt erteilt werden, in dem die Auflassung erklärt wird. Sie kann zum Beispiel in einer Anlage zum Kaufvertrag erfolgen, der dann nur ohne die Anlage ausgefertigt wird. Anderenfalls könnte einer der Beteiligten, etwa der Käufer oder dessen Finanzierer, die Umschreibung schon vorzeitig bewirken, indem er die Ausfertigung mit Auflassung beim Grundbuchamt mit dem Antrag auf Umschreibung einreicht. Der Notar wird außerdem angewiesen, selbst eine Ausfertigung mit Auflassung erst dann beim Grundbuchamt einzureichen, wenn ihm der Zahlungsnachweis vorliegt.

Eine weitere Möglichkeit ist, ausdrücklich bei der Auflassung zu erklären, dass damit nicht auch die nach der GBO erforderliche verfahrensrechtliche Bewilligung der Umschreibung erklärt ist. Bei dieser **Bewilligungssperre** wird daneben der Notar von den Parteien bevollmächtigt und angewiesen, die Bewilligung zu erklären, wenn ihm der Zahlungsnachweis vorliegt. Dies erfolgt durch Eigenurkunde des Notars, also einer von ihm unterschriebenen und gesiegelten oder elektronisch beglaubigten Erklärung, die er dem Grundbuchamt einreicht. Diese Alternative hat den Vorteil, dass ein Büroversehen bei der Erteilung von Ausfertigungen/Abschriften nicht dazu führen kann, dass die Umschreibung vorzeitig möglich wird. Sie vermindert auch den Aufwand, der mit Anlagen zu treiben ist.

Eher selten wird eine früher verbreitete Methode verwendet: die getrennte Beurkundung der Auflassung nach Zahlung des Kaufpreises. Sie erfordert einen weiteren Notartermin, erhöht die Kosten und den Zeitaufwand und führt zu Folgekosten, wenn etwa der Verkäufer nach Verkauf und vor Auflassung verstirbt u. Ä.

Der **Bestimmtheitsgrundsatz des Sachenrechts** erfordert, dass bei der Auflassung klar ist, woran das Eigentum übergehen soll, also an welcher Fläche. Wenn sich die Auflassung auf ein ganzes Grundstück bezieht, dann ist das kein Problem. Gleiches gilt auch, wenn sie sich auf ein Flurstück bezieht (das z. B. Teil eines Grundstücks ist, das aus mehreren Flurstücken besteht). Wenn jedoch noch **unvermessene Teilflächen** verkauft worden sind, dann erfordert dieser Grundsatz, dass die Auflassung entweder erst erklärt wird, wenn die amtliche Vermessung und die katasterliche Erfassung als eigenes Flurstück erfolgt ist, oder dass zumindest die Vertragsparteien in der für die Auflassung erforderlichen Form anerkennen, dass die nunmehr abgemessene Fläche identisch ist mit derjenigen, deren Auflassung sie zuvor schon erklärt hatten (**Messungsanerkennung**).

Weil die Beteiligten regelmäßig nicht zweimal vor dem Notar erscheinen wollen, werden diese Maßnahmen üblicherweise aufgrund entsprechender Vollmachten durchgeführt, die im Vertrag enthalten sind, sei es für die Mitarbeiter des Notars, sei es für den Notar selbst. Die tatsächliche Grenzermittlung findet vor Ort statt und wird durch einen öffentlich bestellten Vermessungsingenieur durchgeführt, der die Beteiligten zu einem Grenzabmarkungstermin lädt und über die genaue Grenzziehung ein Protokoll fertigt. Der Vermesser wird von den Beteiligten oder dem Notar in deren Namen beauftragt. Welche Partei die Vermessungskosten trägt, sollte im Vertrag geregelt werden. Hernach vergibt das Katasteramt aufgrund der Messungsunterlagen für das neue Flurstück eine neue Nummer und verzeichnet die Grenzen in seiner amtlichen Karte.

Der Notar wird die Beteiligten dennoch vorsorglich unter Übersendung der entsprechenden neuen Flurkarte fragen, ob die abgemessene Fläche ihren Vorstellungen entspricht. Erst anschließend wird er die Messungsanerkennung bzw. erstmalige Auflassung im Wege der Nachtragsbeurkundung oder Eigenurkunde veranlassen und dem Grundbuchamt in Ausfertigung übermitteln.

Der Kaufvertrag über die noch nicht vermessene Teilfläche unterliegt als schuldrechtlicher Vertrag nicht dem Bestimmtheitsgrundsatz des Sachenrechts. Für ihn ist ausreichend, dass der Vertragsgegenstand bestimmbar ist. Diesem Erfordernis wird Genüge getan, indem die verkaufte Fläche etwa in einer maßstabsgerechten Karte durch Einzeichnung von Grenzen kenntlich gemacht wird, auf die in der Urkunde verwiesen wird. Dieser Verweis muss sich in der Urkunde finden, nur auf der Anlage ist er nicht ausreichend. Weil es sich bei einer solchen Anlage um einen Bestandteil der beurkundungsbedürftigen Erklärung der Parteien handelt, ist die Anlage mit der Urkunde zusammenzuheften und zu siegeln, und in der Urkunde ist festzuhalten, dass sie „den Beteiligten vorgelegt und von ihnen genehmigt wurde". Denn anders als der Text der Urkunde oder einer Anlage mit mitverkauften beweglichen Sachen kann eine Karte ja nicht „verlesen" werden *(§ 9 Abs. 1 S. 3 BeurkG)*.

Es handelt sich um eine echte Verweisung, keine bloße Bezugnahme. Die unechte Verweisung oder Bezugnahme erwähnt Anlagen nur deswegen, weil die Beteiligten Tatsachen oder Rechtsverhältnisse festhalten wollen, die für die in der Urkunde enthaltenen Erklärungen eine Rolle spielen. Ein Beispiel für eine Bezugnahme ist eine Liste der Namen der Mieter eines Mehrfamilienhauses und der von ihnen jeweils geleisteten Mietsicherheiten, zu denen die Beteiligten in der Urkunde selbst erklärt haben: „Dem Käufer sind die mit den in der (nur zu Beweiszwecken) anliegenden Liste aufgeführten Mietern geschlossenen Mietverträge bekannt. Der Verkäufer verpflichtet sich zur Übertragung der Mietsicherheiten und erklärt, dass keine anderen als die geleistet wurden, die sich in anliegender Liste finden und die dem Käufer ebenfalls von Höhe und Anlageform her bekannt sind." Anlagen nur zu Beweiszwecken brauchen nicht vorgelesen zu werden.

Vorkaufsrechte

Vorkaufsrechte kommen in der Praxis häufig vor. Sie unterscheiden sich nach dem Grund ihres Entstehens und in den Details ihrer Regelungen. Ihre übereinstimmenden Grundregeln finden sich in den *§§ 463–475 BGB*. Kerngedanke ist, dass der Vorkaufsberechtigte, wenn er das Vorkaufsrecht ausübt, einen weiteren Vertrag mit dem Verkäufer schließt, der inhaltlich dem entspricht, den der Verkäufer mit dem ersten Käufer geschlossen hat. Er tritt also insbesondere nicht in den ersten Vertrag ein o. Ä. Die Ausübung des Vorkaufsrechts führt auch nicht zur Unwirksamkeit des ersten Vertrages.

Daraus folgt auch, dass das Vorkaufsrecht erst ausgeübt werden kann, wenn der Kaufvertrag geschlossen und wirksam geworden ist, nicht schon vorbeugend. Der Eigentümer wird in dieser Situation Vertragspartner in zwei Verträgen gleichzeitig – über dasselbe Vertragsobjekt. Aus diesem Grund ist es wichtig, für den Verkäufer ein Rücktrittsrecht für den Fall der Ausübung des Vorkaufsrechts vorzusehen.

Es gibt gesetzliche und vertragliche Vorkaufsrechte. Wenn letztere auch im Grundbuch eingetragen sind, werden sie als **dingliche Vorkaufsrechte** bezeichnet. Eine solche Eintragung ist für den Berechtigten immer sinnvoll, denn anderenfalls könnte er sich im Falle einer Veräußerung nur an seinen (pflichtwidrig veräußernden) Vertragspartner halten, nicht jedoch gegen den neuen Eigentümer des Grundstücks vorgehen.

Die Gemeinde, in der das zu veräußernde Grundstück belegen ist, kann ein Vorkaufsrecht nach *§ 24 BauGB* haben. Dieses ist **nicht** im Grundbuch eingetragen. Die Voraussetzungen für seine Ausübung liegen auch nicht immer vor. Um der öffentlichen Hand jedoch in jedem Fall die Gelegenheit zu geben, dies zu prüfen und gegebenenfalls von ihrem Recht Gebrauch zu machen, setzt die Eigentumsumschreibung auf den Käufer immer voraus, dass dem Grundbuchamt eine Erklärung der zuständigen Gebietskörperschaft vorliegt, wonach dieses Vorkaufsrecht im konkreten Fall aus deren Sicht nicht besteht, oder dass jedenfalls darauf in diesem Fall verzichtet wird *(§ 28 BauGB)*. Diese Vorkaufsrechtsverzichtserklärung muss Unterschrift und Siegel tragen und ist dem Grundbuchamt spätestens bei der Beantragung der Umschreibung des Eigentums auf den Käufer vorzulegen. Die Fälligkeit des Kaufpreises wird im Vertrag regelmäßig davon abhängig gemacht, dass dem Notar diese Erklärung formgerecht vorliegt. Die Kosten hierfür, d.h. die Gebühren der öffentlichen Hand für deren Erteilung, trägt diejenige Partei, die die allgemeinen Vertragskosten zu tragen übernommen hat. Regelmäßig ist dies der Käufer.

Gesetzliche Vorkaufsrechte, die nicht im Grundbuch eingetragen sind, gibt es auch in Fällen, wo die aufstehenden Gebäude unter Denkmalschutz stehen, die Nutzungsart land- oder forstwirtschaftlich ist oder aus Gründen des Naturschutzes. Die Einzelheiten zu diesen Regelungen unterscheiden sich in den Bundesländern. Ihr Büro wird eine Liste führen.

Nicht selten bestehen dingliche Vorkaufsrechte auch zugunsten entsprechender öffentlicher Körperschaften oder Behörden. Sie sind dann immer parallel zu deren gesetzlichen Vorkaufsrechten zu beachten. Für namentlich genannte natürliche Personen bestellte Vorkaufsrechte sind nicht vererblich. Alternativ dazu können sie auch dem jeweiligen Eigentümer eines bestimmten Grundstücks eingeräumt werden. Vorkaufsrechte können verschieden ausgestaltet sein. Einige gelten für jeden Fall des Verkaufs, andere nur für den ersten Verkaufsfall. Manche sind zeitlich beschränkt.

Im Grundbuchblatt finden sich typischerweise nur Stichpunkte zum Vorkaufsrecht. Die Details müssen durch Einsicht in die Grundakte und genaues Durchlesen der jeweiligen Bewilligung ermittelt und bei der Vertragsgestaltung berücksichtigt werden. Der Notar wird die Parteien im Zuge der Vorbereitung der Vertragsbeurkundung auf die in Betracht kommenden Vorkaufsrechte aufmerksam machen und ihnen gegebenenfalls raten, sich vorab mit den Berechtigen in Verbindung zu setzen bzw. deren Kontaktdaten überhaupt zu ermitteln. Zuweilen ist es möglich, die Vorkaufsberechtigten schon im Vorwege zu veranlassen, auf ihr Vorkaufsrecht zu verzichten. Entsprechende Erklärungen werden sich immer auf einen konkreten Vertragsentwurf beziehen und es ist vorzugswürdig, diese Erklärungen notariell beglaubigen zu lassen, soweit es sich nicht um Behörden handelt.

Im Vertrag selbst wird anderenfalls der Notar von den Parteien typischerweise beauftragt, eine Ausfertigung des Vertrages an den Vorkaufsberechtigten im Namen des Verkäufers zu übersenden und ihn für diesen aufzufordern, sich zu seinem Vorkaufsrecht zu äußern, mit dem Hinweis, dass es nur gegenüber dem Verkäufer ausgeübt werden kann, nicht dem Notar gegenüber.

Soweit ein Makler beteiligt ist und einen Anspruch (auch) gegen den Käufer hat, kann es sich im Interesse der ursprünglichen Vertragsparteien, die regelmäßig von der Gefahr der Ausübung des Vorkaufsrechts nicht begeistert sind, empfehlen, diesem ausnahmsweise einen eigenen Anspruch auf seine Courtage gegen den Käufer im Wege eines echten Vertrages zugunsten Dritter *(§ 328 BGB)* einzuräumen. Sie zu zahlen wäre dann auch der Vorkäufer verpflichtet, der selbst gar keinen Maklervertrag abgeschlossen hat (anders als der ursprüngliche Käufer), weil der Anspruch des Maklers sich dann aus dem Notarvertrag selbst ergibt. Die Einräumung eines eigenen Anspruches des Maklers erhöht allerdings den Geschäftswert des Vertrages um den Betrag der Courtage und, wenn dies zu einem Gebührensprung führt, auch die Gebühren. Hierauf sind die Parteien in der Urkunde hinzuweisen.

Belehrungspflichten des Notars beim Grundstücksveräußerungsvertrag

Wegen der wirtschaftlichen Bedeutung von Immobiliengeschäften und deren rechtlicher Komplexität wird der Notar die Beteiligten umfänglich über die ihnen zu Gebote stehenden Gestaltungsmöglichkeiten und deren Vor- und Nachteile belehren. Diese Belehrung wird er persönlich vornehmen, auch wenn seine Mitarbeiter einführende Erläuterungen geben können. Je gefährlicher und je ungewöhnlicher die konkrete Gestaltung ist, umso umfangreicher werden die Belehrung und deren Dokumentation ausfallen. Dies gilt etwa bei Altlastenverdacht (Grundstück mit ehemaliger Mülldeponie, Tankstellen, Reinigung, Kfz-Werkstatt u. Ä.), bei Kauf durch ausländische Kapitalgesellschaften (Existenz des Käufers unsicher, Zustellung von Schriftstücken schwierig usw.), bei stark verschuldeten Verkäufern (Anfechtung des Geschäftes durch einen Insolvenzverwalter oder Gläubiger des Verkäufers, unbekannte Rückstände öffentlicher Lasten usw.) oder bei einer ungesicherten Vorleistung einer Seite (seitens des Verkäufers die Übergabe des Besitzes trotz noch nicht vollständiger Zahlung des Kaufpreises, seitens des Käufers die Zahlung des gesamten Kaufpreises längere Zeit vor Fälligkeit der Übergabe). Der Notar wird in solchen Fällen auch Vorschläge machen, welche Alternativen bestehen, um die Risiken der Beteiligten trotz der widrigen Sachverhaltsumstände oder vom üblichen Vorgehen abweichender Wünsche zu verringern, etwa die Gestellung zusätzlicher Sicherheiten in Form von Bankbürgschaften, die Verwendung eines Notaranderkontos o. Ä.

Diese erweiterte Belehrung (es wurde nicht nur auf die Gefahren hingewiesen, sondern auch auf Möglichkeiten, sie zu vermindern) wird der Notar ebenfalls dokumentieren, in der Urkunde oder in entsprechenden Begleitschreiben an die Beteiligten, oder in Gesprächsnotizen, zumal in den vorgenannten Fallkonstellationen regelmäßig eine persönliche Vorbesprechung mit den Beteiligten durchzuführen sein wird.

Gerade in solchen Fällen ist es sinnvoll, dass auch dokumentiert wird, welche Berufe und Erfahrungen bei Immobiliengeschäften die Beteiligten haben, sodass sich die Belehrung an ihrem Empfängerhorizont ausrichten kann.

Der Notar wird insbesondere die folgenden, gesetzlich vorgeschriebenen Belehrungen erteilen und dies in der Urkunde vermerken:

- Wenn die Beteiligten wünschen, dass der Notar ohne das Vorliegen einer aktuellen Grundbucheinsicht (sie sollte im Regelfall nicht älter als vier bis sechs Wochen sein) beurkundet, wird vermerkt, dass dies trotz Belehrung über die damit verbundenen Gefahren erfolgt (Vorhandensein von Verfügungsbeschränkungen, etwa Testamentsvollstrecker- oder Zwangsversteigerungsvermerk) *(§ 21 Abs. 1 S. 2 BeurkG)*.

- Hinweis auf gerichtliche oder behördliche Genehmigungen, etwa Zustimmung des Vormundschaftsgerichts oder Genehmigung für die Teilung von Waldgrundstücken *(§ 18 BeurkG)*

- Bestehen gesetzlicher Vorkaufsrechte *(§ 20 BeurkG)*

- Bestehen und Folgen dinglicher Vorkaufsrechte *(§ 17 BeurkG i. V. m. § 21 BeurkG)*
- Erforderlichkeit des Vorliegens der Unbedenklichkeitsbescheinigung des Finanzamtes für die Eigentumsumschreibung *(§ 19 BeurkG)*

3.5 Verwendung eines Notaranderkontos

Es gibt Fallgestaltungen, bei denen die Direktzahlung des Kaufpreises vom Käufer an den Verkäufer (bzw. zwischen den beteiligten Banken) nicht die notwendige Sicherheit für die Beteiligten bietet. Dann haben sie ein objektives Sicherungsinteresse an der Verwendung eines Notaranderkontos, zu der ihnen der Notar raten wird.

Fallgruppen für das Vorliegen eines objektiven Sicherungsinteresses können z. B. die folgenden sein, wobei die Einzelheiten umstritten sind:

- Beteiligung ausländischer Gesellschaften
- Verkauf durch Testamentsvollstrecker, Betreuer, Insolvenzverwalter
- Zwangsversteigerungsvermerk eingetragen
- überschuldeter Verkäufer
- mehrere Banken auf Verkäufer- und Käuferseite
- vorzeitige Besitzeinräumung
- fehlender Grundschuldbrief
- Uneinigkeit mehrerer Verkäufer über die Aufteilung des Kaufpreises[1]
- Weigerung der Käuferbank, ohne Anderkonto zu finanzieren
- zwingender fester Übergabetermin

In allen Fällen bringt die Direktzahlung oder bringen deren Begleitumstände (Eintragung einer Vormerkung vor Zahlung des Kaufpreises, Eintragung von Erwerbergrundschulden usw.) Risiken für eine Seite des Vertrages (oder beide Seiten) mit sich, die durch das Anderkonto vermieden oder stark eingeschränkt werden können.

Erhebliche Abwicklungserleichterungen bringt das Anderkonto mit sich, wenn der Verkäufer verschiedene Banken ablösen muss und der Käufer gleichzeitig aus mehreren Quellen finanziert, wenn sich Finanzierer weigern, eine Direktzahlung zu unterstützen, und dann dem Käufer ein Erwerb unmöglich würde, wenn der Käufer Umbaumaßnahmen in Angriff nehmen will und diese genau terminieren muss – etwa Handwerkeraufträge erteilen will oder selbst hierfür seinen Jahresurlaub zu einem festen Termin nimmt – u. Ä. Die Mehrgebühren betragen z. B. bei Auszahlung in einer Summe bei einem Kaufpreis von 250 000,00 € ca. 660,45 €.

Die Verwahrung des Kaufpreises auf dem Anderkonto erfolgt gem. den *§§ 54a–d BeurkG*. Der Notar wird die Beteiligten auch auf die Mehrkosten hinweisen, die sich durch die 1,0-Verwahrgebühr ergibt, sowie auf Regelungen für die Verteilung der Mehrgebühren. Bei jeder Verwahrung müssen danach bestimmte Regeln eingehalten werden:

(vgl. LF 15, Kap. 5)

- schriftliche Verwahrungsanweisung[2]
    - bei welcher Bank
    - wer zahlt ein

---

[1] *Zum Beispiel in Fällen von Scheidungen oder zerstrittenen Erbengemeinschaften.*

[2] *Die entsprechenden Kaufvertragsabreden zwischen den Parteien sind nach § 311b BGB mit zu beurkunden. Änderungen müssen nach herrschender Meinung ab Erklärung der Auflassung nicht mehr beurkundet werden, wobei der Notar aus Gründen der Vorsicht unter Umständen dazu raten wird, auch solche zu beurkunden.*

Grundstückskauf

- wer erhält Gelder
- welches sind die Einzahlungsvoraussetzungen
- welches sind die Auszahlungsvoraussetzungen
- wer erhält die Zinsen
- was passiert, wenn der Vertrag nicht abgewickelt werden kann

- Jede Masse braucht ein eigenes Konto.
- Verwahranweisungen sind peinlich genau und wortgetreu zu befolgen.
- gesonderte Dokumentation aller mit einer Verwahrung zusammenhängenden Vorgänge, einschließlich der Anderkontoauszüge *(§ 22 DONot)*
- Buchung der Anderkontobewegungen noch am Tag des Einganges des Kontoauszuges
- schriftliche Annahme von Verwahranweisungen nicht am Vertrag Beteiligter (abzulösende und finanzierende Banken) mit Datum, Unterschrift und Notarbezeichnung, Bestätigung der Annahme gegenüber dem Dritten
- Abrechnung des Anderkontos
- Bargeld darf nur zur unmittelbaren Einzahlung auf ein Anderkonto angenommen werden.

Für die Verwendung von Löschungsunterlagen werden die Grundpfandgläubiger Auflagen erteilen. Deren Vereinbarkeit mit den im Vertrag vereinbarten Verwahranweisungen ist vor der Annahme der Treuhandaufträge zu prüfen. Fehlt sie, wird der Notar die Banken auffordern, ihre Anweisungen entsprechend anzupassen, anderenfalls hat er die Annahme des Treuhandauftrages auf dem Schreiben der Bank schriftlich mit Datum und Unterschrift nebst Amtsbezeichnung zu vermerken. Häufig werden unzulässige Befristungen vorgesehen sein oder Auszahlungsvoraussetzungen, die der Notar überhaupt nicht überprüfen kann.

Übungsaufgaben

1. Das Grundbuch AG Kiel, Altstadt, Bl. 245 weist im Bestandsverzeichnis unter ldf. Nr. 3 eine Gebäude- und Freifläche von 400 m2 aus, unter lfd. Nr. 4 eine Verkehrsfläche von 20 m2. Die Parteien teilen mit, dass letztere aus einem Stellplatz besteht, aber nicht mitverkauft werden soll. Wie ist das Vertragsobjekt korrekt zu bezeichnen?

2. Erstellen Sie den Text eines Grundbuchbeschriebs für einen Kaufvertrag im Hinblick auf Grundstück und Eigentümer aus **Anlage 1 (S. 233)**, wobei die beiden Eigentümer als 1) und 2) im Rubrum des Entwurfes mit ihren Personendaten schon erfasst sind.

3. Erstellen Sie den Grundbuchbeschrieb im Hinblick auf die dortige Belastung Abt. II lfd. Nr. 1 und Abt. III lfd. Nr. 5.

4 Vollzug

Ähnlich wie bei der Ermittlung des Sach- und Grundbuchstandes zur Vorbereitung des Entwurfes, kann es für die Mitarbeiter des Notars und den Überblick über den Bearbeitungsstand hilfreich sein, wenn die einzelnen Schritte beim Vollzug des Vertrages anhand einer Checkliste abgearbeitet und dokumentiert werden.

Welche der jeweiligen Schritte beim konkreten Vertrag erforderlich sind, wird der beurkundende Notar oder ein erfahrener Mitarbeiter nach der Beurkundung aus dem Vertragstext selbst und etwaigen Vermerken hierzu ermitteln.

Die folgende Liste gibt typische Schritte des Vollzuges eine Grundstückskaufvertrages[1] wieder, die sich zum Teil auch EDV-gestützt mithilfe der Notarsoftware abwickeln lassen, die auf entsprechende Musterschreiben zurückgreift, selbstständig Wiedervorlagen vergibt und an ausstehende Rückläufer erinnert und gegebenenfalls auch einen schnellen Überblick über den erreichten Abwicklungsstand gibt:

- Prüfung der Vollständigkeit der Unterschriften[2]
- Prüfung der Vollständigkeit der Anlagen
- Vergabe einer UR-Nr.
- Eintragung in die UR[3]
- Aufnahme der UR-Nr. und der handschriftlichen Änderungen während der Beurkundung[4] in die digitale Fassung der Urkunde nach dem 4-Augen-Prinzip[5]
- Digitalisierung der Anlagen
- Erstellung der Anlagenliste, die ausweist, wer welche Abschriften erhalten hat
- Nähen und Siegeln der Urschrift nach Beifügung der Anlagenliste[6]

---

[1] Es ist sinnvoll, sich das Datum der Absendung der Schreiben zu notieren, bei solchen, die Reaktionen erfordern, auch das Datum des Einganges der Antwort bzw. eine Wiedervorlage zur Erinnerung beim Empfänger.

[2] Während der Notar nur mit seinem Nachnamen unter Beifügung seiner Amtsbezeichnung zu unterschreiben braucht, ist für die restlichen Beteiligten die Unterschrift mit dem Nachnamen unerlässlich, seine Ergänzung mit zumindest einem Vornamen empfehlenswert. Die Unterschrift nur mit dem Vornamen ist regelmäßig unwirksam. In jedem Namensbestandteil sollte mindestens ein (richtiger) Buchstabe erkennbar sein. Die Unterschrift muss sich von einer bloßen Paraphe, also einem Namenskürzel, unterscheiden. In Zweifelsfällen wird der Notar bitten, den vollständigen Namen in Druckbuchstaben unter die Unterschrift zu setzen.

[3] Dies hat spätestens zwei Wochen nach der Beurkundung zu erfolgen, so § 8 DONot. Gerade bei EDV-gestützter Abwicklung ist jedoch die unmittelbare Eintragung erforderlich, um die entsprechende Verwendung der UR-Nr. in dem automatisiert erzeugten Dokument anstelle der entsprechenden Platzhalter im Text zu gewährleisten. Auch sonst ist die umgehende Eintragung vorzugswürdig, weil dann immer jedem im Büro klar ist, welche UR-Nr. die nächstfolgende Nummer ist, gerade wenn „zwischendurch ohne Termin" Unterschriftsbeglaubigungen erfolgen u. Ä.

[4] Wenn dies nicht schon während der Beurkundung durch (teilweisen) Neuausdruck und Verlesen der geänderten Passagen erfolgt ist. Änderungen in der Urschrift nach der Unterschrift des Notars, die den Beurkundungsvorgang abschließt, sind nur bei der Korrektur offenbarer Unrichtigkeiten durch Berichtigungsvermerke i. S. d. § 44a BeurkG zulässig. Anderweitigem Änderungsbedarf kann nur durch Nachtragsurkunden seitens aller Beteiligter begegnet werden. Dabei können diese sich jedoch vertreten lassen, etwa durch den Notar oder dessen Mitarbeiter, was in der Urkunde vielfach bereits durch entsprechende Vollmachterteilung vorsorglich ermöglicht wird.

[5] Ein Mitarbeiter sollte die Einarbeitung durchführen, der Notar die korrekte Übertragung in die digitale Version überprüfen.

[6] Die typischerweise vom Notar mit Datum unterschrieben und gegebenenfalls im Laufe der Zeit ergänzt wird, wenn weitere Abschriften erteilt werden.

- Aufnahme der Urschrift in die Urkundensammlung
- Erstellung der nötigen Ausfertigungen, einfachen und beglaubigten Abschriften
- Übersendung einer einfachen Abschrift zusammen mit der Veräußerungsanzeige an das zuständige Grunderwerbsteuerfinanzamt *(§ 18 GrEStG)*[1]
- Anschreiben an genehmigende Beteiligte oder Behörden mit Übersendung einer beglaubigten Abschrift des Vertrages, gegebenenfalls unter Beifügung des Entwurfes der Genehmigungserklärung

Nach Wirksamwerden eines schwebend unwirksamen Vertrages:

- Anheftung der Genehmigungserklärung an die Urschrift
- Mitteilung des Wirksamwerdens an das Grunderwerbsteuerfinanzamt[2]
- Übersendung einer abgekürzten Ausfertigung[3] an das Grundbuchamt und Beantragung einer Vormerkung für den Käufer[4] sowie der Eintragung, gegebenenfalls im Rang vor der Vormerkung weiterer dinglicher Rechtspositionen zum Vorteil des Verkäufers oder Dritter, soweit im Kaufvertrag vereinbart
- Versendung der Ausfertigungen an die Beteiligten
- Versendung eines Hinweises an die Finanzierer des Käufers über die Einschränkung der Sicherungszweckabrede bis zur Eigentumsumschreibung
- Versendung von Kostenrechnungen an die Kostenschuldner gem. Vertrag[5]
- Versendung einer einfachen Abschrift an den zuständigen Gutachterausschuss[6]
- Aufforderung der Gläubiger des Verkäufers zur Übersendung der Löschungsunterlagen Abt. III
- Aufforderung an Berechtigte aus Abt. II, gegebenenfalls Löschungsbewilligungen zu erteilen, dies unter Übersendung entsprechender Erklärungen im Entwurf

---

[1] *Binnen zwei Wochen nach Beurkundung, unabhängig davon, ob der Vertrag schon wirksam geworden ist, wobei die Übersendung an das Finanzamt vor derjenigen an die Beteiligten erfolgen muss.*

[2] *Die weiteren Punkte würden bei einem wirksamen Vertrag sogleich in Angriff genommen.*

[3] *Oder einer abgekürzten, elektronisch beglaubigten Abschrift im elektronischen Grundbuchverkehr.*

[4] *Zugleich wird, mit dem Antrag, diese im Rang vor der Vormerkung einzutragen, der Antrag auf Eintragung der Grundschuld zur Finanzierung des Kaufpreises (und etwaiger Renovierungsmaßnahmen) an das Grundbuchamt übermittelt, zusammen mit einer Ausfertigung/elektronisch beglaubigten Ablichtung der Grundschuld. Wenn die Grundschuld erst später beurkundet wird und ihre Eintragung also zeitlich erst nach der Vormerkung beantragt werden kann, so ist der Antrag mit der Bewilligung eines Rangrücktrittes der Vormerkung hinter die Grundschuld und dessen Eintragung bei Vormerkung und Grundschuld zu versehen. Diese Bewilligung ist mit in die Grundschuldbestellungsurkunde aufzunehmen.*

[5] *Während dies beim Käufer sogleich möglich ist, weil insoweit die Geschäftswerte für die angefallenen Gebühren feststehen, sind die „Mehrgebühren" für den Verkäufer von ihrer Höhe her typischerweise noch nicht zu ermitteln, weil noch nicht klar ist, welche Summen dessen Gläubiger für die Löschungsunterlagenverwendung erhalten wollen. Sie bilden aber den Geschäftswert der Treuhandgebühr des Notars, sodass man sinnvollerweise das Vorliegen aller Treuhandauflagen abwartet, bevor man dem Verkäufer die Rechnung über die auf ihn entfallenden Gebühren übersendet, häufig sicherlich zusammen mit der Ablichtung der Fälligkeitsmitteilung, die man zeitgleich an den Käufer abgesandt hat, um insoweit die Anzahl der Postsendungen möglichst gering zu halten. Aus diesem Gedanken heraus ist es auch denkbar, mit der Rechnungsübersendung bis zur Versendung der Mitteilung über die Eigentumsumschreibung zu warten, weil man dann zugleich durch die Gläubiger des Verkäufers übermittelte vollstreckbare Ausfertigungen der Verkäufergrundschulden u. Ä. zur eigenen Entlastung an diesen schicken kann.*

[6] *Des Landratsamtes, der kreisfreien Stadt oder des Kreises (§ 195 BauGB).*

- Aufforderung der zuständigen Gemeinde, auf ihr Vorkaufsrecht nach § 24 BauGB zu verzichten
- Aufforderung weiterer Beteiligter, gegebenenfalls unter Beifügung von Ausfertigungen, zur Erklärung über[1]
  - dingliche Vorkaufsrechte
  - Vorkaufsrecht Denkmalschutz
  - Vorkaufsrecht § 66 BNatSchG
  - Vorkaufsrecht nach LNatSchG
  - Genehmigung LandesBauO[2]
  - Genehmigung § 2 GrdstVG
  - Genehmigung GVO
- Prüfung der Voraussetzungen für die Kaufpreisfälligkeit gem. Vertrag, u. a. durch Einholung und Prüfung eines aktuellen Grundbuchauszuges, aus dem sich der Rang der Vormerkung des Käufers und etwaige, seit der letzten Prüfung hinzugetretene Eintragungen bzw. gerade deren Fehlen ergibt[3]
- Übersendung der Fälligkeitsmitteilung an den Käufer[4]
- Übersendung einer Ablichtung der Fälligkeitsmitteilung an den Verkäufer und gegebenenfalls an die Finanzierer des Käufers
- Prüfung der Mitteilung des Verkäufers über die vertragsgemäße Zahlung des gesamten Kaufpreises
- Prüfung der Unbedenklichkeitsbescheinigung des Finanzamtes
- Beantragung beim Grundbuchamt
  - der Löschung der Belastungen in Abt. II und III, die der Käufer nicht zu übernehmen hat, unter Vorlage der entsprechenden Löschungsunterlagen,[5]
  - der Umschreibung des Eigentums auf den Käufer und, Zug um Zug damit,
  - Löschung seiner Vormerkung, soweit keine schädlichen Eintragungen bestehen bleiben
- Prüfung und Übermittlung der Umschreibungsnachricht an Verkäufer und Käufer, gegebenenfalls auch eines Grundbuchauszuges an dessen Finanzierer
- Versendung von Abschlussrechnungen
- Ablageprüfung der Akte

Die Reaktion der jeweils angeschriebenen Beteiligten ist natürlich daraufhin zu kontrollieren, ob sie überhaupt erfolgt und, wenn ja, ob sie dem Antrag entspricht (Eintragung der Vormerkung) bzw. ob sie Fehler aufweist (Nennung des falschen Grundstücks in der

---

[1] Genehmigungen nach § 2 GrdstVG und bei Umlegungs-, Sanierungs- und Flurbereinigungsgebieten sind kraft Gesetzes Wirksamkeitsvoraussetzungen für den Kaufvertrag.
[2] So für die Teilung jeglicher Grundstücke in NRW (§ 8 BauO NRW), nur für die von Waldflächen in BW, Hessen, MVP, SH und Thüringen.
[3] Oder auch die erfolgreiche Eintragung von neuen Rechten, die im Vertrag zugunsten etwa des Verkäufers (Wegerecht für dessen Hinterliegergrundstück) vereinbart waren.
[4] Per einfachem Brief, Einschreiben-Einwurf bzw. -Rückschein oder per Telefax, je nach den Gepflogenheiten Ihres Notars.
[5] In der von den Berechtigten an den Notar übermittelten Form oder in elektronisch beglaubigter Form, wobei Grundschuldbriefe im Original auf dem Postwege parallel zu übermitteln sind an das Grundbuchamt, vorsorglich per Einschreiben-Rückschein.

gemeindlichen Vorkaufsrechtsverzichtserklärung) und ob die etwa von den Gläubigern des Verkäufers gemachten Treuhandauflagen vertragsgemäß sind.

Zuweilen hapert es an diesen Voraussetzungen. Es ist daher jeweils direkt nach Eingang (bzw. Ausbleiben!) entsprechender Unterlagen im Detail zu prüfen und sogleich gegenzusteuern, durch entsprechende Anrufe oder weitere Anschreiben an die Beteiligten. Dies ist deshalb zeitnah erforderlich, damit nicht erst bei der Prüfung des Vorliegens der Fälligkeitsvoraussetzungen auffällt, dass schon seit vier Wochen vorliegende Löschungsunterlagen ungeeignet sind (nur Teillöschung, fehlende öffentliche Beglaubigung einer Abtretung einer Grundschuld außerhalb des Grundbuches, ungeeignete Treuhandauflage o. Ä.) und die Nachbesserungsbemühungen erst zu diesem Zeitpunkt eingeleitet werden.

Es ist auch sinnvoll, beim Auftreten von Abwicklungshemmnissen die Urkundsbeteiligten hierüber zu informieren. Einerseits können sie sich dann auf den Zeitrahmen einstellen, andererseits fühlen sie sich in den Fortgang ihrer Sache einbezogen, schließlich können sie nur dann auf die Drittbeteiligten einwirken. So kann beim längeren Ausbleiben der Löschungsunterlagen der Bank des Verkäufers dieser mit ihr Kontakt aufnehmen, um eine Einigung, etwa über die Höhe der von ihm geschuldeten Vorfälligkeitsentschädigung für die vorzeitige Rückzahlung des Darlehens, herbeizuführen, das mit der zu löschenden Grundschuld gesichert ist.

Übungsaufgaben

1. Nicole Otte stellt nach der Beurkundungsverhandlung fest, dass die Unterschrift des Notars unter dem Kaufvertrag fehlt. Was ist zu tun?

2. Nicole Otte hat die Anzahl der Seiten ermittelt, die im Zuge der Abwicklung ausgedruckt werden mussten, damit sie später in die Rechnung mit aufgenommen werden können. Was ist bei der Ermittlung neben der bloßen Gesamtanzahl noch zu beachten?

3. Gemäß Abschriftenliste im Vertrag werden im Vollzug fünf Abschriften des Vertrages benötigt. Nicole Otte hat diese in einem Durchgang durch jeweiligen Komplettausdruck des Vertrages angefertigt. Weshalb kann dieser, an sich gute Gedanke, problematisch sein?

4. Der Vertrag ist gegenwärtig noch schwebend unwirksam, weil einer der Beteiligten, der vollmachtlos vertreten war, noch nicht zugestimmt hatte. Nicole Otte hält daher die Veräußerungsanzeige an das Finanzamt noch zurück, bis die Genehmigung eingegangen ist. Was halten Sie von diesem Vorgehen?

5 Gebühren

Folgende Gebühren fallen bei Immobilienveräußerungen, abhängig von der Fallgestaltung, an:

- **Beurkundungsgebühr**, *Nr. 21200 KV GNotKG* (2,0), mindestens 120,00 €,
  für die Beurkundung des Vertrages. Bei Aufspaltung in Angebot und Annahme fällt sie für das Angebot an, hinzu kommt eine weitere nach *Nr. 21101 Nr. 1 KV GNotKG* in Höhe von 0,5, mindestens 30,00 €, für die Annahme.[1] Die Beurkundung von Finanzierungsgrundschulden stellt sich als weiteres Beurkundungsverfahren dar, für das jeweils eine Post- und Telekommunikationspauschale nach *Nr. 320005 KV GNotKG* anfällt.

- **Vollzugsgebühr**, *Nr. 22110 KV GNotKG* (0,5),
  für eine der Tätigkeiten nach 2.2.1.1 Nr. 1 bis 11. Die Vollzugstätigkeit kann zeitlich auch **vor** der Beurkundung/der Erstellung des Entwurfes vorgenommen werden! Beschränkt sie sich auf Nr. 1 und 2, die Einholung der gemeindlichen Vorkaufsrechtsverzichtserklärung z.B., ist sie auf höchstens 50,00 € pro Einholung begrenzt *(Nr. 22112 KV GNotKG)*. Bei elektronischem Grundbuchverkehr kommt die **XML-Vollzugsgebühr** nach *Nr. 22114 KV GNotKG* (0,3), höchstens 250,00 €, hinzu. Für die in diesem Rahmen erstellten Dateien fallen pro Datei *(Nr. 32002 KV GNotKG)* 1,50 € an, pro Arbeitsgang höchstens 5,00 €.

- **Betreuungsgebühr**, *Nr. 22200 KV GNotKG* (0,5),
  für eine Tätigkeit nach Nr. 1 bis 7, regelmäßig für die Fälligkeitsmitteilung

- **Treuhandgebühr**, *Nr. 22201 KV GNotKG* (0,5),
  für die Verwahrung der Löschungsunterlagen der Verkäufergrundpfandgläubiger und deren Verwendung nur bei Vorliegen der Treuhandauflagen, wobei Geschäftswert deren Sicherungsinteresse ist, regelmäßig also die Summe, die sie noch für die Löschung beanspruchen *(§ 113 Abs. 2 GNotKG)*

- **Verwahrungsgebühr**, *Nr. 25300 KV GNotKG* (1,0),
  für jede einzelne (!) Auszahlung vom Notaranderkonto zu deren Wert *(§ 124 GNotKG)*, wobei für jedes Verwahrungsverfahren eine Post- und Telekommunikationspauschale nach *Nr. 32005 KV GNotKG* hinzukommt

- **Auslagen**
  - die Gebühren für die Grundbuchauszüge im Onlineabrufverfahren
    (Nr. 32011 KV GNotKG).
  - Pauschale für Post- und Telekommunikationsdienstleistungen *(Nr. 32005 KV GNotKG)*, 20% der Gebühren, höchstens 20,00 €, oder stattdessen die konkret angefallenen Entgelte hierfür nach *Nr. 32004 KV GNotKG*
  - Dokumentenpauschale für Ausfertigungen, Ablichtungen usw. *(Nr. 32001 KV GNotKG)*, 0,15 € pro Seite[2], für elektronische Übersendung *(Nr. 32002 KV GNotKG)*, 1,50 € pro Datei

---

[1] *Daher ist die vollmachtlose Vertretung finanziell vorzugswürdig, weil der beurkundende Notar den Entwurf der Genehmigungserklärung ohne Mehrgebühr erstellt, er oder ein anderer Notar deren Beglaubigung gem. Nr. 25100 KV GNotKG zur 0,2-Gebühr, mindestens 20,00 € und höchstens 70,00 €, durchführt und dabei nur der hälftige Wert der Gegenleistung gilt (§ 98 Abs. 2 GNotKG)*

[2] *Übergrößen oder farbig gesondert.*

– USt. nach *Nr. 32014 KV GNotKG* auf alle Kosten, die nicht durchlaufende Posten[1] sind, wobei nach der Legaldefinition des *§ 1 GNotKG* davon Gebühren und Auslagen erfasst sind

Folgende weitere Kosten können auf die Beteiligten zukommen:

- Notargebühren für Erstellung der Löschungsunterlagen des Verkäufers
- Grundbuchkosten für die Löschung der Verkäuferbelastungen (0,5)
- Grundbuchkosten für die Eintragung der Grundschuld(en) des Käufers (1,0)
- Grundbuchkosten für die Eintragung der Vormerkung des Käufers (0,5)
- Amtsgebühren für die gemeindliche Vorkaufsrechtsverzichtserklärung
- Gebühren für sonstige Genehmigungen oder Negativerklärungen
- Grunderwerbsteuer
- Grundbuchkosten für die Umschreibung des Eigentums auf den Käufer (1,0)

Wenn weitere dingliche Rechte im Rahmen des Veräußerungsvertrages begründet werden, etwa ein Vorkaufsrecht, ein Wegerecht oder eine Reallast, dann ist es sinnvoll, einerseits die Kostentragung hierfür ausdrücklich zu klären (z. B. „Die Kosten für die Bestellung und Eintragung dieses Wegerechts trägt der Verkäufer." für den Fall, dass der Verkäufer eine an die öffentliche Straße angrenzende Teilfläche aus seinem Grundstück verkauft, aber sichergehen will, das das Hinterliegergrundstück über das vordere Grundstück immer einen Zugang zur öffentlichen Verkehrsfläche hat, mithin insoweit erschlossen bleibt) und den Wert des Rechts „für Kostenzwecke" anzugeben, damit das Grundbuchamt ohne Weiteres seine eigenen Gebühren für diesen Teil des Vertragsvollzuges berechnen kann. So ersparen Sie sich Rückfragen.

Im Außenverhältnis, also gegenüber Notar und Grundbuchamt, haften für die Kosten Käufer und Verkäufer, beide auch für die Grunderwerbsteuer. Wer von ihnen im Innenverhältnis verspricht, diese Kosten zu übernehmen, ist eine Vereinbarungssache. *§ 448 Abs. 2 BGB* sieht bei Fehlen abweichender Vereinbarungen vor, dass der Käufer die Kosten der Beurkundung des Kaufvertrags und der Auflassung, der Eintragung ins Grundbuch und der zu der Eintragung erforderlichen Erklärungen trägt.

Eine typische Kostenklausel, die der Notar als neutrale Regelung vorschlägt, könnte wie folgt lauten:

„Die Kosten dieses Vertrages und seines Vollzuges einschließlich der Grunderwerbsteuer trägt der Käufer. Mehrkosten für die Lastenfreistellung trägt der Verkäufer."

Tipp: Um den weiteren beteiligten Behörden zu ermöglichen, ihre jeweilige Gebührenrechnung zunächst der Partei zu übermitteln, die die Kostentragung auf sich genommen hat, ist es sinnvoll, die entsprechenden Hinweise im Rahmen der Vollzugsschreiben zu erteilen. Für das Grundbuchamt heißt das etwa, dass die Kostenklausel in die abgekürzte Ausfertigung übernommen wird.

---

[1] *Das sind solche Forderungen Dritter, bei denen der Notar nicht selbst Kostenschuldner ist, sondern der Rechnungsempfänger. Beim Online-Grundbuchabruf ist der Notar Teilnehmer und nach dem JVKostG selbst Schuldner, bei anderen oder Gebühren ist dies hingegen regelmäßig der Urkundsersuchende selbst.*

> ## Übungsaufgabe
>
> Erstellen Sie eine Kostenrechnung für den Verkauf eines Grundstücks für 250 000,00 € einschließlich der Bestellung einer Grundschuld für den Käufer für 200 000,00 €, bei dem der Verkäufer noch zwei Banken ablösen muss, von denen die eine 56 000,00 € und die andere 102 000,00 € fordert, bevor von den von ihnen dem Notar übermittelten Löschungsunterlagen Gebrauch gemacht werden darf. Es ist eine Verzichtserklärung der Gemeinde über ihr gesetzliches Vorkaufsrecht einzuholen. Das Grundbuch nimmt bereits am elektronischen Rechtsverkehr teil. Die obige Kostenklausel findet Anwendung. Auslagen können Sie unberücksichtigt lassen.

6 Wohnungs- und Teileigentum

Weil in Städten die Immobilienpreise typischerweise sehr hoch sind, könnten sich nur wenige Schichten Wohneigentum leisten, wenn sie jeweils ganze Mehrfamilienhäuser kaufen müssten. Um dennoch die Vermögensbildung und auch die Finanzierung von Wohnraum zu ermöglichen, wurde das Wohnungseigentum geschaffen. Das Wohnungseigentumsgesetz (WEG) ermöglicht die Bildung von Wohnungseigentum oder Teileigentum. In beiden Fällen handelt es sich um das Sondereigentum an Räumen, verbunden mit dem ideellen Bruchteilseigentum an dem Grundstück, auf dem sich die Räume befinden. Im ersten Fall müssen die Räume zum Wohnen bestimmt sein. Teileigentum hingegen sind z. B. Garagen oder Ladengeschäfte. Die Aufteilung erfolgt durch entsprechende Erklärung des Alleineigentümers und die Bildung einzelner Wohnungsgrundbücher bzw. Teileigentumsgrundbücher. Miteigentümer teilen durch eine Vereinbarung *(§§ 8, 3 WEG)*.

Die Beurkundungsgebühr beträgt im ersten Fall 1,0 nach *Nr. 21200 KV GNotKG* und im zweiten Fall 2,0 nach *Nr. 21100 KV GNotKG*. Der Geschäftswert ist der Wert des Grundstücks einschließlich der Gebäude *(§ 42 GNotKG)*. Auch ein erst noch zu errichtendes Gebäude kann schon aufgeteilt werden. Der Vertrag über die Veräußerung eines Wohnungs- oder Teileigentums unterscheidet sich nicht wesentlich von dem über ein Eigentumsobjekt.

Die Teilung wird vom Grundbuchamt nur zugelassen, wenn die Baubehörde für die einzelnen Sonderrechtsbereiche im Gebäude eine Abgeschlossenheitsbescheinigung erteilt. Sie ist dem Grundbuchamt zu übermitteln. In der Teilungserklärung wird entsprechend den darin enthaltenen Grundrissen und Plänen festgelegt, welche Räume Sondereigentum und welche Gemeinschaftseigentum sind. Alle Einrichtungen, die zwingend für das gesamte Gebäude genutzt werden müssen (Heizungsanlage im Keller – anders als Gasthermen in den einzelnen Wohnungen –, Dach, Treppenhäuser, Außenwände usw.), sind Gemeinschaftseigentum – und müssen von den Eigentümern auch gemeinschaftlich unterhalten werden. Die Kostenverteilung erfolgt regelmäßig nach der Größe der Miteigentumsanteile. Die Eigentümerversammlung beschließt über die Verwaltungsmaßnahmen, die ein WEG-Verwalter durchführt. Dieser ist nach der Teilungserklärung oft befugt, im Namen der Eigentümergemeinschaft seine Zustimmung zur Veräußerung von Wohnungen zu erteilen. Die entsprechende Erklärung ist dann dem Grundbuchamt vorzulegen in der Form des *§ 29 GBO*. So ist auch die Bestellung des Verwalters nachzuweisen, regelmäßig durch die Beglaubigung der Unterschriften unter das Protokoll der Wohnungseigentümerversammlung, in der er bestellt wurde. Es ist vom Protokollführer, meist der Verwalter, und einem Eigentümer zu unterschreiben. In größeren WEG-Anlagen gibt es auch Beiräte, in denen einige Eigentümer die Details der Verwaltung überwachen. Deren Vorsitzender hat dann auch das Protokoll zu unterschreiben. Das Vorliegen der Nachweise in grundbuchtauglicher Form wird im Vertrag zur Fälligkeitsvoraussetzung gemacht.

Die Teilungserklärung weist durch Markierung der entsprechenden Räume in den Grundrissen das Sondereigentum zu, meist durch fortlaufende Nummern. Alle mit einer Nummer gekennzeichneten Flächen gehören zu dem jeweiligen Sondereigentum.

Sondereigentumsfähig sind nur Räume; Flächen wie Gartenstücke, Stellplätze oder offene Stellplätze in Tiefgaragen sind dies nicht. Wenn ein bestimmter Eigentümer das ausschließliche Recht haben soll, sie zu benutzen, dann weist ihm die Teilungserklärung diese Fläche als Sondernutzungsrecht zu. Auf dieses Recht kann in der Eintragung im Bestandsverzeichnis hingewiesen werden z. B. „100/1 000 Miteigentumsanteil am Flurstück 3/102 der Flur 002, Gemarkung Achternberg, verbunden mit dem Sondereigentum an Wohnung

Nr. 2, zugeordnet ist das Sondernutzungsrecht (Stellplatz) an der mit selbiger Nummer bezeichneten Fläche".

Die Teilungserklärung wird regelmäßig um die Gemeinschaftsordnung ergänzt, die die Einzelheiten der Verwaltung der WEG regelt, wie Versammlungen einzuberufen sind, welche Arten von Nutzungen gestattet sind usw. Diese Vereinbarungen gelten gegenüber allen späteren Eigentümern, soweit sie zulässig das Binnenverhältnis der Eigentümer untereinander abweichend von den Vorschriften des WEG regeln, vgl. § 10 Abs. 2 WEG. Der Notar wird daher den Käufern raten, sich von deren Inhalt Kenntnis zu verschaffen, bei Interesse auch bei der Ablichtung aus der Grundakte behilflich sein. Eine Pflicht zur ungefragten Übersendung besteht nicht.

Man sagt scherzhaft, dass „das Wohnungseigentum die Nachteile des Eigentums mit denen der Miete verbindet", denn der Wohnungseigentümer muss für alle Kosten aufkommen wie ein Eigentümer, er kann aber, also wie ein Mieter im Verhältnis zum Vermieter, mit seiner Wohnung nicht ohne Rücksicht auf die Interessen der Gemeinschaft tun und lassen, was ihm beliebt. Die Vermietung an wechselnde Feriengäste, die Verglasung des Balkons, die Aufzucht von Hühnern im Garten oder der Austausch der Fenster u. Ä. bedürfen regelmäßig der Zustimmung der Mehrheit, gegebenenfalls auch aller Miteigentümer. Die Einheitlichkeit des äußeren Erscheinungsbildes, die technische Funktionsfähigkeit der Gemeinschaftseinrichtungen und die Nutzungsinteressen der anderen Eigentümer sind zu beachten.

Tipp: Auch Reihenhäuser können in Wohnungseigentum aufgeteilt sein, auch für die beiden Hälften eines Doppelhauses oder zwei Wohnungen in einem Haus oder mehrere Häuser auf einem Grundstück ist dies möglich. Verlassen Sie sich nicht auf die Angaben der Beteiligten „Wir kaufen ein Haus ..." bei der Aktenanlage. Sehen Sie sich die Bezeichnung auf dem Deckblatt des aktuellen Grundbuchauszuges an, dann können Sie sogleich das richtige Muster für den Vertrag heraussuchen.

Folgende Begrifflichkeiten aus dem WEG-Recht sollten Sie kennen und erläutern können:

- Die **Teilungserklärung** ist Erklärung des Grundstückseigentümers gegenüber dem Grundbuchamt, dass das Eigentum an dem Grundstück in Miteigentumsanteile aufgeteilt wird, die mit Sondereigentum an einzelnen Wohnungen und/oder nicht zu Wohnzwecken dienenden Räumen verbunden sind.

- **Gemeinschaftsordnung** und Teilungserklärung sind beim Grundbuchamt hinterlegt. Sie können grundsätzlich nur durch eine Vereinbarung verändert werden, d. h., jeder einzelne Eigentümer muss die Änderung öffentlich beglaubigt unterschreiben und sie muss dann beim Grundbuchamt hinterlegt werden.

- **Hausordnung**: Sie regelt Art und Umfang des Gebrauchs der im Sondereigentum stehenden Räume, Anlagen und Einrichtungen sowie den der im gemeinschaftlichen Eigentum stehenden.

- **Wirtschaftsplan**: Er betrifft die Abrechnungen für die Bewirtschaftung (gegenwärtiges Jahr und darauffolgendes Jahr) der Grundstückseinheit.

- **Beschlussbuch**: Es dokumentiert die Beschlüsse der Eigentümerversammlung.

Tipp: Verwalter in WEG-Anlagen erfüllen häufig zwei verschiedenen Aufgaben. Einerseits sind sie in der Mietverwaltung tätig. Dabei sorgen sie für die Vermietung der einzelnen Eigentumswohnungen der Eigentümer und verwalten die Mietverhältnisse, erstellen die Nebenkostenabrechnung für die Mieter usw. Anderseits werden sie als Wohnungseigentumsverwalter tätig und managen für die Gemeinschaft der Wohnungseigentümer die WEG-Anlage, geben Reparaturen am Gemeinschaftseigentum in Auftrag, ziehen von den Eigentümern das Wohngeld ein, laden zu Eigentümerversammlungen ein, erteilen die Zustimmung zu Veräußerungen usw. Den Verkäufern ist diese Unterscheidung nicht immer bewusst, sodass sie auf die Frage bei der Vertragsvorbereitung, wer denn der Verwalter sei (weil das Notariat ihn beim Vollzug anschreiben möchte für die Zustimmungserklärung), möglicherweise den Mietverwalter angeben, wenn diese Funktionen auf verschiedene Personen oder Gesellschaften aufgeteilt sind.

Übungsaufgaben

1. Kann ein Stellplatz in einer WEG-Anlage Sondereigentum sein?
2. Woran erkennt man ein WEG-Grundbuch?
3. Was ist die Abgeschlossenheitsbescheinigung?
4. Welche Räume muss eine Wohnung auf jeden Fall aufweisen, wenn für sie eine Abgeschlossenheitsbescheinigung erteilt werden soll?

7 Bauträgervertrag

Der Bauträger erschließt ein Grundstück für die Wohnbebauung und errichtet dort Gebäude und verkauft diese vom Reißbrett, gegebenenfalls auch als Wohnungen nach WEG, an die Käufer. Diese sind besonders schutzbedürftig, weil sie nicht nur Grundstücks- bzw. Wohnungseigentum erwerben, sondern auch einen regelmäßig erheblichen Teil des Preises für das Gebäude bzw. die Erschließung (Vermessung, Wege, Leitungen usw.) bezahlen, bevor diese erstellt sind – und auf ihre Qualität geprüft werden könnten. Die Grundstücke sind gewöhnlich mit hohen Grundschulden belastet, durch die der Bauträger deren Ankauf und die Errichtung der Gebäude vorfinanziert. Zugleich handelt es sich typischerweise um Verbraucherverträge. Wegen der sich aus dieser Konstellation ergebenden zahlreichen Risiken, u.a. dem Risiko der ungesicherten Vorleistung des Käufers und dem der fehlenden Fertigstellung, sowie der typischerweise bei Bauträgern vorhandenen Überlegenheit, was die Vertragsgestaltung angeht, sind mit der Makler- und Bauträgerverordnung (MaBV) gewerbeordnungsrechtliche Mindeststandards für entsprechende Notarverträge geschaffen worden.

Von den dortigen Vorschriften, die insbesondere der Sicherung der Zahlungen des Käufers dienen, darf größtenteils nicht abgewichen werden. Die Gestaltung entsprechender Verträge gehört zur Hohen Schule der Notartätigkeit.

Übungsaufgabe

Ein Bauträger übersendet den Entwurf eines Bauträgervertrages und bittet um einen Termin für dessen Beurkundung in der nächsten Woche mit der Familie Meier, die in die zu erstellende Wohnung einziehen wolle. Er habe den Entwurf schon vor drei Wochen an die Meiers übersandt.

Worauf wird Nicole Otte sogleich aufmerksam machen?

8 Überlassungsvertrag

Er wird auch Übergabevertrag genannt und dient regelmäßig der vorweggenommenen Erbfolge, meist innerhalb der Familie, also der Übertragung von Rechtspositionen an gesetzliche Erben schon vor Eintritt des Erbfalles. Sie dient der Vermeidung von Erbauseinandersetzungen, der Ausnutzung von Steuerfreibeträgen in der Erbschaftsteuer, der Entlastung der Übergeber von dem Aufwand der Bewirtschaftung oder der Schaffung von Liquidität, die z. B. der Übergeber aufgrund fortgeschrittenen Alters nicht mehr durch Fremdkapital erhalten könnte. Landwirtschaftliche Betriebe oder Gewerbebetriebe können mit oder ohne Immobilien übertragen werden, oder auch nur Immobilien, vom Paket an Mehrfamilienhäusern bis hin zur einzelnen ETW.

Eine gesonderte gesetzliche Regelung dieses Vertragstypus gibt es nicht. Es sind vielmehr die allgemeinen Gestaltungsinstrumente zum Einsatz zu bringen und die Auswirkungen der Übertragung auf verschiedene Rechtsbereiche zu berücksichtigen. Einen Überblick über die sich häufig stellenden Fragen bzw. erforderlichen Maßnahmen gibt die folgende Liste:

- **Sicherung des Übergebers**
  Der Übergeber behält sich häufig bestimmte Nutzungen zurück, etwa ein Wohnungsrecht an einem Teil der Immobilien. Hier kommt die Eintragung von beschränkten persönlichen Dienstbarkeiten oder einer Reallast in Betracht. Es ist auf Erstrangigkeit, die Bedürfnisse eines Ehepartners, der nicht selbst Eigentümer ist, sowie die Verteilung der Kosten für den Unterhalt und außergewöhnliche Aufwendungen (z. B. Dacherneuerung) sowie deren (Fremd-)Finanzierbarkeit im Hinblick auf Rangvorbehalte zu achten. Laufende Unterhaltsleistungen, dauernde Lasten, Leibrenten und die Erbringung von Wart- und Pflegeleistungen können hinzukommen, der Umzug in ein Pflegeheim sollte berücksichtigt werden.

- **Rückübertragungsfälle**
  Bei Insolvenz des Übernehmers, das Vorversterben oder in Fällen groben Undanks kann ein Rückübertragungsanspruch vereinbart und durch Vormerkung gesichert werden.

- **Erbquoten und Pflichtteilsansprüche**
  Soweit ganz oder teilweise unentgeltlich übertragen wird, ist die Wirkung auf die Pflichtteils- und Erbansprüche des Empfängers zu regeln, z. B. seine Pflicht zur Anrechnung auf diese.

- **weichende Erben, Sozialhilferegress**
  Geschwister oder Ehegatten, die aufgrund der Übertragung an einen späteren potenziellen Miterben weniger erhalten werden, können Ausgleichszahlungen erhalten. Der Übernehmer kann verpflichtet werden, diesen Personen spätere Unterhaltsansprüche des Übergebers (Pflegekosten!) von der Hand zu halten. Diese Ansprüche sind gegebenenfalls am Objekt durch Reallasten zu sichern.

- **Ertragsteuer**
  Die Auswirkungen zurückbehaltener Nutzungsrechte, auch ein Nießbrauch des Übergebers ist denkbar, auf die ertragsteuerliche Situation der Beteiligten, die passende Verteilung der Kostenlast und der Abschreibungsmöglichkeiten ist durch Vergleichsrechnungen zu ermitteln, sodass die Einbeziehung der sonstigen Berater der Beteiligen bedeutsam ist, insbesondere der Steuerberater.

- Schenkung-, Erbschaft- und Grunderwerbsteuer
  Die Freibeträge und die Bewertung des tatsächlich übergebenen Vermögens sind zu beachten, auch etwaige Vorempfänge des Übernehmers im Zeitraum der vorangegangenen zehn Jahre. Bei Schwiegerkindern ist die grunderwerbsteuerliche Privilegierung bei Ehepaaren/Lebenspartnern zu beachten, aber auch die geringen Schenkungsteuerfreibeträge insoweit.

Übungsaufgaben

1. Wo ist der Überlassungsvertrag im Gesetz geregelt?
2. Formulieren Sie die für die Eintragung eines Rückforderungsrechts zweier Übergeber mittels Vormerkung erforderlichen dinglichen Erklärungen.
3. Was ist bei einer lebenslangen Rentenzahlung in Höhe von heute 1 000,00 € pro Monat an die Übergeber vor dem Hintergrund der möglicherweise langen Laufzeit der Rentenverpflichtung sinnvollerweise mit den Beteiligten zu besprechen?

9 Erbbaurecht

Eine ähnliche Spezialmaterie wie der Bauträgervertrag ist das Erbbaurecht. Dabei handelt es sich um das gesetzlich geregelte Recht, ein Gebäude bzw. eine Eigentumswohnung auf einem fremden Grundstück halten zu dürfen. Normalerweise wären diese Gebäude bzw. Wohnungsrechte ja immer Eigentum des Grundstückseigentümers. Nach dem Gesetz über das Erbbaurecht (ErbbauRG) ist es jedoch möglich, beide Rechtssphären voneinander zu trennen. Diese Rechtsform ermöglicht die Errichtung von Gebäuden auf Grundstücken, deren Eigentümer selbst diese Investition nicht vornehmen, jedoch das Grundstück auch nicht veräußern möchte, um dies einem anderen Eigentümer zu ermöglichen. Das Erbbaurecht muss als Belastung auf dem Grundstück erstrangig eingetragen werden. Die Eintragung erfolgt in Abt. II. Der Erbbaurechtsgeber erhält einen Erbbauzins dafür, dass er einem anderen die Nutzung seines Grundstücks überlässt. Für das Erbbaurecht wird ein eigenes Erbbaurechtsgrundbuch gebildet. Damit ist die Berechtigung, das fremde Grundstück zu nutzen, verkehrsfähig geworden, und insbesondere können daran auch Grundpfandrechte eingetragen werden, sodass der Erbbauberechtigte seine Investitionen in die Gebäude fremdfinanzieren kann. In **Anlage 2** finden Sie ein Beispiel eines Erbbaurechtsgrundbuches. Es ist auch die Ausgabe eines Wohnungs- oder Teileigentumserbbaurechts möglich.

Anlage 2: Auszug aus einem Erbbaurechtsgrundbuch

Anlage 9
(zu § 58)

Muster
(Erbbaugrundbuchblatt)

Amtsgericht
München

Grundbuch
von
Waslingen

Band 375   Blatt 11361

(Erbbaugrundbuch)

44

Ausgabe von Makrolog
www.recht.makrolog.de

Erbbaurecht

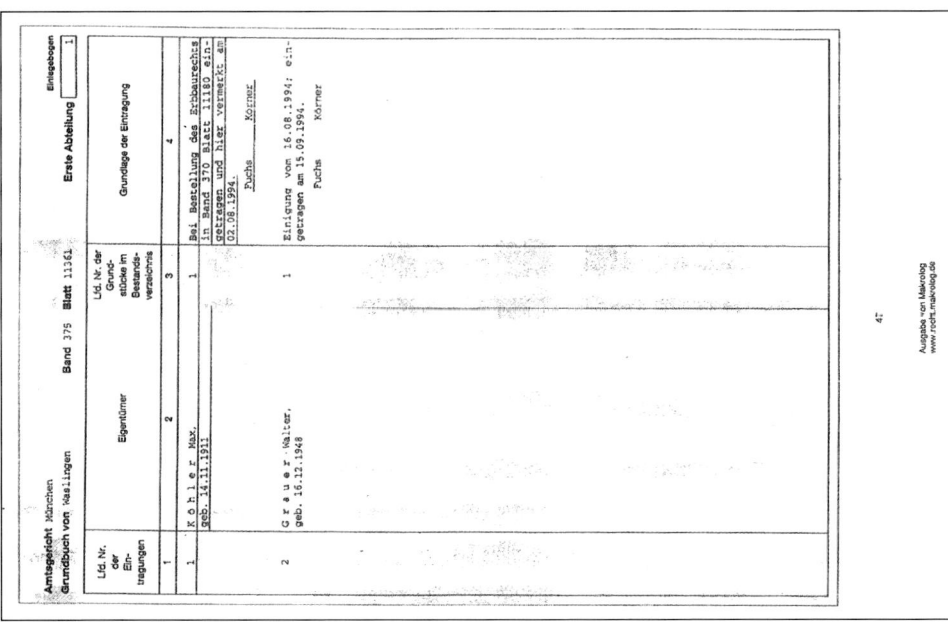

Erbbaurecht

Abdruck mit freundlicher Genehmigung von makrolog Recht für Deutschland, www.recht.makrolog.de

Das Erbbaurecht wird für begrenzte, aber oft sehr lange Zeit, bestellt, z. B. 99 Jahre. Mit Zeitablauf hat der Eigentümer des unterliegenden Grundstücks das Recht, die Gebäude zu übernehmen. Die Trennung des Eigentums von Boden und Gebäude wird dann wieder aufgehoben, das Erbbaurechtsgrundbuch geschlossen. Es wird typischerweise ein gewisser Wertausgleich des Erbbaurechtsberechtigten für den Gebäuderestwert vereinbart. Auch Verlängerungsoptionen oder Regelungen für die vorzeitige Rückübertragung an den Eigentümer des Grundstücks (Heimfall) sind üblich, für den Fall der Insolvenz des Erbbauberechtigten, die Zwangsvollstreckung in das Erbbaurecht oder ausbleibende Erbbauzinszahlungen. Der Erbbaugeber kann Veräußerungen und Belastungen von seiner Zustimmung abhängig machen, der Erbbauberechtigte hat auf sie jedoch einen gerichtlich durchsetzbaren Anspruch, wenn diese Maßnahmen den Zweck der Einräumung nicht beeinträchtigen. Der Erbbauzins wird durch Eintragung in Abt. II des Erbbaurechtsgrundbuches gesichert. Je geringer die verbleibende Restlaufzeit bzw. je höher der Erbbauzins, auch Erbpacht genannt, desto weniger ist das Erbbaurecht am Markt wert. Kirchen, Stiftungen, Gemeinden oder Eigentümer großer Gutsbesitzungen, die über Generationen hinweg wirtschaften, sind typische Erbbaurechtsausgeber. Ihre Statuten untersagen die Veräußerung von Grundstücken bzw. sie wollen mit den im Erbbaurechtsvertrag vereinbarten Einschränkungen bzw. den geringen erforderlichen Anfangsinvestitionen soziale Zwecke erreichen, z. B. Bauland für junge Familien bereitstellen o. Ä.

Übungsaufgaben

1. Wie lange läuft das Erbbaurecht in dem Mustererbbaurechtsgrundbuch, Anlage 2?
2. Welchen Geschäftswert würden Sie bei einem Erbbaurechtsvertrag zugrunde legen?

10 Grundpfandrechte

Ein Grundpfandrecht verschafft dem Berechtigten die Möglichkeit, das Grundstück zwangsversteigern zu lassen und seine durch das Grundpfandrecht gesicherten Forderungen aus dem Versteigerungserlös zu befriedigen. Die Versteigerung erfolgt nach den Regeln des ZVG. Mehrere Grundpfandgläubiger werden in der Reihenfolge befriedigt, in der ihre Grundpfandrechte eingetragen sind. Reicht der Erlös nicht zur Befriedigung aller Gläubiger aus, fallen die nachrangigen Gläubiger teilweise oder sogar ganz aus. Der erste Rang im Grundbuch ist daher der wertvollste für den Sicherungsnehmer. Bestimmte Forderungen sind nach dem ZVG jedoch **vor** denen der Grundpfandgläubiger zu befriedigen *(§ 10 ZVG)*.

Nach dem BGB ist das klassische Grundpfandrecht die Hypothek *(§ 1113 BGB)*. Erst in zweiter Linie wird die Grundschuld geregelt *(§ 1191 BGB)*. Der Unterschied besteht darin, dass die Hypothek abhängig ist vom Bestehen der Forderung, zu deren Befriedigung sie bestellt wurde. Diese gesetzliche Verknüpfung mit einer zu sichernden Forderung fehlt bei der Grundschuld. Ihr Bestand ist von demjenigen, der mit ihr zu sichernden Forderung, unabhängig. Die Grundschuld wird deshalb auch als abstraktes Sicherungsmittel bezeichnet. Welche Forderungen die Grundschuld tatsächlich sichern soll, das müssen Besteller und Gläubiger in einem Sicherungsvertrag, der nicht beurkundungsbedürftig ist, gesondert vereinbaren. Er wird auch „Zweckerklärung" genannt.

Für den Gläubiger ist die Grundschuld das bessere Sicherungsmittel, weil er nicht das Bestehen seiner Forderung nachzuweisen braucht, um Ansprüche gegen das Grundstück geltend zu machen. Die umgehende Versteigerungsanordnung kann er indes in beiden Fällen nur erreichen, wenn der Besteller sich selbst (und künftige Eigentümer) der sofortigen Zwangsvollstreckung unterworfen hat. Es wird bewilligt und beantragt, dies bei dem Grundpfandrecht einzutragen *(§ 800 ZPO – sogenannte dingliche Unterwerfung)*. Dies ist daher in den Formularen der Banken auch regelmäßig vorgesehen. Gleiches gilt für die sofortige Zwangsvollstreckung in das sonstige Vermögen des Darlehensnehmers (persönliche Unterwerfung). Für die Bank ist etwa die Pfändung von Kontenguthaben des Schuldners zuweilen ein Weg, um schneller an liquide Mittel zu kommen als durch eine langwierige Zwangsversteigerung. Außerdem wird die Kontopfändung den Vollstreckungsdruck für den Schuldner schneller und fühlbarer erhöhen als ein Versteigerungsverfahren.

Ein solches typisches Formular finden Sie in **LF_15_10_Buchgrundschuld.pdf** unter BuchPlusWeb. Es enthält zur weiteren Verbesserung der Situation des Gläubigers ein abstraktes Schuldanerkenntnis des Bestellers und des (falls abweichend) Darlehensnehmers. Die Bank hat auf diese Weise eine weitere Grundlage, auf der sie die aus dem Versteigerungserlös entnommenen Beträge beanspruchen kann. Nicht nur der Darlehensvertrag nebst Sicherungsvereinbarung, sondern auch das Anerkenntnis des Schuldners, die entsprechende Grundschuldsumme zu schulden, sind schuldrechtlich die Gründe, warum die Bank das Geld behalten darf. Es ist nun am Schuldner bzw. Eigentümer, zu beweisen, warum diese Berechtigung nicht mehr besteht, etwa weil die Darlehensvaluta nie ausgezahlt worden war oder weil sie schon zurückgezahlt ist u. Ä. Jeder Zweifel des Gerichts an diesem Vortrag wird zulasten der Schuldner ausschlagen, weil diese die Beweislast dafür tragen, das Geld nicht zu schulden. Bestünde nur der Darlehensvertrag, läge die Beweislast bei der Bank, also das Risiko, dass das Gericht ihren Beweismitteln keinen Glauben schenkt.

Das erhöhte Risiko des Bestellers bzw. Darlehensnehmers, das sich aus der sofortigen Vollstreckbarkeit ergibt, berücksichtigt das Gesetz dadurch, dass es dafür die notarielle Beurkundung vorsieht *(§ 794 Abs. 1 Nr. 5 ZPO)*. Die Beweislastwirkung des Anerkenntnisses tritt nur bei der Beurkundung ein *(§ 415 ZPO)*. Durch die Wahrung der Belehrungspflichten aus § 17 BeurkG wird dem Besteller der Inhalt und die Bedeutung seiner Erklärungen vor Augen geführt.

Tipp: Verwendet der Notar Grundschuldbestellungsformulare von Finanzierern, dann sind alle werbenden Logos u. Ä. davon zu entfernen, etwa durch Kopiefertigung nach Abdeckung. Ihre Übernahme widerspricht der Pflicht des Notars zu Neutralität *(§ 14 Abs. 1, 3 BNotO)*.

Im Rahmen der Grundschuldbestellung belehrt der Notar den Besteller daher u. a. über folgende Umstände:

- Grundschuld und Schuldanerkenntnis in der Bestellungsurkunde sind unabhängig von einer Darlehensaufnahme und begründen jederzeit durchsetzbare Ansprüche des Grundschuldgläubigers, die durch eine Sicherungsvereinbarung (Zweckbestimmungserklärung) begrenzt werden müssen. Der Kreis der gesicherten Forderungen wird durch die Zweckbestimmungserklärung festgelegt.
- Es ist mit besonderen Gefahren verbunden, wenn Grundschuld und Schuldanerkenntnis auch Forderungen des Grundschuldgläubigers gegen einzelne von mehreren beteiligten Personen oder gegen Dritte sichern sollen.
- Es ist empfehlenswert, die von dem Grundschuldgläubiger jetzt und in Zukunft vorgelegten Unterlagen auf solche Klauseln zu überprüfen und sich gegebenenfalls von kundiger Seite vor Unterzeichnung beraten zu lassen.
- Das Schuldanerkenntnis hat die Umkehr der Beweislast zuungunsten des Darlehensnehmers zur Folge, der im Streitfalle beweisen muss, dass er die geforderten Summen nicht schuldet. Jeder Zweifel des Gerichts wird zu seinen Lasten ausschlagen, das Gericht also zur Zahlung insoweit dann verurteilen.
- Der Besteller sollte ausreichend Gelegenheit haben, sich mit der Grundschuld und dem Schuldanerkenntnis auseinanderzusetzen und also auch den Rat von Anwälten, unabhängigen Finanzierungsberatern usw. einzuholen.

Der Notar wird regelmäßig vor Beurkundung einen aktuellen Grundbuchauszug einholen. Grundpfandrechte können mit oder ohne Brief bestellt werden. Der Briefausschluss muss ausdrücklich erklärt werden. Letzteres ist mittlerweile die Regel. Der Brief ist ein Inhaberpapier, nur unter seiner Vorlage ist eine Löschung des Grundpfandrechts möglich. Bei der Lastenfreistellung ist auf seinen Verbleib gesondertes Augenmerk zu legen. Ein Brief ermöglicht es dem Gläubiger aber, das Grundpfandrecht auch außerhalb des Grundbuches zu übertragen durch dessen Übergabe und Abtretungserklärung (die dem Grundbuchamt gegenüber in der Form des *§ 29 GBO* nachgewiesen werden muss). Das Muster eines Grundschuldbriefes finden Sie in **LF_15_10_Grundschuldbrief.pdf** unter BuchPlusWeb.

Während die Eintragung eines Grundpfandrechts eine 1,0-Gebühr beim Grundbuchamt auslöst, kommen bei Briefbildung 0,5 hinzu. Die Löschung kostet einheitlich eine 0,5-Gebühr. Maßgeblich ist immer der Nominalwert des Grundpfandrechts.

Folgende Notargebühren für die Beurkundung fallen an:

- Beurkundungsgebühr, *Nr. 21200 KV GNotKG* (1,0), mind. 60,00 €
- XML-Vollzugsgebühr, *Nr. 22114 KV GNotKG* (0,3), höchstens 250,00 €, bei el. Grundbuch
- Betreuungsgebühr, *Nr. 22200 KV GNotKG* (0,5)

Die Betreuungsgebühr fällt nur an, wenn eine der aufgelisteten Tätigkeiten durchgeführt wird, z.B. die ausdrückliche Mitteilung an die Bank des Käufers, dass von der Grundschuld nur unter den Einschränkungen Gebrauch gemacht werden kann, die in der Vorbelastungsvollmacht des Verkäufers im Kaufvertrag enthalten sind.

In vielen Fällen liegt nämlich bei der Bestellung von Grundpfandrechten die Besonderheit vor, dass der Eigentümer, der einzig als betroffener Voreingetragener die Bestellung bewilligen kann, gar nicht in Person die Erklärung abgibt, sondern den Käufer bevollmächtigt hat, dies für ihn zu tun – zugunsten des Finanzinstituts des Käufers. Der Verkäufer will auf diese Weise auch Käufern die Zahlung ermöglichen, die über Darlehen finanzieren und ihrer Bank keine andere Sicherheit als das zu erwerbende Grundstück zur Verfügung stellen können.

Der Notar achtet bei der Formulierung dieser sogenannten **Vorbelastungsvollmacht** im Kaufvertrag darauf, dass das sich daraus ergebende Risiko des Verkäufers möglichst gering ist. Denn der Verkäufer will natürlich nicht, dass die Bank des Käufers sein Grundstück vor Zahlung des vollständigen Kaufpreises versteigern und den Erlös behalten kann, z.B. weil der Käufer sich entschieden hat, die Darlehenssumme doch lieber in einen Sportwagen zu investieren, oder andere Gläubiger des Käufers diese Beträge pfänden. Die Vollstreckung wird zudem z.B. davon abhängig gemacht, dass der gesamte Kaufpreis gezahlt wurde usw.

Sie müssen bei den von den Käufern übermittelten Grundschuldbestellungsformularen genau darauf achten, ob das Formular diese „Dreiecks-Konstellation" auch korrekt wiedergibt. Der Verkäufer als Besteller, vertreten durch den Käufer, unterwirft z.B. nur das Grundstück der sofortigen Zwangsvollstreckung, nicht hingegen sein gesamtes Vermögen. Der Käufer als „zukünftiger Eigentümer und Darlehensnehmer" muss jedoch einerseits der dinglichen Unterwerfung zustimmen, andererseits unterwirft er sich mit seinem gesamten Vermögen – und nur er erkennt auch an, die Summe zu schulden. Regelmäßig sind die Formulare nur für die Standardsituation formuliert, in der der Eigentümer an seinem eigenen Grundstück für ein von ihm aufgenommenes Darlehen ein Grundpfandrecht bestellt. Daher müssen Sie oft die Formulare an die Kaufsituation und die Tatsache anpassen, dass Eigentümer und Darlehensnehmer (noch) auseinanderfallen.

Tipp: Die Grundschuldbestellungsformulare unterscheiden sich nicht grundlegend, aber doch in den Formulierungen und im Aufbau voneinander, auch sind einige detailreicher als andere. Einerseits müssen Sie die Bezeichnung der Beteiligten der Urkunde genau zuordnen, andererseits müssen Sie gegebenenfalls durch Streichungen oder Ergänzungen die Formulare an die Dreiecks-Konstellation der Vorbelastungsvollmacht anpassen.

Es ist dem Käufer anzuraten, etwaige **Finanzierungsgrundpfandrechte** einschließlich Zwangsvollstreckungsunterwerfungen unmittelbar im Anschluss an die Beurkundung des Kaufvertrages beurkunden zu lassen (wenn der Vertrag nicht ausnahmsweise noch „schwebend unwirksam" ist, etwa weil die Nachgenehmigung eines nicht anwesenden Beteiligten noch aussteht o.Ä.). Diese Zusammenfassung befördert die reibungslose Abwicklung des Vertrages und verringert das Risiko, dass der Käufer mit der Zahlung finanzierter Kaufpreisanteile in Verzug gerät. Der Verkäufer ist bei dieser weiteren Beurkundung nicht mehr anwesend. Der Käufer spart sich auch die Anreise für einen erneuten Notartermin.

Weil der Rang eines Grundpfandrechts so wertvoll ist, führt die Bewilligung seiner Löschung durch den Gläubiger nicht dazu, dass es im Grundbuch gelöscht wird. Eine Hypothek wandelt sich ohne Weiteres beim Erlöschen der gesicherten Forderung in eine Eigentümergrundschuld um, bei der Grundschuld setzt die entsprechende Eintragung die

Verzichts- oder Rückübertragungserklärung des ursprünglichen Gläubigers voraus. Dem Eigentümer steht der von ihm eingenommene Rang zu. Er könnte es an einen anderen Gläubiger abtreten, von dem er ein Darlehen erhalten möchte. Häufig werden sich indes nachrangig gesicherte Grundpfandgläubiger im Rahmen ihrer Sicherungsvereinbarungen vorrangig „freiwerdende" Grundpfandrechte schon vorsorglich haben abtreten lassen, um ihrerseits die Löschung zu betreiben und im Rang dadurch aufzurücken. Im Zuge von Lastenfreistellungen im Kaufvertrag ist jedoch zum Zwecke der Löschung auch die Aufnahme einer entsprechenden Bewilligung seitens des Verkäufers erforderlich, die sich pauschal auf alle nicht vom Käufer übernommenen Belastungen beziehen kann.

In manchen Fällen wird es erforderlich, dass ein Notar für den Finanzierer des Käufers eine sogenannte **Notar- oder Rangbescheinigung** erstellt, damit er den finanzierten Teil des Kaufpreises auszuzahlen bereit ist, bevor die Grundschuld eingetragen wurde. Im Sinne eines Rechtsgutachtens kann der Notar diese Erklärung abgeben *(§ 24 Abs. 1 BNotO)*. Eine Siegelung ist nicht nötig, oft aber gewünscht. Es entsteht eine 0,3-Gebühr nach *Nr. 25201 KV GNotKG* zum Nennwert des beantragten Rechts *(§ 122 GNotKG)*. , zudem fällt für dieses Geschäft eine gesonderte Post- und Telekommunikationspauschale nach *Nr. 32005 KV GNotGK* an. Weil der Notar nicht für die Eintragung im gewünschten Rang gewährleisten darf *(§ 14 Abs. 4 BNotO)*, beschreibt die Bescheinigung nur, auf Grundlage welcher Umstände der Notar die Rechtsauffassung vertritt, dass der ranggerechten Eintragung keine Umstände entgegenstehen. Zur Vermeidung von Haftungsgefahren sind die Umstände sehr genau wiederzugeben, z. B. die Uhrzeit und die Art der stattgehabten Grundbucheinsicht.

Tipp: Es ist sinnvoll, die Kostenschuldner im Vorwege vorsorglich darauf hinzuweisen, welche Mehrkosten durch die Bescheinigung entstehen. Zuweilen entscheiden sie sich dann, doch lieber noch einige Tage zu warten, in der Hoffnung, dass das Grundpfandrecht dann bereits eingetragen sein wird.

Übungsaufgaben

1. Füllen Sie das anliegende Grundschuldmuster aus. Gehen Sie dabei von den Daten des anliegenden Eigentumsgrundbuches im Hinblick auf den Eigentümer aus. Dieser ist der Verkäufer, Käufer sind Margitta Dunkel und ihr Gatte, die in Vollmacht des Eigentümers handeln. Beide sind auch Darlehensnehmer.

2. Formulieren Sie das Rubrum einer Grundschuldbestellungsurkunde, die gleich im Anschluss an den Kaufvertrag beurkundet wird, in dem den Erwerbern eine Vorbelastungsvollmacht eingeräumt worden war.

3. Formulieren Sie das vorgenannte Rubrum für den Fall, dass die Grundschuldbestellung einige Zeit nach dem Kaufvertrag erfolgte und die Eigentumsvormerkung bereits beantragt ist.

11 Dienstbarkeiten, Reallast

In Abt. II des Grundbuches können neben der Vormerkung oder einem Vorkaufsrecht weitere Eintragungen vom Eigentümer bewilligt werden, die es dem Berechtigten erlauben, das Grundstück zu nutzen, oder dessen Eigentümer verpflichten, gewisse Nutzungen seines Grundstücks zu unterlassen. Diese **beschränkten dinglichen Rechte** gibt es in verschiedenen Formen. Sie sind „beschränkt" weil sie jeweils nicht alle Berechtigungen des Eigentums umfassen:

- **Grunddienstbarkeit** *(§§ 1018–1029 BGB)*
  Der jeweilige Eigentümer des herrschenden Grundstücks darf das dienende Grundstück in einzelnen Beziehungen nutzen oder dessen Eigentümer muss einzelne Nutzungen unterlassen. Die Berechtigung muss für das herrschende Grundstück vorteilhaft sein.

- **Nießbrauch** *(§§ 1030–1089 BGB)*
  Eine bestimmte Person hat das Recht, alle Nutzungen eines Grundstücks zu ziehen; nicht übertragbar und nicht vererblich.

- **beschränkte persönliche Dienstbarkeit** *(§§ 1090–1093 BGB)*
  Eine bestimmte Person hat dieselben Rechte wie bei der Grunddienstbarkeit. Diese sind nicht übertragbar und nicht vererblich, eines Vorteils für ein bestimmtes Grundstücks bedarf es nicht.

- **Dauerwohn- bzw. Nutzungsrecht** *(§§ 31 ff. WEG)*
  Eine bestimmte Person darf bestimmte Räume nutzen; übertrag- und vererbbar.

- **Reallast** *(§§ 1105–1112 BGB)*
  Eine bestimmte Person darf wiederkehrende Leistungen aus einem Grundstück und von dessen jeweiligem Eigentümer verlangen; übertrag- und vererbbar.

Die klassische Grunddienstbarkeit ist ein Wege- oder Leitungsrecht. Der Eigentümer des dienenden Grundstücks muss die entsprechende Nutzung seines Grundstücks durch den Eigentümer des herrschenden Grundstücks dulden. Auch eine Baubeschränkung kann durch eine Grunddienstbarkeit abgesichert werden. Das dienende Grundstück darf z.B. nicht mit Gebäuden bebaut werden, deren Firsthöhe 4,5 m überschreitet (damit das hinterliegende Grundstück weiterhin Sonne bekommt o. Ä.).

Solche Rechte an Grundstücken werden grundsätzlich wie Grundstücke behandelt *(§ 877 BGB)*.

Auch ein **Wohnungsrecht** kann Gegenstand einer beschränkten persönlichen Dienstbarkeit sein *(§ 1093 BGB)*. Bei dieser Form wird der Eigentümer von der Nutzung ausgeschlossen. Im Rahmen einer beschränkten persönlichen Dienstbarkeit nach § 1090 BGB kann daher nur die Mitwohnberechtigung vereinbart werden. Der Vergleich mit dem Dauerwohnrecht nach WEG zeigt, dass es erforderlich ist, die im Einzelfall gewollte Form genau im Vertrag festzulegen.

 Die bloße Bezeichnung „Wohnungsrecht" oder „Wohnrecht" ist nicht genau genug.

Im Gegensatz zum Grundpfandrecht können auch andere Leistungen als Geldzahlungen mit der Reallast gesichert werden, z. B. die Gewährung von Wohnraum (Wohnungsgewährungsreallast). Zudem haftet der jeweilige Eigentümer auch persönlich. Leibrentenvereinbarungen bei Übergabe- oder Altenteilverträgen machen sich diese umfassende Sicherung zunutze. Der Übernehmer kann das Grundstück verwenden, um die laufenden Verpflichtungen zu erwirtschaften. Die Reallast kann auch nicht-vererbbar oder -übertragbar ausgestaltet werden.

Übungsaufgaben

1. Ein Urkundsersuchender bittet Nicole Otte, kurz den Verlauf eines Wegerechts in der maßstabgerechten Skizze einzuzeichnen, die bei der gleich anstehenden Beurkundung dem Vertrag beigefügt werden soll. Er bringt die Unterlage mit, hat im Wartezimmer jedoch keine vernünftige Unterlage, um dies selbst zu tun. Außerdem warten dort auch noch nichtbeteiligte Personen. Würden Sie Nicole Otte empfehlen, diesem Wunsch zu entsprechen?

2. Formulieren Sie den Text für die Bewilligung eines Brunnen- und Leitungsrechts zugunsten des Nachbargrundstücks, auf dem der Verkäufer wohnt, dem auch das zu verkaufende Vertragsobjekt gehört. Um was für eine Art von beschränktem dinglichen Recht handelt es sich?

Lernfeld 16:
Handelsregisterliche Erstanmeldungen

Situation

Aaron Becker meldet sich telefonisch im Notariat. Nicole Otte nimmt das Gespräch entgegen. Er ist bisher noch nicht als Urkundersuchender bekannt. Aaron Becker bittet um einen dringenden Termin bei einem der Notare der Kanzlei, eine bestimmte Präferenz hat er nicht. Auf die Rückfrage, welche Form der Unterstützung er sucht, berichtet er, dass er seit einiger Zeit mit einem Partner zusammen ein Baugeschäft betreibt. Seine Daten fänden sich auch unter www.abe-bau.com. Er überlegt jetzt, sein Geschäft zu erweitern, es laufe ganz gut und er wolle ins Handelsregister eingetragen werden. Eine Gewerbeanmeldung hat er schon länger. Er wisse aber noch nicht genau, ob er Einzelkaufmann werden oder lieber eine GmbH gründen soll. Es sei auch so, dass er selbst leider Schwierigkeiten mit der SCHUFA habe und es nicht so gut wäre, wenn sein Name als Geschäftsführer auftaucht.

Aaron Becker interessiert, was die beiden unterschiedlichen Eintragungen so für Kosten verursachen würden, welche Rolle sein Kompagnon spielen könnte und welche Daten für die Anmeldung gebraucht werden, auch welche Vor- und Nachteile die verschiedenen Rechtsformen mit sich bringen – und schließlich, ob er seine bisherige Firma für die Eintragung verwenden könne und ob es möglich sei, später von einer Form in die andere zu wechseln.

Nicole Otte fragt Aaron Becker, wie er auf dieses Notariat gekommen sei. Er habe im Internet gesucht, und weil es in der Nähe liegt, habe er angerufen. Es sei aber so, dass er auch schon bei zwei anderen Notariaten angefragt habe und dort noch auf Rückruf der Notare warte.

Nicole Otte schildert Aaron Becker kurz, welchen grundlegenden Unterschied es zwischen einem eingetragenen Kaufmann und einer GmbH gibt, dass letztere allerdings eine Mindestzahlung von 12 500,00 € auf das Stammkapital erfordert, warum eine Unternehmergesellschaft evtl. nicht das Richtige sei und dass für ihn gegebenenfalls auch eine offene Handelsgesellschaft in Betracht käme, weil er ja einen Mitstreiter hat. Sie nennt ihm die unterschiedlichen Eintragungskosten beim Handelsregister und auch überschlägige Kosten für die notarielle Tätigkeit, wobei sie auf die Berechnungsbeispiele unter www.bnotk.de/Buergerservice/Notarkosten/Beispiele/Registeranmeldung.php und www.bnotk.de/Buergerservice/Notarkosten/Beispiele/GmbH.php abstellt, die sie während des Telefonates aufgerufen hat. Nicole Otte zählt kurz die Informationen auf, die zur Vorbereitung eines Antrages benötigt werden. Sie übersendet Aaron Becker an seine E-Mail-Adresse, die auf seiner Betriebshomepage zu finden ist, einen entsprechenden Fragebogen und empfiehlt ihm, sich schon einmal mit seiner Steuerberaterin zu besprechen, insbesondere, was eine GmbH-Gründung für ihn bedeuten würde.

Anschließend vereinbart sie mit Aaron Becker eine Besprechung mit einem der Notare in der nächsten Woche. Aaron Becker bedankt sich herzlich und teilt ihr mit, dass er auf jeden Fall ihr Notariat aufsuchen werde, weil er hier „einen viel professionelleren Eindruck erhalten habe, als bei den anderen Kanzleien". Er werde den Fragebogen bis morgen ausfüllen und zurücksenden.

Anschließend fasst Nicole Otte das Telefonat und die Vorstellungen des Urkundsersuchenden in einem Aktenvermerk zusammen, den sie in den täglichen Eingangspostlauf gibt, damit der betreffende Notar sich auf den Termin vorbereiten kann. Die Daten des potenziellen Kunden pflegt sie in die EDV ein, wobei sie auch diejenigen von der Homepage erfasst. Bei Rücklauf der Post findet sie die Verfügung darauf vor, den Vermerk zusammen mit dem Fragebogen zum Termin vorzulegen.

Am Terminstag händigt Nicole Otte Aaron Becker, der 15 Minuten vor der Terminzeit erschienen ist, einen Ausdruck seiner Stammdaten aus und bittet ihn, während der Wartezeit die noch fehlenden Daten zu ergänzen (insbesondere auch die Personendaten seines Geschäftspartners) bzw. etwaige Fehler zu korrigieren. Währenddessen fertigt sie, nachdem er ausdrücklich eingewilligt hatte, eine Kopie seines Ausweises und des Gewerberegisterauszuges an, den er mitgebracht hat. Als sie den Urkundsersuchenden in das Notarzimmer bringt, nimmt sie den Stammdatenbogen wieder entgegen und gibt Aaron Becker seine Unterlagen zurück. Die Kopien legt sie dem Notar sogleich vor, damit dieser in der Besprechung darauf zugreifen kann.

1 Einführung

1.1 Handels- und Gesellschaftsrecht

Das Handelsrecht ist das Sonderprivatrecht der Kaufleute. Es findet ergänzend zum BGB Anwendung und ist vor allem im Handelsgesetzbuch geregelt, dem HGB. Die dortigen Akteure sind weniger schutzwürdig als Verbraucher, weil sie geschäftstüchtig sind. Sie wollen ihre Geschäfte schnell und rechtssicher abwickeln können, um größere Gewinne zu machen. Das Handelsrecht berücksichtigt diese Umstände durch bestimmte Grundsätze:

Einführung

- größere Handlungsfreiheit durch weniger Formvorschriften
  (§ 350 HGB – Bürgschaft auch mündlich wirksam)
- schnellere Abwicklung durch Handlungsdruck
  (§ 377 HGB – fehlende unverzügliche Mängelrüge schließt Ansprüche aus)
- erweiterter Gutglaubensschutz
  (§ 366 HGB – guter Glaube an die bloße Verfügungsbefugnis geschützt)
- Handelsregisterpublizität
  (§ 15 HGB – Was im Register steht oder dort fehlt, das gilt.)

Das HGB regelt, wer ein Kaufmann ist, welche Handlungsgehilfen und Vertriebsmittler er hat und welches ihre Rechte und Pflichten sind, welche Handelsgesellschaften es gibt, welchen Mindestinhalt die Geschäftspapiere haben müssen. Es regelt die wichtigen handelstypischen Geschäfts- und Kooperationsformen und Grundlagen des Firmenrechts.

1.2 Register

Es gibt das Handels-, das Vereins-, Genossenschafts- und Partnerschaftsregister. Sie erfüllen Publikations-, Beweis-, Schutz- und Kontrollfunktionen. Anders als das Grundbuch sind sie jedermann zugänglich. Nur auf diese Weise können sie ihre Funktionen erfüllen. Den schnellsten Zugang bietet die Seite www.handelsregister.de.

Das Registerrecht findet sich in verschiedenen Rechtsquellen, häufig im Zusammenhang mit den Regelungen zum Gesellschaftsrecht, insbesondere im HGB, GmbHG, AktG, Genossenschaftsgesetz (GenG), Gesetz über Partnerschaftsgesellschaften Angehöriger Freier Berufe (PartGG) und im Gesetz über das Verfahren in Familiensachen und in den Angelegenheiten der freiwilligen Gerichtsbarkeit (FamFG), in der Verordnung über die Einrichtung und Führung des Handelsregisters, Handelsregisterverordnung (HRV) und in der Vereinsregisterverordnung (VRV).

1.2.1 Recherche

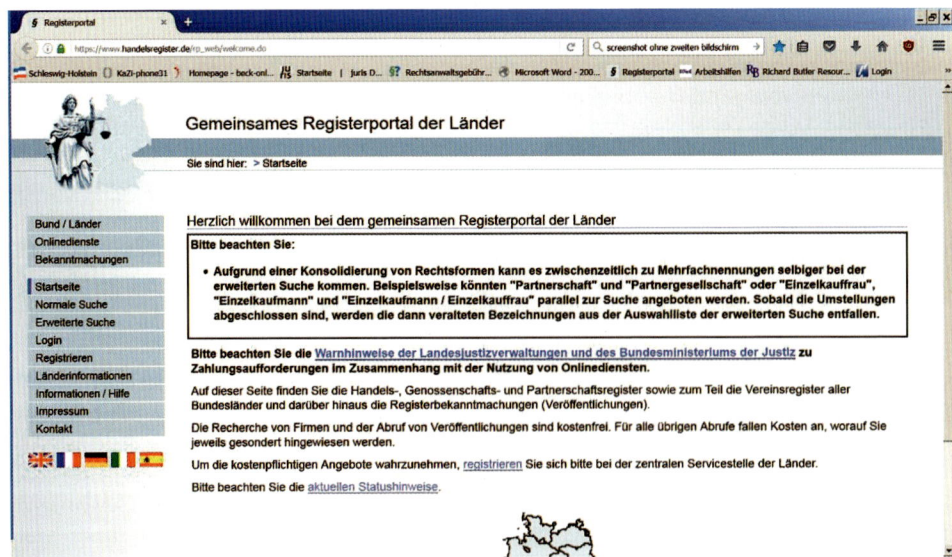

Startseite Registerportal

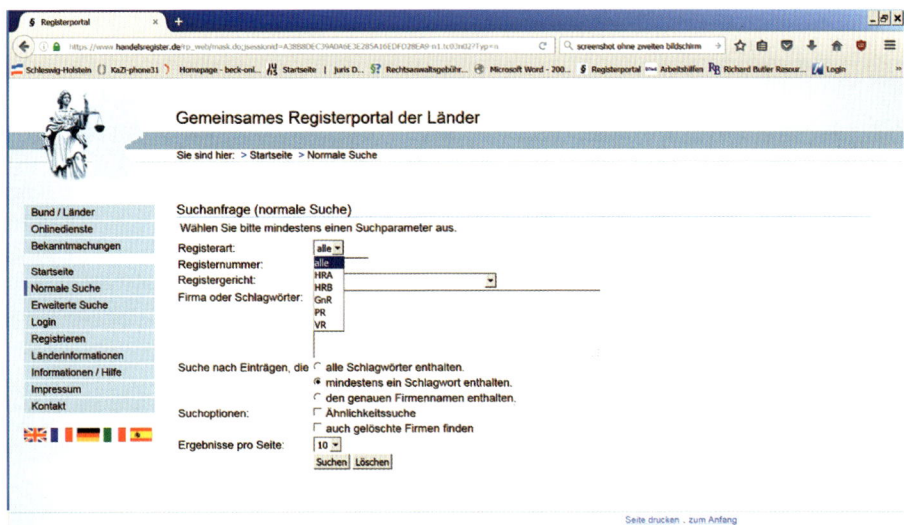

Suchmaske Registerportal

Über das Schaltfeld „Normale Suche" gelangen Sie auf www.handelsregister.de, vgl. **Abbildung „Startseite Registerportal"**, zu einer übersichtlichen Suchmaske (**Abbildung „Suchmaske Registerportal"**). Zunächst wählen Sie die Art des Registers aus, in dem Sie suchen möchten. In HRA finden Sie die Einzelkaufleute und Personengesellschaften, in HRB die Kapitalgesellschaften. Wenn Sie die Registernummer und das Registergericht kennen, dann haben Sie den direkten Zugriff auf die gesuchte Gesellschaft, anderenfalls können Sie über die Eingabe des Registergerichts eine Einschränkung der Suche vornehmen, wenn Sie nach der Firma suchen. Als Standardsuchoption ist in diesem Feld eingestellt, dass mindestens eines der Schlagwörter im Suchergebnis enthalten sein muss. Das kann zu viele Treffer erzeugen. Hier sollten Sie stattdessen dann „alle Schlagwörter enthalten" einstellen. Wenn Sie keinen Treffer erzielen, sollten Sie gegebenenfalls „auch gelöschte Firmen finden" eintragen, falls sich die Firma zwischenzeitlich geändert hat. Eine Trefferauswahl für „HRB" im Registerbezirk „Kiel" zum Schlagwort „Systema" zeigt die **Abbildung „Suchergebnis Registerportal"**.

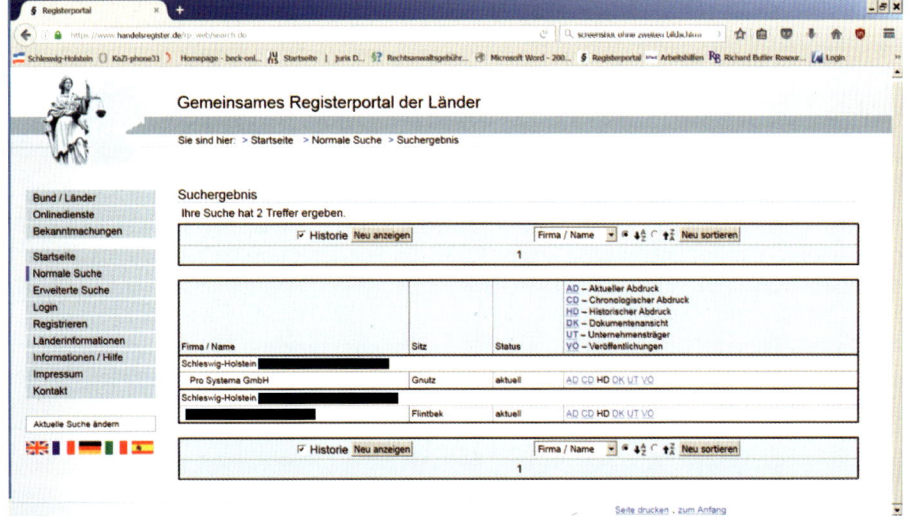

Suchergebnis Registerportal

Einführung

Eine gute einführende Übersicht finden Sie unter www.handelsregister.de/rp_web/help.do?sec_ip=66.249.66.7&Thema=suchergebnismaske.

1.2.2 Auszüge aus dem Handels-, Vereins- und Genossenschaftsregister

Auszüge können Sie sich durch Anklicken der mit Strichen unterlegten, also verfügbaren, Darstellungsarten in der vierten Spalte des Suchergebnisses zeigen lassen, vgl. **Abbildung „Suchergebnis Registerportal"**. Die Legende oberhalb dieser Spalte gibt über deren Inhalt Auskunft. AD, also Aktueller Abdruck, wird für die Erstellung von Notarbescheinigungen Ihre erste Wahl sein. Der chronologische Abdruck erlaubt, Veränderungen nachzuvollziehen.

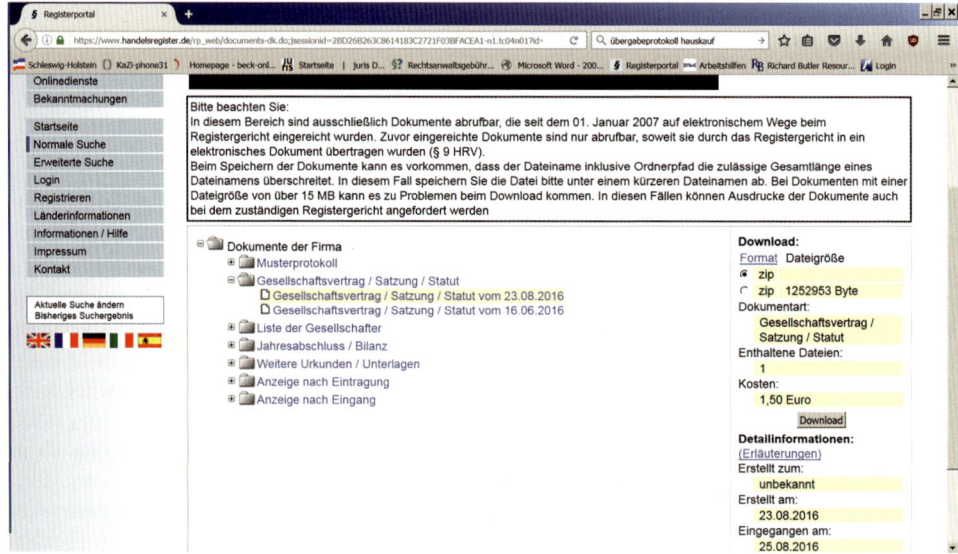

Dokumentenansicht Registerportal

Die „Dokumentenansicht", vgl. **Abbildung „Dokumentenansicht Registerportal"**, erlaubt die Auswahl und Ansicht der im Register digital vorliegenden Urkunden, insbesondere der Satzung in ihren jeweiligen Fassungen sowie die Liste der Gesellschafter. Eine Übersicht über die verfügbaren Kategorien gibt die **Abbildung „Dokumentenansicht Registerportal"**. Sie müssen die einzelnen Felder anklicken, damit die Verzeichnisse aufklappen, dann ein passendes Dokument auswählen und schließlich auf der rechten Seite des Bildschirms die Darstellungsart wählen, in der Sie es herunterladen wollen.

Nach der Registrierung kann man Registerauszüge und die online verfügbaren Dokumente herunterladen. Ein Registerauszug kostet 4,50 €, andere Dokumente regelmäßig 1,50 €. Sie ergeben sich aus dem JVKostG. Diese Gebühren sind den Urkundsersuchenden in Rechnung zu stellen und mit USt. zu beaufschlagen *(Nrn. 32011, 32014 KV GNotKG)*, weil der Notar sie im eigenen Namen und auf eigene Rechnung eingeholt hat. Sie stellen also umsatzsteuerlich keine „durchlaufenden Posten" dar, die ohne USt. erhoben werden dürften.

Ein **Registerauszug einer GmbH** ist beispielhaft als **Abbildung „Handelsrgisterauszug"** nachstehend wiedergeben. Er könnte das Ergebnis der vorgestellten Recherche zum Begriff „Systema" sein.

	- Wiedergabe des aktuellen Registerinhalts - Abruf vom 29.09.2018, 14:38	
Ausdruck	Amtsgericht Kiel - Handelsregister Abteilung B -	HRB 17741 KI

Aktueller Ausdruck   HRB 17741 KI

Handelsregister Abteilung B
Amtsgericht Kiel

1. Anzahl der bisherigen Eintragungen
   2 Eintragung(en)

2.a) Firma
   Systema Natura GmbH

b) Sitz, Niederlassung, inländische Geschäftsanschrift, empfangsberechtigte Person, Zweigniederlassungen
   Flintbek
   Konrad-Zuse-Ring 8, 24220 Flintbek

c) Gegenstand des Unternehmens
   Forschung und Entwicklung auf dem Gebiet der Gewinnung von Wirkstoffen aus Arzneipflanzen und pflanzlicher Arzneimittel; GACP-Consulting, GACP-Coaching, Durchführung von Audits; Verfahrens- und Qualitätsoptimierung in der pharmazeutischen Herstellung pflanzlicher Wirk- und Arzneistoffe; Prüfung und Qualitätskontrolle pflanzlicher Wirk- und Arzneistoffe im Auftrag; QP-Service

3. Grund- oder Stammkapital
   25.000 EUR

4.a) Allgemeine Vertretungsregelung
   Ist ein Geschäftsführer bestellt, so vertritt er die Gesellschaft allein. Sind mehrere Geschäftsführer bestellt, wird die Gesellschaft gemeinschaftlich durch zwei Geschäftsführer oder durch einen Geschäftsführer in Gemeinschaft mit einem Prokuristen vertreten.

b) Vorstand, Leitungsorgan, geschäftsführende Direktoren, persönlich haftende Gesellschafter, Geschäftsführer, Vertretungsberechtigte und besondere Vertretungsbefugnis

   Geschäftsführer:
   mit der Befugnis die Gesellschaft allein zu vertreten mit der Befugnis Rechtsgeschäfte mit sich selbst oder als Vertreter Dritter abzuschließen
   Valder, Claudia, *19.12.1977, Flintbek

6.a) Rechtsform, Beginn, Satzung oder Gesellschaftsvertrag
   Gesellschaft mit beschränkter Haftung
   Gesellschaftsvertrag vom: 12.05.2018
   Zuletzt geändert am: 12.09.2018

7. Tag der letzten Eintragung
   21.09.2018

29.09.2018

Handelsregisterauszug

Einführung

1.2.3 Elektronischer Rechtsverkehr

Grundsätzlich ist der Handelsregisterverkehr seit 2007 nur noch elektronisch möglich. Auch Unternehmen können diesen Weg nutzen, wenn etwa der Geschäftsführer eine geänderte Gesellschafterliste einzureichen hat nach *§ 40 Abs. 1 GmbHG*. Die entsprechende Einführung in das EGVP und die Möglichkeit zum Download des Programms findet sich unter www.egvp.de/beh_allgemeine_info/index.php. Häufig werden Notariate indes bei der Einreichung behilflich sein.

An erster Stelle steht die Erzeugung einer digitalen Datei, die den Inhalt des zu übermittelnden Schriftstücks enthält. Hierzu wird entweder eine Papierversion der Erklärung, im Notariat also der beglaubigten Anmeldung[1] bzw. der Anlagen, eingescannt, oder von der Urkunde wird eine Datei als elektronische Abschrift erstellt. Am Ende dieses Vorganges muss die Datei das Format .tiff oder pdfA haben. In einem zweiten Schritt wird, soweit dies rechtlich erforderlich ist, diesem digitalen Inhalt über SigNotar ein Beglaubigungsvermerk beigefügt. Diese Vorbereitungsmaßnahmen führen regelmäßig die Mitarbeiter des Notars durch. Anschließend ist im Rahmen des Anmeldedialogs von XNotar von dem Mitarbeiter die Anmeldung durch Eingabe der jeweils erforderlichen Daten zu strukturieren. Dieser Vorgang ist demjenigen bei der Eingabe von Anträgen an das Grundbuchamt vergleichbar, der Umfang der einzugebenden Daten ist jedoch größer. Zunächst sind die passende Registerabteilung (HRA, HRB, VR usw.) und das zuständige Gericht auszuwählen. Dann sind Angaben zum betroffenen Rechtsträger zu machen (Register-Nr., Firma, Sitz, Geschäftsanschrift) und insbesondere ist ein Anmeldefall auszusuchen. Für Neuanmeldungen wählt man statt der Register-Nr. einfach „NEU". Diese Auswahl ist entscheidend für sodann zur Verfügung gestellte Abfrage-Masken in XNotar, in die „Anmeldebezogene[n] Fachdaten" einzugeben sind.

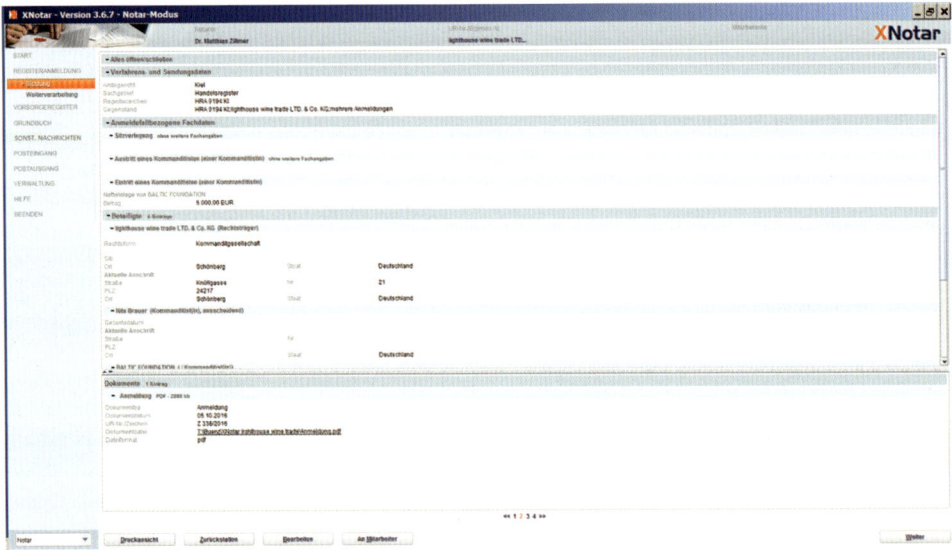

Anmeldedaten KG

---

[1] *Das Original bzw. die Urschrift verbleibt in der Urkundensammlung.*

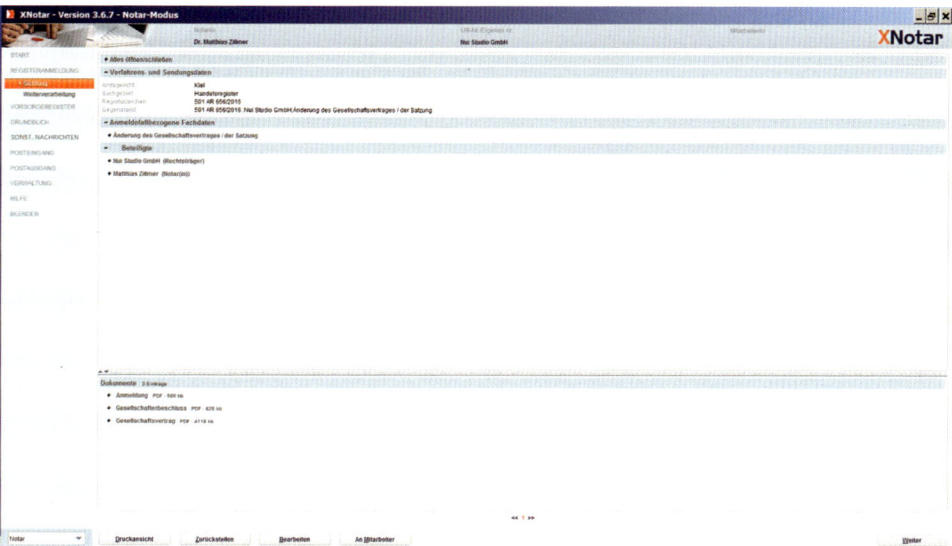

Anmeldedaten GmbH

Die **Abbildungen „Anmeldedaten KG"** und **„Anmeldedaten GmbH"** geben einen Eindruck von den typischerweise einzugebenden Fachdaten. Dies sind Angaben zur eingetragenen oder einzutragenden Rechtsperson, im Falle von Gesellschaften auch zu deren Gesellschaftern. An dieser Stelle sind bei Neuanmeldungen insbesondere auch die Vertretungsregelungen einzugeben. Auch hier wird zwischen abstrakten und konkreten Vertretungsregelungen unterschieden. XNotar gibt dabei verschiedene Varianten als fertige Texte vor, die man nur noch passend zu den in der jeweiligen Satzung der Gesellschaft vereinbarten Regelungen auszuwählen braucht. Es müssen dann auch die verschiedenen „Rollen" der weiteren Beteiligten ausgefüllt werden: Geschäftsführer, Vorstände, deren Wohnorte, die Anschrift des Rechtsträgers, außerdem Angaben zu weiteren Details, also etwa dem Gesellschaftszweck, dem Stammkapital, den Hafteinlagen der Kommanditisten usw. Aus diesen XML-Daten erstellt das Register automatisiert den Inhalt des Registers. Deshalb ist hier große Sorgfalt geboten. Ideal ist es, wenn aus der Notar-EDV diese Daten (also ohne Übertragungsfehler und ohne weiteren Zeitaufwand) nach XNotar exportiert werden können.

Ganz unten auf der Übersicht der Anmeldung findet sich die Liste der Dokumente, die man beigefügt hat. Nur soweit dies rechtlich erforderlich ist, sind sie zuvor mit Beglaubigungsvermerken versehen worden.

Im letzten Schritt kann man die Anmeldung, wenn die Vorbereitung abgeschlossen ist, an den Notar abgeben. Der Notar wird sodann in seiner Maskendarstellung die Anmeldungen aufrufen und sie signieren. Nach Durchsicht der einzelnen Anmeldeschritte wird er über SigNotar die eigentliche Signatur durchführen indem er seine Signaturkarte in den Kartenleser steckt und seine PIN eingibt. Dieser Vorgang darf nicht an Mitarbeiter delegiert werden (eine durch selbige durchgeführte Signatur macht die elektronische Beglaubigung unwirksam), allein der Karteninhaber darf die PIN kennen und Zugang zur Karte haben.

Notarvertreter haben eigene Signaturkarten (mit Vertreter-Attribut). Werden sie tätig, so ist bei der Anmeldung zu beachten, dass gleich am Anfang entsprechend „Notarvertreter" ausgewählt wird. Der Anmeldung ist jeweils die Bestellungsurkunde in elektronisch signierter Form beizufügen, die vor dem Beginn der Vertretungszeit von dem zu vertretenden Notar selbst über SigNotar beglaubigt wird.

Technisch stellen der Urkundentext und die Signatur zwei miteinander verbundene Dateien dar. Nur der Text wird vom Register veröffentlicht. Die Übermittlung der Anmeldung erfolgt dann per EGVP.

Im Rahmen des Vollzugs ist es möglich, sich über „Postausgang" auf der XNotar Bearbeitungsoberfläche die versandten Anmeldungen anzusehen, und sie insbesondere auch auszudrucken und zur Akte zu nehmen. Auch ein Abspeichern ist möglich. Es sind hier verschiedene Darstellungsformen auswählbar. Sie geben eine Übersicht über die zentralen Daten der Anmeldung, insbesondere auch die genaue Zeit, wann sie beim Gerichtsserver eingegangen ist. Es ist auch möglich, die einzelnen digitalen Anlagen auszudrucken, was indes regelmäßig unnötig ist, weil die Vorlagen hierfür ja im Notariat ohnehin vorhanden sind.

1.3 Notarbescheinigungen

Nicht nur die Vertretungsverhältnisse, sondern auch den Sitz oder die Existenz einer Gesellschaft kann der Notar bescheinigen *(§ 21 BNotO)*. Solche Bescheinigungen werden u. a. für Immobilienkaufverträge benötigt, wenn eine Partei eine Handelsgesellschaft ist, die Zustimmungserklärung eines ETW-Verwalters mit dieser Rechtsform erforderlich ist oder für den Verkauf und die Abtretung der Anteile an Gesellschaften. Voraussetzung ist, dass der Notar sich über die entsprechenden Eintragungen Gewissheit verschafft hat. Auch das elektronische Handelsregister ist eine taugliche Grundlage für eine Bescheinigung nach § 21 BNotO. Der Notar darf die Einsicht auch bewährten Mitarbeitern überlassen. In der Bescheinigung ist die Art und Weise der Sachverhaltsermittlung und das Datum der Einsichtnahme anzugeben. Auch aufgrund der Einsicht in ausländische Register kann der Notar Bescheinigungen ausstellen. Voraussetzung dafür ist allerdings, dass dieses Register rechtlich dem deutschen Register entspricht.

Wenn die Bescheinigung in einer Niederschrift enthalten ist, dann müssen nur die obigen Angaben gemacht werden. Wird sie isoliert erteilt, dann ist dies in Form einer Vermerkurkunde nach *§ 39 BeurkG* ausreichend.

Für die Bescheinigung wird eine Gebühr nach *Nr. 25200 KV GNotKG* in Höhe von 15,00 € erhoben. Sie fällt für jedes einzusehende Registerblatt an. Die Kosten für den Auszug selbst kommen nach *Nr. 32011 KV GNotKG* hinzu. Sowohl für die Bescheinigung der Vertretungsbefugnis als auch für die des Sitzes fällt eine Gebühr an. Dies gilt auch, wenn beide Bescheinigungen in einer Urkunde erteilt werden!

Nach *§ 378 Abs. 3 S. 1 FamFG* ist der Notar auch bei allen Anträgen in Registersachen verpflichtet zu prüfen, ob Eintragungsfähigkeit gegeben ist. Hiervon ausgenommen sind nur Genossenschafts- und Partnerschaftsregister. Diese neue Vorschrift will, ähnlich wie die Handhabung bei Anträgen zum Grundbuch, die Prüfungsarbeit der Registergerichte erleichtern. Notare sollen insbesondere bei von ihnen nicht selbst entworfenen Anmeldungen eine inhaltliche Vorprüfung vornehmen. Ihre entsprechende Angabe im Rahmen des Beglaubigungsvermerks, dass Eintragungsfähigkeit gegeben ist, bzw. die Warnung, dass daran Zweifel bestehen, die Urkundsuchenden jedoch dennoch auf einer Einreichung bestehen, sollen dazu beitragen, dass weniger falsche Anträge gestellt werden.

Eine Vertretungs-Bescheinigung im Rahmen einer Unterschriftsbeglaubigung könnte wie folgt aussehen:

> *Text mit Unterschrift des Geschäftsführers/Prokuristen einer GmbH*
>
> Die umstehende Unterschrift
>
> des Herrn Hendrik Meier,
> geboren am 22.10.1981,
> geschäftsansässig in Paulsweg 4, 33105 Bergen,
>
> von Person bekannt,
>
> der meine Frage nach einer Vorbefassung verneinte, wurde am 27.06.2018 vor mir an vorgenannter Adresse vollzogen. Dies beglaubige ich hiermit. Zugleich bescheinige ich amtlich, dass vorgenannter Unterzeichner gem. meinen Einsichten in das elektronische Handelsregister vom 10.06.2018 gegen 16:35 Uhr als alleinvertretungsberechtigter Prokurist der Kammerfeldt Automotive GmbH ausgewiesen war.
>
> Ort, Datum, Unterschrift Notar, Siegel

Die Einsichtnahme in das Register, aufgrund derer die Bescheinigung erteilt wird, sollte nicht älter als sechs Wochen sein. Zum Teil wird auch nur maximal eine Woche für angemessen gehalten.

1.4 Gebühren

Die Gebühren für Eintragungen in das Handelsregister sind in der Handelsregistergebührenverordnung geregelt. Ihre Höhe ist nicht vom Geschäftswert abhängig, sondern von der Art der Eintragung und dem Register, in dem sie vorgenommen werden.

Eintragung	HRA	HRB
Einzelkaufmann	70,00 €	
Gesellschaft bis drei Gesellschafter	100,00 €	
für jeden weiteren Gesellschafter	40,00 €	
Zweigniederlassung	40,00 €	
spätere Eintragung bei e. K.	40,00 €	
spätere Eintragung bei Gesellschaft bis 50 Gesellschafter	60,00 €	70,00 € Dieser Betrag gilt unabhängig von der Anzahl der Gesellschafter.
jede weitere Eintragung im Zusammenhang damit[1]	30,00 €	40,00 €
Eintragungen ohne wirtschaftliche Bedeutung[2]	30,00 €	30,00 €

---
[1] *Erteilung einer Prokura und Entziehung einer Prokura.*
[2] *Neue inländische Geschäftsanschrift.*

Eintragung	HRA	HRB
Eintragung GmbH/UG, Bargründung		150,00 €
Eintragung GmbH/UG, Sachgründung		240,00 €
Eintragung AG		300,00 €
Zweigniederlassung		120,00 €

Auch der Notar kann, dies auch unabhängig von anderen Amtstätigkeiten, beglaubigte Register- oder Grundbuchabdrucke erteilen.

Für die Erteilung fällt eine Festgebühr nach *Nr. 25211 KV GNotKG* in Höhe von 15,00 € an. Die Kosten für den eigentlichen Auszug werden nach *Nr. 32011 KV GNotKG* als Auslagen in Rechnung gestellt. Wenn nur ein einfacher Abdruck erteilt wird, beträgt nach *Nr. 25210 KV GNotKG* die Gebühr 10,00 €.

Beglaubigte Handelsregisterausdrucke kann indes nur das Handelsregister selbst erteilen. Der Notar kann lediglich eine Tatsachenbescheinigung erteilen, wonach der von ihm gefertigte Ausdruck mit dem Inhalt des Registers übereinstimmt. Eine solche könnte wie folgt aussehen, sie wäre z. B. auf die Rückseite eines einseitigen Registerauszugs aufzudrucken, sonst mit Schnur und Siegel mit einem mehrseitigen zu verbinden:

Bescheinigung über den Inhalt des Handelsregisters

Aufgrund meiner Online-Einsicht in das Handelsregister bescheinige ich, dass der umstehend ausgedruckte Registerauszug mit dem am Tag des Registerausdrucks eingesehenen Registerblatt übereinstimmt.

Ort, Datum, Unterschrift Notar, Siegel

Das Datum des Ausdrucks findet sich unten im Registerblatt, vgl. **Abbildung „Handelsregisterauszug"**.

Für eine solche Bescheinigung fällt eine 1,0-Gebühr nach *Nr. 25104 KV GNotKG* an. Der Geschäftswert bestimmt sich nach *§ 36 Abs. 2 GNotKG*. Nimmt man einen solchen von 500,00 €, so greift die Mindestgebühr von 15,00 €. Kosten für die Einsicht selbst treten nach *Nr. 32011 KV GNotKG* als Auslagen hinzu.

1.5 Tipps

Über das Handelsregister-Portal kann jedermann kostenfrei die eingetragenen Gesellschaften oder Kaufleute ermitteln. Wenn Ihr Notariat die Gründung einer Handelsgesellschaft oder die Ersteintragung eines Einzelkaufmannes oder Vereins begleitet, dann interessiert die Urkundsersuchenden brennend, wann die Eintragung erfolgt ist, denn für Kann-Kaufleute, juristische Personen und Kommanditgesellschaften ist sie konstitutiv („rechtsbegründend"), d.h., erst ab diesem Zeitpunkt gelten die entsprechenden Sonderregeln. Häufig dauert es einige Tage, bis eine Eintragungsnachricht über das EGPV an das Notariat übermittelt wird. Es kann sich daher empfehlen, die Gründer auf die Möglichkeit zu verweisen, selbst unter www.handelsregister.de zu prüfen, ob die Eintragung schon erfolgt ist, weil sie dort praktisch ohne Zeitverzug abrufbar ist.

Die digitale Verfügbarkeit auch der weiteren Handelsregisterdaten, u. a. über den elektronischen Bundesanzeiger, hat jedoch leider auch Nachteile. Betrügerische Anbieter unnützer „Online-Gewerbeverzeichnisse" erfassen automatisiert die dort neu erscheinenden Adressdaten und übersenden postalisch an die neuen Gesellschaften/Kaufleute Zahlungsaufforderungen, die sich einen offiziellen Anstrich geben (graues Behördenpapier, „Aktenzeichen", Pseudo-Amtsdeutsch, bundesadler- oder landeswappenähnliche Logos usw.). Weil die Gründer natürlich auf den Eingang legitimer Gebührenbescheide (Handelsregister, Notar etc.) gefasst sind, zugleich aber regelmäßig geschäftlich „viel um die Ohren haben", erhöht das die Wahrscheinlichkeit, dass sie auch auf solche Tricksereien hereinfallen. Sie sollten sie davor warnen, vgl. www.notare.bayern.de/startseite/news/article/gefaelschte-rechnungen-und-irrefuehrende-angebote.html.

Übungsaufgaben

1. Welche Freiberufler kennen Sie?
2. Was unterscheidet den Freiberufler vom Gewerbetreibenden?
3. Was ist für Notare das Gegenstück zur PKH/Beratungshilfe?
4. Der Direktor einer englischen Ltd. möchte die Existenz seiner Gesellschaft nachweisen. Welche Möglichkeit hierzu hat er?
5. Was ist eine Firma?
6. Was ist ein Unternehmen?

2 Einzelkaufmann

2.1 Anmeldung

An das Amtsgericht
– Handelsregister –

Zum Handelsregister
Computer-Service Klopstrup e. K.
HRA NEU

wird angemeldet:

Herr Klaus Peters, geboren am 18.03.1983, 24177 Klopstrup,

betreibt unter der Firma

Computer-Service Klopstrup e. K.

ein Handelsgewerbe.

Geschäftsgegenstand ist der Verkauf und die Wartung von Computerhardware und Computersoftware sowie die Reparatur von Smartphones.

Die Geschäftsräume befinden sich in Wuddelstraat 4, 24177 Klopstrup, dies ist auch die inländische Geschäftsanschrift im Sinne von § 29 HGB.

Ort, Datum, Unterschrift des Anmelders

Beglaubigungsvermerk, Siegel

2.2 Erläuterungen

Der Ist-Kaufmann ist verpflichtet, sich in das Handelsregister eintragen zu lassen, dem Kann-Kaufmann steht dies frei. Er unterliegt allerdings mit Eintragung allen Pflichten des Kaufmannes, hat dann aber auch das Recht, eine Firma zu führen. Vorher darf er zusätzlich zu seinem bürgerlichen Namen nur eine sogenannte „Geschäfts- bzw. Etablissementbezeichnung" verwenden. Letztere bezeichnet das Geschäftslokal („Hotel zum Schwan") oder den Betrieb („Hanseatische Beschlagmanufaktur"), nicht aber den Betriebsinhaber („Hans Meier").

Während z. B. eine GmbH schon aufgrund ihrer Rechtsform immer Kaufmann ist (Formkaufmann), hängt die Unterscheidung bei natürlichen Personen davon ab, ob das von ihnen betriebene Handelsgewerbe „einen in kaufmännischer Weise eingerichteten Geschäftsbetrieb erfordert", also so umfänglich ist, dass insbesondere eine Buchhaltung nötig ist. Beim Kann-Kaufmann ist das Gewerbe nicht so umfangreich, dass ein solcher Geschäftsbetrieb erforderlich wäre. Wenn er sich als Kaufmann eintragen lässt, dann hat für ihn die Eintragung konstitutive Wirkung, d.h., sie ist für die Rechtsfolge – dass er ab dann als Kaufmann zu behandeln ist – entscheidend. Ohne die Eintragung findet das Handelsrecht auf ihn keine Anwendung. Auf den Ist-Kaufmann findet es hingegen Anwendung, auch wenn er sich (pflichtwidrig) nicht als Kaufmann hat im Register eintragen lassen. Für den Ist-Kaufmann wirkt die Anmeldung nur deklaratorisch, also nur einen bereits bestehenden Rechtszustand „bekundend".

Der Kaufmann führt eine Firma, also einen Namen, unter dem er seine Handelsgeschäfte betreibt *(§ 17 HGB)*. Mittlerweile sind hier auch Fantasienamen zugelassen („Dobo Lundeira e.K."), also nicht nur die bloße Verwendung des bürgerlichen Namens des Kaufmannes oder beschreibende Elemente („Meier Kohlenhandlung e.K."). Hinzugesetzt wird der Rechtsformzusatz, eingetragene Kauffrau/eingetragener Kaufmann, regelmäßig „e.K.", „e. Kfr." oder „e. Kfm." abgekürzt. Andere Rechtsformzusätze, die Sie bei Firmen finden, sind:

- OHG/oHG
- KG
- GmbH
- GmbH & Co. KG
- UG (haftungsbeschränkt)
- AG
- KGaA
- PartG
- PartGmbB

Die Firma muss unterscheidungskräftig sein, darf nicht mit anderen am Ort bereits verwendeten Firmierungen verwechselt werden können, darf nicht irreführen und muss wahrheitsgemäß sein (also nicht „Global Computerservice" für einen Betrieb, der nur in einem Land tätig ist u. Ä.)*(§§ 18, 19 HGB)*. Um diese Anforderungen prüfen zu können, muss die Firma immer im Zusammenhang mit dem Sitz und dem Geschäftszweck gesehen werden.

Die Anmeldung muss der Inhaber des Handelsgewerbes vornehmen.

Bei der Anmeldung zum Handelsregister ist *§ 24 HRV* zu beachten, für Absatz 2 gilt dies bei jeder Anmeldung:

§ 24 HRV: (1) Werden natürliche Personen zur Eintragung in das Handelsregister angemeldet (insbesondere als Kaufleute, Gesellschafter, Prokuristen, Vorstandsmitglieder, Mitglieder des Leitungsorgans, geschäftsführende Direktoren, Geschäftsführer, Abwickler), so ist in der Anmeldung deren Geburtsdatum anzugeben.
(2) Bei der Anmeldung ist die Lage der Geschäftsräume anzugeben. Dies gilt nicht, wenn die Lage der Geschäftsräume als inländische Geschäftsanschrift zur Eintragung in das Handelsregister angemeldet wird oder bereits in das Handelsregister eingetragen worden ist. Eine Änderung der Lage der Geschäftsräume ist dem Registergericht unverzüglich mitzuteilen; Satz 2 gilt entsprechend.
(3) Absatz 2 gilt für die Anmeldung einer Zweigniederlassung und die Änderung der Lage ihrer Geschäftsräume entsprechend.
(4) Es ist darauf hinzuwirken, daß bei den Anmeldungen auch der Unternehmensgegenstand, soweit er sich nicht aus der Firma ergibt, angegeben werden.

Einzelkaufmann

2.3 Gebühren

→
vgl. § 119
Abs. 1
GNotKG
i. V. m.
Nr. 21201
Nr. 5 KV
GNotKG

Beglaubigt der Notar nur die Unterschrift unter die Registeranmeldung, die der Kaufmann mitbringt, fällt dafür eine 0,2-Beglaubigungsgebühr nach *Nr. 25100 KV GNotKG* an, mindestens 20,00 €, höchstens 70,00 €. Für den Geschäftswert sind die für Beurkundungen geltenden Regeln anwendbar *(§ 121 GNotKG)*. Nach *§ 105 Abs. 3 Nr. 1 GNotKG* beträgt der Geschäftswert bei der ersten Anmeldung 30 000,00 €, was zu einer Gebühr von 25,00 € führen würde.

Entwirft der Notar die Anmeldung, ist eine 0,5-Gebühr nach *Nr. 24102 KV GNotKG* zu erheben. Sie führt hier zu einer Gebühr von 63,50 €.

→
vgl. § 12
HGB

Weiterhin ist in beiden Fällen die Anmeldung elektronisch dem Register zu übermitteln. Dafür erhält der Notar eine XML-Vollzugsgebühr. Bei der bloßen Beglaubigung fällt eine 0,6-XML-Vollzugsgebühr nach *Nr. 22125 KV GNotKG* an, höchstens 250,00 €. Hier beträgt sie 75,00 €. Hat der Notar die zu beglaubigende Erklärung entworfen, vgl. Vorbem. 2.2.1.2 Nr. 1, fällt nur eine 0,3-XML-Vollzugsgebühr nach *Nr. 22114 KV GNotKG* an, höchstens 250,00 €. Hier beträgt sie 37,50 €.

Eine Vollzugsgebühr nach *Nr. 22124 KV GNotKG* in Höhe von 20,00 € tritt bei der Einreichung der Anmeldung hinzu, wenn der Notar sie nicht entworfen hat.

Holt der Notar auftragsgemäß eine Bescheinigung der IHK ein, wonach die gewählte Firma unbedenklich ist, erhält er hierfür, wenn er den Entwurf der Anmeldung erstellt hat, eine 0,3-Vollzugsgebühr nach *Nr. 22111 KV GNotKG*, in diesem Fall also von 37,50 €. Bei ihrer Berechnung ist der Höchstwert von 50,00 € nach *Nr. 22112 KV GNotKG* mit Vorbem. 2.2.1.1 Nr. 1 zu beachten. Der Geschäftswert der Anfrage ist der des Beurkundungsverfahrens *(§ 112 S. 1 GNotKG)*.

Hat der Notar den Entwurf nicht erstellt, so erhält er für die IHK-Anfrage eine 0,5-Vollzugsgebühr nach *Nr. 22121 KV GNotKG*, hier also 62,50 €. Es gilt keine Höchstgebühr, Geschäftswert ist der des fiktiven Beurkundungsverfahrens *(§ 112 S. 2 GNotKG)*. Wenn allerdings die Vollzugsgebühr nach *Nr. 22121 KV GNotKG* entsteht, dann entfällt die Vollzugspauschale der *Nr. 22124 KV GNotKG*!

2.4 Tipps

Der eingetragene Kaufmann kann unter seiner Firma klagen und verklagt werden, aber nicht im Grundbuch eingetragen werden.

Es empfiehlt sich, nach Rücksprache mit dem Urkundsersuchenden, bei der örtlichen IHK vor Antragstellung nachzufragen, ob gegen die Firma Bedenken bestehen. Die Auskunft sollte dem Register übermittelt werden. Dies beschleunigt den Eintragungsvorgang und vermeidet Kosten, weil gegebenenfalls noch Änderungen vor Antragstellung vorgenommen werden können. Wie eine solche Tätigkeit, bei Vorliegen eines entsprechenden Auftrages, abgerechnet wird, wurde im Abschnitt „Gebühren" geschildert. Der Auftrag des Urkundsersuchenden sollte bei den Nebenakten dokumentiert werden, um im Zweifelsfall das Vorliegen dieser Gebührenvoraussetzung nachweisen zu können. Es ist natürlich sinnvoll, den Urkundsersuchenden über das Entstehen der Gebühren im Vorwege zu informieren. Auch wenn dies keine Pflicht des Notars ist, findet eine entsprechende Aufklärung regelmäßig Anklang.

Möchte sich ein Kann-Kaufmann im Handelsregister eintragen, so sollte der Umstand, dass es sich um einen Kann-Kaufmann handelt, in der Anmeldung erwähnt werden.

Die Firmierung ist bei Erstanmeldung oder Änderung im Rahmen der Abwicklung eine besonders heikle Angelegenheit. Einerseits ist es wichtig, die genaue Schreibweise der Firma zu erfassen, Groß- und Kleinschreibung sowie die Verwendung von Punkten, Bindestrichen, Et-Zeichen usw. sind hierbei von Bedeutung. Andererseits zeigt die Erfahrung, dass die Urkundsersuchenden ihren Firmenwunsch im Laufe der Vorbereitung der Anmeldung verändern, dies auch mehrfach, zuweilen erst in der Urkundsverhandlung selbst. Es ist daher sehr wichtig, auf die Einheitlichkeit der Firmenformulierung zu achten und dabei von den Urschriften auszugehen, bzw. diese auch miteinander zu vergleich bzw. bei der Vorbereitung im Falle von Änderungen diese in allen Schriftstücken, und dort an allen Stellen, wo die Firma vorkommt, umzusetzen, d. h. also z. B. im Gesellschaftsvertrag, in der Gründungsurkunde, in der Registeranmeldung, in der Liste der Gesellschafter, in der eigenen EDV des Notars und bei der Eingabe der XML-Daten im Eingabedialog in XNotar.

Übungsaufgaben

1. Woraus folgt die Pflicht des Ist-Kaufmannes zur Anmeldung seiner Niederlassung beim Registergericht?
2. Was ist bei jeder Anmeldung zum Handelsregister anzugeben?
3. Sind c/o-Adressen als Geschäftsanschrift geeignet?
4. Was ist ein Gewerbe?
5. Was bedeuten die o. g. Rechtsformzusätze ausgeschrieben?

3 OHG

3.1 Anmeldung

An das Amtsgericht
– Handelsregister –
...

Bergmann Kfz-Handel OHG
HR NEU

Zur Eintragung wird angemeldet:

Wir haben unter der o. a. Firma
eine OHG errichtet.

Sitz der Gesellschaft ist Berlin.

Gegenstand des Unternehmens ist
der An- und Verkauf gebrauchter Kraftfahrzeuge aller Art.

Gesellschafter sind
Franz Bergmann, geboren am 15.02.1965, Chemnitz und
Klaus Heckler, geboren am 17.09.1966, Berlin.

Die Geschäftsräume befinden sich in der Tempelhofer Straße 9, 12107 Berlin; dies ist auch die inländische Geschäftsanschrift i. S. v. § 106 Abs. 2 Nr. 2 HGB.

1. Abstrakte Vertretungsbefugnis
Jeder persönlich haftende Gesellschafter ist einzeln zur Vertretung der Gesellschaft berechtigt. Ihnen kann Befreiung von den Beschränkungen des § 181 BGB erteilt werden.

2. Konkrete Vertretungsbefugnis
Herr Franz Bergmann und Herr Klaus Heckler sind je einzeln zur Vertretung der Gesellschaft berechtigt.

Jeder von ihnen darf die Gesellschaft bei Vornahme eines Rechtsgeschäfts mit sich selbst oder mit einem jeweils von ihnen vertretenen Dritten vertreten (Befreiung von den Beschränkungen des § 181 BGB).

Es wird um Mitteilung des Vollzugs an die Gesellschaft und den Notar gebeten.

...
Ort, Datum

> ...
> Franz Bergmann
>
> ...
> Klaus Heckler
>
> Beglaubigungsvermerk, Siegel

3.2 Erläuterungen

Die offene Handelsgesellschaft ist an sich die „klassische" Rechtsform für den Zusammenschluss von Gewerbetreibenden. Für die OHG, auch oHG, gelten die Vorschriften des BGB über die Gesellschaft bürgerlichen Rechts ergänzend, soweit das HGB keine speziellen Regelungen für die OHG trifft *(§ 105 HGB)*!

Als ihr großer Nachteil wird die Tatsache empfunden, dass ihre Gesellschafter die Haftung gegenüber den Gläubigern der Gesellschaft nicht einschränken können. Das bringt Gefahren mit sich, erhöht aber natürlich auch die Kreditwürdigkeit der OHG. Sie eignet sich damit regelmäßig nur für Gesellschafter, die sämtlich bereit sind, ein unbegrenztes Risiko zu tragen und sich auch um das tägliche Geschäft des Unternehmens zu kümmern, das die OHG betreibt (um dieses Risiko wiederum stets überschauen zu können). Es erfordert typischerweise auch eine wirtschaftlich gleichmäßige Beteiligung der Gesellschafter, die ja alle der Gefahr der Insolvenz ausgesetzt sind. Schließlich bedingt dieses unbeschränkte Haftungsrisiko auch ein großes Vertrauen der Gesellschafter untereinander, weil jeder von ihnen durch seine Vertretungshandlungen im Namen der Gesellschaft jeweils auch das gesamte Vermögen der anderen Gesellschafter in die Haftung bringt.

Die OHG entsteht mit Aufnahme der Geschäftstätigkeit, wenn diese ein Handelsgewerbe ist, also entsprechend umfangreich, anderenfalls mit Eintragung *(§§ 1, 105, 123 HGB)*. Im ersten Falle wirkt die Eintragung deklaratorisch, im zweiten konstitutiv. Der Gesellschaftsvertrag bedarf keiner besonderen Form, für ihn gilt *§ 705 BGB* i. V. m. *§ 105 Abs. 3 HGB*. Es müssen sich also mehrere Personen zusammenschließen mit dem Zweck, ein Handelsgewerbe zu betreiben, und mit der Pflicht, Beiträge hierzu zu erbringen (Geld, Arbeitszeit, Wissen, Kontakte usw.). Eine Formpflicht kann sich nur aus anderen Bereichen ergeben, etwa wenn die Pflicht zur Einbringung von Immobilien vereinbart wird *(§ 311b BGB)*.

3.2.1 Inhalt der Anmeldung

Der Inhalt der Anmeldung wird von *§ 106 Abs. 2 HGB* vorgegeben. Sie hat zu enthalten:

- den Namen, Vornamen, das Geburtsdatum und den Wohnort jedes Gesellschafters
- die Firma der Gesellschaft, den Ort, an dem sie ihren Sitz hat, und die inländische Geschäftsanschrift
- die Vertretungsmacht der Gesellschafter

„Wohnort" meint dabei nicht auch die Adresse (Straße, Hausnummer, Postleitzahl), sondern nur die politische Gemeinde, in der sich die Adresse des Gesellschafters befindet.

Der Sitz ist die „rechtliche Heimat" der Gesellschaft und für viele Grundsatzfragen von Bedeutung. Von ihm ist u. a. abhängig, welches Registergericht zuständig ist *(§ 106 Abs. 1 HGB)*: „Die Gesellschaft ist bei dem Gericht, in dessen Bezirk sie ihren Sitz hat, zur Eintragung in das Handelsregister anzumelden." Nach dem Sitz richtet sich auch, wo der allgemeine Gerichtsstand ist, an dem die Gesellschaft verklagt werden kann *(§ 17 ZPO)*. Der Sitz ist insoweit maßgeblich für alle Gesellschaften, die „als solche" verklagt werden können. „Als solche" bedeutet, dass die Gesellschaft eine eigene Rechtspersönlichkeit hat, also selbst Träger von Rechten und Pflichten sein kann – und dies nicht nur für ihre Gesellschafter als Gruppe gilt. Die OHG hat eine solche eigene Rechtsfähigkeit für bestimmte Bereiche *(§ 124 HGB)*.

Anders als der eingetragene Kaufmann kann sie auch unter ihrer Firma als Grundstückseigentümer eingetragen werden. Diese kraft Gesetzes gegebene Rechtsfähigkeit unterscheidet die OHG auch von der Gesellschaft bürgerlichen Rechts. Der GbR ist mittlerweile jedoch von der Rechtsprechung eine Teilrechtsfähigkeit zugestanden worden.

Bei allen in HRA eingetragenen Gesellschaften, also auch der OHG, liegt der Sitz der Gesellschaft in der Gemeinde, innerhalb derer tatsächlich die Hauptverwaltung der Gesellschaft stattfindet, also die Geschäftsführungsentscheidungen getroffen werden. Die Eintragung des Sitzes im Register hat nur deklaratorische Wirkung, ist aber natürlich wegen der Publizität des Registers für die Zuständigkeit und den Gerichtsstand im Rechtsverkehr entscheidend.

Die Gesellschafter geben den Sitz bei der Anmeldung an. Das Register wird, wenn keine Anhaltspunkte für einen abweichenden Ort der Geschäftsführung bestehen, diese Angabe auch übernehmen. Die inländische Geschäftsanschrift muss jedoch innerhalb der Gemeinde liegen, in der der Sitz ist. Wird sie später verändert, so liegt darin keine Sitzverlegung, solange auch die neue Adresse in der Gemeinde ist. Anderenfalls wird regelmäßig vom Registergericht verlangt, dass neben der Änderung der inländischen Geschäftsanschrift auch die Verlegung des Sitzes in die neue Gemeinde angemeldet wird. Verlagern die Gesellschafter die tatsächliche Verwaltung in eine andere Gemeinde, so sind sie verpflichtet, dies beim Register anzumelden *(§ 13h HGB)*. Die Eintragung hat nur deklaratorische Wirkung.

Vertretungsmacht: Für jede Gesellschaft muss die Frage geklärt werden, wer diese vertreten kann. Wenn nichts Abweichendes im Gesellschaftsvertrag geregelt ist, vertritt jeder der OHG-Gesellschafter die OHG allein *(§ 125 HGB)*. Es kann jedoch auch bestimmt sein, dass Gesellschafter von der Vertretung ausgeschlossen sind (was angesichts ihrer dennoch unbeschränkten Haftung selten vorkommt) oder dass alle oder jedenfalls bestimmte Gesellschafter nur gemeinsam mit anderen Gesellschaftern vertreten dürften (Gesamtvertretung). Die Vertretungsbefugnis der Gesellschafter kann, wenn sie nicht mit anderen Gesellschaftern zusammen vertreten, auch an die Mitwirkung eines Prokuristen gebunden werden.

In der Anmeldung ist anzugeben, wie der Gesellschaftsvertrag die Vertretung allgemein regelt, und auch, welche Vertretungsbefugnisse die einzelnen Gesellschafter jeweils haben. Man spricht von abstrakter und konkreter Vertretungsbefugnis. Gesetzlichen und rechtsgeschäftlichen Vertretern wird zuweilen eine allgemeine Befreiung vom Verbot des „Insichgeschäfts" (Alternative 1) und der „Mehrfachvertretung" (Alternative 2) erteilt. Beide finden sich in *§ 181 BGB*.

> **§ 181 BGB** Ein Vertreter kann, soweit nicht ein anderes ihm gestattet ist, im Namen des Vertretenen mit sich im eigenen Namen [1. Alternative] oder als Vertreter eines Dritten [2. Alternative] ein Rechtsgeschäft nicht vornehmen, es sei denn, dass das Rechtsgeschäft ausschließlich in der Erfüllung einer Verbindlichkeit besteht.

Diese gesetzliche Regel soll die Vertretenen vor den Interessenskonflikten bewahren, die die Doppelfunktion des Vertreters mit sich bringt. Bei ausreichendem Vertrauen in den Vertreter kann hiervon auch generell befreit werden, nicht nur für einzelne Geschäfte.

Der Gesellschaftsvertrag einer OHG braucht bei Anmeldungen dem Registergericht nicht übersandt zu werden. Bei allen Anmeldungen im HRA gilt die Regel, dass die Anmeldung als solche bereits der ausreichende Nachweis für die darin enthaltenen Regelungen und Entscheidungen ist. Im Gegensatz dazu ist im HRB neben der Anmeldung regelmäßig der zugrunde liegende Beschluss bzw. die Satzung der Gesellschaft beizufügen, wenn das Gesetz die Kompetenz für die Regelung nicht schon dem anmeldenden Organ zuweist.

3.2.2 Prokura

Ein Beispiel für eine solche Zuweisung ist die Erteilung der Prokura. Sie ist in den *§§ 48 ff. HGB* geregelt. Bei ihr handelt es sich um eine rechtsgeschäftliche Vollmacht, deren Umfang gesetzlich genau beschrieben ist. Sie unterliegt als Vollmacht aber im Übrigen den allgemeinen Regeln des BGB.

➔ vgl. *§§ 164 ff. BGB*

Im Sinne der Publizität, Klarheit und Schnelligkeit im Handelsrecht hat die Prokura für den Rechtsverkehr den großen Vorteil, dass ihr Umfang für die Vertragspartner des Kaufmannes klar ist. Sie brauchen nicht zu befürchten, dass der Kaufmann sich später darauf beruft, dass sein Vertreter gar nicht die Vertretungsmacht hatte, um ihn in dieser Form zu binden *(§ 50 HGB)*. Der Prokurist zeichnet seine Unterschrift mit einem Zusatz, der seine Form der Vollmacht kenntlich macht, z. B. „ppa", als per procura autoritate, oder „pp"[1].

➔ vgl. *§ 51 HGB*

Erteilt wird die Prokura von dem Inhaber des Handelsgeschäfts oder seinem „gesetzlichen Vertreter". Der eingetragene Kaufmann handelt selbst als Inhaber, wenn er die Prokura erteilt, für Gesellschaften tun dies deren gesetzliche Vertreter. Im Gegensatz zum rechtsgeschäftlichen Vertreter hat der gesetzliche Vertreter seine Vertretungsmacht durch eine Gesetzesvorschrift erhalten. Der rechtsgeschäftliche Vertreter hat sie hingegen durch eine entsprechende Willenserklärung erhalten. Ihm ist Vollmacht erteilt worden *(§ 164 BGB)*.

Gesetzliche Vertreter der OHG sind die Gesellschafter *(§ 125 HGB)*. Gesetzliche Vertreter einer GmbH sind deren Geschäftsführer *(§ 35 GmbHG)*. Auch Geschäftsführer können die Erteilung einer Prokura beim Register zum HRB anmelden, ohne dass sie einen Beschluss der Gesellschafter vorzulegen bräuchten.

Die Prokura wird erteilt durch eine ausdrückliche Erklärung *(§ 48 HGB)*. Die Erklärung ist an keine Form gebunden, kann also auch mündlich erfolgen. Sie ist sofort mit Zugang beim Prokuristen wirksam. Die Eintragung im Handelsregister hat daher nur deklaratorische, also „verkündende" Wirkung.

Die Prokura ist eine durch Willenserklärung erteilte Vollmacht, also eine rechtsgeschäftliche Vertretungsmacht. Entsprechend kann ein Prokurist selbst keine weiteren Prokuristen ernennen, denn er ist kein „gesetzlicher Vertreter" im Sinne von § 48 HGB.

---

[1] *Nicht zu verwechseln mit der Anweisung im Fonodiktat „pp", perge perge, also „schreibe fort", d. h., dass der Schreibende die ihm bekannten weiteren Daten zu diesem Punkt eigenständig ergänzen soll, z. B. „Brief an Meier und Söhne pp in meinem letzten Schreiben ..." wo man die vollständige Firmierung wiedergibt im Text „Meier & Söhne GmbH & Co. KG Herrn Geschäftsführer Werner Meier Fliederstraße ... usw. Sehr geehrter Herr Meier, in meinem letzten Schreiben ... usw." Das Zeichen „&" wird Et-Zeichen oder auch „Kaufmanns-Und" genannt. Es findet bei Firmennamen Verwendung.*

> Amtsgericht Bergen
> – Registergericht –
> ...
>
> **Britt Kammer GmbH**
> mit dem Sitz in Bergen
> Geschäftsadresse: Grüner Baum 31, 33105 Bergen
> **HRB 2024 Be**
>
> ---
>
> Als einzelvertretungsberechtigter Geschäftsführer melde ich Folgendes zur Eintragung in das Handelsregister an:
>
> Ich habe
>
> Herrn Ferdinand Kranz,
> geboren am 17.03.1989,
> wohnhaft in Kerbeek,
>
> **EINZELPROKURA**
>
> erteilt.
>
> Die inländische Geschäftsanschrift hat sich nicht geändert.
>
> Der Unterzeichner erteilt hiermit den Angestellten des Notars an dessen Amtsstelle, jeder allein, die dieser zu bezeichnen berechtigt ist, Vollmacht und Auftrag unter Befreiung von den Beschränkungen des § 181 BGB, jedoch ohne persönliche Haftung, alle zum Vollzug dieser Urkunde im Handelsregister etwa noch erforderlichen oder zweckdienlichen Erklärungen abzugeben vor dem beurkundenden Notar.
>
> Ort, Datum, Unterschrift Geschäftsführer

3.3 Gebühren

Der Geschäftswert bestimmt sich nach *§ 105 Abs. 3 Nr. 2 GNotKG*. Er beträgt für die OHG (und die PartG) 45 000,00 € für zwei Gesellschafter. Für jeden weiteren kommen 15 000,00 € hinzu. Zu diesem Wert wird beim Entwurf der Anmeldung und Beglaubigung der Unterschriften darunter eine 0,5-Gebühr nach *Nrn. 21201 Nr. 5, 24102 KV GNotKG*, *§§ 92 Abs. 2, 119 GNotKG* erhoben. Hinzu tritt die 0,3-XML-Vollzugsgebühr nach *Nr. 22114 KV GNotKG* zum Geschäftswert der Anmeldung, höchstens 250,00 €. Weiterhin kommen Auslagen in Form von Dokumentenpauschale, Post/Telekommunikationspauschale, etwaige Registergebühren für Einsichten und USt. auf die Kosten hinzu.

Eine 0,3-Vollzugsgebühr nach *Nr. 22112 KV GNotKG*, höchstens 50,00 €, fällt nur bei IHK-Anfrage zur Firma an.

Soweit die Anmeldung nicht entworfen, sondern die Unterschrift darunter nur beglaubigt wurde, ist zwar nur eine 0,2-Beglaubigungsgebühr nach *Nr. 25100 KV GNotKG* fällig, mindestens 20,00 €, höchstens 70,00 €, allerdings auch eine 0,6-XML-Vollzugsgebühr nach *Nr. 22125 KV GNotKG*, höchstens 250,00 €, ebenfalls nach dem Geschäftswert der Anmeldung. Die weiteren Gebühren und Auslagen fallen wie vorstehend an. Allerdings fallen zusätzlich für die Beglaubigung von Abschriften der Anmeldung und von beim Registergericht einzureichen Unterlagen je 10,00 € nach *Nr. 25102 KV GNotKG* an.

3.4 Tipps

Geben Sie als Sitz einer Gesellschaft immer nur den Namen der politischen Gemeinde an, in der der Sitz liegt. Lassen Sie Postleitzahlen weg und geben Sie insbesondere keine Straße an. Das erfolgt nur bei der Angabe der Lage der Geschäftsräume/der inländischen Geschäftsanschrift.

Der Geschäftszweck muss hinreichend bestimmt sein. Der „Handel mit Waren aller Art" genügt dieser Anforderung nicht. Die Waren, mit denen gehandelt werden soll, müssen näher beschrieben sein.

Bei der Formulierung des Antrages ist darauf zu achten, dass die konkret angegebenen Vertretungsbefugnisse von der abstrakten Vertretungsbefugnis gedeckt sind.

Die Gründer, die für eine Erstanmeldung zu Ihnen kommen, haben regelmäßig viel „um die Ohren". Sie können ihnen Schwierigkeiten mit Behörden ersparen, wenn Sie deutlich machen, dass der Kaufmann bzw. die Handelsgesellschaft an ihrer inländischen Geschäftsadresse auch wirklich sicher postalisch erreichbar sein muss, dies auch schon im Anmeldeverfahren, also sofort nach Einreichung der Anmeldung im Register. Wenn Briefe dorthin als unzustellbar zurückkommen, kann die Eintragung daran scheitern oder die gewerberechtliche Unzuverlässigkeit damit begründet werden *(§ 35 Abs. 1 GewO)*!

Lesen Sie sich die weiteren Vorschriften des HGB zu den anderen Handlungsvollmachten durch. Sie werden dann mit „juristisch geschultem Blick" ihren nächsten Einkauf erleben und die Tätigkeit der Verkäuferinnen und Verkäufer im Rahmen des Bezahlvorganges und der Übereignung der Ware wahrnehmen können. Lesen Sie sich auch auf Rechnungen und an Geschäftseingangstüren genauer durch, welche Rechtsform der Unternehmensträger hat, in dessen Geschäft Sie einkaufen.

Übungsaufgaben

1. Warum würde eine Vertretungsregelung nicht eingetragen, wonach die Gesellschafter „von der Beschränkung des § 181 BGB befreit sind"?
2. Was versteht man unter Gesamtprokura?
3. Welche Wirkung hat die Eintragung der Prokura im Register?

4 KG

4.1 Anmeldung

Amtsgericht Bergen
– Registergericht –
...

Errichtung einer Kommanditgesellschaft unter der Firma
Bergen W.L. GmbH & Co. KG
mit dem Sitz in Bergen

Es wurde unter der o. a. Firma eine Kommanditgesellschaft errichtet.

Sitz der Gesellschaft ist
                          Bergen.

Gegenstand des Unternehmens ist die Innehabung der Geschäftsstellenleitung für die von Teufel & Hüttmann Immobilien GmbH.

Persönlich haftende, geschäftsführende Gesellschafterin ist die

Bergen W.L. Verwaltungsgesellschaft mbH,
Dänische Straße 10, 33105 Bergen,
HRB 3356 Be, Amtsgericht Bergen.

Kommanditist ist:

    Herr Ralf Merker,
    geboren am 01.10.1960, Teckendorf,
    mit einer Kommanditeinlage von 1 000,00 €.

Die persönlich haftende, geschäftsführende Gesellschafterin wird vertreten durch deren Geschäftsführer, Herrn Ralf Merker.

1. Abstrakte Vertretungsbefugnis
Jeder persönlich haftende Gesellschafter (Komplementär) ist einzeln zur Vertretung der Gesellschaft berechtigt; die Kommanditisten sind von der Vertretung ausgeschlossen.

2. Konkrete Vertretungsbefugnis
Die derzeit einzige persönlich haftende Gesellschafterin, die
Bergen W.L. Verwaltungsgesellschaft mbH, **HRB 3356 Be**, mit Sitz in Bergen,
ist stets allein zur Vertretung der Gesellschaft berechtigt. Die persönlich haftende Gesellschafterin und ihre Geschäftsführer sind im Verhältnis zur Kommanditgesellschaft von den Beschränkungen des § 181 BGB befreit.

Die Geschäftsräume der Gesellschaft befinden sich in Dänische Straße 10, 33105 Bergen; dies ist auch die inländische Geschäftsanschrift i. S. v. § 161 Abs. 2 i. V. m. § 106 Abs. 2 Nr. 2 HGB.

Ort, Datum, Unterschrift aller Gesellschafter

Beglaubigungsvermerk, Siegel

4.2 Erläuterungen

Bei der Kommanditgesellschaft haftet mindestens ein Gesellschafter, der Komplementär, mit seinem gesamten Vermögen. Es kann auch mehrere Komplementäre geben. Er vertritt die Gesellschaft auch im Rechtsverkehr. Darüber hinaus gibt es mindestens einen Gesellschafter, den Kommanditisten, der nur bis zur Höhe seiner Kommanditeinlage haftet. Sie wird auch Hafteinlage genannt *(§§ 161, 171 HGB)*. Deren Höhe ist im Register ausgewiesen. Einen Mindestbetrag für sie gibt es nicht. Hat der Kommanditist die Einlage an die Gesellschaft geleistet, was nicht Voraussetzung für die Registereintragung ist, ist er von der weiteren Haftung frei. Kommanditisten haben nach dem Gesetz keine Vertretungsmacht. Die Gesellschaft kann ihnen eine solche jedoch erteilen.

Diese Rechtsform ermöglicht es einem Kaufmann insbesondere, Geldgeber an seinem Handelsgeschäft zu beteiligen, das er aktiv selbst führt, die nicht mit dessen täglichem Betrieb befasst sein möchten und den Umfang ihrer Haftung beschränken wollen. Der Gesellschaftsvertrag braucht nicht beurkundet zu werden, solange keine anderweitig beurkundungspflichtigen Geschäfte damit im Zusammenhang stehen. Es ist auch zulässig, dass der Komplementär eine juristische Person ist, weshalb diese Funktion regelmäßig von einer GmbH ausgefüllt wird. Auf diese Weise kombiniert man die steuerlichen Vorteile der KG mit den zivilrechtlichen Haftungsvorzügen der GmbH. Die maßgeblichen Kommanditisten sind häufig auch die Geschäftsführer und Gesellschafter der GmbH.

Eine solche Anmeldung ist hier beispielhaft wiedergegeben. Die Unterschriftsleistung eines Kommanditisten, der zugleich GmbH-Geschäftsführer ist, erfolgt nur einmal, soll aber für beide Gesellschafter gelten. Um dies klarzustellen, empfiehlt sich eine entsprechende Klarstellung im Beglaubigungsvermerk, z. B.:

„Die am ... vor mir in seiner Eigenschaft als Kommanditist und Geschäftsführer der Komplementärin nach Verneinung der Vorbefassungsfrage geleistete Unterschrift des Herrn ... beglaubige ich hiermit."

4.3 Gebühren

Geschäftswert der Anmeldung ist die Summe der Kommanditeinlagen zuzüglich 30 000,00 € für den ersten und 15 000,00 € für jeden weiteren Komplementär. Maximal darf der Wert eine Mio. € betragen.

➲ vgl. § 105 Abs. 1 S. 1 Nr. 5 GNotKG

Es fällt eine 0,5-Beurkundungsgebühr für den Entwurf der Anmeldung an. Die folgenden Unterschriftsbeglaubigungen sind, mit den beschriebenen Einschränkungen, kostenfrei *(Nrn. 21201 Nr. 5, 34102 KV GNotKG, §§ 92 Abs. 2, 119 GNotKG)*.

Auch hier kann bei entsprechendem Auftrag eine 0,5-Vollzugsgebühr nach *Nr. 22112 KV GNotKG* für die Firmierungsanfrage bei der IHK hinzutreten.

Eine 0,3-XML-Vollzugsgebühr nach *Nr. 22114 KV GNotKG* fällt an, ebenso die üblichen Auslagen usw.

4.4 Tipps

Die Anmeldung der KG ist eine Eilsache, weil auch die Kommanditisten unbegrenzt haften, bis sie als solche eingetragen werden. Dementsprechend wird der Notar die Gesellschafter über ihr Haftungsrisiko bis zur Eintragung informieren und ihnen raten, vorsorglich bis dahin keine Geschäfte zu tätigen.

Die vorbeschriebene konstitutive Wirkung der Eintragung ist auch der Grund, warum bei der Übertragung von Kommanditbeteiligungen der neue Kommanditist nicht schon mit der Übertragung des Anteils Mitgesellschafter werden möchte. Dies hätte seine volle Haftung zur Folge, weil der Erwerb der Mitgliedschaft als solche nicht von der Registereintragung abhängt. Sie endet erst, wenn der neue Gesellschafter als Kommanditist im Register eingetragen wird. Um diese Gefahr zu vermeiden, wird vereinbart, dass der neue Kommanditist erst mit seiner Eintragung als solcher im Handelsregister Mitgesellschafter wird und den Anteil des ausscheidenden Kommanditisten übernimmt. Im Eintragungsantrag ist dann zu formulieren:

„Der Kommanditist A hat im Wege der Sonderrechtsnachfolge seinen Kommanditanteil in Höhe von … € auf B übertragen. Die Übertragung des vorbeschriebenen Kommanditanteils erfolgt aufschiebend bedingt auf die Eintragung des neuen Kommanditisten B in das Handelsregister."

Ebenso wie bei den anderen Rechtsformen ist es auch bei der KG nicht mehr nötig, behördliche Genehmigungen bei der Handelsregisteranmeldung vorzulegen, die für den jeweiligen Geschäftszweck erforderlich sind (Eintragung in die Handwerksrolle, Gewerbeerlaubnis, vgl. z. B. *§ 43c GewO* o. Ä.). Dass die Eintragung unabhängig davon vorgenommen wird, bedeutet aber nicht, dass die Genehmigung öffentlich-rechtlich entbehrlich ist. Die Urkundsersuchenden sollten daher allgemein darauf hingewiesen werden, dass sie sich um etwaige Genehmigungserfordernisse selbst kümmern müssen.

Wenn die Komplementär-GmbH nicht ihren Sitz beim selben Registergericht hat wie die KG, dann ist der Beglaubigungsvermerk um eine Notarbescheinigung über die Existenz und die Vertretungsverhältnisse der GmbH zu ergänzen. Hierfür fallen gesonderte Gebühren an.

Übungsaufgaben

1. Wie wird eine GmbH & Co. KG vertreten?
2. Kann eine UG (haftungsbeschränkt) Komplementärin einer UG (haftungsbeschränkt) & Co. KG sein?

5 Verein

5.1 Anmeldung

An das Amtsgericht ...
– Vereinsregister –

In der Registersache
Freunde der Bachstelze e. V.
Neugründung

meldet der einzelvertretungsberechtigte 1. Vorsitzende zur Eintragung in das Vereinsregister an:

1. den am 01.10.2018 gegründeten Verein;
2. die folgenden Vorstandsmitglieder:

- Vorsitzender: Peter Kester, geboren am 13.04.1956, Hertastr. 15, 33105 Berg
- Vorsitzender: Name, Geburtsdatum, Adresse
- Schatzmeister: Name, Geburtsdatum, Adresse

Jedes Vorstandsmitglied vertritt den Verein einzeln.

Beigefügt sind:

- eine Abschrift des Protokolls der Gründungsversammlung und
- eine Abschrift der Satzung

Die Adresse des Vereins lautet:

Freunde der Bachstelze e. V.
c/o Herrn Peter Kester
Hertastr. 15
33105 Berg

..., den ...

_____
(Unterschrift des 1. Vorsitzenden)

Beglaubigungsvermerk des Notars, Siegel

5.2 Erläuterungen

Der eingetragene Verein ist die Grundform der juristischen Person. Er zeichnet sich durch eine eigene Rechtspersönlichkeit aus, die unabhängig von der seiner Mitglieder ist. Er ist in den *§§ 21–79 BGB* geregelt. Er darf keine wirtschaftlichen Zwecke verfolgen. Er wird darum auch „Idealverein" genannt. Entsprechend ist er eine passende Rechtsform, um soziale Aktivitäten zu organisieren: Sport, Kultur, Brauchtumspflege, Haustierzucht, Hobbys aller Art usw. Wegen ihrer gesellschaftlichen Nützlichkeit werden einige der Zwecke von der Abgabenordnung (AO) privilegiert. Finanzämter anerkennen Vereine mit entsprechender Satzung auf deren Antrag hin als gemeinnützig. Sie können diesen Begriff sodann in ihrem Namen führen, sind regelmäßig von staatlichen Gebühren befreit, auch den Vereinsregistergebühren,[1] und dürfen für Zuwendungen Zuwendungsbescheinigungen („Spendenquittungen") ausstellen, die die Spender dann steuerlich absetzen können. Allerdings müssen sie auch die zeitnahe und zweckentsprechende Verwendung ihrer Mittel nachweisen.

Mindestens sieben Mitglieder müssen (bei einem eingetragenen Verein) die Gründungssatzung unterschreiben, die im Rahmen der zu protokollierenden Gründungsversammlung als Anlage des Gründungsprotokolls beschlossen wird. Bei der Gründungsversammlung wird der erste Vorstand gewählt. Im Protokoll sollte festgehalten werden, dass alle Gewählten ihr Amt angenommen haben. Der Notar kann den Gründern helfen, die Satzung zu formulieren. Häufig werden die Gründer indes schon mit einer beschlossenen Satzung vorstellig werden und den Entwurf und die Beglaubigung einer Anmeldung begehren.

5.3 Gebühren

Gemäß *Nr. 13100 KV GNotKG* kostet die Ersteintragungen im Vereinsregister 75,00 €, weitere Eintragungen nach *Nr. 13101 KV GNotKG* je 50,00 €. Bestimmte Eintragungen sind danach auch kostenfrei, etwa die des Erlöschens des Vereins.

Beglaubigt der Notar nur die Unterschrift unter eine Vereinsregisteranmeldung, die der Urkundsersuchende mitbringt, so fällt dafür eine 0,2-Beglaubigungsgebühr nach *Nr. 25100 KV GNotKG* an, mindestens 20,00 €, höchstens 70,00 €. Regelmäßig wird der Mindestsatz greifen, weil der Geschäftswert der Anmeldung nach *§ 36 GNotKG* zu bestimmen ist und nicht über den Hilfswert von 5 000,00 € hinausgeht. Eine Erhöhung kommt bei besonders großer Mitgliederzahl, bei nennenswertem Vermögen oder umfänglicher Organisation in Betracht. Hinzu treten Auslagen nach *Nr. 32002 KV GNotKG* für die Digitalisierung der Anmeldung. Grundsätzlich sind dies 1,50 € pro Datei. Bei Übermittlung mehrerer Dateien in einem Arbeitsgang sind höchstens 5,00 € in Ansatz zu bringen. Werden Papierdokumente eingescannt, so ist jedoch in jedem Falle mindestens 0,50 € pro Seite zu berechnen, so viel, wie für Schwarz-Weiß-Kopien nach *Nr. 32000 KV GNotKG*. Anders als dort braucht es nach *Nr. 42002 KV GNotKG* keines „besonderen" Antrages, die Übertragung auf Antrag reicht aus. Er ist schon im Ersuchen auf elektronische Einreichung enthalten. Entwirft der Notar die Anmeldung, ist eine 0,5-Gebühr nach *Nr. 24102 KV GNotKG* zu erheben, mindestens 30,00 €. Eine gesonderte Beglaubigungsgebühr entfällt für alle demnächst und zudem am selben Tag erfolgenden Unterschriftsbeglaubigungen hierunter *(Vorbem. 2.4.1 Abs. 3 KV GNotKG)*. Weitere Beglaubigungen sind gesondert zu berechnen.

➔ vgl. § 119 Abs. 1 GNotKG

---

[1] *Es ist der Freistellungsbescheid vorzulegen.*

5.4 Tipps

Zuweilen fragen Urkundsersuchende, wie viele Gründungsmitglieder denn die Satzung unterschreiben sollen („Es könnten so 50 Leute zusammenkommen ..."). Hier sollten Sie den Initiatoren empfehlen, dann den Kreis der eigentlichen Gründer, also derjenigen, die die Satzung unterschreiben, überschaubar zu halten. Werden nämlich Änderungen der Satzung vom Registergericht vor (!) Eintragung gefordert, dann müssen diese einstimmig erfolgen. Die in der Satzung vorgesehenen Mehrheiten (Dreiviertelmehrheit oder einfache Mehrheit z.B.) für Satzungsänderungen sind auf diese Änderungen noch nicht anzuwenden. Je kleiner daher der Kreis der formellen Gründer ist, umso eher ist diese Einstimmigkeit herbeizuführen und sind deren Unterschriften einzuholen.

Will der Verein als gemeinnützig anerkannt werden, dann sollte er vor (!) der Eintragung seine Satzung mit dem örtlich zuständigen Finanzamt abstimmen, damit die Anerkennung keine Schwierigkeiten bereitet.

Auch alle späteren Satzungsänderungen bei gemeinnützigen Vereinen sollten zunächst mit dem Finanzamt abgeklärt werden.

Prüfen Sie immer in der Vereinssatzung, wie viele und welche Mitglieder des Vorstandes den Verein vertreten. Nur diese müssen die Anmeldung unterschreiben. Nur sie sind der Vorstand im Sinne des BGB.

Es sind immer die neu gewählten Vorstandsmitglieder vertretungsberechtigt, auch wenn sie noch nicht im Vereinsregister als solche eingetragen sind. Sind aus einem Vorstand nach der Satzung (oder dem Gesetz, wenn in der Satzung dazu nichts steht) mehrere Personen zur Vertretung erforderlich, so sollten Sie darauf hinweisen, dass die Beglaubigung aller Unterschriften in einem einzigen Termin Gebühren erspart.

Änderungen der Satzung wirken erst ab dem Moment der Eintragung im Vereinsregister.

Übungsaufgaben

1. Was versteht man unter dem „Vorstand im Sinne des BGB"?
2. Ein eingetragener Verein hat nur noch fünf Mitglieder. Muss er aufgelöst werden?
3. Warum ist die Ermittlung der satzungsgemäßen Ladungsfrist für Mitgliederversammlungen bei späteren Anmeldungen zum Register wichtig?
4. Von wem wird der Verein vertreten, wenn hierzu in der Satzung nichts geregelt ist?

6 GmbH

6.1 Anmeldung

Amtsgericht Bergen
– Registergericht –
...

Errichtung einer Gesellschaft mit beschränkter Haftung unter der Firma
Bergen W.L. Verwaltungsgesellschaft mbH
mit dem Sitz in Bergen

Ich überreiche

- das Gründungsprotokoll mit Gesellschaftsvertrag vom heutigen Tage, UR-Nr. 199/2018 des beglaubigenden Notars, das auch den Beschluss der Gesellschafterversammlung über die Bestellung des Unterzeichneten zum Geschäftsführer enthält mit Anlage (Satzung),
- die Liste der Gesellschafter vom heutigen Tag

und melde die Gesellschaft und mich als deren Geschäftsführer zur Eintragung in das Handelsregister an.

Sodann versichert der Geschäftsführer, dass keine Umstände vorliegen, aufgrund derer er nach § 6 Abs. 2 S. 2 und 3 GmbHG vom Amt eines Geschäftsführers ausgeschlossen wäre. Insbesondere versichert er:

a) Mir wurde weder durch gerichtliches Urteil noch durch vollziehbare Entscheidung einer Verwaltungsbehörde die Ausübung eines Berufes, Berufszweiges, Gewerbes oder Gewerbezweiges untersagt, somit auch nicht ganz oder teilweise im Bereich des Unternehmensgegenstandes der Gesellschaft.

b) Während der letzten fünf Jahre wurde keine Verurteilung gegen mich rechtskräftig
  - wegen des Unterlassens der Stellung des Antrags auf Eröffnung des Insolvenzverfahrens (Insolvenzverschleppung),
  - nach §§ 283–283d StGB (Insolvenzstraftaten),
  - wegen falscher Angaben nach § 82 GmbHG, § 399 AktG,
  - wegen unrichtiger Darstellung nach § 400 AktG, § 331 HGB, § 313 UmwG oder nach § 17 PublG,
  - nach § 263 StGB (Betrug), § 263a StGB (Computerbetrug), § 264 StGB (Subventionsbetrug), § 264a StGB (Kapitalanlagebetrug), § 265b StGB (Kreditbetrug), § 265c StGB (Sportwettbetrug), § 265d StGB (Manipulation von berufssportlichen Wettbewerben), § 265e StGB (besonders schwere Fälle), § 266 StGB (Untreue) oder § 266a StGb (Vorenthalten und Veruntreuen von Arbeitsentgelt) zu einer Freiheitsstrafe von mindestens einem Jahr. Auch erfolgte keine Verwahrung.

c) Dies gilt wegen einer vergleichbaren Tat auch für das Ausland.
d) Ich wurde nicht aufgrund einer behördlichen Anordnung in einer Anstalt verwahrt.

Ich versichere, vom Notar über meine unbeschränkte Auskunftspflicht nach § 53 Abs. 2 des Gesetzes über das Zentralregister und das Erziehungsregister belehrt worden zu sein.

Weiter melde ich an, dass die Vertretung wie folgt geregelt ist.

Abstrakte Vertretungsregelung:

1. Die Gesellschaft wird durch einen oder mehrere Geschäftsführer vertreten.
Ist nur ein Geschäftsführer bestellt, so vertritt er die Gesellschaft allein. Sind mehrere Geschäftsführer bestellt, so ist jeweils ein Geschäftsführer gemeinsam mit einem weiteren Geschäftsführer oder einem Prokuristen zur Vertretung der Gesellschaft berechtigt.

2. Einzelnen Geschäftsführern kann durch Gesellschafterbeschluss die Befugnis eingeräumt werden, die Gesellschaft auch dann einzeln zu vertreten, wenn mehrere Geschäftsführer bestellt sind oder werden. Einzelnen Geschäftsführern kann für den Einzelfall oder allgemein durch Gesellschafterbeschluss Befreiung von den Beschränkungen des § 181 BGB gewährt werden. Im Falle der Liquidation der Gesellschaft gilt diese Regelung auch für Liquidatoren.

Konkrete Vertretungsregelung:

Ich vertrete die Gesellschaft stets einzeln und bin von den Beschränkungen des § 181 BGB befreit.

Der Geschäftsführer versichert, dass die übernommenen Geschäftsanteile wie folgt eingezahlt sind:

> Die Geschäftsanteile 1 bis 25 000
> in Höhe von je 1,00 €
> mit einem Betrag von 12 500,00 €,
> nämlich je zur Hälfte.

Er versichert hierzu weiterhin, dass sich die eingezahlten Beträge endgültig in der freien Verfügung der Gesellschaft befinden sowie dass das Gesellschaftsvermögen nicht durch Verbindlichkeiten vorbelastet ist, mit Ausnahme des satzungsgemäß von der Gesellschaft zu tragenden Gründungsaufwandes.

Die inländische Geschäftsanschrift lautet:

> Dänische Straße 10, 33105 Bergen

Nach Vollzug dieser Anmeldung wird um Übersendung eines beglaubigten Handelsregisterauszuges auf Kosten der Gesellschaft und Zusendung direkt an diese gebeten.

Bergen, 10.06.2018

Unterschrift Geschäftsführer

Beglaubigungsvermerk, Siegel

Neben der Anmeldung ist als Anlage sowohl die Gründungsurkunde (auch „Mantelurkunde") einzureichen, die die Satzung regelmäßig als Anlage enthält, als auch eine Gesellschafterliste. Sie kann wie folgt aussehen, wobei dieses Beispiel nicht zur angemeldeten Einpersonen-GmbH passt, sondern zu einer GmbH, die drei Gesellschafter hat:

**Gesellschafterliste der
Bergen W.L. Verwaltungsgesellschaft mbH
mit dem Sitz in Bergen
Geschäftsadresse: Dänische Straße 10, 33105 Bergen**

mit den bei Errichtung der GmbH übernommenen Geschäftsanteilen

Gesellschafter (Name, Geburtsdatum, Wohnort bzw. HR-Nr./ Amtsgericht)	Anzahl Geschäftsanteil(e)	Nennbeträge Geschäftsanteil(e) in €	Prozentuale Beteiligung je Geschäftsanteil	Lfd. Nr.	Prozentuale Beteiligung am Stammkapital aller Geschäftsanteile
Frau Carin Elsfleet, geboren am 19.01.1984, wohnhaft Berlin	8400	1,00	0,004	1–8400	33,6
Herr Peter Sperkel, geboren am 20.03.1985, wohnhaft Hamburg	8400	1,00	0,004	8401–16800	33,6
Herr Cord Maschke, geboren am 12.07.1980, wohnhaft Karlsruhe	8200	1,00	0,004	16801–25000	32,8
Summe	25000	25000,00	100	25000	100

Bergen, 08.08.2018

_____
Cord Maschke, Geschäftsführer

6.2 Erläuterungen

6.2.1 Gründungsurkunde

Die GmbH ist die beliebteste juristische Person. Ihre Gründung erfordert immer eine notarielle Beurkundung. Es ist nicht die Haftung der Gesellschaft mit ihrem Vermögen beschränkt, sondern die der Gesellschafter. Diese haften nur in Höhe der von ihnen übernommenen Stammeinlage – und nachrangig für die Stammeinlagen der anderen Gesellschafter, falls diese nicht erbracht worden sein sollten. Diese Haftung trifft jeden, der Gesellschafter der GmbH ist oder vorher einmal war. Auch die Veräußerung eines GmbH-Anteils (die der notariellen Beurkundung bedarf, ebenso wie jede Satzungsänderung) kann diese Haftung nicht abschütteln *(§§ 2, 15, 16, 22, 53 GmbHG)*.

In der Gründungsverhandlung ist regelmäßig der Gesellschaftsvertrag enthalten. Auch wenn er auf eine mit zu verlesende Anlage ausgegliedert wird, ist er von allen Gründern zu unterschreiben. Er hat folgenden Mindestinhalt nach *§ 3 GmbHG*:

1. die Firma und den Sitz der Gesellschaft
2. den Gegenstand des Unternehmens
3. den Betrag des Stammkapitals
4. die Zahl und die Nennbeträge der Geschäftsanteile, die jeder Gesellschafter gegen Einlage auf das Stammkapital (Stammeinlage) übernimmt

Die Übernehmer der Stammeinlage müssen dabei in der Satzung namentlich bezeichnet sein, ein Verweis auf die Gründungsverhandlung ist nicht ausreichend. Eine Vertretung bei der Gründung ist möglich, die Vollmacht bedarf jedoch der notariellen Beurkundung, eine vollmachtlose Vertretung ist bei einer Einpersonengründung nicht zulässig.

6.2.2 Handelsregisteranmeldung

Die Auskunftspflicht der Geschäftsführer gegenüber dem Registergericht ist umfassend, d.h., sie müssen auch über solche einschlägigen Verurteilungen Auskunft geben, die im allgemeinen Führungszeugnis wegen Zeitablaufes schon nicht mehr aufgeführt werden. Es handelt sich bei den aufgeführten Straftaten um solche, die sich gegen fremde Vermögensinteressen richten. Wer sie begangen hat, weist nicht die für die Geschäftsführung einer GmbH, bei der der Rechtsverkehr durch die Haftungsbeschränkung einer erhöhten Gefahr ausgesetzt ist, nötige Zuverlässigkeit auf.

Die Versicherung, dass das Stammkapital in dem Umfange eingezahlt ist, wie dies in der Satzung verlangt wird (häufig nur hälftig), muss richtig sein im Zeitpunkt der Einreichung der Anmeldung beim Register. Wird, wie regelmäßig, die Unterschrift des Geschäftsführers unmittelbar nach der Gründungsverhandlung geleistet und beglaubigt, dann kann die Versicherung notwendigerweise noch nicht zutreffend sein, weil die Gesellschafter erst nach Gründung auf ein Konto der Gesellschaft überweisen werden. Um die Geschäftsführer vor den auch strafrechtlichen Konsequenzen falscher Angaben gegenüber dem Register zu bewahren, wird der Notar die Einreichung erst vornehmen, wenn ihm die Zahlung nachgewiesen wurde. Typischerweise werden ihm hierzu Kopien oder Scans von Kontoauszügen übermittelt. Es muss sich dabei um solche des Kontos der GmbH i. G. (in Gründung) selbst handeln.

6.2.3 Gesellschafterliste

Die Liste ist bei der Gründung vom Geschäftsführer zu unterzeichnen. Eine Beglaubigung ist nicht erforderlich. Bei späteren Änderungen, an denen der Notar mitgewirkt hat, ist sie vom Notar zu unterzeichnen und dem Register zu übermitteln. In Zweifelsfällen ist es unschädlich, wenn Notar und Geschäftsführer unterzeichnen. Der Geschäftsführer wird vom Notar regelmäßig bei der Anmeldung seiner Bestellung auf seine Pflichten im Zusammenhang mit der Liste hingewiesen, weil sich aus Verstößen seine Haftung ergibt, vgl. den nachfolgenden Text des *§ 40 GmbHG*. Der Geschäftsführer wird z.B. im Falle der Rechtsnachfolge aufgrund Todes eines Gesellschafters tätig werden, der Notar typischerweise bei Verträgen über die Übertragung von Geschäftsanteilen oder bei Herauf- oder Herabsetzung des Stammkapitals.

Die Gesellschafterliste informiert die Gläubiger der Gesellschaft darüber, wer gegebenenfalls für die Haftung noch in Betracht kommt, die Minderheitsgesellschafter darüber, wer mit ihnen Gesellschafter ist, und dient der Gesellschaft als sichere Grundlage dafür, festzustellen, wen sie als Gesellschafter zu behandeln hat. Denn nur wer dort eingetragen ist, gilt der GmbH über als ihr Gesellschafter, darf also in Gesellschafterversammlungen abstimmen und Ausschüttungen beanspruchen. Außerdem kann ein Erwerber eines GmbH-Anteils gutgläubig den Anteil von demjenigen erwerben, der seit mindestens drei Jahren als Gesellschafter dort ohne Widerspruch eingetragen ist.

§ 40 GmbHG (1) Die Geschäftsführer haben unverzüglich nach Wirksamwerden jeder Veränderung in den Personen der Gesellschafter oder des Umfangs ihrer Beteiligung eine von ihnen unterschriebene Liste der Gesellschafter zum Handelsregister einzureichen, aus welcher Name, Vorname, Geburtsdatum und Wohnort der letzteren sowie die Nennbeträge und die laufenden Nummern der von einem jeden derselben übernommenen Geschäftsanteile zu entnehmen sind. [...] Die Änderung der Liste durch die Geschäftsführer erfolgt auf Mitteilung und Nachweis.
(2) Hat ein Notar an Veränderungen nach Absatz 1 Satz 1 mitgewirkt, hat er unverzüglich nach deren Wirksamwerden ohne Rücksicht auf etwaige später eintretende Unwirksamkeitsgründe die Liste anstelle der Geschäftsführer zu unterschreiben, zum Handelsregister einzureichen und eine Abschrift der geänderten Liste an die Gesellschaft zu übermitteln. Die Liste muss mit der Bescheinigung des Notars versehen sein, dass die geänderten Eintragungen den Veränderungen entsprechen, an denen er mitgewirkt hat, und die übrigen Eintragungen mit dem Inhalt der zuletzt im Handelsregister aufgenommenen Liste übereinstimmen.
(3) Geschäftsführer, welche die ihnen nach Absatz 1 obliegende Pflicht verletzen, haften denjenigen, deren Beteiligung sich geändert hat, und den Gläubigern der Gesellschaft für den daraus entstandenen Schaden als Gesamtschuldner. [...]

Die Gesellschafter brauchen das vereinbarte Stammkapital, das mindestens 25 000,00 € betragen muss, nicht schon bei der Gründung vollständig einzuzahlen, wenn die Satzung ihnen eine spätere Einzahlung gestattet. Es ist ausreichend, wenn a) insgesamt die Hälfte des Mindestkapitals eingezahlt wird und b) auf jeden Anteil mindestens ein Viertel seines Nennbetrages eingezahlt wurde. Aus diesem Grund werden bei der Gründung häufig nur 12 500,00 € in bar eingezahlt, hälftig auf jeden Anteil, und das Mindeststammkapital gewählt. Die Einlagepflicht besteht indes fort, spätestens in der Insolvenz der GmbH werden die Gesellschafter für die Restzahlung in Anspruch genommen. Oft werden 25 000 Anteile à 1,00 € gebildet, weil dies die Aufteilung auch bei einer größeren Anzahl von Gesellschaftern ermöglicht.

Die Gesellschaft darf das Stammkapital nicht wieder an die Gesellschafter zurückzahlen, etwa durch Vergabe eines Darlehens an die Gesellschafter. In diesem Falle wäre wirtschaftlich nicht das Stammkapital eingezahlt, sondern nur eine Forderung gegen den Gesellschafter eingebracht worden – auf Rückzahlung einer entsprechenden Summe. Hierin läge eine sogenannte verdeckte Sachgründung. Sie ist unzulässig, weil eine Prüfung des Wertes der eingelegten Sache durch das Registergericht nicht stattgefunden hätte, anders als bei einer offenen Sachgründung, bei der z.B. Wirtschaftsprüferbescheinigungen über die Werthaltigkeit von Forderungen, Fahrzeugen usw. vorgelegt werden müssen. Fehlende oder fehlerhafte Kapitalaufbringung führt zur Haftung der Beteiligten, auch eine Strafbarkeit des Geschäftsführers wegen falscher Versicherung gegenüber dem Registergericht kommt in Betracht. Auch wenn vor Eintragung der Gründung im Namen der GmbH Verbindlichkeiten eingegangen werden, besteht eine persönliche Haftung in voller Höhe. Aus diesem Grund werden die Beteiligten vom Notar über die sich aus solchen Verhaltensweisen ergebenden Gefahren im Rahmen der Vorbesprechung oder der Gründungsverhandlung belehrt.

6.2.4 Musterprotokoll

Nachfolgend finden Sie das Musterprotokoll für die Gründung einer Einpersonengesellschaft und dasjenige für die Gründung einer Mehrpersonengesellschaft mit bis zu drei Gesellschaftern. Sie sind der Anlage zu *§ 2 Abs. 1a GmbHG* entnommen. Diese Beurkundungstextvorlagen sind im Zuge der Modernisierung des deutschen GmbH-Rechts aufgenommen worden und ebenso wie die Unternehmergesellschaft inspiriert vom englischen Gesellschaftsrecht. Der dortige Companies Act bietet den Gründern ebenfalls Musterformulierungen für eine Gründungsurkunde an. Das verringert den Aufwand bei der Gründung.

Anlage
(zu § 2 Abs. 1a)

a) Musterprotokoll
für die Gründung einer Einpersonengesellschaft

UR. Nr. ....

Heute, den ....,

erschien vor mir, ...,
Notar/in mit dem Amtssitz in
....,

Herr/Frau[1]
....
....
....[2]).

1. Der Erschienene errichtet hiermit nach § 2 Abs. 1a GmbHG eine Gesellschaft mit beschränkter Haftung unter der Firma ....
....
mit dem Sitz in ....

2. Gegenstand des Unternehmens ist ....

3. Das Stammkapital der Gesellschaft beträgt .... €
(i. W. .... Euro) und wird vollständig von Herrn/Frau[1]) ....
(Geschäftsanteil Nr. 1) übernommen. Die Einlage ist in Geld zu erbringen, und zwar sofort in voller Höhe/zu 50 Prozent sofort, im Übrigen sobald die Gesellschafterversammlung ihre Einforderung beschließt[3]).

4. Zum Geschäftsführer der Gesellschaft wird Herr/Frau[4]) ....
....,
geboren am .... , wohnhaft in ....
.... , bestellt.
Der Geschäftsführer ist von den Beschränkungen des § 181 des Bürgerlichen Gesetzbuchs befreit.

5. Die Gesellschaft trägt die mit der Gründung verbundenen Kosten bis zu einem Gesamtbetrag von 300 €, höchstens jedoch bis zum Betrag ihres Stammkapitals. Darüber hinausgehende Kosten trägt der Gesellschafter.

6. Von dieser Urkunde erhält eine Ausfertigung der Gesellschafter, beglaubigte Ablichtungen die Gesellschaft und das Registergericht (in elektronischer Form) sowie eine einfache Abschrift das Finanzamt – Körperschaftsteuerstelle –.

7. Der Erschienene wurde vom Notar/von der Notarin insbesondere auf Folgendes hingewiesen: ....

Hinweise:

[1]) Nicht Zutreffendes streichen. Bei juristischen Personen ist die Anrede Herr/Frau wegzulassen.

[2]) Hier sind neben der Bezeichnung des Gesellschafters und den Angaben zur notariellen Identitätsfeststellung ggf. der Güterstand und die Zustimmung des Ehegatten sowie die Angaben zu einer etwaigen Vertretung zu vermerken.

[3]) Nicht Zutreffendes streichen. Bei der Unternehmergesellschaft muss die zweite Alternative gestrichen werden.

[4]) Nicht Zutreffendes streichen.

Erläuterungen

b) Musterprotokoll
für die Gründung einer Mehrpersonengesellschaft
mit bis zu drei Gesellschaftern

UR. Nr. ....

Heute, den ....,

erschienen vor mir, ...,
Notar/in mit dem Amtssitz in
....,

Herr/Frau[1]
....
....[2]),

Herr/Frau[1]
....
....[2]),

Herr/Frau[1]
....
....[2]).

1. Die Erschienenen errichten hiermit nach § 2 Abs. 1a GmbHG eine Gesellschaft mit beschränkter Haftung unter der Firma ....
   ....
   mit dem Sitz in ....

2. Gegenstand des Unternehmens ist ....

3. Das Stammkapital der Gesellschaft beträgt .... €
   (i. W. .... Euro) und wird wie folgt übernommen:
   Herr/Frau[1] .... übernimmt einen Geschäftsanteil mit einem Nennbetrag in Höhe von ...... €
   (i. W. .... Euro) (Geschäftsanteil Nr. 1),
   Herr/Frau[1] .... übernimmt einen Geschäftsanteil mit einem Nennbetrag in Höhe von ...... €
   (i. W. .... Euro) (Geschäftsanteil Nr. 2),
   Herr/Frau[1] .... übernimmt einen Geschäftsanteil mit einem Nennbetrag in Höhe von ...... €
   (i. W. .... Euro) (Geschäftsanteil Nr. 3).
   Die Einlagen sind in Geld zu erbringen, und zwar sofort in voller Höhe/zu 50 Prozent sofort, im Übrigen sobald die Gesellschafterversammlung ihre Einforderung beschließt[3]).

4. Zum Geschäftsführer der Gesellschaft wird Herr/Frau[4]) ....
   ....,
   geboren am .... , wohnhaft in ....
   ...., bestellt.
   Der Geschäftsführer ist von den Beschränkungen des § 181 des Bürgerlichen Gesetzbuchs befreit.

5. Die Gesellschaft trägt die mit der Gründung verbundenen Kosten bis zu einem Gesamtbetrag von 300 €, höchstens jedoch bis zum Betrag ihres Stammkapitals. Darüber hinausgehende Kosten tragen die Gesellschafter im Verhältnis der Nennbeträge ihrer Geschäftsanteile.

6. Von dieser Urkunde erhält eine Ausfertigung jeder Gesellschafter, beglaubigte Ablichtungen die Gesellschaft und das Registergericht (in elektronischer Form) sowie eine einfache Abschrift das Finanzamt – Körperschaftsteuerstelle –.

7. Die Erschienenen wurden vom Notar/von der Notarin insbesondere auf Folgendes hingewiesen: ....

Hinweise:

[1]) Nicht Zutreffendes streichen. Bei juristischen Personen ist die Anrede Herr/Frau wegzulassen.

[2]) Hier sind neben der Bezeichnung des Gesellschafters und den Angaben zur notariellen Identitätsfeststellung ggf. der Güterstand und die Zustimmung des Ehegatten sowie die Angaben zu einer etwaigen Vertretung zu vermerken.

[3]) Nicht Zutreffendes streichen. Bei der Unternehmergesellschaft muss die zweite Alternative gestrichen werden.

[4]) Nicht Zutreffendes streichen.

Die Muster sind sowohl für die Gründung einer GmbH als auch einer Unternehmergesellschaft gedacht. Bei letzterer muss unter Nr. 1 nach „unter der Firma" neben der Firma der Gesellschaft der entsprechende Rechtsformzusatz der Unternehmergesellschaft eingetragen werden, nach *§ 5a Abs. 1 GmbHG*, also UG (haftungsbeschränkt) oder Unternehmergesellschaft (haftungsbeschränkt) statt einem nach *§ 4 GmbHG* zulässigen Rechtsformzusatz „GmbH", „... gesellschaft mbH" o. Ä.

Einer der Nachteile der Musterprotokollgründung ist die Tatsache, dass der Mustertext nicht verändert werden darf. Er kann aber um Belehrungen ergänzt werden. Sie können praktisch so aussehen, wie die, die sich auch in der Gründungsurkunde bei einer „normalen" GmbH finden:

- Die Gesellschaft entsteht erst mit der Eintragung in das Handelsregister. Ob die gewählte Firmierung jenseits der handelsrechtlichen Bestimmungen zulässig ist, insbesondere ob sie Namens- oder Markenrechte Dritter verletzt, kann vom Notar nicht geprüft werden.

- Alle Gründungsgesellschafter haften bis zur Eintragung der Gesellschaft unbeschränkt und persönlich für die Verbindlichkeiten der Vorgesellschaft. Sie haften auch nach Eintragung der Gesellschaft ohne Beschränkung auf die Höhe der übernommenen Stammeinlage, wenn zum Zeitpunkt der Eintragung der Gesellschaft in das Handelsregister der Wert des Gesellschaftsvermögens (zuzüglich des satzungsmäßig festgelegten Gründungsaufwandes) niedriger als das nominelle Stammkapital ist (Differenzhaftung unter dem Vorbehalt wertgleicher Deckung durch Aktiva). Das Registergericht ist ferner berechtigt, bei im Zeitpunkt der Eintragung der Gesellschaft nicht ausgeglichenen, über den vorgenannten Gründungsaufwand hinausgehenden Vorbelastungen die Registereintragung abzulehnen.

- Die Gründungsgesellschafter wurden weiterhin über die Gefahren verdeckter Sacheinlagen belehrt. Ihnen ist insbesondere bekannt, dass in einem objektiven sachlichen und zeitlichen Zusammenhang mit der Gründung stehende Rechtsgeschäfte zwischen Gesellschaft und Gesellschafter (vor allem die Veräußerung von Gegenständen des Gesellschafters an die Gesellschaft, ein bloßes Hin- und Herzahlen sowie die Forderungsverrechnung) als verschleierte Sachgründung regelmäßig nicht zu einer Befreiung von der übernommenen Bareinlageverpflichtung führen.

- Jeder Gründer haftet nach außen für die Volleinzahlung des gesamten Stammkapitals, also auch für die Stammeinlagen der Mitgesellschafter.

- Auf die Vorschriften über die Kapitalerhaltung bei der eingetragenen GmbH wurde hingewiesen und insbesondere darüber belehrt, dass jede Darlehensgewährung an Gesellschafter, die nicht aus Rücklagen oder Gewinnvorträgen, sondern zulasten des gebundenen Vermögens erfolgt, eine verbotene Einlagenrückgewähr darstellt.

- Gesellschafter und Geschäftsführer haften für Folgen falscher Angaben bei Gründung der Gesellschaft als Gesamtschuldner und können gegebenenfalls mit Freiheitsstrafe bis zu drei Jahren bestraft werden.

- Aus den *§§ 325 ff. HGB* ergibt sich eine Offenlegungspflicht für den Jahresabschluss einer Kapitalgesellschaft.

Auch inhaltlich sind die Gründer bei der Gestaltung der Gesellschaft im Falle von Musterprotokollgründungen eingeschränkt, weil sie z. B. nur einen Geschäftsführer bestellen können, weil Regelungen über die Beschränkung der Veräußerung der Gesellschaftsanteile fehlen (Vorkaufsrecht für die anderen Mitgesellschafter z. B.), weil Erleichterungen für die Beschlussfassung der Gesellschafterversammlung, Abfindungsregelungen beim Ausscheiden und Regelungen zur Einziehungen von Gesellschaftsanteilen im Falle der Insolvenz eines Gesellschafters usw. fehlen. Nur für sehr einfache Konstellationen (Einpersonengründung, eng verbundene Gesellschafter für die Übergangsphase u. Ä.) und sehr auf den Gebührenspareffekt bedachte Urkundsersuchende wird sich daher eine Musterprotokoll-Gründung eignen.

6.3 Gebühren

Für die Beurkundung der Gründung der GmbH mit mehreren Gesellschaftern fällt eine 2,0-Beurkundungsgebühr gem. *Nr. 21100 KV GNotKG* an. Geschäftswert ist der Nominalbetrag des Stammkapitals, mindestens 30 000,00 € *(§§ 97, 107 GNotGK)*. Einpersonengründungen lösen nur eine 1,0-Beurkundungsgebühr nach *Nr. 21200 KV GNotKG* aus.

Wird in der Gründungsurkunde auch der Beschluss über die Bestellung des ersten Geschäftsführers beurkundet, so tritt der Wert hierfür hinzu. Nach *§ 110 Nr. 1 GNotKG* handelt es sich dabei um verschiedene Beurkundungsgegenstände. Der Wert beläuft sich nach *§ 108 Abs. 1 S. 1 GNotKG* i. V. m. *§ 105 Abs. 4 GNotKG* auf mindestens 30 000,00 €. Er erhöht sich nicht bei mehreren Geschäftsführern. Für diese Beurkundung fällt eine 2,0-Beurkundungsgebühr nach *Nr. 21100 KV GNotKG* an, auch bei der Einpersonengründung! Es handelt sich nämlich um „den Beschluss eines Organs einer Vereinigung", der Gesellschafterversammlung einer GmbH, vgl. Überschrift des Abschnittes 1 des KV zum GNotKG.

Bei einer Mehrpersonengründung mit einem Stammkapital von 25 000,00 € und Bestellungsbeschluss in der Gründungsurkunde beträgt der Geschäftswert 60 000,00 €. Auf ihn wird eine 2,0-Gebühr *Nr. 21100 KV GNotKG* fällig. Bei der Einpersonengründung ist hingegen eine Vergleichsberechnung durchzuführen: Die 1,0-Gebühr für die Gründung einerseits und die 2,0-Gebühr für die Geschäftsführerbestellung andererseits dürfen zusammen nicht höher sein als die 2,0-Gebühr aus dem addierten Geschäftswert *(§ 94 Abs. 1 GNotKG)*.

Erfolgt die Bestellung des ersten Geschäftsführers in der Satzung, so fällt dafür keine gesonderte Gebühr an. Allerdings gilt die Beurkundung eines Beschlusses nicht als fehlerhafte Sachbehandlung *(§ 21 GNotKG)*.

Eine 0,5-Vollzugsgebühr *Nr. 22110 KV GNotKG* zum Gesamtwert der Beurkundungen fällt für die Erstellung der Gesellschafterliste und weitere Vollzugsmaßnahmen an, wie die Einholung einer IHK-Auskunft zur Firma *(Vorbem. 2.2.1.1 Abs. 1 S. 2 Nr. 3, 5 KV GNotKG)*. Erledigt der Notar nur letzteres, dann ist die Gebühr mit 50,00 € gedeckt *(Nrn. 22112, 22110 KV GNotKG, Vorbem. Nr. 1 KV GNotKG)*. Ein Höchstgebühr von 250,00 € ist zu beachten, wenn er nur die Liste erstellt *(Nrn. 22113, 22110 KV GNotKG i. V. m. Vorbem. Nr. 3 KV GNotKG)*.

Die üblichen Auslagenvorschriften treten hinzu.

Die Anmeldung der GmbH zum Register löst eine 0,5-Beurkundungsgebühr nach *Nrn. 21201 Nr. 5, 24102 KV GNotKG* aus zum Nennwert des Stammkapitals, vgl. *§ 105 Abs. 1 S. 1 Nr. 1 1. Halbsatz Nr. 1, S. 2 GNotKG*, nach seinem Satz 2 beträgt der Mindestwert jedoch 30 000,00 €. Für die Erzeugung der Strukturdaten bei der Anmeldung über XNotar entsteht eine 0,3-XML-Vollzugsgebühr nach *Nr. 22114 KV GNotKG*, höchstens 250,00 €. Geschäftswert ist der der Anmeldung *(§§ 112, 105 Abs. 1 S. 1 Nr. 1 GNotKG)*. Häufig wird eine 0,5-Betreuungsgebühr nach *Nr. 22200 Nr. 3 KV GNotKG* hinzutreten, wenn der Notar (zum Schutz des Geschäftsführers vor einer falschen Versicherung hierzu in der Anmeldung) prüft, ob das Stammkapital ordnungsgemäß eingezahlt ist, bevor er die Anmeldung einreicht. Die Auslagen treten hinzu.

Die Gründung einer GmbH nach Musterprotokoll hat den Vorteil, dass Geschäftsführerbestellung und Gesellschafterliste bereits integriert sind *(§ 2 Abs. 1a S. 4 GmbHG)*. Die hierauf bezogenen, oben aufgeführten Gebühren entfallen daher. Für die verbleibenden Gebühren ist der Mindestgeschäftswert von 30 000,00 € durch *§ 107 Abs. 1 S. 2 GNotKG* aufgehoben, sodass 25 000,00 € zugrunde zu legen sind.

Bei Gründung einer UG (haftungsbeschränkt) nach Musterprotokoll kann daher der Gegenstandswert auf 1,00 € für eine Einpersonengründung fallen, sodass für die Beurkundung eine 1,0-Gebühr nach *Nr. 21200 KV GNotKG* anfällt, also 60,00 € als Mindestgebühr, bei mehreren Gesellschaftern eine 2,0-Gebühr nach *Nr. 21100 KV GNotKG*, dort 120,00 €. Jegliche Abweichungen (außer natürlich die vom Muster schon vorgesehenen Maßnahmen!) vom Muster lassen die Kostenvorteile entfallen.

> vgl. Nr. 21201 Nr. 5 KV GNotKG

Die Beurkundung der Anmeldung profitiert bei Mustertreue auch vom Wegfall des Mindestwertes *(§ 105 Abs. 6 Nr. 1 GNotKG)*, die Mindestgebühr beträgt 30,00 €. Die 0,3-XML-Vollzugsgebühr nach *Nr. 22114 KV GNotKG* beträgt 30,00 € *(§ 34 Abs. 5 GNotKG)*, wenn die Gründer ein Stammkapital vereinbaren, das unter 5 000,00 € liegt.

6.4 Tipps

Lassen Sie einen Entwurf der Handelsregisteranmeldung den Geschäftsführern möglichst frühzeitig zukommen. Diese können dann prüfen, ob sie unbedenklich die dortigen Versicherungen abgeben können oder ob in ihrer Person Hinderungsgründe liegen. Es ist für die Urkundsuchenden angenehmer, wenn sie darauf frühzeitig und ohne Gesichtsverlust reagieren können – durch Bestellung geeigneter Personen –, als wenn dies erst in der Beurkundungsverhandlung selbst thematisiert werden muss.

Eine Einzahlung auf die Stammeinlage soll immer erst dann erfolgen, wenn die notarielle Gründungsverhandlung bereits stattgefunden hat. Wird früher gezahlt, so führt dies regelmäßig nicht zur Erfüllung der Einlagepflicht. Im Falle der Insolvenz müssen diese Beträge dann erneut erbracht werden. Im Zuge der Beurkundungsvorbereitung wird wegen des Zeitdrucks, unter dem sich die Gründer fühlen, zuweilen nach dieser „Beschleunigungsmöglichkeit" gefragt.

Aus dem Überweisungszweck bei der Stammeinlagenzahlung sollte klar hervorgehen, wessen Stammeinlagepflicht damit erfüllt wird.

Nach *§ 4 GmbHG* kann eine Gesellschaft, die ausschließlich und unmittelbar steuerbegünstigte Zwecke nach den *§§ 51, 68 AO* verfolgt, als Rechtsformzusatz die Abkürzung „gGmbH" verwenden. Entsprechend wird eine „gUG (haftungsbeschränkt)" für zulässig gehalten, auch wenn *§ 5a GmbHG* diese Form des Rechtsformzusatzes gerade nicht vorsieht. Begründen lässt sich die entsprechende Anwendung des *§ 4 GmbHG* damit, dass auch eine Unternehmergesellschaft eine „Gesellschaft" des GmbHG ist.

Nur die GmbH bzw. UG kennt „Geschäftsführer". Zuweilen wird dieser Begriff als Funktionsbezeichnung auch von Personen in deren Geschäftspapieren verwendet, die in anderen Rechtsformen tätig sind. Als wettbewerbswidrig kann dies von Mitbewerbern abgemahnt werden.

Damit die Geschäftsführer für die GmbH i.G. ein Bankkonto einrichten können, auf das die Gesellschafter ihre Stammeinlage zahlen können, brauchen sie regelmäßig eine Ausfertigung der Gründungsurkunde. Es ist daher für die Beteiligten angenehm, wenn sie eine solche direkt nach der Beurkundung schon mitnehmen können. Die Übersendung einer einfachen Abschrift an das Körperschaftsteuerfinanzamt sollte idealerweise am selben Tag erfolgen, zu ihr ist der Notar verpflichtet.

Übungsaufgaben

1. Warum ist die inländische Geschäftsanschrift so wichtig?
2. Wie könnte eine eindeutige Überweisungszweckangabe bei der Zahlung auf die Stammeinlage gem. obiger Gesellschafterliste für einen der Gesellschafter lauten?
3. Welche prozentualen Anteile halten die Gesellschafter in der beispielhaften Gesellschafterliste?
4. Der Sitz einer GmbH liegt in Bergen. Darf sich die inländische Geschäftsanschrift in einer anderen politischen Gemeinde befinden?

7 UG (haftungsbeschränkt)

7.1 Anmeldung

Die Anmeldung einer Unternehmergesellschaft unterscheidet sich praktisch nicht von der einer GmbH. Die Firmierung ist jedoch um den spezifischen Rechtsformzusatz, im Regelfall abgekürzt, zu ergänzen, den *§ 5a GmbHG* vorgibt.

7.2 Erläuterungen

Die Unternehmergesellschaft ist eine „GmbH-light" weil sie kein Mindestkapital bei der Gründung erfordert. Theoretisch denkbar wäre die Gründung mit einem Stammkapital von 1,00 €. Damit gewährt diese Rechtsform den Gesellschaftern die Beschränkung ihrer Haftung auf ihre Stammeinlage wie bei der GmbH, ohne dass sie als Ausgleich dafür den Gläubigern im Gegenzug mindestens 25 000,00 € zur Verfügung stellen müssen, wie dies bei der vollwertige GmbH der Fall ist. Der korrekte Rechtsformzusatz dieser Form der GmbH lautet Unternehmergesellschaft (haftungsbeschränkt) oder UG (haftungsbeschränkt). Sie ist nachträglich in das GmbH-Gesetz aufgenommen worden, wie Sie an der Nummerierung des maßgeblichen *§ 5a GmbHG* leicht erkennen können.

Sie ist als Antwort auf die englische Rechtsform der company limited by shares, kurz Limited oder Ltd./LTD., gedacht. Aufgrund der Regeln über die Freizügigkeit von Personen in der EU, die auch juristischen Personen zugutekommt, ist es möglich geworden, dass in Deutschland eine englische Limited agieren kann. Diese Gesellschaften sind nach englischem Gesellschaftsrecht gegründet und im dortigen Gesellschaftsregister, Companies House, eingetragen. Sie beschränken die Haftung der Gesellschafter ebenfalls auf deren Stammeinlage, fordern aber kein Mindestkapital. Damit ermöglichen sie es, der Haftungsbegrenzung der GmbH vergleichbare Wirkungen zu erzielen, ohne dass man 25 000,00 € aufbringen muss. Diese Möglichkeit haben viele Gewerbetreibende genutzt. Für den hiesigen Rechtsverkehr und die Gerichte vorteilhafter war es in dieser Situation, eine „einheimische" Alternative zur klassischen GmbH anzubieten, die ebenfalls ohne großen finanziellen Aufwand die wirtschaftliche Betätigung mit Haftungsschirm ermöglicht. Dies galt umso mehr, als auch die erheblichen Folgekosten der Limited den Gründern erspart bleiben, auf die deren kommerzielle Gründungsdienstleister angesichts der geringen Anfangsinvestitionen selten hinweisen.

Neben dem unhandlichen Rechtsformzusatz weist die Unternehmergesellschaft eine Besonderheit auf. Die Gesellschafter müssen bei der jährlichen Aufstellung der Bilanz eine gesetzliche Rücklage bilden. In diese Rücklage müssen jedes Jahr 25 % des Gewinns eingestellt werden. Diese Beträge dürfen die Gesellschafter sich nicht als Gewinne ausschütten. Sie dürfen nur verwendet werden, um gewisse Verlustvorträge oder Jahresfehlbeträge auszugleichen. Davon abgesehen dürfen sie nur verwendet werden, um das Stammkapital zu erhöhen. Der Gedanke hinter dieser Rückstellungspflicht ist gewesen, dass die Gesellschafter zwar die Möglichkeit erlangen, auch mit kleinen Beträgen und Umsätzen ihre Unternehmen zu gründen und mit Haftungsbeschränkung zu betreiben, wenn diese jedoch erfolgreich sind und Gewinne abwerfen, sie über die Zwangsrücklage praktisch automatisch „erwachsen werden" und das Stammkapitalniveau der klassischen GmbH von 25 000,00 € erreichen.

Tatsächlich kommt es hierzu in der Praxis eher selten, weil die Gesellschafter u. a. durch die Erhöhung der Geschäftsführergehälter legal verhindern können, dass überhaupt Gewinne anfallen. Selbst wenn Gewinne anfallen und in die Rücklage eingestellt werden, setzt die Umwidmung der Zwangsrücklage in Stammkapital voraus, dass dem Handelsregister im Zuge der Anmeldung der Kapitalerhöhung ein Wirtschaftsprüfer-Attest vorgelegt wird, aus dem hervorgeht, dass die Gesellschaft wirklich so werthaltig ist, wie dies die Bilanz ausweist. Diese Bescheinigung kostet mehrere Tausend Euro, sodass viele Gründer, die mit einer UG (haftungsbeschränkt) begonnen haben und sich nun mit einer „GmbH" schmücken möchten, lieber „abgesaugte" Gewinne im Wege der klassischen Stammkapitalerhöhung gegen Bareinlage in die Gesellschaft reinvestieren und dadurch zu einer vollwertigen GmbH gelangen.

7.3   Gebühren

Grundsätzlich sind die Gebühren für die Beurkundung der Gründung einer UG (haftungsbeschränkt) auf dieselbe Art und Weise zu berechnen wie die für eine GmbH. Es ergeben sich im Vergleich damit aber, je nach Fallgestaltung, zwei Kostenvorteile. Der Geschäftswert ist in jedem Fall das Stammkapital **ohne** Mindestwert von 30 000,00 € *(§ 105 Abs. 6, Abs. 1 S. 1 Nr. 1 GNotKG).* Wird mit Musterprotokoll gegründet, so entfällt außerdem die Geschäftswerterhöhung für den Beschluss über die Bestellung des Geschäftsführers und die Vollzugsgebühr nach *Nr. 22113 KV GNotKG,* denn beides ist bereits im Musterprotokoll enthalten. Allerdings wird dieser Effekt durch die Mindestgebühren für Beurkundungen der Gründung selbst (60,00 € bei Einpersonengründung, 120,00 € bei mehreren Gründungsgesellschaftern, *Nrn. 21100, 21200 KV GNotKG)* abgeschwächt.
Gleiches gilt auch für jene Mindestgebühren, die für die Registeranmeldung anfallen: Nach *Nr. 21201 Nr. 5 KV GNotKG* i. V. m. *Nr. 24102 KV GNotKG* betragen sie 30,00 €, respektive 20,00 €, wenn der Urkundsersuchende den Entwurf stellt, nach *Nr. 25100 KV GNotKG.* Vollzugs- und Betreuungstätigkeiten können durch *§ 34 Abs. 5 GNotKG* aufgefangen werden.

7.4   Tipps

Damit die UG (haftungsbeschränkt) nicht schon mit der ersten Rechnung des Registergerichts über die Eintragung mehr Verbindlichkeiten als Vermögen aufweist (was die Geschäftsführer zur Stellung eines Insolvenzantrages verpflichtet, dessen Verschleppung sie in die persönliche Haftung führt), sollte das Stammkapital einer Unternehmergesellschaft in der Praxis doch mindestens 500,00 € betragen.

Anders als bei der GmbH muss das Stammkapital bei einer UG immer ganz eingezahlt werden. Eine Sachgründung ist bei ihr nicht zulässig

Wenn bei einer UG das Stammkapital aber auf mindestens 25 000,00 € erhöht wird, dann fallen auch für sie diese Beschränkungen weg. Die Erhöhung kann durch eine Sacheinlage erbracht werden, und es sind auch Teileinzahlungen auf die Stammeinlagepflicht möglich.

Der Rechtsformzusatz der Unternehmergesellschaft ist auch in der abgekürzten Form sperrig. Dies ist vom Gesetzgeber absichtlich so vorgesehen, um die Verwender zu motivieren, diese Form der „GmbH-light" nur als Übergangslösung zu verwenden und zur normalen GmbH zu wechseln bzw. um dem Rechtsverkehr den Unterschied zur GmbH deutlich zu machen. Es gibt Gründer, die dazu neigen, deshalb auf Briefköpfen, in E-Mail-Signaturen usw. den Rechtsformzusatz zu verkürzen. Das ist unzulässig und kann Abmahnungen von Mitbewerbern oder ordnungsrechtliche Maßnahmen zur Folge haben. Aus diesem Grunde sollten Sie auf solche formalen Mängel in der Korrespondenz achten und den Notar darauf hinweisen, falls er die Urkundsersuchenden entsprechend belehren möchte.

Die UG (haftungsbeschränkt) hat einen schlechten Ruf im Rechtsverkehr, dies ist gerade geschäftsunerfahrenen Gründern oft nicht bewusst.

Außerhalb spezieller Anwendungsfelder, etwa als Komplementärin einer vermögensverwaltenden UG (haftungsbeschränkt) & Co. KG, wird der Notar Gründern regelmäßig eher raten, wenn irgend möglich gleich eine GmbH zu gründen, weil die Unternehmergesellschaft mit den geschilderten Nachteilen verbunden ist.

Übungsaufgaben

1. Was ist eine „gUG (haftungsbeschränkt)"?
2. Was ist eine „UG (haftungsbeschränkt) & Co. KG"?
3. Ein Anrufer fragt, ob er eine UG auch mit einer Sacheinlage gründen kann, er möchte gerne seinen gebrauchten Pkw in die zu gründende Gesellschaft einbringen. Wir würden Sie antworten?

8 Rechtsbehelfe

Beschwerdeverfahren:

Wenn eine Anmeldung aus Sicht des Registergerichts nicht korrekt war, dann wird das Gericht eine Aufklärungsverfügung (hier ist keine Beschwerde möglich, es handelt sich um eine formlose „Rückfrage") oder eine Zwischenverfügung erlassen. Der Notar wird daraufhin Unklarheiten beseitigen bzw. die in der Zwischenverfügung beschriebenen Mängel zu beheben suchen. Hierzu ist gegebenenfalls die Stellung weiterer Anträge nötig, die Beibringung von Unterlagen durch die Urkundsersuchenden (Wirtschaftsprüferbescheinigungen z. B.) oder ergänzende Erklärungen. Letztere können auch durch Mitarbeiter des Notars erfolgen, wenn entsprechende Vollmachten für diese in den Anmeldungen oder den zugrunde liegenden Beurkundungstexten vorgesehen wurden. Auch dem Notar selbst können Vollzugsvollmachten erteilt sein.

Es ist jeweils die Frist zu notieren, die für die Erledigung der Zwischenverfügung gesetzt wurde, anderenfalls die allgemeine Beschwerdefrist.

Sowohl gegen eine Zwischenverfügung *(§ 58 FamFG)* als auch gegen einen Zurückweisungsbeschluss *(§ 382 FamFG)* – wenn die Maßnahmen auf die Zwischenverfügung hin das Gericht nicht dazu bewegt haben, dem Antrag stattzugeben – sind Rechtsbehelfe gegeben.

Es ist Beschwerde nach beim Registergericht selbst einzulegen. Die Frist beträgt einen Monat nach *§ 63 FamFG*. Sie soll begründet sein, allerdings kann hierzu auch vom Gericht eine Frist gesetzt werden, sie braucht also nicht zum Fristablauf vorzuliegen.

Gegen die Entscheidung über die Beschwerde ist innerhalb eines Monats nach Zugang des Beschlusses die Rechtsbeschwerde zum OLG gegeben, wenn sie im Beschluss zugelassen wurde *(§ 70 FamFG)*. Es ist auch eine Sprungrechtsbeschwerde dorthin möglich, also eine solche, ohne dass das LG selbst überhaupt über die Beschwerde entscheidet unter den Voraussetzungen des *§ 75 FamFG*.

> **Übungsaufgabe**
>
> Eine Zwischenverfügung ist über XNotar abgerufen worden. Sie enthält keine Frist. Was wird Nicole Otte mit ihr machen?

Sachwortverzeichnis

A

Abgabenordnung 310
Abkömmlinge 205
abstraktes Schuldanerkenntnis 278
amtliche Verwahrung 204
Anfechtungen 201
Anschlusspfändung 82, 86
Antragsgrundsatz 224
Arrest 128
Arrestbefehl 129
Aufenthaltsbestimmungsrecht 171
Aufgabeerklärung 225
Aufklärungsverfügung 327
Auflage 195
Auflassung 253
Ausgleichszahlung 272
Ausschlagungsfrist 190
Austauschpfändung 83

B

Bargebot 112
Baulasten 250
berechtigte Interesse 218
Berliner Testament 198
Beschwerdefrist 327
besondere Angelegenheiten 138
bestehen bleibende Rechte 113
Bestimmtheitsgrundsatz 242
Betreuungsgebühr 265
Betreuungsverfügung 212
Beurkundungsgebühr 265
Bewilligungsgrundsatz 225
Bewilligungssperre 255
Bietzeit 111
Bindungswirkung 197, 204
Blankettbeschluss 97
Blattsammlung 222
Briefbildung 279
Buchungsgrundsatz 223

D

Dauerwohn- bzw. Nutzungsrecht 282
Deckungsprinzip 112
Differenzhaftung 320
dinglicher Vertrag 253
Direktzahlung 248
dringlicher Arrest 129
Drittschuldner 89, 90
Drittschuldnererklärung 92
Drittwiderspruchsklage 125
Duldungen und Unterlassungen 120
Düsseldorfer Tabelle 154

E

EGVP 292
Ehegattenerbrecht 185
Ehe- und Partnerschaftsverträge 148
Ehevertrag 148, 201
eidesstattliche Versicherung 188
Eigenurkunde 224
eingetragene Lebenspartnerschaft 149
Einpersonen-GmbH 314
Einpersonengründung 315
einstweilige Einstellung der Zwangsvollstreckung 126
einstweilige Verfügung 130
elterliche Sorge 170
Erbbaurecht 274
Erbbauzins 277
Erbengemeinschaft 185
Erbfolge 184
Erbschein 179
Erbverträge 201
Erbverzichtserklärungen 201
Ergänzungspflichtteil 205
Erinnerung 123
Erklärungspflicht des Drittschuldners 92
Erwirkung der Abgabe einer Willenserklärung 121
Erwirkung von Handlungen 119
Europäisches Nachlasszeugnis 179, 189

F

Fälligkeitsmitteilung 248
Familiengericht 170
Finanzierungsgrundpfandrechte 280
Finanzierungsgrundschuld 220
Flurstück 222
Forderungspfändung 89
Fortsetzungsklausel 185
freihändiger Verkauf 85

G

GbR 242
Gebühren bei der Zwangsvollstreckung in das bewegliche Vermögen 136
Geburtsbuchnummer 202
Geburtsstandesamt 202
gemeinschaftliches Testament 197
Gemeinschaftsordnung 269
Generalvollmacht 207, 213
Gerichtsvollzieher 69
geringstes Gebot 111
gerötet 223
Geschäftsfähigkeit 194
Geschäftsführer 315
Gesellschafterliste 314
Gesellschaftsvertrag 299
Glaubhaftmachung 182, 188
gleichzeitige Pfändung 86
grober Undank 272
Grundbuch 221
Grundbuchamt 72
Grundbuchbezirk 219
Grundbuchblatt 218, 222
Grunddienstbarkeit 282
Grunderwerbsteuer 216
Grundpfandrecht 278
Grundsatz der Voreintragung 227
Grundschuld 224
Grundschuldbestellungsformular 280
Grundsteuer 216
Grundstück 221

Grundstücksbestandteile 249
Grundstücksgeschäft 216
Gründungsurkunde 299
Gründungsversammlung 310
Gütergemeinschaft 159
Güterrecht 240
Güterrechtsregister 166
Güterstand 150
Gütertrennung 159
gutgläubiger Erwerb 224
GwG 240

H
Haftbefehl 75, 120
Hafteinlage 307
Handelsrecht 285
Handelsregisterpublizität 286
Hausbesuche 214
Herausgabe und Räumung von Grundstücken 118
Herrschvermerk 225
Hilfspfändung 102
Hinterlegung des Erlöses 87
HR A 303
HR B 303

I
Idealverein 310
Immobiliarvollstreckung 108
Inhaberpapier 279
Insolvenzgründe 144
Insolvenzplanverfahren 145
Insolvenzverfahren 144
Ist-Kaufmann 297

J
juristische Person 314

K
Kahlpfändung 82
Kann-Kaufmann 296
Katasteramt 224
Klage auf vorzugsweise Befriedigung 126
Kommanditeinlage 307
Kommanditgesellschaft 307
Kommanditisten 307
Komplementär 307
Kosten 176

Kostenfestsetzung nach § 788 ZPO 140

L
Laientestamente 194
Lastenfreistellung 279
Leistungsverfügung 131
letztwillige Verfügung 187
Liegenschaftsvollstreckung 108

M
MaBV 271
materielle Einigung 225
Mehrpersonengesellschaft 317
Mietvertrag 216
Mindest-Bargebot 112
Mindestgebot 85
Mindestkapital 316
Musterprotokoll 317

N
nachbarrechtliche Ansprüche 218
Nacherben 196
Nachlassgericht 179
Nachlassverbindlichkeiten 190
Nachlasswert 191
Nasciturus 185
Negativerklärung 266
Neutralität 279
Nießbrauch 282
Notaranderkonto 255

O
öffentliche Versteigerung 84
öffentliche Zustellung 67
Öffentlichkeitsgrundsatz 227
OHG 301
Online-Grundbuch 219
Ordnungen 185
Ordnungsgeld 120
Ordnungshaft 120

P
Patientenverfügung 207, 214
pdfA 231
persönlicher Sicherungsarrest 130

Pfandsiegel 79
Pfändungsfreigrenzenbekanntmachung 95
Pfändungspfandrecht 104
Pfändungsprotokoll 84
Pfändungsschutz bei sonstigen Vergütungen 100
Pfändungsschutz für Kontoguthaben 100
Pfändungsschutzkonto 101
Pfändungs- und Überweisungsbeschluss 89
Pfändung und Überweisung des Herausgabeanspruchs 104
Pfändung von Arbeitseinkommen 95
Pflichtteil 205
Pflichtteilsberechtigte 205
Pflichtteilsquote 206
Pflichtteilsverzicht 204, 205
privatschriftliches Testament 193
Prokura 303
Prozessgericht des ersten Rechtszuges 72

R
Rangrücktritt 226
Rangvorbehalt 227
Ratenzahlungsvereinbarung 69
Reallast 282
Rechtsformzusatz 324
Regelbefugnisse des Gerichtsvollziehers 69
Regelungsverfügung 131
Registerauszug 288
Registerrecht 286
Reinwert 202
Restschuldbefreiung 146
richterliche Durchsuchungsanordnung 81
Richtigkeitsvermutung 223
Rückforderungsrecht 227

S
Sachenrecht 216
Sachpfändung 79
Satzung 314

Sachwortverzeichnis

Schuldanerkenntnis 279
Schuldenbereinigungsverfahren 145
Schuldnerverzeichnis 76
Sicherheitsleistung 63
Sicherungshypothek 109
Sicherungsverfügung 131
Sicherungsvollstreckung 64
Signaturkarte 231
SigNotar 291
SigNotar-Dialog 232
sofortige Beschwerde 124
Sondernutzungsrecht 268
Sorgeerklärung 212
Sorgerechtsverfügung 193
Sparbuch 102
Spareinlagen 102
Spendenquittungen 310
Stamm 187
Stammeinlagen 314
Stammkapital 315
Streitverkündung 93

T
Taschenpfändung 83
Teilungsanordnung 195
Teilungserklärung 268
Teilungsplan 95
Testamentsvollstrecker 196
Testamentsvollstreckervermerk 197
Testierfähigkeit 194
Testierfreiheit 193

U
Übergabevertrag 272
Überlassungsvertrag 272
Übernahmeprinzip 112
Überpfändung 82
UG (haftungsbeschränkt) 326
Umgang 171
Unbedenklichkeitsbescheinigung 259
Universalsukzession 184
unpfändbare Bezüge 98
Unpfändbarkeit 82
Unterhalt 150
Unterhaltsverzicht 156

V
Verbraucherinsolvenzverfahren 145
Verbrauchervertrag 241, 245
verdeckte Sachgründung 316
Vermächtnis 194
Vermögensauskunft 69, 75
Vermögensverzeichnis 75
Versicherung 315
Versorgungsausgleich 148
Versteigerungserlös 224
Verstrickung 79
Verteilung des Versteigerungserlöses 86
Verteilungsverfahren 87, 94
Verwahrung 202
Verwahrungsanweisung 259
Verwahrungsgebühr 265
Verwaltungsvollstreckung 196
Verwertung 84
vollmachtloser Vertreter 242
vollstreckbare Ausfertigung 65
Vollstreckungsabwehrklage 125
Vollstreckungsgericht 71
Vollstreckungsklausel 65
Vollstreckungsportal der Länder 75
Vollstreckungsschutzantrag 127
Vollzugsgebühr 191, 265
Vorausvermächtnis 195
Vorbelastungsvollmacht 280
Vorerbe 196
Vorerbvermögen 196
Vorgesellschaft 320
Vorkaufsrecht 256
Vorlagesperre 255
vorläufiges Zahlungsverbot 93
vorläufige Vollstreckbarkeit 62
Vormerkungen 204
Vorpfändung 93
Vorrangsgrundsatz 226
Vorsorgevollmacht 207
Vor- und Nacherbschaft 195
Vorwegpfändung 83

W
Wahl-Zugewinngemeinschaft 165
Wartefrist 66
Wartepflicht 246
wechselbezügliche Verfügungen 204
Wechselbezüglichkeit 197
WEG-Anlagen 268
Wirtschafts-ID-Nr 242
Wohnungsgrundbuch 268
Wohnungsrecht 282

X
XML-Daten 291
XNotar 228

Z
Zeitrang 225
Zentrales Testamentsregister 201
Zentrales Vorsorgeregister 213
Zugewinnausgleich 162
Zugewinngemeinschaft 159, 185
Zuschlag 85
Zustellung 66
Zuwendungsbescheinigungen 310
ZVR 213
Zwangsgeld 119
Zwangshaft 119
Zwangshypothek 109
Zwangsversteigerung 109
Zwangsverwaltung 115
Zwangsvollstreckung in andere Vermögensrechte 104
Zwangsvollstreckung in Spareinlagen 102
zwecklose Pfändung 82
Zwischeneintragungen 226
Zwischenverfügung , 225

Bildquellenverzeichnis

Amtsgericht Hagen, Hagen: 31, 286 1, 287 1, 287 2, 288 1.

Bundesnotarkammer, Berlin: 201 1, 213 1.

fotolia.com, New York: 79 1; Africa Studio 150 1; Bormann, Markus 159 1; eyetronic 167 1; highwaystarz 170 1; marcus_hofmann 113 1; rogerphoto Titel; Sanders, Gina 9 1.

Hans Soldan GmbH, Essen: 193.

iStockphoto.com, Calgary: nd3000 61.

Makrolog Content Management Aktiengesellschaft, Wiesbaden: 233 1, 233 2, 234 1, 234 2, 235 1, 235 2, 236 1, 236 2, 274 1, 275 1, 275 2, 276 1, 276 2.

NotarNet GmbH, Köln: 228 1, 229 1, 229 2, 230 1, 230 2, 231 1, 290, 291.

Shutterstock.com, New York: NotarYES 174 1; SpeedKingz 173 1.

wikipedia.org: 74 1, 183 1.

Wir arbeiten sehr sorgfältig daran, für alle verwendeten Abbildungen die Rechteinhaberinnen und Rechteinhaber zu ermitteln. Sollte uns dies im Einzelfall nicht vollständig gelungen sein, werden berechtigte Ansprüche selbstverständlich im Rahmen der üblichen Vereinbarungen abgegolten.